方　寸

The Unique World

方寸之间　别有天地

THE PHARAOH'S TREASURE

The Origin of Paper and
the Rise of Western Civilization

法老的宝藏

莎草纸与西方文明的兴起

〔美〕约翰·高德特 John Gaudet —— 著

陈阳 —— 译

社会科学文献出版社
SOCIAL SCIENCES ACADEMIC PRESS (CHINA)

献给所有相信我的人
献给那些曾经怀疑我、读完本书后
便会有所改观的人

代中文版序

丝绸之路，这条自公元前 3 世纪至公元 15 世纪连通亚欧的贸易路线在人类历史上发挥了关键作用。2005 年，知名纸张史学家乔纳森·布鲁姆（Jonathan Bloom）提出了一个新颖而有趣的想法。在他看来，浆纸制作工艺才是丝绸之路上传播的最重要的"商品"，这项发明永远地改变了中国和世界。他认为"丝绸之路"更应该叫"纸张之路"。

布鲁姆得出这一结论的依据在于，尽管普遍认为丝绸之路是丝绸、玉器、玻璃器皿、陶瓷和漆器的早期贸易渠道，但这条陆路交通网同样也是信息和技术知识互联互通的渠道，而这种互联互通正是现代纸张世界诞生的必备要素。

不过，一切都要等到公元 1000 年之后才会发生。在此之前的许多年里，尤其是从公元前 1000 年至 300 年，中国人主要的书写材料是竹简。而在同一时期，其他有历史记载的地区已经在用纸写字。纸莎草制成的早期纸张风靡一时，莎草纸的产地埃及垄断了全世界的纸张供应，稳定的纸张出口和销售范围覆盖整个罗马帝国，并远至阿拉伯地区乃至后来的基督教世界，却把中国排除在外。有一种言论认为，古代中国文化不如西方文化发达，因为竹片虽然数不胜数，但作为书写材料，它的性能却远不如莎草纸。

进入基督教时代之后，西方和阿拉伯世界开始使用单张和成卷的皮纸，不过皮纸要比莎草纸昂贵得多。而当浆纸在8世纪经由丝绸之路传入阿拉伯和西方世界时，上述局面将彻底改变。

浆纸首先来到阿拉伯世界，当地人在中国造纸术的基础上加以改良，用亚麻碎布作为原料。随后，阿拉伯造纸术又推动了欧洲浆纸工业的发展，最终造就了我们所熟悉的现代纸张世界。不过在现代纸张诞生之前，中国制造浆纸的效率就已达到了令人叹为观止的水平。浆纸在中国本土的广泛使用可以归结为两大因素。一是造价低廉，二是几乎任何植物纤维都可用于造纸。制作莎草纸的原料植物仅在埃及生长，浆纸则不同——汉麻、藤、碎亚麻布、黄麻、竹和桑皮都可以作为原料，平民百姓甚至用草制纸。

第一个千年里，中国的浆纸新技术很快传播到周边各国，尤其是朝鲜半岛、越南和日本。新型纸张从此建立起属于自己的王国，与古代西方的莎草纸世界分庭抗礼。用竹简写字曾经让文明的发展变得迟缓，而浆纸出现后，中国似乎在全力弥补之前的差距。

书籍制作是历史进步的标志之一。在西方，书籍首先以卷本即写有文字的莎草纸卷的形式出现。到基督教时代，卷本则逐渐让位于多张莎草纸折叠装订而成的小册子，这种形式被称为册本。皮纸册本更经得起时间的考验，修道院制作的早期书籍多为此类。4世纪时，如果一座西方修道院的藏书阁内有数千份这样精心制作、手工印刷、装订厚重的册本，那就算得上收藏丰富了。

我想，古代中国上演的景象可能会让同一历史时期的西方写工和学者瞠目结舌。中国古人直接绕过莎草纸和皮纸，就地取材造出了浆纸并将其用于雕版印刷。中国西北古城敦煌附近的藏经洞保存了雕版印刷的实物成果。1900年，人们在丝绸之路上这片具有重要宗教和文化意义的绿洲发现了莫高窟藏经洞，洞中藏有数千份406—1002年之间的手稿。除1100部书卷，还有超过15000部纸质书籍和篇幅较短的文献。

这些书籍多采用折本形式，即将用于写字或印刷的长卷纸一反一正折叠，折成类似现代地图的一叠，便于存放，也更便于阅读，避免了西方和阿拉伯地区的书籍封装法费时费力的缺陷。

廉价的新型纸张、雕版印刷术和简单的封装法，所有这些革新技术都让中国的书籍产量急速增长。或许正是此番大规模增长推动大唐迎来了四海升平的文化盛世。在我们的印象里，此时的中国仿佛完全淹没在书海之中。一位经验丰富的印刷工每天可以印制2000张纸，这一纪录直到500年后约翰内斯·古登堡（Johannes Gutenberg）在欧洲登场时才被超越。

五代十国时期的宰相、翰林学士冯道充分发挥了新型生产技术的优势。他利用活动的木雕版大规模刊印儒家经典，在西方享有"中国古登堡"的美名。第一部有评注的标准版儒家经典于 932—953 年间在长安印制完成，共 130 册。这种经过改进的印刷术传播迅速，朝鲜已知最早的书本刊印于 950 年。刊印完毕的儒家经典被进献给后周太祖。冯道往往被认为是中国现代印刷术的发明者，是他让印刷术成为引领宋朝复兴的重要力量。

与此同时，浆纸制造工艺也沿着丝绸之路一步步西传，花了 325 年才走完全程。诞生于中国的造纸术从吉尔吉斯斯坦传入伊斯兰世界，最后进入安达卢西亚，并于 1076 年来到欧洲南部。伊斯兰造纸商对东西方交流的整个过程有着深远的影响。他们最关键的作用是把浆纸制造工艺引入了西班牙南部，让欧洲人得以在此基础上加以改进。13 世纪意大利制造出细腻的优质浆纸，后来成为列奥纳多·达·芬奇和约翰内斯·古登堡等人的得力工具。

综上所述，有了丝绸之路，浆纸才出现在了欧洲，不过它的旅途似乎是一条单程线。西方对中国纸鲜有需求。穆斯林在 7 世纪后期征服中亚以后，迅速建立起的官僚机构很快开始用浆纸记录和保存信息，因为浆纸相对便宜且高产，而且与羊皮纸不同的是，在浆纸上改动字迹极易被人觉察。

中国纸的问题在于表面过于柔软。未经施胶处理的纸张就像纸巾一样，墨水会在纸上洇开，渗透到背面。这样的纸虽然可用于雕版印刷，也可用柔软的毛笔书写，却不适合西方盛行的羽毛笔和伊斯兰地区所用的芦秆笔（qalam，又称盖兰笔）。这两种笔的笔尖会划伤未施胶纸的柔软表面，将墨点洒得到处都是，洇成一团团墨斑。莎草纸和皮纸从未出现过类似的问题，这让西方人不禁对浆纸这种新型媒介持怀疑态度。

　　阿拉伯人为此所做的第一项改进是用淀粉给浆纸进行施胶处理，或者通过打磨增强纸面的硬度。他们设法将经过改进的浆纸出口到欧洲，但要让人们放弃莎草纸和皮纸绝非易事。就连伊斯兰国家的哈里发们也不愿轻易抛弃原有的纸张，直到八九世纪，他们的库房里还储存着大量莎草纸。

　　尽管如此，阿拉伯和波斯的造纸商并未轻言放弃。从 8 世纪到十字军东征时期，他们都在努力推广自己的产品：产自埃及、伊朗和大马士革，经过施胶处理，供应充足的精美白纸。他们甚至设计出手工抄录手稿的流水线，并找到更轻盈的装订材料，从而大批量地制作书籍和出版物，在数百年的时光里遥遥领先于欧洲。结果，中世纪阿拉伯图书馆的规模甚至超越了中国，而同一时期西方的图书馆却表现平平。13 世纪的索邦大学图书馆只有 1700 册藏书。而在 10 世纪的伊斯兰世界，仅科尔多瓦（Cordoba）的 70 座图书馆中，规模最大的图书馆就已有 60 万册藏书；开罗图书馆藏书超过 10 万册；据称，的黎波里图书馆在被十字军烧毁之前，藏书一度达到 300 万册。在当时仍处于阿拉伯人控制之下的西班牙安达卢斯，每年出版的专著、诗歌、辩论文集就有 6 万册之多。

　　伊斯兰图书馆的丰富藏书体现了阿拉伯世界在纸张方面的优势。起初他们占领莎草纸市场，随后又从中国人那里学到了浆纸制作工艺，实现了浆纸的垄断。在他们稳步向前发展的同时，欧洲人却为皮纸和羽毛笔的种种限制掣肘，他们的处境似乎不比使用竹简的中国古人好到哪里去。不过也正是在这时，阿拉伯的造纸产业迎来了由盛转衰的拐点。

1085年，西班牙人收复托莱多（Toledo），阿拉伯人失去了对当地造纸厂的控制。从此，欧洲人接过了造纸的接力棒，意大利造纸坊没过多久便脱颖而出。他们不仅掌控了造纸技术和造纸产业，还接管了整个世界的纸张市场。意大利人堪称造纸大师，他们用明胶提高浆纸表面的硬度，使之适合羽毛笔书写。

西班牙和意大利造纸坊的纸张找到了通往开罗的道路，最终占领了埃及市场。到15世纪，欧洲人开始大批量生产浆纸。作为一种出口商品，浆纸沿着最初将其传播到欧洲的丝绸之路向东回传。这并不奇怪，因为意大利纸质优且价廉，沿线市场对阿拉伯纸的需求有所减少，对于纸面柔软的中国纸仍然毫无需求。

而在中国，对本土纸张的需求始终居高不下。10世纪的中国仍然淹没在纸张的洪流之中。除了每年雕版印刷制作的数十万册书籍，纸张还广泛应用于商业和私人通信、包装、记录、纸风筝、玩具、灯笼、银票、厕纸和面巾纸等，甚至一度流行过装在纸包里的袋泡茶雏形。威尼斯商人马可·波罗记录了中国人在丧礼上火化死者并烧纸祭祀的场景，纸被塑造成男女仆役、骆驼、马匹、衣服和盔甲等形象。在书籍制作方面，中国和阿拉伯的藏书让欧洲相形见绌。不过，等古登堡和他的印刷机登场之后，局面便会有所改变。

有意思的是，13世纪第一批来到中国的西方旅行者对于

"中国人也用纸"这一发现大为吃惊。从某种程度上说，他们眼前所见是一个终于首尾相接的轮回：阿拉伯人向中国人学习造纸术，将其传给西方人，后者又在此基础上发展出意大利纸。由此可见，我们不能指责西方人竟然以为浆纸是阿拉伯人的发明，因为它确实是通过中、欧之间的伊斯兰世界传入欧洲的。

面对"不知从哪里学会造纸"的中国人，早期西方旅行者一头雾水。生活在中世纪早期的他们很清楚莎草纸在此之前早已存在，于是他们想当然地认为，中国人可能是直接从古埃及人那里学会了如何造纸。他们当中几乎没有人知道，埃及人在公元前 3000 年发明的莎草纸是用纸莎草茎秆内芯削成的薄片捶打而成的，而中国人在 1 世纪末发明的纸张使用的是完全不同的材料——亚麻等各种植物或植物纤维制成的纸浆。巧合的是，现代英语都用同一个单词"paper"来称呼这两种事物，这个词发源于希腊语和拉丁语中用于指称"莎草纸"（papyrus）的单词。

阿拉伯人开始造纸也实属巧合，主要是因为他们征服了埃及（639 年）并由此控制了世界莎草纸的供应。随后，他们又在入侵中国领土的过程中掌握了制造浆纸的技术（751 年）。那时的西方早已是纸张——莎草纸——大行其道的世界，埃及法老自古以来就是为整个已知世界提供莎草纸的出口商。后来，波斯人、希腊人、罗马人和拜占庭人相继推翻了法老的统治，继续销售和出口莎草纸，直到基督教时代来临。再往后，皮纸得到推广，直到阿拉伯人征服埃及，然后敲开了欧洲的大门。

随着伊斯兰统治西班牙，借助丝绸之路，用纸浆而不是纸莎草制成的新型纸张进入欧洲。随之而来的是现代纸张世界的形成和书籍的大批量生产。这为中国纸产量从 105 年的 0 一路攀升至 2005 年的 5600 万吨，雄踞世界第二位奠定了基础。

目　录

作者的话

纸在什么情况下不能叫作纸？许多现代词典和作家都主张，
"paper"（纸）这个词仅仅指木浆或棉浆制成的现代纸。制作莎
草纸的材料是用纸莎草削成的薄片而不是纸浆，因此莎草纸常
被归入"书写材料"的范畴，排除在现代纸的分类之外，尽管
维多利亚时代的人们将其称为"天然纸"。[1]

情况并非一直如此。老普林尼（Pliny the elder）等早期罗
马历史学家所使用的拉丁文 *papyrum* 一词既表示可用于造纸
的植物——纸莎草，也可表示用这种植物制成的纸张——莎草
纸。在老普林尼之前，古希腊人用 *papyros*** 一词指称"任何与
造纸植物同属的植物"。在他们的认知中，用纸莎草茎秆制成
的纸张或纸卷当然是"纸"，这一点毫无疑问。问题在于希腊
语 *papyros* 一词从何而来？有些作者认为它源于古埃及语 *pa-per-aa*
（或写作 *p'p'r*），字面意思是"属于法老的"或者"法老自己

---

* *papyros* 在希腊文中写作 πάπυρος。——译注

的",以此彰显王室对莎草纸生产的垄断。在此之后,语言自然而然地发生着演化,拉丁语 *papyrus* 演变为 *papire*(1150—1500 年的诺曼法语和中古英语),这一词形被英语吸收,最终形成了现代英语中的"paper"一词。

xiv　　17 世纪的"paper"仍然是广泛意义上、用纸浆手工制作而成的纸张。最早的浆纸在欧洲语言中甚至不被称为"paper",而是被叫作"cloth parchment"(布皮纸),因为自 13 世纪以来,这种纸的原料主要是亚麻碎布。[2] 因此,1693 年,耶稣会士安贝尔迪神父(Father Imberdis)介绍故乡法国的棉纸制造时,使用拉丁语 *papyrus* 来指称他那个时代的浆纸,当时造纸的机器还尚未出现。[3]

1943 年,美国造纸大师达德·亨特(Dard Hunter)试图解释为什么 1635 年普林尼关于古埃及莎草纸制作的著名文章的译文中出现了"paper"这个词。[4] 对此我们会感到一丝困惑。亨特提醒读者,尽管英文译本是对拉丁文本的逐字翻译,但 paper 这个词的出现完全是个错误。有人——可能是译者——将拉丁文中的"papyrus"译成了"paper"。亨特提到莎草纸并不是"真正的纸",但他没有进一步深究,而是将疑惑留给了我们:究竟是否应该将这种用纸莎草制成的、轻便的书写材料视为纸张呢?

在我看来,"莎草纸不是纸"这种说法完全是本末倒置。事实上,纸张就诞生于古埃及,莎草纸始终属于纸张的范畴,就像"木材"或"木料"等术语都是指组成树木主体的坚硬纤维材料一样。不管使用的是哪种树木,也不管是切割成碎片(然后加工成再生木材)还是刨成薄片(然后施胶并层压成胶合板），或是仅仅锯成粗糙的木板，都不会有人质疑材料本身的性质，它始终属于"木头"这一大类，而我们也只会去木材厂寻找它的踪影。

也许导致这种误解的原因之一在于，许多人并不知道一张莎草纸与一张现代手工制作的厚重铜版纸其实没有太大的不同。虽然颜色不一样，但古代莎草纸的尺寸与现代纸张相差无几。莎草纸的颜色不算白，更接近克莱恩纸业公司（Crane paper company）称之为"棉柔纸"（kid finish）的黄色重磅纸，而这款现代纸被许多人视为精密制纸技术的代表。莎草纸的纤维有时会妨碍细钢笔书写，除非经过打磨或抛光让纸张足够光滑，但若使用现代圆珠笔或鹅毛笔进行书写就会十分流畅。换句话说，莎草纸能够实现纸张的所有目的和用途。

另一个误解是莎草纸很脆弱。实际上，它是一种非常耐用的书写介质，古代和中世纪莎草纸书籍和文献的使用寿命可达数百年。不巧的是，不久前的畅销小说《达·芬奇密码》中的情节让大众的误解进一步加深。书中提到莎草纸质地脆弱，遇醋便会溶解。小说中用于储存秘密文件的"密码筒"内有一小瓶醋，如果输错密码就会打碎醋瓶。女主人公苏菲说，如果醋流出来，莎草纸就会变成"一团无法解读的纸浆"。这纯属无稽之谈。莎草纸可以与醋接触、在醋中浸泡甚至揉搓，而几乎不会受到什么影响。然而误解已经根深蒂固，莎草纸在大众眼中不堪一击。超过两亿读者认为莎草纸就像现代卫生纸一样脆弱，然而事实是，假如3世纪和4世纪著名的拿戈玛第经集（Nag Hammadi）是写在现代木浆纸或棉浆纸而不是莎草纸上，那么它们恐怕早已朽烂为尘土。

　　问题的核心在于将"paper"这个词局限于现代棉纸，我认为这是对为人类文明效劳数千年的莎草纸的贬损，这种书写介质完全有资格在思想史的万神殿中占据一席之地，与个人电脑和古登堡印刷术的地位不相上下。我认为，古埃及人称为"*p′p′r*"的轻巧薄片才是原初的杰作，后来用木头、棉浆或动物皮革制成的现代纸只不过是在其基础上的简单改进而已。

　　本书中所称的"纸张"或"纸"（paper）是广义概念上的。如有可能，我会说明制作纸张的原材料。

序　言

纸诞生于石器时代末期的古埃及，一经问世便立刻投入使用。用纸莎草制成的纸张很快就成了众多写工*、祭司和会计人员的必需用品，孜孜不倦的记录是他们谋生的手段。他们在莎草纸上记录神庙用品和财物清单，统计农业数据，这是古埃及日常生活的重要组成部分。4000 多年过去了，莎草纸走过了一段妙趣横生、丰富多彩的历史，最终被碎布和木浆制成的现代纸张所取代。在本书中，我们将讲述人类历史早期、莎草纸还是世界上最常用的信息传播媒介时所发生的故事。

从纸张的制造过程以及用这种纸制作的书本和文献当中，我们将看到整个世界历史上最令人震撼和兴奋的故事。莎草纸是人类不懈努力造就的传奇，从新石器时代晚期几乎一直持续到西方现代印刷术问世的古登堡时代，莎草纸存在的时间跨度覆盖了超过四分之三有记载的人类历史。然而，这段传奇在此

---

* 　scribe 有书记官、抄书吏、写工、抄工等不同译法，为与后文仅从事机械抄写工作的 copyist 相区别，谨译为"写工"，盖因 scribe 并不必然具有"官 / 吏"身份。——译注

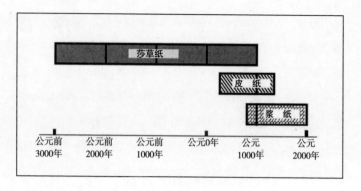

比较：不同纸的历史沿革

前从未被完整地讲述过。

为什么会这样？古往今来，作家和历史学家似乎始终醉心于研究300—1450年的历史——皮纸和犊皮纸在欧洲取代莎草纸的故事。此外，他们也被中国古人用碎布制造棉纸的发明深深吸引。古代中国的棉纸在750年经由阿拉伯人改进，逐渐发展成欧洲的手工纸，也就是古登堡在1450年所使用的纸张。正是这种纸开启了现代书籍和印刷的时代。至于莎草纸，这种从石器时代末期一直沿用至1450年左右的早期纸张就这样淹没在时光的洪流里。在那段漫长的岁月中，人们用来记账、写信、著书立说的纸张究竟是什么样的呢？为什么人们从不费笔墨研究这个问题呢？

首先，目前发现的古纸实物最早仅能追溯到5100年前。从那时起到古埃及中王国时期，我们发现了数以千计的纸张残片和一些小型纸卷，这些纸上有人类最早的记录，包括公元前2566年建造金字塔时所用建筑材料的清单。在此之后，一份可追溯到公元前 1800 年的莎草纸卷尤其值得一提，这份脆弱的纸卷上记载着幸存至今的最早的文学作品：古埃及两位维齐尔*的演讲和语录。

丧葬卷轴的纪元发轫于公元前 1550 年左右，那一时期的墓葬中出土了数以千计的纸卷和纸页。《亡灵书》最早出现于公元前 1700 年[1]，它们是逝者前往来世的旅行指南。在耶稣基督的时代之前，丧葬卷轴在古代纸张中占据着统治地位，直到古希腊人和之后古罗马人的文字记载发展起来，为历史学家提供了充足的文献史料。又过了一段时间，皮纸和浆纸也接连问世。然而，由于缺乏原始材料和保存完好的早期文献，要研究莎草纸的故事往往让人无从下笔。而且这一时期很容易被一笔带过。就这样，莎草纸便渐渐散佚在流逝的时光里。历史似乎在洗牌和发牌时遗漏了几张尖牌。本书意在为莎草纸正名，将这种最古老的纸张定义为全球文化发展进程中的一大关键要素。

xix

本书作者将这段浩如烟海的历史分为三部分，还原莎草纸崛起、鼎盛和式微的过程：

第一部分：永生的守护者：古埃及的纸张和书籍，它们的发现和意义；

第二部分：埃及，造纸者走向世界：纸张最早的形式，纸张是如

---

* Vizire，古埃及由法老委任的最高级政府官员，执行宰相的功能，这一职位被现代学家称为维齐尔。——译注

何制造出来的，纸张如何统治世界；

第三部分：遗忘的强敌：古罗马人对莎草纸、书卷和图书馆的迷
　　　　　恋，早期基督教书籍、皮纸、中国纸、棉纸以及印刷
　　　　　书籍的崛起。

历史学家、作家、普林斯顿名誉教授及哈佛大学图书馆前
馆长罗伯特·达恩顿（Robert Darnton）的文章给了我很大的启
迪，可以说是本书的一大灵感来源。这篇文章首次发表于 1982
年的期刊《代达罗斯》（*Daedalus*），1990 年再次收录于《拉
姆莱特之吻》（*The Kiss of Lamourette*）一书中——我因为其中
有《学术作者的生存策略》（A Survival Strategy for Academic
Authors）一章而买下了这本书。这一章内容为我提供了相当精
彩且实用的建议，让我明白该如何出版一部关于纸莎草植物的
生态学、生命周期和历史的书籍。达恩顿特别推崇"双 T"——
写作手法（tactics）和标题（titles）——的重要性：即使主题平
淡无奇，这两点也必须体现创意。《论岩石：大不列颠地质学》
（*On the Rocks: A Geology of Great Britain*）一书便充分体现了
这一点。

于是，待我自己的书出版之后[2]，我便开始着手完成上文提
到的任务：将最早的纸张和书籍定义为全球文化发展进程中的
关键要素。拜读达恩顿教授的大作再次令我备受鼓舞，这一次
给我启迪的是他在第七章的论述，关于某一知识领域如何获得
与其他学科相区别的独特身份。这篇题为《书籍史话》（What is

the History of Books）的文章进一步阐述了达恩顿早在 20 世纪 80 年代就已提出的观点，即书籍史是一门独立、全新且至关重要的学科。我在几年前开始创作本书时，这一观点引起了我的深深共鸣。

达恩顿强调，有意研究这一新学科的人必须明确自己的出发点，这会帮助他们理解印刷文字如何在可移动设备发明之前和之后影响人类的思想和行为。归根结底，从事此类研究的终极目标应该是将书籍视为历史发展的一股推动力量。就我个人所见，人类历史上的第一批书籍——古人用埃及沼泽植物制成的 "*p'p'r*" 纸制作而成的、在尼罗河炎热干旱的沙漠保存至今的书籍——同样没有得到学界应有的重视。

书籍史值得研究吗？有些人可能认为我故事中的主角——书籍和纸张正在逐渐消失。事实并非完全如此。达恩顿和其他许多人（包括他提到的比尔·盖茨）在广泛阅读时都更喜欢纸质文本而不是电脑屏幕上的电子文档。简而言之，达恩顿向我们保证，用纸张印刷装订而成的老式书册绝不会因网络空间的出现而消失。

达恩顿还提醒，任何可能走上这条将书籍视为历史发展推动力的道路的人都要小心，因为他们将要走入的是六大研究领域彼此交融的"无主之地"。书籍史涉及的学科包括图书馆史、出版史、纸张史、墨水史、书写史和阅读史。从我的研究角度来看，我常常将书籍和纸张视为"第一媒介"。[3] 换言之，我将纸张视为一种别具一格的、能够满足现代人需求的前瞻性发明。这种看法也让我将纸张与许多古老媒介区别开来，那些媒介因为累赘笨重而未能在全球普及开来，或者仅在有限的范围内使用。

第二媒介又是什么？我的答案非常明确，第二媒介就是为现代人发挥重要作用的媒介发明：远程传讯。更准确地说，是脱离第一媒介和其他实物信息载体的物理交换从而实现文本信息的远程传输。因此，正如维基百科告诉我们的，旗语（利用旗帜传递信号的系统）是"远程传讯技术"的一种雏形，而飞鸽传书则不是。

第二媒介的第一次重大突破是 19 世纪电报的发明，然后是无线电台的出现。随着计算机的诞生，第二媒介迎来了第二次重大突破，步入互联网时代，电子邮件和即时通信等技术迅速发展起来。这些都是信息传输第二发展阶段的一部分，与纸张所代表的物理交换截然不同。纸张是第一个让人类的智力、创造性、表现力甚至是道德得以发展的创新。无怪它至今仍被视为全球文化发展进程中的关键因素。

PART I

Guardian of Immortality

永生的守护者

1

监工的笔尖触碰纸面，
就此创造历史

我们的故事要从法老胡夫（前 2589—前 2562 年）统治的最后一年说起。胡夫的大金字塔几近完工，在塔尖最后一块石头落下的那一刻，法老的生命也行将结束，而这绝非巧合。不过，他依然享有为所欲为的权力；法老就是行走在凡间的神，不是吗？在生命中的最后一年，他必须为死亡做好一切准备。在这种迫切心情的驱动下，他也许会迫使王土上的臣民比平时更加卖力地工作。作为已知世界的王和监管者，他大概永远不会容忍暴动或叛乱的发生；不过，他倒也不必担心这方面的问题，因为他掌握着一些行之有效的管理技巧，对他的统治大有助益。话说回来，无论他是不是神，良好的管理都是赢得人心的关键。

虽然古希腊历史学家给胡夫贴上了"暴君"的标签，但在今天看来，胡夫给我们的印象更倾向于外刚内柔，而不是铁腕暴政。首先，每年号召工人前来为胡夫修建金字塔的诏令都会得到响应——何乐而不为呢？在吉萨（Giza），有肉和啤酒等食物供应，包括医疗在内的各方面生活条件都达到了当时罕见的高水平和高质量。[1]因此，根本不需要动用奴隶。数以千计的胡夫子民自愿来到这里，为法老的史诗级建筑贡献自己的一份力量，以此为自己的来生积一点福德。[2]

洪水泛滥时期的基奥普斯*大金字塔（来源：Wikipedia）

金字塔的修建与洪水的周期性泛滥也不无关系。洪水泛滥时期，农活本来就很少，既然可以在吉萨大吃牛排、畅饮啤酒，何必闲坐在家等洪水退去？此外，同样在洪水泛滥的季节，每天都有大量修造金字塔的石材被运送到金字塔附近的河港。尼罗河上涨的水位有利于运送巨石的重型木制驳船往来。法老王占尽天时地利，过去数百年来，古埃及王室成员一向如此深受上天眷顾。

---

* 基奥普斯（Χέοψ）是古希腊学者希罗多德和狄奥多罗斯对胡夫的称呼。——译注

除了工作条件和及时到达的物资，胡夫的管理方式和人员选任也无可挑剔。最好的证据便是他身后留下的大金字塔，其建筑中轴与南北轴线的误差不超过 0.05 度。这座无与伦比的造物是对胡夫的纪念，陵墓由 230 万块巨石建造，并在 20 年内修建完成。[3] 胡夫金字塔是古代世界七大奇迹中唯一留存至今的遗迹。

在本书中，我们关注的是胡夫的一位主管：一位名叫梅勒（Merer）的监工。2013 年，巴黎索邦大学的皮埃尔·塔莱（Pierre Tallet）教授让这位古埃及官员走入了新闻媒体的视野。而在此之前，梅勒只是一位名不见经传的法老运输队队长。当他留下的文字重见天日，并且被认为是世界历史上现存最古老的纸上文字时，他立刻声名大噪。[4]

他受胡夫之命，监管大金字塔的石料采集和运输工作。梅勒负责采运的是一种特殊的白色石灰石，产自距离开罗不远的图拉（Tura）采石场。这种石灰石用细砂打磨抛光之后，便可作为金字塔的外覆层，让金字塔的表面呈现出耀眼夺目的白色。当一天中最强烈的阳光照耀在金字塔上时，那景象一定令人叹为观止。难怪在当时和现代都有人认为，这座金字塔或许来自天国或者外太空——凡人无法造就这样的奇观。当然，他们没有想到，凡间还有胡夫和梅勒这样的人。

图拉出产的石灰石是全埃及所有采石场中最细腻、最白净的石料，因此用来装点最华贵的墓穴、金字塔、石棺和神庙。图拉遗迹被发现时已经深埋地下，当年采石场留下的洞穴在第二次世界大战期间被英军改造成了储存弹药、飞机炸弹和其他爆炸物的地点。

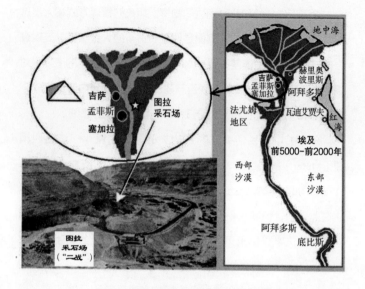

图 1　古王国时期的埃及与图拉采石场

　　2013 年，塔莱在远赴瓦迪艾贾夫（Wadi el-Jarf）考察时发现了梅勒的日记，瓦迪艾贾夫是数千年前古埃及人使用的红海古港口（见图 1）。[5] 塔莱当时与芝加哥东方研究所的格里高利·马鲁阿德（Gregory Marouard）一起率领了一支埃法联合考古队。这座古代港口的遗址位于吉萨以东约 140 英里[*]的埃及沙漠腹地，遗迹包括一条长 492 英尺[**]的石头防波堤、一处石块垒成的导航标记和一座大型仓储建筑，在距离海洋较远的内陆还有在石灰岩层中凿出的一组 30 个岩洞。

---

[*]　1 英里约合 1.6 公里。——译注

[**]　1 英尺约合 0.3 米。——译注

左：现代莎草纸　右：古代莎草纸（前 1075—前 945 年）
（来源：Wikipedia & Brooklyn Museum）

这些岩洞在古代既是生活空间，也是手工作坊，还是停放船只和贮存物料的场地。此地已荒废多年，谁也没想到会在这种地方找到古人的日记。然而，正是在岩壁上凿出的两个岩洞里，塔莱教授发现了一叠不同寻常的废旧纸张。匆匆一瞥，他便意识到纸上写的是圣书体象形文字和古埃及人日常交流所使用的僧侣体草书。当别人问塔莱，偶然发现这数百张古代莎草纸有何感想时，他回答道："要知道，当你每天在那样一处遗址里全力以赴地工作，很难充分意识到这样的发现究竟有多么重要的意义。"

塔莱还对《探索新闻》(*Discovery News*) 说道："虽然在胡夫金字塔修建方面我们没有任何新发现，但这本日记第一次让我们看到了幕后发生的事情。"在仔细检查数百张残片和一些相对完整的纸张、纸片甚至纸卷之后，塔莱教授得出结论，这份文字材料是由王室监工梅勒及其团队成员留下的，那是一支由工人、写工、工匠、水手和搬运工组成的高效团队。这样一支团队在瓦迪艾贾夫做什么？塔莱的结论是，梅勒和他的团队奉王室之命前往那里，采办铜料运回吉萨。[6] 当时，铜的实用性及其商业价值都可与黄金媲美。胡夫对当地铸铜厂的产量有强烈的需求。为什么？因为铜是生产建造金字塔所需工具的材料。确实，根据一些人的观点，胡夫囤积的铜可能比世界上其他任何地方都要多，从而为他的宏伟奇观制造足够的工具。[7] 生产数千件铜制工具又需要大量的木材为金属加工提供所需的燃料。事实上，建造吉萨金字塔对木材的需求无比庞大，以至于吉萨周边地区不可避免地成为不毛之地，尤其考虑到金合欢树（acacia tree）——首选的燃料——在当时该地区干旱的气候条件下很难重新生长。

金属铜的产地有好几处，其中包括位于红海对岸、与古代港口艾因苏克那（Ayn Sukhna）和瓦迪艾贾夫隔海相望的西奈半岛。在艾因苏克那，塔莱教授在偶遇梅勒日记之前便已发现用于炼铜的熔炉遗迹。[8]

据了解，胡夫还派出了好几支黎巴嫩远征队，用铜制工具和武器交换珍贵的黎巴嫩雪松；这种木材是建造大金字塔南侧大石坑中的陪葬——太阳船的关键材料。[9]

显然，梅勒和他的团队在古埃及的贸易和发展中发挥着重要的纽带作用。这支皇家团队一路上必须获取食物和其他补给。现在，多亏塔莱的发现，我们才得以看到团队每日和每月所记录的食物补充和消耗的详细信息。由于他们是在执行法老指派的任务，沿途的地方官员都必须为他们提供补给。为这支团队提供保障的人的姓名也都记录在案，也许是作为正式收据，好让法老准确掌握各省履行义务的具体情况。每一件必须交付给团队的物品都有一个专属条目。在莎草纸账单上，梅勒和他的办事员还在每一条食物和供给品的账目之后画了三个单元格：一格用来记录预计金额，一格用来记录实际交付的内容，最后一格则是尚未交付的内容。在这些表单中，最完整的一张是不同类型谷物的交付记录，又称作"面包账单"。[10]

塔莱教授发现的第二大类文献主要是进度表。页面被细分为 30 列单元格，用于记录团队在一个月内的日常活动。大部分记录的是团队在图拉征收石料并将其运往吉萨的进展。团队中的写工在用水平线分隔的列表中记录待办事项和项目目标。在项目运转的每个阶段，相应的进度说明或完成日期都会被添加到表格中，总体进度一目了然。不断向前推进项目，是让"老板"满意的必要条件——在这个案例中，"老板"是一位以追求效率和严厉而著称的法老。

这样的表单是不是似曾相识？来自 Zapier* 的迈克尔·格拉布斯（Michael Grubbs）估计会给出肯定的答案。在他看来，梅勒的面包账单和进度表便是电子数据表的最早雏形。[11] 显然，早在 4500 年前，人类用大脑处理信息的能力与今天一样不尽如人意。在现代社会，我们用表单——通常称为数据表——将各种各样的信息流整理成更精确、更便于使用的数据集，倘若没有这些井井有条的数据集，我们的大脑很难回忆起散乱的信息。

---

* 商务类任务管理应用软件。——译注

不过，世界上的第一张"数据表"出现时，它的载体并不是微软 Excel，而是莎草纸。

> 数据表能帮我们以更有意义的方式对数据进行分类和标记，为之后的查阅和计算提供便利。这种做法实际上可以追溯到数千年前，在参与胡夫金字塔工程的埃及古王国官员梅勒的日记中，就已经出现记载在莎草纸上的数据表。在那时，纸张是分类记录大量数据的唯一选择。现在，则有计算机为我们工作。（迈克尔·格拉布斯，《谷歌表单101：初学者指南》[Google Spreadsheets 101: Beginner's Guide]）

最后，让我们来看一看遗址现场出土的第三类文献：日志，或者说是日记。这类材料是所有文献中保存最完好的，其中包括梅勒团队执行的各项任务的详细说明，主要内容是他们在抵达瓦迪艾贾夫港口之前的工作。团队负责从图拉装载、运输直到最终交付石料的全部工作，为此，梅勒每天都要记录到达时间、夜泊港口和整个过程中每一阶段的持续时间。

图拉采石场位于吉萨以南 12.5 英里处。从日记中可以清楚地看到，从图拉采石场前往吉萨，在顺流的情况下需要航行两天。卸下石料之后，驳船会划桨或扬帆逆流而上，在一天之内返回图拉。请注意，尼罗河与世界上大多数河流不同的一点是，它的流向是自南向北。在尼罗河上航行，对于轻型船来说大多数情况下都是一项轻松的任务，无论逆流还是顺流，几乎都不费什么人力。盛行风由北向南吹，船只向上游航行时可以借助风力，返航时则可以顺流而下。而梅勒的情况则恰好相反。这很好记，你只需要想一想，在圣书体象形文字中，表示"逆流而上"或"向南行进"的符号是一艘张开风帆的纸莎草船，而放下风帆的图形则表示"顺流而下"或"向北行进"。

研究古代河运的一大复杂之处在于，尼罗河的河道在历史上曾经发生多次偏移，因此，从图拉到吉萨的路线肯定不像我们今天看到的这样直接。有人提出，胡夫和他之前的法老修建了水道和运河，将金字塔建筑区与港口、水库和船坞连在一起，以便运石船驶入工地。[12]

借助塔莱的笔记和注释，我们很快就能解读梅勒日记。

"第24天：与船员、宫殿人员以及贵族安卡哈夫（Ankhaef，胡夫的维齐尔，也是他同父异母的兄弟）一起堆石料。"

"第26天：船载满石料；在胡夫湖畔过夜。"

"第27天：出发，前往胡夫的地平线（即大金字塔）交付石料。"

"第28天：出发，前往图拉采石场。"

"第29天：与船员一起在图拉收石料。"

等等。[13]

塔莱推测，梅勒的团队在最后一次运送铜料的行程中将这些文件和日记带到港口，在那里，他们得知了法老的死讯，便将这些资料全部丢弃。随着胡夫逝世，他们的工作也宣告终结。那时，金字塔可能已经完工，没有任何理由继续留在瓦迪艾贾夫——这个荒芜、酷热、与世隔绝的地方完全不适合久留。[14]

2015 年，塔莱接受了作家兼哥伦比亚大学新闻学院教授亚历山大·斯蒂尔（Alexander Stille）的采访。斯蒂尔表示，塔莱教授觉得报刊和大众传媒的评论很有意思，但也有一点令人恼怒。不过，谁又能责怪他恼怒呢？塔莱认为梅勒的日记是"迄今为止埃及境内出土的最古老的、有文字记录的莎草纸"[15]，然而，如此重要的事物似乎被大众传媒界广告宣传式*的舆论导向刻意忽略了。在这些人眼中，古埃及就是"三个 M"：纪念碑（monuments）、大金字塔（massive pyramids）和木乃伊（mummies）。在他们的认知范围内，那些真正推动古埃及发展、使之成为伟大文明的关键——世俗生活中的日常用品——只是学究们的研究对象，可以像路边行乞者一样被忽略，无人问津。烧造陶器的窑炉、炼铜的熔炉、简单的水力提升装置、农夫自制的犁，还有耕牛等为农业生产而饲养的牲畜，这些都必须靠边站。相比之下，还是纪念碑和金字塔等建筑更有炒作价值。

诚然，金字塔对王国经济的发展具有刺激作用，也为资源的配置提供了焦点。但是，经济学家告诉我们，古埃及伟业的真正根源在于农业和农业生产的管理。每一次洪水退去之后，古埃及人都会在原有土地划分的基础之上重新测量和分配土地，

---

* 原文为"麦迪逊大道式"（Madison Avenue-type），因为麦迪逊大道是纽约广告公司的集中地，故而成为美国广告业的代称。——译注

他们会评估农作物的预期产量，征收一部分农产品作为税收，将这些农产品储存起来，再作为工资分配给为王国工作的人。各地区都设有由数百座仓库构成的地方储存机构，以防出现歉收。所有这些都用数据表进行记录和跟踪，因此，这个国家很快便对轻型纸张产生了依赖，整个王国都需要纸张来记录和管理浩如烟海的数据。

于是，纸张成为造就古埃及时代传奇的诸多基础物品之一。梅勒所使用的数据表在古埃及的生活方式中发挥着无法估量的作用。这种纸张也被用来记录神职人员灵光一现的想法或语录、法老的旨意，以及古代世界最重要的历史事件。因此，纸张比胡夫和他的金字塔都重要得多。从本质上说，纸张才是法老最珍贵的宝藏。

塔莱教授用了 20 年时间研究古埃及文化的边缘地带，这种文化像杠杆一样撬动起斯蒂尔所说的、推动文明向前发展所需的"大规模航运、矿业和农耕经济"。这一发展进程离不开梅勒在职业生涯中每一天都要使用的小小奇迹：用纸张释放团队成员的大脑空间，让他们去思考更重要或者更美好的事物。以植物为原料制成的轻型纸张帮助古埃及人专注于眼前的工作，最重要的是可以帮助他们处理和使用数据集，将法老的宏图伟业向前步步推进。所有这一切都再次凸显出纸张的重要性。

纸张并不是他们唯一的工具。铅、铜、蜡和黏土制成的简牍，贝壳或陶片，树皮，皮革，布匹，竹片以及棕榈叶……这些媒介都或多或少曾作为书写的载体。不过，莎草纸才是第一种现代意义上的书写媒介。它几乎没有重量，又便于书写，而

011

在莎草纸出现之前，文字往往只能镌刻在陵墓墙壁上、纪念碑侧面、棺木表面，或者铭刻在陶片表面，图画则只能绘制在陶器上。现在，莎草纸让文字和绘画得以摆脱笨重的载体，展翅飞翔。这是一场最终将我们带入今日"云时代"的旅程，是莎草纸旅程的第一阶段。

在莎草纸之前的时代，泥板也是记录文字的载体之一。泥板从公元前 4000 年左右使用的陶筹演变而来，用于记录农作物收成和税收等基本信息。泥板让苏美尔"楔形文字"的发展成为可能，这种书写形式诞生于公元前 2500 年左右。泥板易碎而沉重，与植物纸或皮纸相比有明显的劣势。经过适当烘干的泥板可以保存相当长的时间，但在阳光下晒干的泥板却并非如此。研究《新约》的学者罗伯特·华尔兹（Robert Waltz）告诉我们，在来自美索不达米亚的楔形文字书简当中，有些在出土之初字迹清晰可辨，现在却慢慢腐朽，因为展出这些泥板的博物馆无法维持适当的湿度。这一特质将制约它们在青铜时代之后向荒漠以外地区传播。不过，这些泥板在美索不达米亚的王室档案中确实广泛使用。杰出的图书管理员和学者弗雷德里克·基尔戈（Frederick Kilgour）指出，在保存至今的 50 万块泥板中，95% 都用于记录信息。然而，古代读者早有怨言：除了苏美尔写工，几乎无人能读懂泥板上镌刻的文字。而作为一种社交媒介，泥板还有另外一个缺点：沉重。根据华尔兹的估算，抄写一份完整的《新约》大约需要 650 块泥板，这对普通人来说实在太重了，你根本不可能带着它们四处闲逛。更何况，你还得找到给泥板排序的好办法。

于是，莎草纸在公元前 3000 年左右登上历史舞台，它的出现可谓是书面文字之幸，及时为我们今天所看到的西方文明和文学的高速发展提供了巨大的助推力。从那时起，随着楔形文字泥板逐渐退出舞台，文字本身以及承载文字的纸卷都变得更加易于传播，整个文明世界也因此可以更加轻松自在地呼吸与生长。

古埃及人用纸莎草制作莎草纸，将这种植物的白色内茎削成薄片，再将薄片压在一起干燥，用此法制造出上百万张莎草纸。从公元前 3000 年新石器时代末期开始，古埃及人乃至后来的古希腊人、古罗马人和阿拉伯人，都对这种纸张极度依赖。

简直是神赐的礼物。当早期基督徒四处寻找可用来写信和抄录经文的载体时，莎草纸让他们大喜过望。这些莎草纸既包括单张纸和纸卷，也包括笔记本大小的折页，即早期书籍的前身，称为"册本"*。幸运的是——对他们和我们都是幸事——古埃及人用来造纸的植物是地球上生长最快、产量最高的植物之一。在万里无云、烈日当空的古埃及，纸莎草在面积达数百万英亩**的古老沼泽中欣欣向荣地生长。

史上第一张纸

塔莱的发现让我们见到了第一张写有文字的纸张，但我们知道，纸张在此之前早已存在。第一张纸的发现者曾为此付出

---

* codices 即 codex 的复数，多译为"抄本"。本书中 codices 是继 scroll 之后出现的书籍形式，二者的区别主要在于纸张形式从纸卷过渡到单张纸，而"抄本"一词重点突出"手写、抄录"，因此，参考《册子本起源考》，本书将 codices 酌情译为"册本"，从而与"纸卷"（scroll）相区别。——译注

** 1 英亩约 0.4 公顷。——译注

艰苦的努力。他历经千难万险，才发掘出维齐尔的坟墓，从中
清理出经过防腐处理、放置在巨大石棺内的神牛，还有努比亚
王朝国王的遗迹。他亲眼见证了整个过程。甚至当霍华德·卡
特（Howard Carter）1923 年发现图坦卡蒙（Tut）之墓的入口
时，他也在现场贡献了自己的一份力量。叼着烟斗的沃尔特·
埃默里（Walter Emery）身材健壮，看起来十分可靠，他之所以
能出现在塞加拉（Saqqara），完全是他自己争取到的。在企鹅
公司出版的一本书的封面上，他面带微笑，双眼透过角质眼镜
框向外看去。照片中的他有一头深色头发，面色红润，看起来
与年轻时别无二致，只不过那时他还是一名海洋工程师。然而，
1936 年 3 月底他所站立的地方距离任何海域都很遥远；那片寸
草不生、尘土飞扬的墓葬群是古埃及旧都孟菲斯居民的长眠之
地，位于今开罗南部。

　　作为一名年轻的埃及学研究者，埃默里充分展现出管理大
规模重要发掘项目的能力，同时他也是一名训练有素的绘图员
和建筑分析师，因此是发掘这些墓葬最合适的人选。他的妻子
莫莉（Molly）主管营地的后勤工作，提供了极大的帮助。著名
考古学家弗林德斯·皮特里（Flinders Petrie）原想亲自"出马"
发掘塞加拉遗址，然而却遭到拒绝。在皮特里有意探索这片区
域之前，此地已被划定为政府考古学家的自留地。许多年后，
塞加拉的首席文物督察官去世，埃默里才得以走马上任。

　　1935 年秋天，炎炎夏日一过，埃默里主持的第一期发掘工
作便宣告开始。他首先对编号为"陵墓 3035"的巨大阶梯式矩
形平顶陵墓（马斯塔巴）展开细致的研究，这是一处能够俯瞰

整片地区的土台状墓葬。工程师的直觉告诉他，在整个墓葬群当中，这里就是正确的起点。

据传，这里埋葬的是赫马卡（Hemaka，约前3100年）[16]，一位曾经担任过总领大臣和王室掌玺官的显赫人物，在第一王朝时期掌握着仅次于法老登（Pharaoh Den）的大权。这座陵墓被认为是建筑领域的杰作，古往今来的来访者早已将此地翻了个底朝天。陵墓中还会剩下什么重要的东西吗？经过一年的辛勤工作，运气、直觉和辛苦的努力得到了回报：埃默里发现了45间储藏室，或者说是仓库。

接下来便要开始艰苦卓绝的繁重工作，逐一仔细清理这45间储藏室，这是最困难的部分。工作人员按英文字母表对其进行编号，从A到Z，埃默里那张照片中所站立的地方便是Z库。现场清理意味着400人要在密切监督下进行挖掘、筛选、清扫、刷土乃至清理细小灰尘的工作。在前25间储藏室全部清理完毕之后，只在少数几间发现了有价值的物品。在某些房间里，他发现了古老的油壶和酒壶。而在清理W、X和Y库的最后几周里，工作人员发现手工制品的数量越来越多。这一天，他们在Z库发现了大量物品，其中有一个嵌有图案的游戏转盘，上面绘有几条猎犬追逐一头瞪羚的图案。Z库还出土了许多其他游戏转盘，还有箭头、各种工具、燧石刮刀、燧石小刀以及用黏土制成的封罐盖等。正是在这间储藏室内，埃默里在两块象牙板和一把镰刀的把手上找到了赫马卡的名字。

对这一发现甚为满意的埃默里给考古现场拍了照片。最后发现的这三件物品可以确定遗址的年代，并且让他有了绘制详细现场图以备今后出版的信心。此外，这还意味着他可就此认定"陵墓3035"属于赫马卡，从而可以据此开展命名和断代工作。

突然，一位工人向他示意：在那里，在一层沙砾和碎片之下，躺着一个小小的圆形雕花木筒。他小心翼翼地捧起它，等待周围人聚拢过来。这是一个已经静静放置了5100多年的容器。他们确信，里面一定是黄金饰品或半宝石＊，或者是人类历史初创时期的精美遗物。当埃默里轻轻撬开筒盖时，在场所有人都屏住了呼吸。

筒内装的是两卷莎草纸，这是里面唯一的内容。可以想象他们当时的失望心情——因为纸卷上空无一字。工作人员回到各自的岗位，埃默里也将注意力转向其他事情。

赫马卡墓中发现的雕花木筒（来源：Emery, 1938）和两卷空白的莎草纸

＊　钻石、祖母绿等贵重宝石之外的宝石，包括水晶、玛瑙、红玉髓、石榴石、碧玺、珍珠和珊瑚等。——译注

在图坦卡蒙墓中，霍华德·卡特发现了那具纯金打造的棺木；在壮观的赫马卡墓中，埃默里发现的则是许多绘画，还有迄今为止考古发现中最大规模的王朝早期物品集合，其中包括500枚箭头。他对这些发现很满意。

他打开木盒的那一瞬间是世界历史的一个重要时刻。尽管在埃及出土的莎草纸卷和《亡灵书》抄本多达数千份，尽管人们在意大利的一幢别墅中发现过2000份烧焦的纸卷，尽管在奥克西林库斯（Oxyrhynchus）和其他古代垃圾倾倒场遗址曾发掘出成千上万的残片、纸页和纸卷，尽管有梅勒的日记和数据表，但是，在当时，还从未有人发现过年代更久远的纸张实物，更不用说是两份空无一字的纸卷。在机缘巧合之下，埃默里发现了有史以来最古老的纸张。

埃默里的发现中最耐人寻味的一点是，纸卷上空无一字。这意味着什么？在埃及第一王朝（前3100—前2890年）最后一位法老卡（Qa'a）统治的时代，印章留下的简单轮廓表明，当时的纸卷会涂抹尼罗河的河泥用以封口。这样一个封口纸卷的图案就是代表"书卷"或"书写"的象形文字。[17]这表明，在古埃及第一批法老诞生的时代，莎草纸就已经存在。当时的古埃及人已创造出圣书体象形文字，与之一同创造出来的还有僧侣体——一种优雅的草书。

回顾这一切，剑桥大学的埃及学者托比·威尔金森（Toby Wilkinson）得出的结论是，埃默里发现的无字莎草纸卷不仅能够证明5000年前就已经存在莎草纸，同时也能够证明古埃及第一王朝时期（时间跨度从公元前3150年至公元前2750年，从

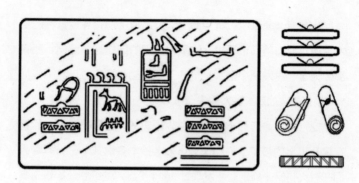

左：法老卡的泥质印玺上代表莎草纸卷的圣书体象形文字（来源：埃默里，1954）
右：各种书卷的图画和代表书卷的象形字符

那尔迈到卡，共历经 8 位法老的统治）就已经出现书面文字。[18]
威尔金森得出这一结论所依据的事实在于，僧侣体这种文字与
莎草纸相依相伴、密不可分，正是莎草纸推动了这种书写速度
更快的字体的发展。

法老的宝藏

非常有趣而且值得注意的一点是，古埃及人从一开始就非
常清楚纸莎草这种植物的真正价值。而且说来也巧，在众多傍
水而生的早期文明之中，只有古埃及得天独厚地拥有这种植物。
这一事实似乎为现代历史学家所忽略，在通识作品或科学文献
中，鲜少提到这种植物如何以及为何几乎从有历史记载之初便
得到上至法老，下至平民的尊敬和珍视。

017

让这种植物如此不同寻常的是它柔韧灵活的茎秆。大多数
芦苇属植物的茎秆在成熟之后会变得僵硬，无法大批量加工成
手工制品，也无法用来制作纸张或编织绳索。收割下来的纸莎

茎秆的横截面

0

3英尺
（1米）

水面丛生
的部分

水

削去茎秆外皮

尼罗河岸边沼泽中生长的纸莎草

草茎秆可以像其他苇草一样，在干燥之后用来建造船只、围栏
和房屋——在美索不达米亚平原、印度河流域、索马里（谢贝
利河–朱巴河［Shebelle-Juba］）、斯里兰卡、中国、前哥伦布
时代的墨西哥和的的喀喀湖流域（玻利维亚–秘鲁）等傍水而
生的古代帝国，这种用途十分常见。除此之外，常见芦苇属植
物的用途便十分有限。芦苇、菖蒲，莎草、灯芯草或香蒲在成
熟之后，要么是空心的，要么过于僵硬，都无法像柔软的纸莎
草一样，在数千年里被用于制作纸张或绳索。

既然纸莎草这么容易弯折，那么它怎么能在正常情况下生
长到平均15英尺的高度呢？纸莎草的茎秆外层是轻巧但坚韧

的绿色外皮，内里是疏松的三角形内芯。内芯很适合造纸，而外部包裹的绿色外皮则很容易剥除，这种结构真是大自然巧夺天工的创造。纸莎草的这种特点使之成为编织和制作各种手工制品的绝佳选择。内芯和外皮让纸莎草成为一种无与伦比的资源。另外，从它的尺寸来看，纸莎草在同类植物中也是独一无二的。

用途多、产量高、适应能力强，纸莎草在古埃及人的生活中扮演着重要角色，因此才会出现在最初的象形文字中。"*djet*"一词表示纸莎草的茎秆，"*tjufy*"的意思则是生长在水边的纸莎草，而"*mehyt*"则代表更广泛意义上的沼泽植物。[19]代表纸莎草的符号也出现在"*wadj*"一词中，意思是"新鲜的"、"欣欣向荣的"或"绿色的"——它是"伟大的绿色"或"地中海"一词*的组成部分。制成纸卷的纸莎草叫作"*djema*"，意思是"干净的"或"开放的"，这个词义是从新纸光滑洁净的表面引申而来。[20]一根细长的纸莎草茎秆折叠两次，象征"祭品"或"礼物"。一丛纸莎草（表音符号，读作 *ha*）代表尼罗河三角洲或者下埃及。在平地上排成一列的茎秆则用来表示洪水泛滥的季节。

当纸莎草茎秆与眼镜蛇（代表尼罗河三角洲守护女神瓦吉特［Wadjet］的符号）相连时，二者组合而成的图案便是形容词"绿色的"（表音符号，读作 *wadj*）。而对折之后捆成一束的纸莎草茎秆（即救生衣或浮舟的雏形）则意味着"保护"。

---

* wadj-wer 意为地中海。——译注

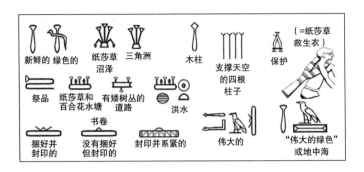

各种与纸莎草或莎草纸有关的象形文字符号

简单描绘纸莎草茎秆的图案构成了象征符号"街道"的一 018
部分（也许"有矮树丛的道路"这个符号表明，埃及早期的道
路建在堤坝的顶部，因此两边都是纸莎草；这个符号也可能代
表连接两片纸莎草沼泽并穿越其中的道路）。纸莎草也用来象征
支撑天空、分别位于大地四极的四根柱子。或者用来象征柱状
的轮廓，因为在古埃及随处可见的神庙中，石柱往往雕刻着纸
莎草的形象。

用陶土封印的纸卷复制品
（来源：Wikipedia & Papyrus Mus. Siracusa, photo by G. Dall'Orta）

下面来看看纸张在象形文字中的地位。一卷用绳子捆好并抹上陶土封印（或者没有用绳子捆好，但依然有泥土封印）的莎草纸，这个图案是"纸莎草卷"的表意文字，而这个字符有自己固定的发音，读作 *m(dj)3t*。这是因为圣书体象形文字具有音形一致的特点，特定的符号往往对应特定的发音，不像英语26 个字母中，某些字母有多种读音甚至可以不发音。因此，当一位古埃及人说 *m(dj)3t* 时，他知道任何人都能听懂：他需要一卷莎草纸。

与其他标记组合在一起，莎草纸卷也出现在"伟大"一词的象形文字中。然而，我们不知道古希腊人是如何将莎草纸与 *papyros* 这个词连在一起的。有几位学者认为，*papyros* 显然衍生自古代埃及语中的 *pa-per-aa*（或写作 *p'p'r*）一词，其字面意思是"属于法老的"或者"法老自己的"，以此彰显王室对莎草纸生产的垄断。

纸莎草图案以多种不同形式出现在古埃及的文字当中，表明古埃及人已经认识到这种植物的重要性。那时的古埃及人仿佛已经预见到，用这种植物制造的纸张将在未来的岁月中成为推动世界发展的关键因素之一。而从眼下来看，莎草纸很快便将成为法老重要的外汇收入来源。数千年来，数百万纸张和纸卷、长达数百万英尺的纸莎草绳的销售和出口，让纸莎草成为古埃及的宝藏——全球范围内任何其他早期河流文化都没有的无价之宝。莎草纸创造的收入为法老的金库带来稳定的大规模财富。粮食产量会受到干旱的影响，但无论粮食库存如何起伏波动，莎草纸带来的财富都会源源不断地涌入国库。古埃及纸莎草沼泽始终是可靠的创收来源。正如我们之后将看到的那样，直到一连串非同寻常的状况出现，莎草纸的出口才被迫中断。

从公元前 30 年到公元 640 年，随着古罗马人控制古埃及，法老的统治逐渐式微，造纸产业转为罗马帝国所掌控，埃及开始为整个帝国供应莎草纸卷和纸张。古罗马政治家卡西奥多罗斯（Cassiodorus）坦言：如果没有莎草纸，他真不知道西方世界该如何发展。[21] 因为在卡西奥多罗斯所处的时代，莎草纸已广泛应用于书籍、商业记录、通信和军队的日常安排，甚至连第一份报纸——起初雕刻在石头上的《每日纪事》（Acta Diurna），也写在了莎草纸上，以便随身携带。

在充斥着平板电脑、无线耳机、个人电脑、手机等电子产品的新世界里，上述一切似乎黯然失色，显得平淡无奇。不过，不管有多少创新和技术奇迹，人类思想演进的实物证据仍然以莎草纸制成的纸卷和书籍为主，这些纸卷和书籍被认为是最早的历史文献之一。

最近，莎草纸的重要性再一次得到印证。2012 年，一张莎草纸残片重现世间，随即立刻登上新闻头条。哈佛大学神学院的凯伦·金（Karen King）教授对外宣称，她从一位不愿透露姓名的私人收藏家那里得到了一页残纸。纸上写着"耶稣对他们说：'我的妻子……'"金教授在得到这张莎草纸两年后才发表此番言论。她说，第一眼看去，这张纸看起来确实是真品。"长期以来，基督教传统一直认为耶稣从未结

020

婚。然而，并没有确凿的历史证据支持这种说法。"后来，金教授转而认为，这页残片或许只能引导我们重新思考耶稣个人的婚姻状况，而不是重新审视基督教对待性和婚姻是否一度持有非常积极的态度，也不应当据此去重新体会亲密关系的美感。

这一事件证明，莎草纸依然是不可忽视的存在。它还让我想起自己发现一张旧便条的那一天。媒体想必不会关心我的小小发现，更何况我是在一条准备要捐了的旧裤子里翻到这张便条的。那是一张写给自己的备忘便条，重新发现它让我回忆起便条上的信息在当时的重要性。纸条就在那里，完好无损，提醒我别忘记去取一条古董珍珠项链。我妻子至今都很珍爱这张便条所记载的周年纪念礼物，而在若干年后，如果某位考古学家在慈善捐助的废物堆中发现这样一张便条，一定也难以抑制内心的激动。

与未来全球面临的情况相比，个人记录的保存着实无足轻重。在20世纪90年代举办的关于这一主题的一场研讨会上，一位发言者谈道："我们所有的磁记录都面临着威胁：高空（30000米以上）核爆会产生伽马射线，将清除大范围内所有磁性记录介质上的信息……"讨论期间有人问起，到那时还有谁能活下来拯救我们的遗产。发言者答道，大气层会保护我们，只有电磁辐射能穿过大气层。这时，发言者又反问对方，你是否正确理解了这个问题？对方答道："是的，您在鼓励我们使用纸张。"[22]

　　如果这名技术人员的观点是正确的，那么将事情写到纸上真的很重要。今天的律师和会计师都会认同这一观点。不仅如此，他们还会进一步提醒你，一旦写下文字，就要在上面签名，扫描之后将复印件发给他们，还会提醒你"一定要把原件邮寄给我"。而"原件"可想而知应该是纸本。

完成这些步骤之后，记录的内容就像刻在石头上一样可靠，但比石头更易于携带。公元前 1200 年，当摩西在西奈山顶领受上帝的《十诫》时，他一定也意识到了这一特性的可贵。根据希伯来人的传统观念，《十诫》最初的文本是上帝用手指在两块石碑上写下的，后来的替代品也是石碑。在接受《十诫》之后，摩西还有第二项重任：记录《律法书》*。这部典籍可以说是一部世界史，也是为信徒设立的道德和行为准则。《律法书》记述了世界的诞生，以色列人的起源，他们在埃及如何遭人轻贱以及在西奈山上起草《律法书》的过程。因此，无论从部分还是整体上看，这部书都是一项浩大的工程，需要许多书写空间。如果摩西的工具是凿子和锤子，那么这部典籍可能永远无法完成。摩西一定会去寻找莎草纸。为什么？因为西奈山曾经并且现在仍然位于西奈半岛，距离埃及的圣凯瑟琳城（Saint Catherine）很近。在这样一个国度，莎草纸是当时首选的媒介。那么笔呢？我们知道，更晚一些出现的诺斯替教（Gnostic）文献曾经提到，上帝有一支黄金笔。摩西是否也有这样的装备，我们不得而知；上帝是否将自己的圣笔借给摩西，我们也无从知晓。但是根据传说，

---

* 《律法书》(*the Torah*)，又称《摩西五经》。——译注

他下山时手里只捧着两块石碑，因此，他身上一定还有一份《律法书》的纸卷抄本，藏在长袍深处的某个地方。《圣经》告诉我们，下山之后的摩西已经准备就绪，将指引他的族人走上正确的道路，他再也没有回头。在这个故事里，我们又得到了同样的启迪：如果一件事很重要，请将它写在纸上。

我们将在下一章中看到，维多利亚时代的法国人普里斯·达文讷（Prisse d'Avennes）离开埃及时，也像摩西一样携带着简牍和纸卷，这些物品注定将构成记录历史的基础。普里斯也一定像摩西一样考虑过，应该选择何种书写载体。如果莎草纸在它所处的时代确实是主流书写载体，那么正如马歇尔·麦克卢汉（Marshall McLuhan，著名哲学家和传播学教授）所指出的那样，这种媒介会塑造和影响我们感知和理解身边环境的方式。事实正是如此，在将近 4000 年的岁月里，莎草纸持续影响着西方世界。

以北卡罗来纳大学的唐纳德·肖（Donald Shaw）教授为主导的一个媒体学者流派最近引起了学界的关注，他们提出"新兴莎草纸社会"（emerging Papyrus Society）的概念，用来形容个人观点更加多元、更加个性化的社会。之所以称之为"莎草纸"社会，是因为在古代，莎草纸是最方便传播信息的载体。现代人对个性化的便携交流手段的需求乃是长期演进的结果，而这一漫长演进的起点，就是信息摆脱只能绘制和雕刻于石头表面的局限性。这种追求新型媒介——轻巧灵活、便于携带的纸张——的进程一旦开始，就永远不会停步。这是世界历史进程中一个举足轻重的关键时刻：我们得到了解放。从本质上说，莎草纸是文明诞生的助产士，从真正意义上切断了束缚文明的脐带。莎草纸让人类不必再依赖于不易操作又笨重的书写载体，人们从此可以随身携带各种文字记录四处走动。类似性质的创新再也没有出现过——直到 20 世纪，无线技术发明出来。此外，这种新型媒介一经出现，便催生了第一份报纸的问世。后来，报纸、杂志、广播、新闻频道和电视节目从垂直的维度将新闻传播给听众和观众——自上而下地传达给广大社会群体。现如今，面对社交网络、博客、网站、有线电视和卫星广播等横向传播的新兴媒体，传统媒体正在进行一场胜算无多的苦战。

　　现代社会的网民也许认为，当前的社交媒体环境是前所未有的旷古奇观。但是，他们会惊讶地发现，我们在互联网时代所使用的共享、消费和操纵信息的许多方式，其实就建立在已经沿用了数个世纪的习惯和惯例之上。今天的社交媒体用户不知不觉中成了某种悠久传统的继承人，而这种传统拥有令人震惊的深厚历史渊源……社交媒体不仅让此时此刻的我们彼此联系在一起，还将我们与遥远的过去联系在一起。（汤姆·斯丹迪奇，《从莎草纸到互联网：社交媒体 2000 年》[Tom Standage, "Writing on the Wall: Social Media—The First 2000 Years"]）

　　由于精力有限，今天的人们会更加注重比较和组合使用不同的媒介，这让肖博士意识到，他应当思考所谓当代"莎草纸社会"的另一层含义。制作一张莎草纸需要使用两层纸莎草芯：一层水平放置，一层垂直放置。对于肖博士来说，这个实体的纵横矩阵也是在隐喻现代媒体中纵向力量和横向传播的共同存在，这是一种富有挑战性的共存（正如肖博士及其同事所指出的，这种纵横共存也可以被视为纵向与横向的一种平衡。拔地而起的宏伟金字塔象征体制化社会的纵向力量，而莎草纸则代表输送信息更简便、更快捷的草根社交媒体——莎草纸也曾经扮演过与社交媒体相同的角色）。

本书的一大目标是介绍古代早期纸张和书籍的历史。另一大目标则是概述莎草纸如何为书籍制作提供助力，以及如何通过这种方式推动整个世界的革新。

2

普里斯像摩西一样，
将石碑和纸卷带回故乡

普里斯·达文讷将他的宝藏打包装进 27 个大箱子里，接下来便打算带着这些战利品顺流而下前往开罗。同样在 1844 年春天，世界另一头的塞缪尔·莫尔斯（Samuel Morse）从华盛顿特区向一间铁路车厂发出了第一封电报，电报提出了所有问题中最有分量的问题："神做了何等的大事啊！"普里斯确信，在他离开之后，埃及人也会问同样的问题，不过这一次将指向他本人："达文讷做了何等的大事啊！"

他没时间细想莫尔斯的发明将如何改变他所生活的世界，无论如何，那依然是属于纸张的世界。他带领一小队工作人员在将近一年的时间里每晚挑灯夜战，在位于港口城镇卢克索（Luxor，历史上的底比斯〔Thebes〕，见图 1）附近的卡纳克（Karnak），悄悄从阿蒙神庙凿下 60 多块刻有纹饰的石砖。这项工作在没有得到批准（官方敕令）也不享有外交豁免权的情况下展开，直到 1844 年普里斯发现基纳（Quena）地区的地方行政长官已经知道他和团队的所作所为，这才停手。[1] 从

19 世纪 40 年代，尼罗河上的三桅帆船和船员（来源：Wikipedia）

帐篷被当地政府监视的那一刻起，普里斯便下定决心：留在此地风险太大，事不宜迟，趁现在还能离开，赶紧走为上计。第二天中午，他租下一艘大型三桅帆船。入夜后，当月亮从尼罗河上升起时，便溜之大吉。

三桅帆船从码头启航，船长掌舵，几名船员划桨，普里斯和他的队员们则躺在甲板上，享受来之不易的休憩时光。水流和桨手带着他们稳稳当当地离开河岸，驶入主航道。

普里斯·达文讷可能是有史以来前往埃及的所有寻宝者中技艺最高超的一位。最不寻常的一点是，他来埃及并不是为了寻宝。1826 年，19 岁的他第一次来到埃及，当时他已拥有法国一所知名学府的绘图工程学文凭，出身也很好——他的家族是英国贵族艾文的普里斯（Price of Aven）在法国的分支，他的父母和祖父母都是有名望的政府工作人员或律师。普里斯来埃及的初衷是协助总督穆罕默德·阿里（Mohammed Ali）帕夏和他的儿子易卜拉欣（Ibrahim）帕夏 * 进行工程建设和水利开发项目。工程持续了很多年，在此过程中，他熟练掌握了阿拉伯语、土耳其语、希腊语、科普特语、阿姆哈拉语、拉丁语、英语、意大利语和西班牙语。他曾在埃及的数家军事院校教授地形测绘和防御工事课程，还曾前往埃及东部漫游，后来干脆改名为伊德里斯 - 阿凡提（Edris-Effendi），皈依伊斯兰教。

026

尽管普里斯的性格和疏远同僚的习惯惹人非议，但是他乐于帮助贫病之人，行为举止堪称楷模。谁都不曾想到他会去盗窃，而且他本人也鄙视偷盗行为。他有一句话常被当作名言引用："……学者们现在就像大举入侵的野蛮人，不顾脸面地争抢那里（埃及）所剩无多的精美文物……"如果有人能以占据道德制高点自居，那非此人莫属。

究竟发生了什么？是什么让他改变？为什么在 1844 年的那个晚上，他会与一群粗鲁的工人、一帮与盗贼团伙无异的乌合之众一起，躺在一艘三桅帆船上？他为什么会做出这种严重违反当地法律的僭越之事？他很清楚自己是在犯罪，而且罪行严重，但他被两位雇主帕夏逼得别无选择。他们在整个欧洲大肆宣传自己的文物生意，方尖碑、古代陵墓以及其他任何法老的宝藏都可以成为交易物品，用来换取轧棉机、蒸汽机、纺织机、金属制品和制糖设备。他们鼓励对所有古代遗迹进行挖掘，支持文物流通，只为尽快将埃及建设成为现代化国家。当普里斯

027

---

* 帕夏（Pasha）又译巴夏、帕沙，是对伊斯兰国家行政系统内高级官员的敬语，通常是总督、将军和高官。——译注

埃米尔·普里斯·达文讷，1807—1879 年，法国
考古学家、建筑师（来源：Wikipedia）

得知他们计划拆除位于卢克索的阿蒙神庙时，他挺身而出，成
了一个盗亦有道、不图钱财的窃贼。

　　这项工作需要付出超人的努力，却几乎没有后勤保障，只
有几个工人和寥寥无几的工具，而且只能尽量在黑夜的掩护下
动手。普里斯从神庙墙壁上凿下的纹饰石砖包括人物图像、纹
饰、象形文字符号，还有所有目前已知的古埃及国王的详细资
料。这份被称为《卡纳克王表》（Karnak King List）的记录是举
世无双的珍贵史料，涵盖了 60 多位王室成员的详细信息，按照
王朝的顺序排列。作家玛丽·诺顿（Mary Norton）告诉我们，
普里斯还发掘出几块石简（石碑），其中一块展现家庭生活场
景的石简可追溯到公元前 4000 年。[2] 此外还有一份莎草纸卷，
后来的研究表明，这份纸卷的重要性与其他战利品相比有过之

普里斯的队员在卡纳克凿取石砖，1843 年（来源：Wikipedia）

而无不及。普里斯在底比斯遇见了这份纸卷，从一位受雇参加墓葬群发掘工作的阿拉伯农夫手里买下了它。纸卷年代可追溯至公元前 1800 年，其中提到了胡夫王朝时期的某位贵族。这份纸卷被称为"普里斯纸草书"，据说这就是世界上最古老的写在纸上的文学作品。

　　帆船靠近开罗，普里斯将三桅帆船停靠在附近的尼罗河港口布拉克（Boulac），让手下的领班工人负责看管船只和货物。他自己则辗转找到法国副领事，恳求对方为他的珍贵货物提供外交保护。但副领事拒绝了。普里斯没有气馁，又回到船上。途中，他遇到了著名考古学家和学者里夏德·莱普修斯（Richard Lepsius），他带领着一支普鲁士团队，正准备为一场

028

逆尼罗河而上的远征招募队员。后来，在帕夏的许可之下，莱普修斯也带走了规模可观的收藏品，其中包括从命途多舛的塞提一世（Seti I）陵墓中用炸药炸断的一根圆柱，还有从法老乔塞尔（Djoser）*的塞加拉阶梯金字塔拆下的泥砖墙残块。所有这些都是来自穆罕默德·阿里帕夏的正式赠礼，用以感谢莱普修斯以普鲁士国王的名义为他提供的晚餐服务。普里斯邀请莱普修斯与他一同回到船上，当晚便热情款待他，和他一起享用咖啡。这位大名鼎鼎的学者就坐在其中一个箱子上，全然不知箱中为何物。

1844 年 5 月，也就是普里斯在阿蒙神庙的巨大城墙上砸下第一凿的整整一年后，普里斯顺流而下，航行至阿夫台（Afteh）。倘若他再等 25 年，也许就可以轻易逃脱，因为苏伊士运河在 1869 年投入使用。然而当时的普里斯只能取道马赫穆迪亚运河（Mahmoudieh Canal）。这条运河连通了亚历山大港与尼罗河，使亚历山大港成为尼罗河的入海口，这座港口城市的新鲜饮用水和食物补给也通过马赫穆迪亚运河输送。负责开凿这条运河的正是普里斯的前雇主帕夏，而开凿运河的代价则是 15000 人的生命。普里斯用一条蒸汽驳船拖动他的三桅帆船，两条船沿运河溯流而上，前往亚历山大港。在那里，他卸下板条箱，登上终点是马赛，中途停靠马耳他和直布罗陀的法国汽船"刻耳柏洛斯号"**。[3]

---

*　又译左塞尔，古埃及第三王朝的法老。——译注

**　船名 Le Cerbère，古希腊神话中守卫冥界之门的三头恶犬，"刻耳柏洛斯"的希腊语是 Κέρβερος，意思是"黑暗中的恶魔"。——译注

就这样，普里斯在埃及工作奉献多年之后，终于驶向法国，也驶向荣耀。回国后，他将包括《卡纳克王表》在内的石碑捐赠给了卢浮宫，并于 1845 年获得法国荣誉军团勋章。然而，普里斯的努力结果如何？他发现的王表只是与其他文物一起被束之高阁。

自普里斯的时代至今，人们发现了许多份王表：雕刻在橄榄玄武岩石板上的巴勒莫石碑（Palermo Stone），这块石碑后来被摔成了碎片，并于 1859 年被 F. 奎达诺（F. Guidano）收购（现存于巴勒莫）；绘制在石膏板和雪松木板上的《吉萨王表》（Giza King List），是乔治·赖斯纳（George Reisner）于 1904年在吉萨的一座阶梯式矩形平顶墓葬中发现的（现存于波士顿美术博物馆）；刻在黑色玄武岩石板上的南塞加拉石碑，1932年由古斯塔夫·热基耶（Gustave Jéquier）发现于塞加拉；塞提一世的《阿拜多斯王表》（Abydos King List）雕刻在石灰石上，至今仍保存在埃及阿拜多斯的塞提一世神庙墙壁上；拉美西斯二世（Ramesses Ⅱ，前 1200 年）的《阿拜多斯王表》则于 1818年由威廉·班克斯（William Bankes）在阿拜多斯发掘出土（现存于大英博物馆）；此外还有刻在石灰石上的《塞加拉王表》（Saqqara King List），1861 年发现于塞加拉（现存于开罗埃及博物馆）。

历史上最可信的一份王表按时间顺序记录了拉美西斯二世之前所有的古埃及国王，令人惊讶的是，这份王表并未刻在石碑上，而是写在莎草纸上。这份文献称为《都灵王表》（Turin King List）。文字用红色和黑色墨水写成，著名收藏家德洛维蒂

（Drovetti）1820年买于卢克索。尽管纸张损毁严重，但其中至少涵盖了第十九王朝前所有的埃及早期国王。这份保存在都灵埃及博物馆的王表是另一个将信息从石板过渡到纸张的杰出典范。在这个例子当中，相比于在此之前诸多精心雕刻或绘制的宏伟纪念碑，莎草纸卷已经占据了上风。

值得注意的一点是，除了两份《塞加拉王表》和塞提一世的《阿拜多斯王表》，上述所有王表都是由维多利亚时代和爱德华时代＊的收藏家发现的，而且现在都保存在埃及之外的地方。这些文物是否应该物归原主——尤其考虑到它们当年可能是被非法运送出境的？多年来，人们一直围绕这个问题争论不休，但是自从2011年"阿拉伯之春"革命爆发后，支持归还文物的声音便有所减弱。2011年12月，开罗解放广场附近的埃及科学研究所发生爆炸，志愿者们花费了好几天时间全力抢救研究所内保存的20万本古籍、价值无法估量的日志和精美绝伦的文献史料。这一事件再一次抛出了那个难以回答的问题：人们是否应当不择手段（包括非法交易）地"拯救历史"？埃及人是否应当要求返还散落在世界各地的数十万件文物？大规模的文物归还可能超出埃及博物馆管理人员和资源设施的承受能力，让局面更加糟糕。

也许，我们可以在萨丽玛·伊克拉姆（Salima Ikram）提出的通识哲学理论中找到问题的答案。这位开罗美国大学（The

＊ 维多利亚时代指英国维多利亚女王统治时期，1837—1901年。爱德华时代指英国爱德华七世统治时期，1901—1910年。维多利亚时代与爱德华时代一同被认为是大英帝国的黄金时代。——译注

American University in Cairo）的知名考古学家和埃及学教授建

议，某些物品必须回归埃及，不存在讨论的余地；同时她也指

出，许多在海外展出的文物本身就是"埃及最好的大使"⁴。将

全部流失文物归还给埃及之后会发生什么，伊克拉姆教授也无

法回答。大规模文物归国将在世界范围内留下大片空白。"大家

还怎么去了解埃及？谁还会对埃及文明感兴趣？"这种进退两难

的僵局依然未能破解。不过，吉萨即将开放一座规划已久的大

型埃及博物馆，此举可能促使世界各地的博物馆归还相当一部

分埃及古物——如果占有文物的机构有意归还的话。因此，就

目前的情况而言，这些王表中的大多数很可能会依然留在原处。

　　要推定纸张最初得到大规模普及乃至成为主流媒介的准

确时间，梅勒的日记和数据表只是冰山一角。19世纪收藏家

和考古学家发现的大量古代碎片和纸卷让我们对古代纸张的

使用范围之广有了一定的概念。在这些19世纪的发现当中，

有一批与古代王室宗教崇拜活动相关的商业文件——古王国

时期（约前2686—前2181年）的阿布西尔纸草书（Abusir

Papyri）。还有一些零散的文学类莎草纸文献，例如韦斯特

卡纸草书（Westcar Papyri，前1800—前1650年），这份

文献记载了5个关于祭司和法师施法创造奇迹的故事（这些

都是法老胡夫的儿子们在宫廷里讲述的）。

　　1845年，普里斯纸草书被移交给位于巴黎的法国国家图

书馆，分成几部分上浆保护，然后展出了170年。纸张摊平

展开的规格大约为 20 英尺 ×7 英寸，平均宽度约 6 英寸[*]。全篇共有 18 页，写有黑色和红色的僧侣体象形文字，据说这些文字是最早记录在莎草纸上的文学作品。这份莎草纸文献记载的是《普塔霍特普箴言录》（The Maxims of Ptahhotep）中的内容，收录了法老杰德卡拉·伊塞西（Djedkare Isesi）统治时期（前 2475—前 2455 年）伟大的维齐尔普塔霍特普的箴言，这些箴言原本是普塔霍特普对儿子的谆谆教导。这份纸卷上还记录了另一位维齐尔卡格姆尼（Kagemni）的教诲和忠告——卡格姆尼是胡夫之父、法老斯尼夫鲁（Sneferu，前 2600 年）统治早期的朝廷重臣。

《写工、手稿与书籍》（Scribes, Script, and Books）的作者莱拉·艾弗林（Leila Avrin）相信，《普塔霍特普箴言录》标志着埃及古典文学时代的开始。在中王国时期，作家们开始意识到社会的黑暗面，短篇故事开始成为一种文学类型，这时，一股新的中产阶级古代文学浪潮随之兴起，推动埃及古典文学进入百花齐放的繁荣时期。这些多年之后才得以重见天日的古埃及文本便是属于这一阶级的文字，从中我们可以读到《能言善辩的农夫》（The Eloquent Peasant）、《人与巴的争论》（The Dispute Between a Man and His Ba）及《辛努亥的故事》（The Story of Sinuhe）。此外还有《美里卡拉王训导录》（Teaching of King Merikare）——一部在公元前 1540 至公元前 1300 年的三张莎草纸残片上发现的文学作品。

---

[*]　1 英寸约合 2.54 厘米。——译注

除了上述文献，还有一张古典莎草纸记载了《遇难水手奇遇记》（*The Tale of the Shipwrecked Sailor*），讲述的是一段前往国王矿山的古代航海故事（前 2000—前 1650 年）。这个故事被认为是人类使用文字以来创作的最古老的奇幻文学，主人公出海远航，途中遇到风暴，搁浅在一座被施了魔法的小岛上，还与一头怪兽作战，这头怪兽最终演变成了奇幻文学史上最具想象力的生物——恶龙。

收藏家和考古学家还发现了记录有数学和医学知识的莎草纸，其年代可追溯到公元前 2400 年至公元前 1300 年。所有一切都表明，从公元前 2500 年开始，莎草纸已经成为无数写工、祭司和会计人员赖以维生的工具，纸张在当时已经是十分普及的用品，很适合他们使用。随后，在公元前 1550 年左右新王国时期开始时，另一类纸卷开始崭露头角，它们主要出现在墓葬和棺木之中。《亡灵书》，为逝者准备的、通向永恒之路的指南，它们常与木乃伊联系在一起，准备和处理的方式也大致相同；也正因如此，全部或部分保存下来的《亡灵书》数量十分可观。

准确地说，《亡灵书》应当称为《白昼将至之书》（*Book of Coming Forth by Day*），书中记载着能够帮助灵魂顺利抵达来世的魔咒。为自己编制《亡灵书》的人会选择他们认为最关键的咒语，这想必是一个让人抓耳挠腮的抉择。选择哪些咒语才好呢？它们能帮助逝者顺利到达彼岸吗？来生的全部希望都取决于今世今时所做的选择，当然，也取决于纸张是否足够好用。

3

丧葬人员的独创与
世界首部畅销书

　　木乃伊两腿之间的深色狭长物体曾经让不止一位寻访古埃及遗迹的探险者产生浓厚兴趣。那显然不是木乃伊的身体部位。这个神秘物体有时刷着一层树脂或沥青外漆，可以说很像一截长约 1 英尺的焦黑木柴，但如果将其摊平或打开就会发现，它其实是一份纸卷。虽然可以辨认出这是一卷纸，但要打开并阅读它，绝非易事。既然出现在坟墓或类似的地方，所以这大概不是什么值得写信回家报喜的物件（更不像是值得奔走相告的大发现）；事实上，盗墓者往往对这些东西不屑一顾，他们狂热搜寻的是一眼看起来就价值连城的目标：宝石、首饰和艺术品。

　　直到 18 世纪的欧洲旅行者开始对这些纸卷产生兴趣，它们才被当作新奇的商品出现在市场上。可惜，这些涂有易燃的清漆、树脂或沥青的丧葬卷轴不仅看起来很像上等的煤炭，而且确实也可以当作木炭使用，雪上加霜的是，它们烧起来还会散发出香味。1778 年，一位身份不详的欧洲古董商正在为一份

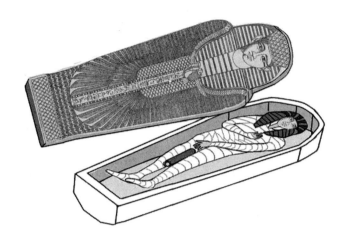

木乃伊、《亡灵书》和棺盖上饰有羽毛图案的棺木
（来源：Mariette and Maspero, 1872 and Wikipedia）

191 年的莎草纸卷讨价还价，他惊恐地发现，埃及农民点燃了大约 50 份纸卷，只是为了得到那种芬芳的气味。他们将纸卷当成了熏香使用。[1]

纸莎草的茎秆中似乎含有一种类似于熏香的天然化合物——老普林尼将纸莎草称为"有香气的杂草"。在今天的埃塞俄比亚，人们依然会将纸莎草的根茎进行干燥处理，然后切成碎片、掺入香料，将制成的混合物用于东正教教堂的宗教仪式。燃烧的纸卷也能产生相同的效果。20 世纪 70 年代，我曾在非洲对纸莎草这种植物有过深入研究，进行了许多化学分析。实验之前必须对干燥的纸莎草加以研磨。研磨过程中散发出的气味非常特别，格外真切，整整几个月都在我的实验室里挥之不去。茎秆上部、花朵和根须的气味不太明显，但茎秆下部及地下部分（茎秆萌芽的生长点）的气味则非常强烈。一份涂有树脂、虫胶或焦油的纸卷会散发出更加浓郁的松针、金合欢树胶或沥青的气味。无论是新鲜材料还是紧紧密封的纸卷，纸莎草天然的芳香都很有辨识度。不过，在沙漠的干燥空气中放置几百年的古代莎草纸页或碎片则没有这种气味，因为其中的芳香物质早已挥发殆尽。

不管这种东西燃烧起来多么有意思，当看到它被卷在木乃伊的裹尸布条里或者压在尸身的手臂之下或双腿之间时，你应该能在第一时间感受到墓主人有多么害怕遗失这件物品。谁能责怪墓主人的小心谨慎呢？《亡灵书》（大多数丧葬卷轴的内容都是《亡灵书》）是逝者在浩瀚星海的旅途中最重要的安全保障。想象一下，它就像是独自出行的孩童或老人胸前的挂牌——你也许在机场见过这样的孩童或老人，他们在航空公司服务人员的引领下，从一座航站楼前往另一座航站楼，走向事先确定的终点。

在古埃及，丧葬卷轴有若干种不同的形式，人们可根据自身能力选择。有的丧葬卷轴是对逝者一生善行的简要概括，写在一张很小的莎草纸上，紧紧卷成能够放进护身符里的一小卷。有的则是在一整张莎草纸上事先写好主要内容，留下填写逝者姓名的空白——最早的模板式文本。此外还有长度为 1 英尺到158 英尺不等的纸卷，具体书写多少《亡灵书》的内容则取决于受雇的写工能写下多少字或者买主付了多少钱，这些内容既有赞扬逝者生平美德的颂歌，也有帮助逝者穿越冥界、告诉逝者如何抵达受到祝福的亡灵安息之地的指引。

埃及《亡灵书》抄本的复制品

除了这份莎草纸"护照"，逝者还需要一大批帮手陪同其前往来世，这些帮手经常被塑造成陶制或木制小人，他们驾乘着用纸莎草制成的独木舟、小船或模型船，运送逝者的肉体前往安息之地，载着逝者的灵魂前往天国。如果没有这艘船，逝者就只能等待其他过路的亡灵顺道载他一程，也许会因此耽误行程。无论如何，只有纸莎草舟能作为前往冥界的交通工具，因为只有纸莎草具有抵挡阴间沼泽中的凶残鳄鱼的神力。

这样看来，如果我们打算遵循古老仪式走上往生的道路，许多人都有善终的机会：天国为我们每一个人都预留了位置，只要我们记得在咽气时攥一张莎草纸放在胸前。

"但是，"你会说，"某某人是基督徒（或者信奉其他宗教）啊！"的确，根据厄内斯特·艾尔弗雷德·沃利斯·巴奇爵士（Sir Ernest Alfred Wallis Budge）的观点，在圣马可（Saint Mark）前往亚历山大城传播基督教后的 100 年里，制作木乃伊

035

的习俗逐渐消失了。到 220 年，埃及已有数千人成为基督徒。耶稣基督的复活让他们相信自己也能获得同样的命运，因此，他们逐渐抛弃制作木乃伊的习俗，宁愿让自己的尸身以自然状态下葬，只为等待在末日审判之际重获新生。不过，旧日信仰的痕迹一时间难以根除。例如，埃塞俄比亚和埃及地区信仰基督教的科普特人会将尸身包裹在亚麻布或皮纸中，在上面书写神的真名。如此包裹尸身的本意是为来世提供庇护，但从形式上看无非是古埃及《亡灵书》莎草纸卷的简化版，只不过将奥西里斯 * 换成了耶稣基督，将莎草纸换成了布匹。

尽管如此，在各种载体当中，唯有莎草纸始终拥有神圣的色彩。在之后数个世纪里出现的木浆纸、碎布纸、亚麻或皮纸都不具备这一特点。因此，在那些举世闻名的图书馆中，当读者或藏书的拥有者捧起心爱的书籍，手指轻抚某一套初版珍本时，也许他们的确触碰到了历史的精髓，但无论他们的心情多么澎湃，这些只是以松木、碎布或者不知道什么原料经过化学处理制成的产物，在众神眼里，它们永远无法替代真正的圣物。

今天，基督徒棺椁内放置的《圣经》，塞入逝者冰冷双手的圣克里斯多福（Saint Christopher）像章，以及在教堂、庙宇或清真寺念颂逝者生平功德的纪念仪式，都是为了让逝者"一路走好"，都是古埃及人和早期基督徒所使用的莎草纸"通

---

* 奥西里斯（Osiris），古埃及神话中的冥王，也是植物、农业和丰饶之神。——译注

行证"的替代品。古埃及莎草纸就像前往未知之地的旅行指南，只要遵循纸上的内容就不会出错。好吧，只能说应该不会出错……

那么，《亡灵书》究竟是什么呢？这类书通常为卷本形式，与祭司协商设计而成，用以确保逝者在死后能够复生。对于生活轻松而圆满的古埃及富人来说，来生意味着这种美好生活将永远持续下去。而对于穷苦之人来说，来生则是一次重新开始的机会，是他们熬过现世的寄托。所以，无论生活水平如何，为即将到来的事情做好准备都十分重要。有些人不得不节衣缩食，在现世生活中清贫俭省，倾尽一生财富，只为将身后事筹

写工的保护神、朱鹭头的托特（Thoth）——帮助我们创作了《亡灵书》

备妥当。如果负担得起，一座坟墓是最基本的配置。在坟墓中，灵魂可以在死后与身体重逢。那时，逝者将重新获得完整的生命，继续享受永恒的来生。

获得这一切的方法全都写在《亡灵书》里。书中还有指路的地图，以及能够打开一扇扇大门、让道路畅通无阻的密码和通关口令。你也可以选择一往无前、慷慨赴死，不必费心做任何准备。但是根据宗教传说，通往天国的道路上处处是邪神恶灵，满地都是陷阱，只有极度贫困或极度愚蠢的人才会两手空空地躺进坟墓，再不济也要带上《亡灵书》最重要的章节或段落。"神庙祭司有一套秘诀，可以应对最恐怖的怪兽、圈套和难关"，这正是祭司们费尽心思制造出的宣传效果。他们会说："想想你最害怕的事，然后放大百倍——与阴间路上等待你的一切相比，这只是九牛一毛。"这样想来，对于和我一样怕蛇的人来说，带一份《亡灵书》第 39 节 "驱逐爬虫和游蛇的咒语" 抄本进入墓穴的想法一定会在脑中根深蒂固。有了这份咒语，为逝者领路的精灵就会大声念诵："回去吧！退后！不要靠近我，否则你将被利刃斩首！"

第 179 节是另一条往生必备的实用咒语，这条咒文能让人"离开昨日，来到今日"，恢复自己生前的样貌，找回残缺的肢体。这当然是极其重要的环节——在进入审判大厅时，一定要展现自己的最佳状态。

最后，第 125 节提醒逝者，要为一路上的意外做好心理准备，尤其是在通往审判大厅的道路上要穿过无数道大门。对于一路上的问题，一定要准备好正确的答案。这类问题大部分都由守门者提出，要求逝者答出守门者的真名。不过，门扉、门框和门把手也可能提出问题，甚至连地板也会发问！所有这些提问者都会高声要求亡灵给出正确的回答。如果手里没有一卷事先写好答案的莎草纸，那就只能自认倒霉了。

或早或迟，所有的私人物品、护身符、祭奠食品以及《亡灵书》的个人抄本都会——准备齐全，或是放进棺椁之中，或是陈列在墓穴内其他便于存放的地点。如果坟墓或棺椁的空间较为宽敞，丧葬卷轴会密封保存在墙上的壁龛或者雕像内部的空腔里，或者封进棺椁旁的匣内。

所有这一切都在印证一句古老的格言："预则立。"放在现代世界，这种做法就像事先前往墓园，早早选定上好的墓地和最高规格的骨灰盒。等到这些东西真正派上用场，坟墓的外观便能反映逝者生前的生活水平，让后人知道逝者在社会中处于怎样的地位。在土里挖个洞用便宜的松木棺材下葬是一回事；银质骨灰盒、大理石陵墓和山林（Forest Hills）中风景如画的墓地又是另一回事。墓地选址本身也是最显而易见的保护。也许我们在图坦卡蒙墓中看到的全套配饰和华服就是在提醒人们，这里长眠的是一位重要人物。通过传递这种信息，保护墓主人不受打扰，因为擅动遗体或陪葬品可能招来永恒的诅咒。也许，长达数百英尺甚至更长的纸卷也发挥着类似告示的作用，证明被死神俘虏的你足够重要，不应当再受到惊扰。

一旦一切准备就绪，就只需恭候死神降临。死亡之后，有趣的环节才真正开始。尸身会接受持续 70 天的防腐处理，最后成为一具仔细包裹、涂上香料、准备停当的尸身。只有一个问题：

038

在审判大厅里，女祭司奈斯坦博塔舍鲁（Princess Nesitanebtashru）的心脏正接受称重（来源：Budge, 1912）

在这一过程中，逝者将完全失去行动、进食、阅读和说话的能力。因此，举行能够恢复这些功能的仪式就显得至关重要。

039　　在审判时刻来临之前，首先要进行一个重要的仪式。这就是"心之宣言"（Declaration of the Heart），过程简单而直接。大多数《亡灵书》完全没有提到心脏背叛主人的情况，逝者的心脏往往表现出愿意合作的态度，这大约是因为祭司提供了正确的咒语。咒文如下：

　　　　在亡灵的国度不让我的心脏与我作对的咒语：噢，母亲给我的心，我在尘世所拥有的心，在万物之主面前，请不要站在我的对立面；关于我的所作所为，请不要说出对我不利的言语，在伟大的神明面前，在西方之主面前，请不要拿出对我不利的证据。

（雷蒙德·福克纳《古埃及亡灵书》[Raymond Faulkner, "Ancient Egyptian Book of the Dead"]）*

也许我们更想知道是否出现过相反的情况。有没有心脏真的"袒露心声"，揭露主人的丑事呢？可想而知，审判大厅里一定有旁听者，比如在此之前不得不忍气吞声的老邻居或老朋友。可见，汉克·威廉姆斯（Hank Williams）的《你泄密的心》（Your Cheatin' Heart）能成为经久不衰的乡村流行音乐金曲实在是情有可原。汉克·威廉姆斯说，当 1953 年他创作这首歌曲时，他想到的是自己的第一任妻子，歌词便自然而然地从笔尖倾泻而出："你泄密的心将说出你的秘密。"这句歌词将那种情感把握得恰到好处，那种显然从古至今都如影随形的情感。来自纽约大学的奥格登·葛莱特（Ogden Goelet）为我们阐释了令人信服的真相："至于心脏为什么想让逝者遭遇不测，这一点尚不清楚，然而阴间本来就是一个无法用理性解释的所在，缺乏理性的现象再寻常不过。说到底，非理性的潜意识确实会让深藏在我们心底的感受脱口而出。"[2]

莎草纸在阳间的影响依然伴随在我们左右。比如，来自一

份被称为《呼吸之书》（*Book of Breathing*）的丧葬卷轴中的莎草纸残片经过摩门教创始人约瑟·斯密（John Smith）的翻译和修改，便摇身一变成为《亚伯拉罕书》（*The Book of Abraham*），并在 1842 年冠以此标题出版问世。尽管斯密的翻译遭到诸多质疑，但它依然被收入作品集《无价珍珠》（*A Pearl of Great Price*），在许多年里都被后期圣徒教会*奉为神圣经典。

纸莎草甚至与现代的丧礼花束也存在一定的联系。开放在纸莎草茎秆顶端的花朵是由纤细花穗聚拢而成的伞状花序，而最早的丧礼花束就是用盛开的纸莎草花扎成的。花簇编织成花圈，再用其他花朵加以点缀，放在古埃及人的坟墓上以寄托最后的哀思。

我们可以看到，过往4000年里人类的生活都离不开纸莎草。与此同时，这种植物直到今天似乎依然以某种象征性的方式，在最后的安息之地陪伴在我们身边。

那么，人们会如何对待静静躺在那里、双腿之间放着书的尸身呢？倘若我们将这具尸身想象成一位老友，想象我们的故交以同样的方式躺在那里，身边放着包裹金边的《圣经》。在吊唁现场，大家瞻仰着那张熟悉的面孔，也许还会在追思这位老汤姆或者亲爱的玛丽姑妈时洒下一两滴泪水。在此情此景

---

* 耶稣基督后期圣徒教会（The Church of Jesus Christ of Latter-day Saints，早期中文译名耶稣基督末世圣徒教会），坊间非正式名称即摩门教，是美国第四大宗教团体，总部位于美国犹他州盐湖城。——译注

之下，我们当中难道有谁会恬不知耻地扑上去抢夺逝者手里的《圣经》吗？

好吧，法国艺术家维旺·德农（Vivant Denon）在 1799 年就是这么做的。当时，他正在卢克索对面的尼罗河西岸参观一座神庙中的坟墓。他的阿拉伯向导当着他的面将一具木乃伊从它的安息之地拖了出来。[3] 起初他犹豫了一下，然后"急得脸都白了"。据他说，当时他气得浑身发抖，准备对那些冒犯这具古老尸体的人表达自己的愤慨！

他刚在神庙里画完一副浮雕的临摹速写，浮雕上的图案是一位正在写字的写工。忽然间，他脑中仿佛划过一道闪电："古埃及人一定有自己的书！"

于是乎，看见木乃伊手里的纸卷，他便一把抓起它，将所有的顾虑都抛到脑后。"这是神圣的手稿，是已知世界上所有书籍的始祖。"此时的他对那些阿拉伯人的贪婪感激涕零。"命运眷顾，让我得到了这样的珍宝……一想到我是第一个发现这珍贵宝藏的人，我就无法抑制内心的自满。"德农的话让我们知道，在那天之前，没有任何证据表明古埃及人拥有这样的物品。

在我看来，我们不能指责德农这一点小小的自鸣得意，毕竟，在对待当地文化的态度上，他比同行的法国军队中的任何人都更具同情心。那些法军一路烧杀抢掠，因为一点小事就大开杀戒。德农前往埃及的行程让他付出了高昂的代价，而他的资助者拿破仑·波拿巴也同样付出了高昂的代价。

德农一拿到纸卷就开始研究上面的内容。"卷中记载的是不是这位人物的历史以及他生平中的重大事件？或者……这卷珍

041

贵文献上书写的是箴言和祈祷文，也许是某段具有考古价值的历史？"又或许，这是一份"古埃及文学纲要"？他反复琢磨，百思不得其解。[4]

现在我们知道，这很有可能只是浩如烟海的《亡灵书》抄本或变体中的一份。《亡灵书》可以说是人类历史上的第一部畅销书。《亡灵书》文本的准确细节还有待进一步破解，其中描绘的故事最早往往被刻画在墓室墙壁和棺木上，直面来访者的目光。公元前 1550 年以后，《亡灵书》开始以莎草纸卷的形式出现，卷紧封好之后与尸身放在一起。问题在于，后来占领埃及的阿拉伯人以及德农所处时代的阿拉伯后裔都完全不懂古埃及语言。在数百年里，他们对这些文字视若无睹，连一个符号也不认识。直到 1822 年，德农的同胞让 – 弗朗索瓦·商博良（Jean-François Champollion）才破译了圣书体象形文字的奥秘。

回到我们之前所讲述的时刻，即便德农设法打开那份丧葬卷轴，他也无法理解其中的内容。

《亡灵书》最早是刻在金字塔深处墓室墙壁上的神圣信息，后来改用莎草纸书写，这一转变是一个重要的里程碑。促成这一转变的部分原因，是信息的性质。

这类刻在墙壁上的铭文很多都是对亡灵的指导，比如如何让法老复活，在登临天国的道路上保护他，在每夜的旅程中帮助他克服危险，让他回到众神当中，获得全新的生命。[5]金字塔铭文强调神圣天国的特点，与之形成鲜明对比的是另一套刻在法老棺木侧面和棺盖上的往生指引。

"石棺铭文"和"金字塔铭文"描绘了冥间之旅的种种际

年仅 5 岁的玛耶特公主（Princess Mayet）的素木棺，出土于代尔埃尔巴哈里（Deir el-Bahari）。玛耶特公主是孟图霍特普二世（Mentuhotep II，前 2061—前 2010 年）的女儿。注意棺木上的荷鲁斯之眼，这个古老的符号是保护的象征，公主可以透过它看到来世（来源：Wikipdia and Brooklyn Museum, Charles Edwin Wilbour Fund, Creative Commons）

遇，那里充满陷阱和圈套，王室成员的心灵将接受审判——这场审判成为《亡灵书》形成过程中具有转折点意义的一大关键时刻。

从壁画过渡到纸张的下一个节点出现在新王国时期。我很喜欢将这一过渡比作一场市场营销，整个过程与二手车经销商的套路颇有几分相似之处。他们的宣传攻势令人难以拒绝，最后让你头脑一热，买下一辆全新的流线型本田雅阁而不是款式老旧的二手车。

最初的埃及木制棺材是一个棺盖和侧面都为平整矩形的长方体，表面便于刻写，也有足够的书写空间，非常适合用圣书体象形文字撰写石棺铭文。然而，这些实用的老式棺材与公元前 1650 年左右出现的新式棺材相比，就是小巫见大巫了。新式棺材是"丧葬人员的独创"——表面涂有一层光滑透亮的清漆，绘有鲜艳的色彩，棺体呈人形（用工具雕刻或用模具塑造成木乃伊身体的轮廓）。棺盖上还绘有逝者的脸和假发作为装饰。负责推广新式棺材的祭司们想必可以轻松将它们推销给大众。

　　首先，王室成员率先采用这种棺材——这已经是足够权威的推荐。其次，新式棺材有一个令人无法抗拒的卖点，即棺材外形与木乃伊身形相仿，因此可以作为来生躯体的替代品，在真正的尸身丢失或损毁的情况下派上用场。听到这里还没有下定决心？那再想想这一点：在老式箱形棺内，尸身面向左侧摆放，好让逝者的面部正对绘制在棺材侧面的荷鲁斯之眼。但是在新式棺材内，尸身面朝上平放。这样一来，当逝者平安抵达天国时，睁开眼睛就会看到冥神奥西里斯的脸。棺材上的图案经常将逝者描绘成戴着黑金条纹王巾饰的形象（详见较为精致的棺材图片），头饰覆盖了整个王冠、后脑勺和后颈。两侧从耳后垂坠至肩膀前侧，视觉效果美轮美奂。这在过去曾是仅限王室成员使用的头饰。

　　新式棺材的决定性优势在于棺盖外部装饰成一种特别的图案，像翅膀一样将木乃伊包裹其中，从肩膀到双脚都覆盖着羽毛图案，以此象征伊西斯（Isis）和奈芙蒂斯（Nephthys）像鸟儿一样的特质。[6]事实上，这种棺材正式名称就是"羽饰棺"（rishi coffin），rishi 一词来源于阿拉伯语 risha（ريشة），意思是羽毛。试想一下，在死后像羽毛一样轻飘飘地起身，飞向云端深处天国一般的新世界，这实在难以抗拒。

　　这种想法在当时有多受欢迎？在新王国时期已经可以买到现成的棺材和装殓木乃伊的简棺，从这一事实中便可见一斑。除了造价昂贵、精雕细刻的无花果木棺材，以稀泥和稻草碎浆为原料、用模具压制而成的廉价替代品也纷纷涌现。

然而，棺材造型设计的转变和羽毛图案的密集出现也意味着，棺材表面没有多余的空间绘制咒语文字和图案。此时如果有事先填好必要信息和插图、放进棺材里的莎草纸卷，问题便迎刃而解。[7] 一旦《亡灵书》从石刻画转录到纸卷上，祭司和写工就不再受书写空间的束缚。他们可以选择过去所有金字塔铭文和石棺铭文中的任何乃至全部经文，还可以自行发挥，描述天国的情景，可以记述死者在辉煌一生中经历的种种细节，可以在目前编号多达数百条的咒语中随意选择。

从公元前 1550 年到基督降临的时代，一共有多少人购买过《亡灵书》？大英博物馆的约翰·泰勒（John Taylor）估计，一份《亡灵书》的价格约为一个货币单位，当时称为一枚银德本（*deben*，大致相当于一位体力劳动者半年的工资）。考虑到大多数人负担不起木乃伊和《亡灵书》[8]，他猜测只有不到 10% 的人能以这样或者那样的形式拥有世界上的首部畅销书。在 1700 多年的时间里，《亡灵书》的抄本数量一定超过了 500 万份。这个数据并不令人惊讶，单是以各种方式幸存至今的抄本就多达数千份，因为它们被封存在坟墓中，而坟墓就是为妥善保存其中藏物而设计的。

相比之下，公元前 17 世纪的另一部经典文献原本也应当成为一部畅销书，因为它同样极其重要且具有广泛的实用性。这就是《汉谟拉比法典》。但它的经历远没有那么顺利。古巴比伦国王汉谟拉比撰写的这部文献旨在制定一套法律规范，确保"强不凌弱"，然而，它从未实现一部法典应有的广泛传播，甚

044

至险些没有幸存下来。

与《亡灵书》不同的是，《汉谟拉比法典》的内容几乎覆盖生活和社会的方方面面，甚至规定了外科手术的费用。外科医生进行小手术和大手术分别应当如何收费，对于富有的绅士和贫穷的工人乃至奴隶应该如何设置不同价位，这些在法典中都有详细的规定——比医疗保险早了好几千年！

为什么法典没有得到更广泛的传播？主要原因在于，与写在纸上的《亡灵书》不同，汉谟拉比的杰作刻在一根高达 7 英尺的玄武岩石柱上，放置在公共区域，以供民众阅读上面的282 条法规。虽然写工们用来撰写法规的是古巴比伦的日常语言——阿卡德语，但只有城市里有文化的人才能读懂，也就是说，仅限于富裕家庭的男性成员。[9]

与此同时，石柱上的信息也被刻在十几块笨重的泥板上送往全国各地。虽然这样的信息极其重要，但它的制作和传播都受到媒介的制约。至于信息的保存，目前只有少数几块泥板保存了下来，原始的《汉谟拉比法典》石柱现存于卢浮宫。与《亡灵书》不同，《汉谟拉比法典》没有被遗弃在坟墓中，尽管在那里，得到完好保存的可能性反而更大一些。

4

亡灵书,
永生的守护者

　　古埃及先后通过扩张和贸易以及古希腊和古罗马的征服接触到了外面的世界,一旦与外界接触,古埃及便对外界的书籍形式和材料产生了影响。

　　　　　　　　——莱拉·艾弗林,《写工、手稿与书籍》

　　在我看来,《亡灵书》最有意思的一点在于,它从诞生之初便完全是埃及本土的造物。从石棺铭文过渡到纸张之后,《亡灵书》通常由祭司负责制作,以卷本*的形式出售给买得起的埃及人。与此形成鲜明对比的是,《圣经》自问世之初就以莎草纸册本(将纸卷裁成一页页,标明页码后缝制成可以翻页的书册)的形式存在,之后便一直以今人熟悉的装订书籍的形式存在。古埃及的早期基督徒可以使用当地出产的纸张,但是欧洲和中东地区不得不从埃及进口莎草纸,因为只有埃及盛产纸莎草。

　　然而,从法老时代开始,古埃及的湿地和纸莎草田就逐渐

---

*　此处"卷本"(scroll)是指已经写好文本、只待填写姓名的纸卷。——原注

干涸，面积大幅缩减。1798 年夏天，维旺·德农与拿破仑的远征军一起抵达埃及，他一路沿尼罗河而行，压根没有见到纸莎草的踪影，当时这种植物已被清理干净，从而为粮食种植腾出空地。不过，至少他还记得这种植物的模样，20 年前他在西西里岛担任外交官时曾经见过纸莎草。许多年前，阿拉伯商人在西西里岛种下了纸莎草，从此便将它留在了那里，任其像野草一样自由生长。18 世纪七八十年代，德农奉法兰西国王路易十六之命在那不勒斯任职。在这段时间里，他时常靠研究文物消磨时光，还详细记录了自己在意大利的见闻。当时他拥有贵族头衔：德·农骑士＊；法国大革命之后，他才将名字改成更具平民气息的维旺·德农。在旅居西西里岛期间，沿河旅行是他最期待的活动之一，河畔生长的纸莎草直到我们这个时代依然生生不息。"那种大名鼎鼎、令人好奇的植物……我迫不及待想见到它，触摸它，了解它……充分感受它的美。"

　　他在埃及一定意识到了很重要的一点。既然纸莎草这种植物已经消失了那么久，那就意味着他或同事们找到的任何一张莎草纸都一定来自更古老的时空。德农继续探寻，想要发现更多更好的古物，其间他想必见过许多用这种植物制作的纸卷和纸片。但终其一生，他对于世界上第一本纸书中究竟写的是什么内容始终一无所知。

　　相比之下，我们就幸运得多。在不久之前的 2010 年，《亡

＊　德·农骑士（Chevalier de Non），法语中姓氏之前的"德"（de）是贵族的标志。——译注

灵书》的发展史和破译工作得到了系统而全方位的辑录编纂，并举办了好几场以此为主题的大型展览，其中就包括埃及学助理研究员约翰·泰勒在大英博物馆组织的一场展览。[1]泰勒的著作《来世之旅：古埃及死者之书》（*Journey through the Afterlife: Ancient Egyptian Book of the Dead*）生动介绍了《亡灵书》文本的演变，展示出宫廷权贵、军队首领和其他人将法老的特权纳为己有的过程。在新王国时期，《亡灵书》逐渐时兴起来，普通百姓也允许使用。不过在实际生活中，通往来世的机会仍然价格不菲，只有部分人负担得起。《亡灵书》的吸引力在于它一度是专属于国王的特权，也就是说，它的价值得到了王室的认可。如果《亡灵书》对拉美西斯有用，那么它对任何人应该都能起作用。

芝加哥大学东方研究所的科研档案馆负责人福伊·斯卡弗（Foy Scalf）博士指出，埃及国王本身并不重视纸质的《亡灵书》。[2]即使在陪葬品丰厚的图坦卡蒙墓中也没有发现随葬莎草纸的踪迹。[3]王室成员似乎更倾向于将《亡灵书》中的内容以图像形式绘制或雕刻在墓墙、棺材或其他物体上。这些准备都需要付出时间、金钱和耐心。对于普通人来说，莎草纸便成了救兵。就像用模型船代替真实的船只一样，纸卷也可以代替昂贵且耗时的陵墓装饰工程。

人们发现莎草纸是书写《亡灵书》的理想材质，因为莎草纸与墓壁或棺材不同，它可以裁剪和粘贴。只需芦秆笔和彩色墨水，就可以在段落之间添加图案，便宜又简单。有一时期，亚麻材质的裹尸布上也写有铭文，特别是在公元前 1580 年至公元前 1425 年的古埃及第十七和第十八王朝。在这一时期内，死者有时会配备两份不同的《亡灵书》：一份写在纸上，一份写在布上。但是柔软的织布表面难以书写，莎草纸仍然是主流选择。不难看出，对于崇尚"老派"王室传统的人而言，写在纸上的《亡灵书》就是壁画版《亡灵书》的原型和过渡载体。[4]

用图案装饰文字为不认识圣书体象形文字的人提供了极大的便利——有些观点认为，不识字的人占总人口的比例不容小觑。[5] 每一份抄本都会根据买主的选择进行个性化处理。只要报出你的心理价位，祭司和写工就会为你编制一份专属的《亡灵书》。商机就此诞生。祭司让人们相信，他们是这项产业的核心，因为正是他们持续不断钻研，不遗余力地探索阴间可能存在的一切艰难险阻。祭司与亡灵术士和预言家们通力合作，研究神谕、占卜、星象和大自然中的征兆，只为更好地理解在来世等待人们的一切。

他们也提供千篇一律的简化版丧葬文本，或许勉强可以派上用场。但为保证效果，他们还是更推荐厚重的完整版，为你可能遭遇的任何险境做好充分准备——尽管这要让你小小破费一笔。

莎草纸让人们有了踏上永生之路的机会。即使你还没有购买坟墓——也许永远都买不起坟墓，但你至少可以定制一份精心准备的纸卷。这样一份作品不仅展现出你对死后重生这件事的认真态度，还可以在一定程度上反映你生前的性格。

维旺·德农和其他来自拿破仑埃及远征军的同僚学者乘船

满载而归，商博良借助罗塞塔石碑破译了谜一般的象形文字。从此，欧洲大陆和英国对埃及心驰神往，沉迷在"埃及热"中不能自拔。拿破仑和商博良让所有人看到，古埃及是一个非凡的国度，今天那里仍有很多财富在等待外面的世界。于是，埃及成了寻宝者碰运气的猎场，"尼罗河的劫难"（Rape of the Nile）正式开场。武装着锤子和凿子的业余和专业"收藏家"陆续抵达，沿着普里斯当年的足迹一路捞取好处。在 1889 年到 1890 年的那个冬天，就有近 11000 名游客访问开罗，其中 1300 人沿尼罗河逆流而上。10 年后，年游客人数增加到 50000 人次。[6]

在 1887 年前来的游客当中，有一位名叫沃利斯·巴奇的青年，他是大英博物馆的二级助理研究员。前一年他曾在埃及阿斯旺（Aswan）参与一项发掘工作。离开阿斯旺时，他将一大批行李箱运送回国，打着"军用物品"的幌子避开了海关检查。在他的第一次收藏之旅中，巴奇带回英国的物品多达 1482 件，而这仅仅是个开始。他第二次来时，文物监管局是否会派遣警员监视他呢？

在他的第二次收藏之旅中，巴奇乘坐蒸汽船前往阿斯旺，表面上似乎是要去那里观光。与他随行的人一上岸，他自己便溜回到甲板上，当晚就住在船上的客舱里，第二天早上继续随船前行，在太阳落山时抵达卢克索。他躲在客舱里等夜幕完全降临，天黑后才迅速上岸，匆匆穿过卢克索黑暗的街道。卢克索是古物贸易的圣城。在这里，他与几位古董商朋友接上了头。他小心避开镇上的警察，乘小船过河来到西岸的一座墓葬遗址，友好的阿拉伯农夫早已在那里等待。一切都在天色掩映下高效进行着。到达遗址现场后，他见到了一大批稀有物品，其中包括他有生以来见过的最大的莎草纸卷。那份纸卷由纸莎草制成的束带捆扎，保存状态堪称完美。它静静地躺在位于石棺所在墓穴北墙的一个小壁龛里，上面的黏土封印分毫无损。

巴奇在自传中坦白，打破封印、解开绳索似乎是在亵渎亡灵。然而，与之前的德农一样，他很快便打消了心中的顾虑，一英寸一英寸地慢慢展开长达几英尺的纸卷。[7] 美丽而鲜活的颜料令他赞叹不已。在朦胧的烛光和坟墓炎热的空气中，插图上栩栩如生的人物和动物仿佛活了过来。纸卷描绘的第一个场景是"灵魂的审判"，这个画面让他意识到，他刚刚买下的是一份庞大而完整的 *Per-em-hru*（白昼将至之书），也就是《亡灵书》。

这幅绝美的纸卷为王室写工阿尼（Ani）编写、绘制并精心上色，阿尼是"众神祭品的记录者、阿拜多斯诸神粮仓的监督者、底比斯诸神祭礼的书吏"。当这份莎草纸在伦敦展开时，人们发现有书写内容的部分长达 78 英尺，两端各有一段长约 2 英尺的空白。

同样在那一夜，巴奇还得到了女祭司安哈依（Anhai）的莎草纸，一份由第十八王朝的努（Nu）编写的《亡灵书》莎草纸册本，另外还有一份皮革卷本，里面写有《亡灵书》的部分章节，绘有精美的小型彩色插图。巴奇一下得到了 4 件极其罕见且珍贵的宝物。接下来将要开始的是一场像电影《夺宝奇兵》一样激动人心的历险，这段经历会让我们看到巴奇从同行中脱颖而出的原因。

黎明时分，巴奇带着 4 件宝物打道回府。刚一回到镇上，他便去取之前预订的锡盒，这一举动不禁让人深思，或许他的收获并不完全是"意外"之喜。他似乎早就对这"四圣物"的尺寸了如指掌。接着，他去一位商贩家里吃早餐，在那里，他得知镇上来了警察和士兵，他们得到的命令是搜查卢克索每一间可能藏有文物的房子，逮捕房主和沃利斯·巴奇。

巴奇要求查看逮捕令，却被告知文物监管局局长格雷博先生（Monsieur Grebaut）有要事在身，要等到当天晚些时候才能签发逮捕令。由于警方一时无法采取措施，他们便继续吃完了早餐。早餐之后，巴奇向警方表示自己不会离开小镇，于是警方允许他继续忙自己的事，而他们则控制了这间房屋，在屋顶安排好瞭望人员，还在建筑的每个角落布置了岗哨。随后，他们又去了其他几间房子，做了同样的部署。

巴奇那些装有珍贵莎草纸的锡盒就存放在这些严密看守的房屋中的一间。这间房子与卢克索酒店花园只有一墙之隔。同样在这间房子里，还有几箱属于镇上商贩的物品，他们把这间房子当作可靠的仓库。卢克索的商贩们见房子被贴上了封条，还有警卫站岗，便邀请警卫们一起去喝一杯法国干邑，还试图贿赂他们离开一小时。但是警卫们坚决拒绝饮酒，也不肯离开岗位。

至于那家酒店，1897 年的《库克旅游手册之埃及、尼罗河与沙漠》（*Cook's Tourists' Handbook for Egypt, the Nile, and the Desert*）告诉我们："卢克索酒店的场地宽敞又阴凉，旁边是一座农场，为游客提供奶制品、家禽、绵羊、阉牛和其他农副产品。在冬季，会有一位具备医师资质的绅士、一位英格兰教会

050

牧师和一位英国女管家在酒店常驻。"

如果你是打算在埃及过冬的英国旅游者，手册里这些信息有重要的参考价值，不过对于心烦意乱的本地古董贩来说，酒店的田园风光还有别样的意义。他们前往酒店与经理交涉。根据巴奇的说法，交涉的结果是：日落时分，会有园丁和工人带着挖掘工具和篮筐出现在酒店里。他们在紧靠那间小屋的花园墙底挖出一条地道，直接通到小屋的地下室。下面是巴奇的记载：

> 他们几乎没有发出声音，毫不费力地在未经烧制的柔软泥砖上凿出一条通道。我和经理看着他们挖掘。在我看来，这些园丁仿佛是技巧娴熟的入室盗窃者，他们一定有丰富的实践经验。听起来不可思议，但是整个挖掘过程丝毫没有引起房顶和门外岗哨的注意。尽管如此，过分指望他们不出声可不是明智之举，于是我们派人给警员和哨兵安排了饭食，因为他们都又饿又渴。酒店店主帕尼翁先生为他们准备了一顿丰盛的晚餐，煮了半只羊和好几磅米饭，配上切片柠檬和葡萄干，盛放在一张巨大的黄铜盘子里。（E. A. W. 巴奇，《尼罗河畔与底格里斯河畔》[By Nile and Tigris]）

接下来，巴奇告诉我们，就在警员们欣然享用晚餐时，他们的人一个接一个走进屋子，把里面的东西都拿了出去，开始是一件一件拿，后来干脆一箱一箱地搬。"就这样，我们从文物监管局官员的手里救出了阿尼的莎草纸，还有我买下的其他所有物品。整个卢克索都欢欣鼓舞。"

阿尼纸草书至今仍是已发现的莎草纸卷中最著名的，而且依然是底比斯时期已知最长的莎草纸卷。其他的长卷莎草纸还有：颂扬拉美西斯三世（第二十王朝）的哈里斯纸草书（Harris Papyrus），长 133 英尺；格林菲尔德纸草书（Greenfield Papyrus，第二十王朝），长 121 英尺；纳布塞尼纸草书（Papyrus of Nebseni，第十八王朝），长 76 英尺；现存于莱顿国立古物博物馆的肯纳纸草书（Papyrus of Qenna，第十八王朝），长 50 英尺；都柏林纸草书（Dublin Papyrus，第十八王朝），长 24 英尺；胡内弗尔纸草书（Papyrus of Hunefer，第十九王朝），长 18 英尺。

不幸的是，为了便于处理，许多早期纸卷都已被裁成小块，不复当年原貌。在目前为数不多的对公众展出的长卷莎草纸中，有两份分别是位于纽约大都会艺术博物馆的荷鲁斯大祭司伊莫霍特普（Imhotep）的《亡灵书》，长 63 英尺；以及最近修复的阿蒙神金匠索贝克摩斯纸卷（Scroll of Sobekmose），现存于纽约布鲁克林博物馆，长 24 英尺（由 8 张宽幅纸组成，修复工作于 2011 年完成）；此外还有几份在意大利都灵的埃及博物馆展出。巴奇发现的《亡灵书》通常被称为阿尼纸草书（Ani Papyrus），至今依然是艺术价值登峰造极的莎草纸卷典范。纸卷中的主要人物是阿尼和他的妻子图图（Tutu）。阿尼不仅是王室写工，还是阿拜多斯大粮仓的总管以及底比斯诸神神圣财产的记录者，他的职责之一就是跟踪记录底比斯的神庙财产。他的妻子是一名女祭司，因此也是一位重要人物。鉴于《亡灵书》中提到了图图，我们可以推断图图先于阿尼逝世，她的木乃伊正在丈夫的坟墓中等待与之再次团聚。在现实生活中，阿尼编纂好《亡灵书》之后，下一步要做的就是挑选随葬家具器物和准备沙伯替俑（Shabti），这些人俑将在来生为阿尼和图图料理日常杂务。沙伯替俑的数量至少 365 个，因为古埃及一年的天数与今天相同。

《亡灵书》中描述的整个过程与基督教的洗礼仪式存在许多相似之处。事实上，在为逝去的王族主持葬礼仪式时，古埃及的净化仪式就被称为"法老的洗礼"，确保法老在死后以纯洁的心灵和洁净的身体开始新生。

在阿尼《亡灵书》的最后一部分，阿尼和图图走进了天国。这个天国与穆斯林、基督徒和现代埃及习俗中描绘的天堂乐土大不相同。那里没有富丽堂皇的宅邸，没有玛利亚和天使，也没有轻灵飘逸的云朵。纸卷中的这对无畏佳偶来到了天上的纸莎草沼泽，在那里心满意足地享受永恒的生命。永生之地是一片水泽，所有美好时光和生命中最珍贵的东西都在那里得到无限的延伸。这里是亡灵安息的地方，得到祝福的逝者可以与老友重逢，这里珍馐佳酿的"丰富程度超出他们的想象"，可以尽情享用。阿尼纸草书再次证明，古埃及人对纸莎草这种植物以及它所生长的沼泽有多么珍视。让一种植物在天堂里生长，在人们身边摇曳。对于一种植物来说，还有什么比这更荣耀？

泰勒是这方面研究的权威，他认为，在早期金字塔铭文的描绘中，一条蜿蜒的水道将天空划分为北方的祭品之野和南方的芦苇之野（*Sekhet-A'aru*，又称雅芦之野）。在芦苇之野，"逝者得到净化，随后登上天空"。[8] 在后期的石棺铭文中，"芦苇之野"逐渐演化成逝者的最终目的地，这一点也被莎草纸卷继承下来，记录在便携版《亡灵书》中，出现在平民的坟墓里。芦苇之野是天国里的湿地，与人世间至今依然存在的纸莎草沼泽相似。"此地是奥西里斯神的居所，他将财产赋予曾经追随他的人。在此地，获得福祉的逝者得以新的形式存在，他们享用各种美味佳肴，其丰盛程度超出他们的想象。"

许多《亡灵书》中描绘芦苇之野的古老绘画经常被拿来与古希腊传说中的至福美地（Elysian Fields）相比较。[9] 泰勒提醒我们，这些绘画不是现代意义上的地图，它们描绘的只是想象中的地方。但令人惊讶的是，它们确实很像非洲的一条水道，它流经全非洲规模最大的纸莎草沼泽，这片纸莎草沼泽直到今天依然欣欣向荣。只要看一眼南苏丹巨大的纸莎草沼泽和博茨瓦纳（Botswana）较小的内陆纸莎草沼泽的现代航拍图，你就能发现这一点。这些真实世界中的蜿蜒水道与古代绘画中芦苇之野的相似程度着实令人震惊。

5

莎草纸，
天国入场券

莎草纸让古埃及的普通人也能拥有自己的《亡灵书》，为他们开辟了一条通向永生的新道路，任何想要购买并且买得起《亡灵书》的人都可以在莎草纸卷的指引下，划着自己的纸莎草轻舟驶向天国（在坟墓中准备一艘小模型船也可以，在亡灵的世界，魔法可以将模型变成真实的船只）。一旦成功抵达天国获得新生，逝者就会发现自己身在芦苇之野。也许，种种传说背后隐藏着一个未曾明说的事实：芦苇之野在更古老的时期真实存在过，就像《圣经》中的伊甸园据说也曾经是人间的土地一样，其原型就是新月沃土地区（Fertile Crescent）的底格里斯河–幼发拉底河流域。古埃及莎草纸卷用图像和文字描绘的芦苇之野也许在暗示：在更早的历史阶段，地球上曾经

存在一片土壤肥沃、绿意丛生的热带天堂。现在已有证据能够证明这一猜想。在今天，这片乐土通常被称为"撒哈拉绿地"（Green Sahara）。

2010 年，美国国家科学院的一篇评论文章中大致描述了该

地区的古代生态（见图 A），文章揭示了一个惊人的事实：公元前 8000 年到公元前 3000 年左右，非洲的这片区域曾是一片汪洋泽国。这片不同寻常的湿地覆盖了今天的整个撒哈拉沙漠地区，数千条河流彼此连通，形成错综交织的大规模水道网，还有几个面积超过比利时国土的大型湖泊。[1] 该区域的陆地植被类型以热带稀树草原为主。[2] 尼罗河流域西部存在一系列冲积扇（呈扇形分布的河流沉积物）（见图 A），这里很可能曾经是一片内陆三角洲，与今天博茨瓦纳的奥卡万戈沼泽（Okavango Swamps）类似。倘若真是如此，那里很可能也像今天的奥卡万戈沼泽一样生长着繁茂的纸莎草。聚少成多，撒哈拉绿地的单个沼泽共同构成了一个庞大的水生生态系统，面积可能是尼罗河三角洲的 10 倍——现代的尼罗河三角洲本身就是一片令人叹为观止的湿地，那里当然也生长着纸莎草。

据粗略估计，这片史前湿地的面积可能在 1200 万英亩左右。史前人类对这片湿地的描述口头传承给了后来的古埃及人，这就可以轻松解释"芦苇之野"的来龙去脉。它恰好位于太阳每天"死去"的西方，天时地利，作为亡灵的安息之地再合适不过。

撒哈拉绿地的设想解开了一个长期困扰我们的谜团，即远古时期的人类、鱼类和其他动物如何在撒哈拉地区往来活动。这片丰饶的土地不仅是各种水生动物——罗非鱼、鳄鱼和河马——的天堂，也是纸莎草的繁衍生息之地，纸莎草沼泽遍布其间。这种植物在许多水生栖息地中都能繁茂生长，尤其是在流经热带稀树草原的河流沿岸。事实上，纸莎草被认为是某种早期原始人类的主要食物来源，那就是 120 万年至 230 万年前生活在非洲的鲍氏傍人 *。如果真是这样的话，一个鲍氏傍人每天必须吃下多达 2 千克的纸莎草才能获得足够的营养。[3]

后来（公元前 3000 年之后）自然环境逐渐变得干旱恶劣。不过，虽然绿意盎然的阔野已经沦为沙漠，但是大量可追溯到古王国时期的考古证据表明，古埃及人的活动范围依然横贯沙漠地带。虽然只有像阿布巴拉斯小径（Abu Ballas Trail，见图A）这样的商队路线，但是从胡夫时代到古罗马时代，旅行者都可以向西方行进。一旦到达吉勒夫高原（Gilf Kebir，位于今埃及的西南腹地），旅行者就有了更多选择。从那里，他们可以朝多个方向前进，其中向西南方出发可以前往乍得湖（Lake Chad）。[4]

在胡夫时代，沿这条沙漠小径旅行并非易事，因为水是一路上不可或缺的资源，旅行者必须携带足够的淡水。但在撒哈拉还是无垠绿野的时代，即石器时代的鼎盛时期公元前 6000 年，那里到处都是水，远行想必容易得多。一旦来到古代乍得（Chad），任何远征考察的探险者都会想好好探索一番，甚至在此地安顿下来。1969 年，博物学家西尔维亚·塞克斯（Sylvia Sikes）曾经带领一艘帆船来到乍得湖进行调查[5]，为什么公元前 6000 年的古埃及人就不会做同样的事情呢？

---

* 鲍氏傍人（Australopithecus boisei），又称鲍氏东非人或鲍氏南方古猿，人科傍人属的一种。其头骨化石由探险家玛丽·利基（Mary Leakey）和丈夫路易斯·利基（Louis Leakey）发现，二人为纪念其资助者查尔斯·鲍伊斯（Charles Boise）而将这一发现命名为"鲍氏"东非人。——译注

公元前4000年，埃及
尼罗河上的纸莎草船，长36英尺

1990年，乍得湖
20世纪乍得湖上耶迪纳人运载牲畜
的船，长24英尺

根据古代绘画还原的、能在海上航行的纸莎草船，对比现代运载牲畜的船。
二者的建造材料都是乍得湖流域出产的纸莎草
（来源：Konrad, 1957 and Wikipedia）

那个时代水资源丰富，纸莎草在主要湖泊和水道沿线大量生长。因此，前往乍得的古埃及游客或当地居民可以轻松组织起一支纸莎草船队，整条船上几乎所有的部件都可以用当地的纸莎草制造。干燥的纸莎草茎秆可以轻松制作成索具、固定船舶的绳索以及船壳本身。[6]甚至连风帆也可以用纸莎草茎秆绿色柔韧的外皮编织而成。唯一无法用纸莎草制作的是桅杆和石锚。既然这一带纸莎草产量如此丰富，那就意味着出门远行只要带上锋利的燧石刀即可，除此之外几乎什么都不用带。

2003 年，沙漠探险家卡洛·贝格曼（Carlo Bergmann）在这一带的岩壁上发现了纸莎草船的壁画。这些壁画很可能来自胡夫的时代，也许能让我们对久远岁月里上演的场景有一定的概念。[7]当然，在撒哈拉绿地，湿地之间还点缀着星罗棋布的草甸，林地在南方更为常见，那么古人为什么不利用树木建造木船呢？这种可能性的确存在，但古埃及人直到古王国和中王国时期（前 2900—前 1650 年）才开始建造木船。在古埃及的这一历史时期，位于尼罗河畔的底比斯北部城市科普特斯＊有一座造船厂，木船在那里建好后被拆分为便于运输的零部件，以便穿越东部沙漠，到达目的地后再重新组装成航行在红海上的商船。[8] 像阿拜多斯船（75 英尺，前 2900 年）和胡夫船（143×20英尺，前 2500 年）这样的木制河船无法在乍得湖流域航行，这些精工细作的船只有拆成零部件才能渡过尼罗河上的瀑布和其他障碍。它们是为平静水面建造的，不适合乍得湖广袤流域内可能遇到的复杂河况。要知道，古代乍得湖的面积与里海不相上下。仅仅一波浪涛就足以让一艘河船粉身碎骨，将远征断送在启航时刻。

公元前 600 年，古埃及法老尼科二世（Necho II）派出一支由腓尼基人组成的木船舰队环非洲航行。不过那是很久之后的事情了。在大约公元前 8000 年至公元前 5000 年的撒哈拉绿地，人们可能会在浅水区使用圆木制成的独木舟，当时木船制造技术尚未出现，而纸莎草船必须在开阔的湖面上航行。

除了在平静的水面上，在波浪起伏的水面上纸莎草船也能平稳航行，直到几个月后完全被水浸透才会开始下沉。1969 年，托尔·海尔达尔（Thor Heyerdahl）用实践证明了这一点。他的太阳神号（Ra I）是一艘长 45 英尺、重 12 吨的纸莎草古船复制品，船只的上层构造和货物重量为 5 吨，此外还载有 7 名船员。托尔·海尔达尔发现，这艘船在水上十分轻巧，一路乘风破浪，航行非常顺利。如果定期靠岸晾晒，这样一艘纸莎草船应该可

＊　科普特斯（Koptos），即今天的基夫特（Qift）。——译注

以使用很多年。

　　机缘凑巧的是，1969年的探险路线与古时候的航向恰好相反。迫切需要纸莎草船建造者的海尔达尔鼓动两名造船工从乍得湖来到开罗建造太阳神号。当时埃及已经无人会造纸莎草船，这种技艺已经与神圣的纸莎草一同消失。值得庆幸的是，尼罗河上游的塔纳湖（Lake Tana）和乍得湖一带依然在制造纸莎草船，数百名纸莎草船建造者居住在乍得湖畔。

　　公元前3500年以后，气候开始发生变化，撒哈拉地区逐渐成为干旱的不毛之地。2014年，美国国家航空航天局（NASA）发表了一篇关于这一时期哺乳动物灭绝的评论文章，介绍了整个生态系统逐步解体崩溃的过程（前12800—前3500年）。[9] 在那之后，沙漠便成为我们今天所见的天然屏障，隔断了人类的交通和生物的活动。而令人难以置信的是，这整个过程或许都被记录在了莎草纸上。

　　莎草纸让丧葬文本在平民百姓中得以推广，这一事实想必没有逃过古埃及王室成员的眼睛。我认为，当古埃及王室发现《亡灵书》从王公贵族的专利逐渐变成朝臣官员也可享用的待遇，最后沦为普罗大众的用品时，他们一定大惊失色。泰勒告诉我们，《亡灵书》后来成了古埃及王国最受欢迎的丧葬文本。法老和维齐尔们恐怕会将此视为神圣文本沦为平庸俗物并丧失权威性的表现，因此，他们要求祭司更进一步、更细致地研究死后的世界。就这样，到新王国时期（前1079—前712年），王室成员对冥间有了更专业的了解，他们将其融入一套被称为《来世之书》（*Amduat*）的全新铭文之中。

在新王国时期，除了《来世之书》，还有许多种随葬文本，包括《洞窟之书》（*Book of Caverns*）、《地狱之书》（*Book of Gates*）、《大地之书》（*Book of the Earth*）、《天国神牛之书》（*Book of the Heavenly Cow*）、《天空之书》（*Books of the Sky*）、《阴间之书》（*Book of the Netherworld*）、《穿越永恒之书》（*Book of Traversing Eternity*）等。所有这些随葬文本中，《来世之书》（*Amduat* 的字面意思是"阴间里有什么"）最古老也最为重要。[10]

起初，《来世之书》的使用范围有限，多出现在国王或维齐尔的陵墓墙壁上。但是从公元前 1069 年至公元前 945 年，它也逐渐不再是纯粹的王室特权。与《亡灵书》（使用时期为公元前 1550 年至公元前 50 年）一样，《来世之书》的使用范围也在逐渐拓宽。从这一时期一直到后来的公元前 945 年至公元前 850 年左右，不同版本的《来世之书》也开始采用莎草纸卷形式，与精简版《亡灵书》一起放置在高级官员、祭司及其妻室的坟墓里。

《来世之书》与《亡灵书》的不同之处在于，它用文字和图画描绘太阳在黑夜 12 小时中的旅程，是一幅形象展现"杜亚特"（Duat）即幽冥世界的画卷。不列颠哥伦比亚大学的埃及学教授托马斯·施奈德（Thomas Schneider）认为，《来世之书》中描述的太阳神拉（Ra）在夜晚前 3 小时中的旅程最令人着迷，因为这段路程与撒哈拉绿地时代从埃及前往乍得湖的旅行十分相似。[11]

施奈德教授详细介绍了这两段旅程之间的吻合之处：第一小时，拉神与逝去的王室成员向日暮西沉的方向行进，他们乘坐的纸莎草船在现代乍得和古代埃及都可以找到相似的实物。他们穿过"地平线上的西方柱廊"来到幽冥王国，这是一条与尼罗河连通的长达 738 英里（按《来世之书》文本中的单位换算，约为 1260 公里）的长廊水道。第二小时，拉神和逝者来到"拉神的水泽"，一片如海洋般浩瀚的淡水水域。文本中提到，这里生活着绿色植物和动物，周围还有土地。第三小时来到的"奥西里斯的水泽"也是一片规模庞大的水体。施奈德教授发现，古埃及人在《来世之书》中的描述与撒哈拉以西的大片河流和湖泊在细节上可以对应起来。书中的记载与这片地域的古生态环境和地形特征都相匹配。

这场夜间之旅的目的地是宇宙中的隐秘王国，那里的标志性特征是洪水和绿野——这样的景观不禁让人联想到创世之初的洪荒世界和《亡灵书》中的芦苇之野。但是，在冥界的第四小时，拉神与随同他一起旅行的法老亡灵将到达沙洲之境，掌管此地的神明是守护孟菲斯塞加拉墓葬群的隼头神索卡尔（Sokar）。

在《亡灵书》中，芦苇之野叫作 Saket A'aru，被描述成无边无际的芦苇荡，听起来很像现实世界中的史前尼罗河三角洲。表现芦苇之野的图画最早出现在中王国时期（前 2050—前 1710 年）的一些棺材上。泰勒认为，这段描述是整部《来世之书》中唯一真实存在的景观。表现芦苇之野的图像符号通常位于太阳升起的东方。[12] 这些理想的狩猎和农耕场所，让抵达那里的灵魂享受永生。[13] 而在《来世之书》中，我们看到拉神穿越的是位于西方的水泽（这片水泽被称为"涡尼"[Wernes]）。这两本书互为补充，让我们见识到古埃及人对与水相关的事物的迷恋，特别是绿意盎然的河漫滩——因为它们曾经在尼罗河流域古老的水世界中真实存在过。

莎草纸在这个案例中既是承载信息的媒介，也是信息本身。从纸莎草船、纸卷和书籍来看，这个信息既可以解读为神明——奥西里斯或基督——的言语，也可以将其视为关于古人旅行和交流方式的记载。古代埃及和乍得的交流传播方式是用当地植物建造帆船或者制作书籍，两种方式中的任何一种都可以将你带到人世间或天国的目的地。

早期埃及人在尼罗河流域定居下来之后，很快就放弃了撒哈拉沙漠干旱贫瘠的土地，将其遗留给了沙漠民族。在此过程中，他们也留下了许多文化上的相似之处。曾经在乍得湖担任和平护卫队志愿者的作家居伊·伊梅加（Guy Immega）发现，这种相似之处在语言、音乐、乐器、牲畜、渔猎、纸莎草的使用以及水上民族的生活方式方面尤其明显。[14] 纸莎草建筑就是一个很好的证据，当地生活的耶迪纳人（Yedina，意思是"芦苇民族"）建造纸莎草屋的方式受到古埃及人的显著影响，就像返祖一样保留着古埃及人在公元前8000年至公元前3000年在湿地搭建小屋的方式。[15]

换个角度思考，真相也可能恰好相反。或许是古代的耶迪纳人将水上生活的要领传授给了古埃及移民。或许是耶迪纳人帮助古埃及人学习利用乍得湖和尼罗河沿岸的广袤沼泽。或许耶迪纳人还曾亲自为他们示范制作莎草纸的技艺。如果真是这样的话，那我们可能欠耶迪纳人或他们的祖先绍族人（Sao）一个大人情——他们为西方文明的诞生提供了助力。

无论如何，《亡灵书》是帮助我们了解古埃及人世界观的关键，也是了解他们所发明的纸张如何成为记录人类思想的理想媒介的关键。它见证了知识在普通人当中传播的关键时刻，如果没有纸张与生俱来的诸多优势——灵活轻巧、便于获得、造价低廉，知识的普及根本不可能发生。纸张是《亡灵书》的理想媒介，也是记录古代撒哈拉绿地历史的完美载体。你可以用毛笔或硬笔蘸取彩色墨水书写；可以将纸张裁剪、粘贴、折叠和密封；持久性不强的墨水可以轻易擦除修改；持久性很强的墨水虽然不能抹去，但却可以"涂白"；手中拮据、需要勤俭节约的人可以回收纸张和纸卷反复使用。最后，纸张还可以泡软成纸屑，像口香糖纸一样用来塑造各种物品，包括羽饰棺或装殓木乃伊的盒棺。

最重要的是，纸张恰好能够适应全新的书写形式。使用图像符号的老式象形文字逐渐被一种更方便的草书字体取而代之，主要原因就是这种字体很容易在纸上书写，而且写起来更快，与纸质文本呈爆炸式增长的需求相吻合。

古埃及人的书写系统下共有四种不同字体。最早出现的是圣书体象形文字（hieroglyphics），可以从右或者从左阅读，以人物脸部所面对的方向为起点。第二种是僧侣体（hieratic），这是一种草书，书写过程中可以随意连接笔画，写起来自由流畅，类似于今天的草书。僧侣体几乎与圣书体象形文字同时发展，

061

但僧侣体写起来速度要快得多。与耗时的象形符号不同，流线型的僧侣体可以通过"合字"将笔画连接起来。直到公元前700年左右，从右向左书写的僧侣体始终是古埃及日常使用的主流字体，直到南方出现一种全新的速记形式。[16] 贸易活动让第三种字体得到极为广泛的普及，以至于希罗多德用古希腊语中表示"流行的、通俗的"的单词来命名这种字体，这就是世俗体（demotikos）。与僧侣体一样，这种字体从右向左书写。[17] 世俗体虽然也是一种古埃及草书，但是经过一系列发展变化，它与经典的圣书体象形文字已经没有多少相似之处。这种字体一直使用到被科普特体（Coptic）所取代。科普特体是一种可追溯到公元前332年马其顿国王亚历山大大帝征服埃及时期的字体，也是古希腊吸收融合前三种字体后的产物。它使用古希腊字母，开始出现元音。

063　　　从外表上看，这四种字体彼此各不相同，但在形式、功能和用法上，依然属于同一个书写系统，这一系统早在美索不达米亚的表音文字来到尼罗河流域之初就已存在。古埃及写工将美索不达米亚的书写理念转化为具有埃及特色的产物，圣书体象形文字由此诞生，这套全新的文字系统包含数百个符号。其中最常见的是一组26个主要代表辅音的符号。如今我们知道，这就是圣书体象形文字的字母表，在互联网上就可以查到。当地珠宝匠人用所谓"古埃及文字"将你的名字雕刻在手镯和项链上时用的就是这种字体。虽然圣书体字母表缺少大部分元音，但它仍是一项了不起的创新，因为它开创了一种全新的文字类型，为后来公元前2200年所采用的字母表提供了参照，而后来

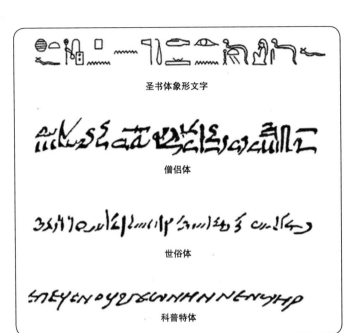

圣书体象形文字

僧侣体

世俗体

科普特体

四种字体的对比（来源：Linkedin Slideshare.net）

符号	发音	符号	发音	符号	发音	符号	发音
	声门塞音		P		KH（浊音）		G
	I		F		KH（清音）		T
	Y		M	或	S		CH
	ā		N		SH		D
或	W		R		Q		J
	B	或	H		K		

圣书体象形文字字母表的古老形式（来源：Fisher, 2001）

采用的这套字母表逐渐发展成为各种闪米特字母，并最终演变为我们今天仍在使用的拉丁字母表。[18]

古代语言专家兼作家斯蒂文·费希尔（Stephen Fischer）在总结字母表发展历程时指出，我们今天所理解的书写活动或许起源于苏美尔人，但"我们书写的方式，甚至其中的一些符号，也就我们所说的'字母'，应该是来自古埃及的遥远传承……"根据费希尔的观点，原始西奈字母表（Proto-Sinaitic Script，前1850年）至少有23个符号，其中几乎一半明显来自古埃及文字。例如，表现"水中波浪"的象形符号——古埃及字母表中的 n——演变成了闪米特字母 mayim 的起始辅音 m，我们的拉丁字母 m 就是这个符号的直系后裔，而且保留了"波浪形的外观"。[19]

许多年以后的新王国时期，僧侣体的使用范围局限于重要文件和宗教文本，而草书特征更明显的世俗体被托勒密王室视为某种古雅的传统书写形式。来自古希腊马其顿王国的托勒密家族从公元前305年至公元前30年统治埃及，他们将世俗体文字称为"通俗埃及文"或"土著文字"，认为它是对古希腊文化的模仿；他们将古希腊语视为正统和主流，就如今天许多人认为英语是唯一合理的通用语观念一样。可他们没有意识到世俗体其实只是一个漫长循环的尾声，他们所钟爱的希腊书面文字事实上只不过是披着现代外衣的古埃及语而已。正如约翰逊所解释的那样，早在公元前9世纪，远在埃及千里之外的古希腊人吸收腓尼基字母，颠倒书写方向，将一些符号改为元音，这便是西方字母表最直接的源头。然而，腓尼基人的许多书写符号都是从迦太基人那里借鉴而来的，而迦太基人的符号又来自古埃及人，就这样，我们走了一圈，最终又回到了起点。

费希尔说："古希腊人和古腓尼基人都没有'创造'字母表，是古埃及人从象形文字系统中提炼出了字母表。"他还进一步指出："我们在公元后第三个千年之初的书写方式，与公元前第三个千年的古埃及写工并没有太大不同，这一点并非巧合。"[20]

在我看来，另一个非同寻常的要点在于，莎草纸从公元前3000年到公元1000年一直是唯一便于获取的介质，因此也一直是书写的主要载体。

今天，完整的西方字母表，也就是像希腊语和拉丁语这样将辅音字母和元音字母置于同等地位的字母表似乎正在取代世界上其他大多数书写系统。费希尔认为这是全球化最肉眼可见的表现之一。在世界的另一端，中国古人也发展出自己的书法，那同样是一个对周边地区影响深远的书写系统。最早的中国铭文诞生于约公元前1400年，文字呈纵向排列，以便在干燥的骨头上书写，也可以写在狭长的黄色竹简上。也就是说，当古埃及人在轻巧便携的介质上用流畅的线条书写时，中国古人正在仔细地雕刻竹片，然后再将其缝制并捆扎成整卷的简牍。

在古埃及，快捷的书写方式对商人、账房和记录保管者来说简直是上天的恩赐，也使得他们对莎草纸的需求猛增。随着古埃及文明不断向前推进，没过多久，代笔写信的人纷纷用起莎草纸，作家和诗人也在这种纸上创作自己的作品。到公元一二世纪，随葬文本也极大简化，此时出现了更加精简的《呼吸之书》。这本书篇幅很短，核心内容不到10行，用当时更流行的世俗体写成。这些被折叠、捆好并密封的随葬文本简明扼要地罗列出了最基本的丧葬祝祷。[21] 它们是《亡灵书》长期演变进程的最后一个阶段。莎草纸在三四世纪开始应用于更加实际的工作，为迅速转向基督教信仰的世界而服务。

065

这种笔、墨、纸张、字母表和草书体的全新组合大力推动了文字工作阶层的发展，成为人类历史上的一大新事物。历史学家希罗多德将公元前 5 世纪的文字工作者与普罗大众区分开来，列入古埃及社会的七大高级阶层之一。

写工的地位接近社会顶层，仅次于祭司和士兵。之所以在社会中如此受重视，是因为他们在世界最早的正规教育系统——书吏学校接受培训。书吏学校的毕业生可以进入这个影响力无边的专业阶层。古埃及写工可以获得巨大的财富以及极高的声望和地位。而与其他行业的从业者截然不同的一点在

学校里的年轻写工，霍伦海布基壁画，公元前 1300 年（来源：Wikipedia and the Osirisnet Project）。请注意他们手中的笔架，每个笔架上都有两个分别装有红墨水和黑墨水的位置

于，他们可以用文字"改造"其他人的职业，可以大肆宣传自己所从事的职业，提高别人对写工行业的尊重。毕竟只有他们能够接触文献记录、历史记载、自己的个人档案以及繁多的数字表格。凭借这一优势，他们便可对文字加以剪切、粘贴甚至创造，赋予旧文本全新的解读，解决数字问题，迎合当下的需求。与写工相比，就连美国广告业的中心麦迪逊大道也相形见绌。

没过多久，写工变得不可或缺，如果没有写工的服务，即便是法老也寸步难行。这种职业享有极高的声望，就连法老也以能抄会写为荣。甚至法老霍伦海布（Horemheb）的职业生涯就是从军队书吏这一职务开始的。图特摩斯二世（Tutmosis Ⅱ）一定也接受过专业的文化训练。[22]

最受尊敬的是兼具神职人员身份的写工，阿尼便是其中的典范，他就是那部著名《亡灵书》的主角和创作者。根据这本书的记载，他是"众神祭品的记录者、阿拜多斯诸神粮仓的监督者、底比斯诸神祭礼的书吏"。

历史学家保罗·约翰逊（Paul Johnson）指出，古埃及政府的每个部门都有自己专用的写工：军队书吏、海军书吏、金库书吏等，每一类写工往往都会采用独属于这一行的专用字体。此外还有贸易写工和会计写工。

培养写工是一项严肃的事业，需要持续多年的漫长努力，但付出的时间终会有回报，对于那些从社会底层入行的孩子——特别是孤儿来说尤其如此。这是穷人让孩子提升社会地位的为数不多的方式之一。因此，它成了一项备受珍视的职业。

066

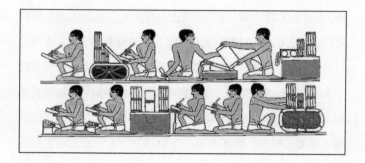

行政书吏在富庶朝臣狄（Ti）的庄园工作（前 2500—前 2400 年）。注意，随着画面中工作的进行，可以看到纸卷也越堆越高（来源：Wikipedia and Osirisnet Project）

写工是每个王朝最典型的宣传机制的基础，这种重要地位让他们更方便进行自我宣传，而且他们很快就充分利用这一点。他们大力鼓吹自己的工作多么高贵、多么需要保障，吹嘘他们应当免交土地税、免除兵役，也不必响应王室的号召去建造金字塔。约翰逊引用了许多写工为自己谋取奖赏的例子，比如"学会写字，你就可以避免从事任何体力劳动，成为一名受人尊敬的官吏"。约翰逊还提出一个很有意思的观点：写工们颇有远见，眼光高于埃及同胞日常关注的范畴。他们很清楚大家都非常重视"肉身"的不朽，于是他们指出，书写比其他许多形式的创造活动更能有效地延续记忆，大力宣扬这种"思想"的不朽。正如公元前 1300 年一篇题为《讽百业》（*The Satire on the Trades*）的文章中所指出的，写工们极力推崇"成为写工就可以让你在文字中永垂不朽"的观念："大门和建筑已然倾覆，无人记得丧葬人员的服务，石碑深埋在尘土中，世人早已遗忘那些坟墓。但他们的名字仍然口口相传，因为他们写了书。当一个人写出精彩的作品，后世对他的记忆将持续到时间的尽头。"[23]

这段话特别适合纪念古埃及早期最受人景仰的两位先知荷尔德德夫（Hordedef）和伊莫霍特普："他们没有用金属为自己建造金字塔，也没有铁铸的墓碑。他们没有繁衍子嗣来传承自己的血脉……但文字和书籍便是他们的继承人，凝聚一生智慧的书籍就是他们的金字塔，写字的笔就是他们的子嗣。"

写工们的言论对吗？对于死亡之前、期间和之后发生的事，他们的了解想必与其他人一样。在阿尼的例子中，就他的朋友和家人而言，他和妻子图图遵守祭司们对亡灵之旅的所有规定，因此他们获得了永生。然而写工现在却告诉他们，即便没有采取其他措施，阿尼只凭借《亡灵书》这部杰作就足以永垂不朽。当然，这部《亡灵书》很可能是一批祭司和写作者共同完成的团队作品。换作其他时代、其他地点，《亡灵书》是让阿尼前往天国的通行证；现在，写工和莎草纸则让他永远活在人们的心中。也许这比守护巴和卡＊更加可靠，更能保护你永生不灭的灵魂。

068

毋庸置疑，莎草纸这种新型媒介得到了极大的信赖，它会一直繁荣下去，不是吗？古埃及人的想法是，纸卷与死者一起

＊　古埃及人认为，人的灵魂由不同的部分组成，"巴"（Ba）和"卡"（Ka）都是灵魂的组成部分。在死亡之后，"卡"会离开死者的身体，"巴"则留在死者体内。当二者重聚时，亡灵即可复生。——译注

下葬，这样就能永远与他们一起待在那里。但后来的文献呢？古希腊人、古罗马人和阿拉伯人一定也认为自己的思想、文字、诗歌和税务记录具有无法估量的价值。难道它们不应该得到永垂不朽的待遇吗？这种新型媒介能否满足他们的期望呢？

6

尼罗河沙翻腾，
宝藏重现人间

了不起的是，死去的人可以通过书页对人们诉说。只要书还在，写书的人就还活着。

——克里斯托夫·鲍里尼（Christopher Paolini），

《伊拉龙》（*Eragon*）

1952 年，在意大利南部一处避暑别墅打地基的工人们偶然挖到一座古代教堂的废墟。继续深挖下去，他们发现了一口石棺。几乎可以肯定这就是卡西奥多罗斯——莎草纸的好朋友和坚定捍卫者——的安息之地。[1] 他是东哥特国王狄奥多里克一世（Theodoric）统治时期的一位隐修政治家。他曾在 540 年给托斯卡纳税务官写过一封赞美莎草纸的书信。此外，在卡西奥多罗斯的努力下，一项针对莎草纸使用的税赋也得以废除。

打开石棺后，人们只发现了几块骸骨。看来在 1400 年的岁月里，盗墓贼可没有闲着。卡西奥多罗斯本人生前曾对盗墓这一问题发表过意见：他曾以国王的名义要求调查一位乡村牧师，因为坊间传闻这位牧师盗挖墓葬和坟地，在受到祝福的死者遗骸中翻找贵重物品。

卡西奥多罗斯愤慨地斥责，"为临终之人祝圣涂油的双手怎么可以捞取如此渎圣的不义之财"，他在这样慷慨陈词时或许冥冥之中已经预感到，被这样一双手触摸也会成为他本人的宿命。然而，按照某些人的观点，被这样一双手打扰或许还不算最坏的遭遇。在同行中脱颖而出、成为大英博物馆常驻埃及文物研究员的沃利斯·巴奇爵士就是这样认为的。"无论考古学家个人将木乃伊运出埃及的行为如何遭到诟病，但凡明事理、不抱偏见且在这方面略有所懂的人都必须承认：当木乃伊转交到值得信赖的保管人手中、安置在大英博物馆里的时候，它得到妥善保存的概率远远大于任何一座墓穴，无论是王陵还是其他坟墓……"

我们能否奢望卡西奥多罗斯的墓中至少存留下几件他的生平遗物呢？当然，我们可以换个角度来想，卡西奥多罗斯可不需要遗物来纪念自己，这位古人仅凭生前的光辉事迹就足以安享身后的荣光。虽然他算不上是那个时代最耀眼的人物，但也不会轻易被世人遗忘。而让他在一众官僚当中显得与众不同的是，他开创了一种将商业性和娱乐性合二为一的书信体。卡西奥多罗斯是哥特王朝统治的捍卫者、以自己的方式为政府效忠的公仆、历史的保护者，也是一位哪怕面对千难万险也要奋力守护知识的人，他在早年曾被罗马、拉文纳和君士坦丁堡等地的统治者慧眼相中，奉命为他们所统治的信仰基督教的哥特王国西部和罗马帝国东部带来秩序。

卡西奥多罗斯之所以能在世界范围内享有持久的盛名，还有一个原因，他在活着的时候不仅大力保护自己的书籍，还不遗余力地拯救典籍和宗教文学。这绝不是一件轻松的事，因为他身边的蛮族军队都在烧杀劫掠。在战火之中，没有什么比莎草纸装订的书籍更容易付之一炬的了。

跨越时间长河的声誉对于卡西奥多罗斯来说实至名归，但对于其他人来说就完全是另外一回事。某些人只是不小心失足掉进洞穴，或者无意中翻开一块岩石，或者在恰当的时刻踏进阳光笼罩的广场，就这样纯属偶然地被载入史册。但对于像卡西奥多罗斯这样受上天眷顾的少数人来说，功成名就是他们应得的权利，来自他们与生俱来的能力，来自磨炼与奉献中培养出的才华。这是他们一生的宿命。不过对于我们大多数人来说，即便真的能撞上留名青史的机会，那也只会是一生艰苦工作、不懈追求极致的结果。

当然，就算我们勤勤恳恳度过一生，又有谁知道呢？在古代，除非把一生事迹写在某个地方，否则后来的人根本无从知晓，更谈不上为之所动。萨福（Sappho）的诗歌正是因为曾抄写在莎草纸上，后世读者才有机会感叹自己如何被其优美的语言、简洁的形式和强烈的情感所震撼。苏格拉底和他的得意门生柏拉图，还有柏拉图的学生亚里士多德也是如此。尽管他们的思想、作品和言论只有少数写在莎草纸上的片段流传至今，但正是这些残存的只言片语为他们赢得了流传千古的盛名。

《圣经》的早期版本也经历过同样的命运，它们借助莎草纸得以幸存，直至被誊抄到精心鞣制并上色的皮纸卷册上。《古兰

071

经》《诺斯替福音书》*和其他类似典籍都是首先写在莎草纸上，后来才被小心翼翼地誊抄并加以装饰。这些神圣的文字代代相传，承载着主教、使徒、先知和神的荣光——这些都是拜莎草纸所赐。它们是活生生的证物，说明莎草纸曾经为历史上举足轻重的人物服务，充分发挥自身的价值。[2]

那么过去 5000 年里的其他人呢？普通人有没有留名史册的机会？毫无疑问，在公元前 3000 年到公元 1000 年这段时间，有成千上万甚至数百万人曾经用笔在莎草纸上书写，从而有了名垂史册的可能。事实证明，他们中的每一个人都至少有两次成名的机会。一次机会是靠书写的内容和文字本身扬名立万，另一次机会则是成为发现、购买、拥有、窃取或者破译他人文献的人。许多古人写下的都是生活中近在眼前的、最平凡的问题，这些琐事让他们寝食难安，直到他们卸下重负，找到解决的办法，向朋友倾诉或者设法得到满足为止。莎草纸为他们提供了媒介，而纸莎草这种植物则充当着工具——他们可以用纸莎草制成的纸和笔来处理生活中的大小事项。在日复一日的生活中，这些日常往来书信中的只言片语往往更能触及生活的本质。

刻在石头上的铭文就像"石头本身一样冰冷且毫无生气"。

---

* 诺斯替教派起源于 1 世纪，比基督教的形成略早，盛行于 2—3 世纪，到 6 世纪几乎消亡。各个诺斯替教派在组织上互不隶属，并无统一的机构。但在教义上大同小异，称为"重知主义"，认为物质和肉体都是罪恶的，只有领悟神秘的"诺斯"（希腊文 gnosis，意为"真知""灵知""直觉"），才能使灵魂得救。掌握这种真知的人叫作"诺斯替葛"（希腊文 γνωστικοί，意为"真知者""灵知者"）。——译注

而在莎草纸上，人们所看到的更接近生活的本来面貌："我们能看到手写的痕迹，看到歪歪扭扭的笔画；我们看到的是写下这些字的人；我们端详着他人私密生活的角落和缝隙，历史的目光不会投向这里，历史学家也不屑一顾。"[3]

保存到今天的莎草纸残片有很大一部分属于埃及探索协会*，由牛津大学的萨克勒图书馆（Sackler Library）负责保管。该协会拥有超过 50 万份莎草纸残片，是全世界规模最大的莎草纸收藏地。在破解和翻译这些莎草纸残片的过程中，研究人员和学者有许多机会为自己争取一点小小荣耀，聊以作为辛勤付出的奖赏。古埃及人不会对此觉得有任何不妥。毕竟许多古埃及人都相信，我们在死后最终都会进入无限之境，获得不朽的生命。

当然，满足毕生奉献给事业、举办体面的葬礼等条件之后，还需要莎草纸这一关键要素。如果没有莎草纸，无论你多么精通金融、诗歌、写作或文物破译研究，你在后世都不会留下一丝痕迹。

在维旺·德农来到埃及的 20 年之前，人们曾在吉萨附近发现一个罐子，里面装着大约 50 份纸卷。这就是那批因为有宜人香味而惨遭焚烧的纸卷。它们与《亡灵书》的不同之处在于纸上的文字是古希腊语。这些纸卷展露了古埃及的浩瀚知识宝库和日常生活细节的冰山一角，至今依然让我们心醉神迷。这

---

* 埃及探索协会（Egypt Exploration Society），成立于 1882 年的英国非营利性组织。——译注

批纸卷中幸存下来的部分通常被称为"博吉亚纸卷"（*Charta Borgiana*），以此纪念知名收藏家斯特凡诺·博吉亚（Stefano Borgia）主教。

最早大批量发现的莎草纸有 10000 份左右，其中夹杂着一些写有文字的亚麻布上。这批莎草纸出土于埃及的法尤姆（Fayum）地区，19 世纪 80 年代被莱纳大公（Archduke Rainer）买下。莱纳大公是哈布斯堡家族最富有、人缘最好的成员，他的这一收藏在当时引起了轰动。这批藏品可按内容分为世俗文本、基督教文本和阿拉伯语文本三大类，现存放于维也纳的皇家图书馆。它们为当今多达 18 万份的莎草纸文献、残片和其他物品的收藏奠定了基础。据说，"纸草学"（papyrology）作为一门系统的学科正是从那时诞生的。

从 1891 年至 1897 年的 6 年间，大英博物馆出版了一系列译自古希腊语的精彩文献。这些莎草纸记载的内容包括亚里士多德的《雅典政制》（*Athenian Constitution*），海罗达思（Herodas）的《拟曲》（*Mimes*），巴库利德斯（Bacchylides）的《颂歌》（*Odes*）以及希佩里德斯（Hyperides）的系列演讲。我们可以从历史学家利奥·德尔（Leo Deuel）创作的一部古代文献专著中感受这四位作者的重量级地位——这部内容扎实的专著有一个恰如其分的标题《时光的遗嘱》（*Testaments of Time*）。德尔告诉我们，亚里士多德关于古代政权的各种组织形式一共撰写了 170 篇论著，对不同政府进行了广泛的比较研究，而《雅典政制》只是这一系列论著中唯一的幸存者。第二部著作是《拟曲》，有些人认为这是埃及有史以来最伟大的文学发现。这部作品完全摒弃辉煌宏大的诗意，由 8 个古老的喜剧场景组成，诗句采用抑扬格音步。诗中场景设置在希腊的科斯岛上，这座岛屿孕育了令人惊叹的文化习俗。正如德尔所言，从诗歌的标题便可见一斑:《虔婆》《乐户》《上庙》《妒妇》等*。

与之形成鲜明反差的《颂歌》则被誉为"古典抒情诗全盛时代最纯粹的文学"，作者巴库利德斯是一位与品达（Pindar）齐名的诗人。

上述四位巨匠中，最后一位的演讲同样惊为天人。希佩里德斯令 15 世纪肩负学术复兴重任的人文主义者心醉神迷——正是他们的努力促成了遍及全欧洲的文艺复兴运动。全世界只有特兰西瓦尼亚（Transylvania）的一座图书馆保存有一份希佩里德斯的演讲稿，但也在 1545 年丢失了。我们所知道的是，希佩里德斯与文艺复兴时期备受追捧的西塞罗（Cicero）一样，是法庭上的雄辩大师。也许，希佩里德斯的演讲对于维多利亚时代的读者而言就像文字版的律政剧《洛城法网》（*LA Law*）一样精彩。此外，这些演讲稿也展现出演说家本人及其所处时代的面貌。在德尔看来，这些演讲稿既属于文学，也属于历史，而且可以列入"借由埃及重见天日的最珍贵的作品之一"。

这场思想的盛宴一共有四道珍馐，为我们发掘出其中三道佳肴的不是别人，正是我们熟悉的老朋友沃利斯·巴奇。在讲

---

* 《虔婆》（*The Bawd*）、《乐户》（*The Pimp*）、《上庙》（*The Women Worshippers*）、《妒妇》（*The Jealous Mistress*），中文标题摘自周作人苦雨斋译丛《希腊拟曲》。——译注

述写工阿尼的《亡灵书》的故事时，我们已经与他打过交道。巴奇在这次行动中的故事足以与他之前的诸多奇遇相媲美，包括 9 年前在卢克索的那次冒险。

我将其称为"橘子事件"（The Affair of the Oranges）。

7

橘子事件

　　19 世纪 90 年代，疯狂搜罗埃及文物的"埃及热"让沃利斯·巴奇——朋友们昵称他为"巴基"——心潮澎湃。他用 25 年的时间为大英博物馆收购了 4.7 万件古埃及文物。在此过程中，他几乎犯下了文物盗窃领域有记载的所有罪行，这些行为在今天看来都是不可原谅的。自始至终，沃利斯·巴奇对任何不赞同其行为的人都极其蔑视；他十分厌恶那些他称之为"考古学界裴斯匿夫 *"的同时代人。在本章的故事中，为了得到那四份珍贵莎草纸卷之一，他再度超越了自我。

　　巴奇在自传中写道[1]，一位开罗的古董商朋友告诉他，坊间传言市面上最近出现了一份公元前 5 世纪某位抒情诗人的重要作品。几位为欧洲各大博物馆效力的代理商和三位知名英国考古学家正在开罗展开地毯式搜寻。这样做的结果就是莎草纸的

---

* 裴斯匿夫（Pecksniffs）是狄更斯小说《马丁·瞿述伟》（*Martin Chuzzlewit*）中的人物，表面上正直友善，实则是伪善的两面派。——译注

价格水涨船高。

1896 年 11 月，为得到这卷莎草纸，巴奇专程来到埃及，尽管每个了解情况的人都说这是不可能完成的任务。显然，他们不了解巴奇。在此之前，巴奇已经将好几份莎草纸带出埃及，包括阿尼纸草书和一份写有亚里士多德著作的莎草纸。这几次经历树立了他收藏大师的形象，然而也给他带来了敌人。与他作对的人中甚至有他的同胞——驻开罗的英国政府官员、埃及博物馆和古物监管局的英国裔负责人都在其中，他们不惜一切代价，要阻止巴奇再将任何一件物品带出埃及。身为大英博物馆的研究员，巴奇有权自由前往大英帝国疆土的任何角落，所以他们无法阻止他进入埃及。但是他们赌咒发誓，绝不会让他在未经许可的情况下携带任何东西离开。

舞台布置完毕，只等好戏上演。局面对巴奇不利：亚历山大港和塞得港（Port Said）的邮政和海关人员都处于高度警戒状态，警方派人监视他的一举一动。只有一个问题：他们的行动太迟了。在围猎开始之前，巴奇早已先行一步，骗过了所有人。

事实真相是巴奇早在几个月前就已买下这份古希腊文莎草纸。他与莎草纸的所有人奥马尔（Omar）早就谈妥条件，只是当时没有足够的资金完成交易。于是他留下一笔定金，嘱咐奥马尔替他保存好这份文献，日后他自会回来拿。当时他留心抄下几行纸卷上的文字寄给大英博物馆的图书馆管理员，对方几乎立刻发报回复："文字已鉴定，极其重要。买，不惜代价。"

结束一段内陆之旅后再回到开罗，巴奇发现局面复杂了许多。埃及文物监管局见过其中一块残片，关于这份莎草纸的流言传得满城风雨,奥马尔见状便想坐地起价。巴奇不得不坐下来和他讨价还价,耗费整整两天两夜才得到这份文献。而他得到文献的消息也立刻不胫而走。文物监管局派出几名官员前往他居住的酒店兴师问罪,然而他们却空手而归。英国总领事派人送给巴奇一张便条,告诫他尽早放弃,否则后果自负。巴奇的答复则是:他会尽快离开埃及回到伦敦。但是那份莎草纸该怎么办呢?

现在我们知道,这份莎草纸是巴库利德斯《颂歌》原著的一份抄本。巴库利德斯是古希腊抒情诗发展早期具有重要意义的一位诗人,以优雅而精美的风格闻名。他被誉为"科斯岛的夜莺",他的诗让人愉悦,却不需要读者多费脑筋,是"一位让读者一见如故,就像在自己家里一样放松的诗人"[2]。这份文献收录的不是一两行诗句,而是巴库利德斯的几乎全部作品。当这份文献在博物馆重新拼凑完整时,人们发现上面共有 1382 行诗句,合计 20 首诗,其中 6 首几乎完整无缺。除了 3 块较大的碎片之外,还有超过 200 块残片,全部拼在一起之后的莎草纸长达 15 英尺。

读到这段记载时,我不禁纳闷巴奇究竟是如何将这样一件物品带回伦敦的——不仅没被人发现,也没有让它遭受进一步的破坏。事实证明,巴奇的解决方法十分简单。他在开罗的一家百货商店买了一套埃及风光摄影集,此外还有两张卡纸封面、一卷彩色包装纸和一捆绳子。接着,他将这件无价古董纸卷中较大的部分裁剪成适当的尺寸,与较小的碎片一同夹在摄影集当中,用包装纸包紧,最后用绳子系好。

076

　　他的下一步行动是通过铁路将行李运到塞得港的一位朋友那里。塞得港位于苏伊士运河北端，是返英旅行者的出发港。

　　那天早上，巴奇和一位名叫艾哈迈德（Ahmad）的助手登上前往塞得港的火车，随身带着那册夹有莎草纸的摄影集。他用一件厚重的大衣遮掩随身行李，另外还带着一个板条箱，里面装有 200 个橙子。就在火车开动之前，两名官员走进他的车厢，声称他们必须把他的行李箱拿到火车末端的货运车厢里存放。巴奇解释说他已经在前一天把大件行李寄送到了塞得港，他们将信将疑地检查了他座位下的空档，之后便离开了。随后，当火车停靠在一个中转站时，巴奇带着随身行李飞快地蹿到月台上，艾哈迈德紧随其后。随后，他们坐上一列开往相反方向的火车，向东前往苏伊士——苏伊士运河连通红海的南部港口。

　　在天色几乎完全暗下来时，他们抵达了苏伊士，并在那里分道扬镳：艾哈迈德带着大衣和行李箱，巴奇拎着那箱橘子。他们前往海关办公室，所有的手提行李都必须在那里接受检查。一踏进海关的棚屋，巴奇便设法吸引人们的注意力，而艾哈迈德则趁机离开检查站，将行李箱和大衣带到不远处巴奇朋友的家中。在海关棚屋里，巴奇的板条箱被打开检查，那些橘子被一一取出清点，海关人员要求他支付 15 皮阿斯特*的关税，巴奇拒绝了。他大吵大闹，高声分辩说那些橘子不是为他自己买的，而是给别人的礼物。他的吵闹引得其他旅客纷纷前来围观，

---

*　皮阿斯特（piastre）是埃及货币单位，100 皮阿斯特 =1 埃及镑。——译注

所有人的注意力都集中在巴奇身上，没有人注意到艾哈迈德悄悄溜了出去。

后来，巴奇支付了罚款，那本来也不是一笔大数目。离开检查站时，他还大声指挥别人将橘子送到镇上一家由法国修女经营的当地医院去，以此证明自己的清白无辜。

那天晚上，巴奇与他的朋友在镇上愉快地共进晚餐。待到午夜时分，他登上了一艘蒸汽船，小船载着他和艾哈迈德以及他的大衣和行李箱，驶向一艘停泊在苏伊士港等待穿越运河的客轮。穿过运河之后，他们在塞得港停下脚步。艾哈迈德在那里下船，取回巴奇的行李箱带回船上。在此期间，巴奇始终躲在客舱没有露面。每当有人问起巴奇在哪里，艾哈迈德都会告诉海关官员，他还在伊斯梅利亚（Ismailia），很快就会赶来。

也许海关官员还在等待，然而"猎纸忍者"巴奇一周后便在南安普敦下船，披上厚厚的大衣抵御英国的寒风，手提着色彩鲜艳的行李箱，登上了开往伦敦滑铁卢车站的火车。

巴奇创造了一项纪录。他可能是从埃及带出文物数量最多的个人，能超越他的大概只有拿破仑。比这种行为本身更恶劣的是他对埃及文物监管局堂而皇之的蔑视，这种自命不凡的态度是他留给大英博物馆的烙印，令人难以忘怀。无怪乎许多年来，博物馆始终与巴奇和他的自传保持着距离。

维多利亚时代后期，专业考古学家走遍中埃及和上埃及 * 热浪滚滚的干燥沙漠，只为寻找和挖掘——或者从当地商贩手中购买——数量可观的莎草纸。除了古埃及丧葬文献、古希腊文古典作品手稿以及早期科普特基督教派《圣经》的残篇，他们还发现了许多商业账目、官方和个人记录以及往来书信。

巴奇在卢克索"收购"阿尼纸草书的故事在 119 年后被探索历史频道改编成了一部剧情纪录片。探索频道这部名为《埃及亡灵书》(*The Egyptian Book of the Dead*) 的影片很有吸引力，值得一看。影片拍摄于 2006 年，故事背景设定在维多利亚殖民时期的 1887 年，中间穿插着闪回古埃及时代的倒叙，讲述书记官阿尼的生平故事。影片中的阿尼被塑造成一位对来世忧心忡忡的年轻人，由于太过担心死后的遭遇，他很早就开始准备自己的《亡灵书》和其他将随之一同进入坟墓的物品。这部剧情纪录片生动展现了前往古埃及天国的道路上等待着亡灵的怪物和危险，塑造得栩栩如生。故事还介绍了《亡灵书》如何帮助我们在最后这段旅行中达到终极目的地。

回到纪录片中的真实地点和时间（维多利亚时代的埃及卢克索，1887 年），沃利斯·巴奇刚刚经历重创，他收购的莎草纸被埃及警察没收了。他为这批莎草纸的命运忧心，因为他相信他的同行——那些埃及古董商贩告诉他的话。商贩们声称，当局肯定会将阿尼纸草书裁成碎片分开出售。从这一角度来看，

---

* 古埃及可分为上埃及和下埃及两个部分，19 世纪考古学家则将上埃及进一步分为上埃及和中埃及，原上埃及中从开罗至基纳一带的区域被细分出来，称为中埃及。——译注

虽然这部纪录片表面上对巴奇洗劫坟墓的行径予以谴责，但也为他的行为做了辩解，将其塑造为"历史的拯救者"，因为影片着力表现了巴奇争取当地强盗的帮助，从警察那里偷走古卷，最终逃回英国的情节。接下来的一个场景发生在大英博物馆里，剪刀的特写表明他将整幅纸卷裁剪成了 37 张以便于研究。这是出于研究目的而必须进行的技术处理：古卷无法承受反复展开和折叠的损耗。但在严格主张文物保护的人眼中，这个场面绝对不亚于约翰尼·德普在电影《剪刀手爱德华》中所制造的噩梦。

在影片中，叙述者不时穿插进来阐述自己关于巴奇是否有罪，他究竟是否应当被定性为盗贼的观点。作家和埃及学家马尔科姆·莫舍尔（Malcolm Mosher）认为，巴奇将纸卷带出埃及的行为在当时再寻常不过，而且"当人们以为所有文物都已经遗失、被盗或者被摧毁的时候，我们只会感谢某人有钱贿赂官员，让文物保存下来，虽然他有点流氓无赖，虽然他做的事情有些出格。再说，如果他没有将这些经历公之于众，人们就不会对埃及产生兴趣，也就不会有今天的埃及学了"。莫舍尔还说："巴奇对推广古埃及《亡灵书》和来世观念所做的贡献比任何其他学者或文献都要大。"

前埃及文物监管部门负责人扎希·哈瓦斯（Zawi Hawass）是这部纪录片的亮点，不出所料，他相当坦率地表达了对巴奇的谴责。"……也许你一辈子都是个诚实的人，然而当见到你想要的东西时，你就变成了贼。他利用自己的影响力和学识窃取了许多文物，将它们带到大英博物馆。这不公平。巴奇是个不同寻常的人，有好的一面也有坏的一面，好的一面是他出版了许多著作，坏的一面是他是个贼。他的作品很重要，我自己现在也会研读他的书。巴奇唯一的污点就是他偷了很多文物。"

在片尾，大英博物馆被纪录片制片方列为鸣谢机构之一。不过大英博物馆似乎没有为影片拍摄提供任何正面的帮助，除了有几个场景发生在埃及馆。卡罗尔·安德鲁斯（Carol Andrews）曾在 1971 年至 2000 年间担任大英博物馆埃及馆的助理研究员和高级研究助理，她也是本片的特邀顾问之一。谈到巴奇时，她表示："你不能站在现代人的角度评价他……说他是一个盗窃文物的贼。在那段岁月里，当时的人们并不如此看待这种行为。"

然而，1903 年的一份报纸上有一篇关于"古物盗窃"的报道，其中赫然出现了巴奇的大名；而一份请愿书中则指名道姓地提出，"对付巴奇博士的唯一办法，就是号召全英的科学舆论界，抵制他本人和他的所作所为"。这些史料与安德鲁斯的言论截然相反。即便巴奇的行为不能算是盗窃文物，二者的界限也相当模糊。安德鲁斯作为结束语的评论"另一方面，他确实游走在十分微妙的边缘"并不能为巴奇的背信弃义之举正名。

除了盗窃，他还将古卷裁成碎片。根据詹姆斯·瓦瑟曼（James Wasserman，作家、埃及学家和《亡灵书》项目"的负责人）的说法，巴奇裁剪莎草纸原件采用的是最基本的尺度衡量法，将整卷裁成长度基本一致的 37 张——这种做法非常糟糕。"结果是破坏了纸卷的原始顺序。"在瓦瑟曼 1994 年出版书籍的序言中，卡罗尔·安德鲁斯写道：

> 莎草纸卷原件……为了便于储存和展示，被裁成37张夹在玻璃板中镶边保护，断片实际长度从52厘米到76厘米不等，裁剪基准在65厘米到70厘米之间。有时巴奇认为插图边框之间是天然的空白，便以此为界裁开纸卷——然而这样可能让同一章节的文字分散在不同的纸片上。有时他又认为文本的整体布局更加重要，于是就将插画从中裁开，有的插画甚至脱离了相关的章节。更夸张的是，裁剪进行到后期甚至出现了这样的情况：大幅插画直接被裁成两半，以免纸片过短或过长。

080

安德鲁斯随后在文中详细列举出了操作过程中破坏最严重的15个例子，而这部纪录片则直观地将当时的操作过程展示出来："他把它带回大英博物馆，然后将它裁成一张一张以便研究。用这种方法处理莎草纸后，他可以将单张纸片贴在木板上好进行翻译。从技术角度来看，我们勉强可以原谅他，但是从另一方面来看，他永久性地摧毁了莎草纸的完整。"

我们从巴奇的自白中可以得知，他对随意裁剪珍贵莎草纸的做法心安理得，毫无悔愧之意。后来他对亚里士多德的《雅典政制》和巴库利德斯的《颂歌》也如法炮制。不过，实践中对长卷莎草纸进行裁剪和装裱的并不是他本人，这项工作是由博物馆的其他工作人员在他的监督下完成的。事实上，从巴奇所处的时代至今，被裁成小块的纸卷实在太多，现在博物馆中几乎再也找不到未经处理、保留原本样貌的古卷了。在他们那个时代，博物馆曾经拥有数百份完好无损的纸卷。它们现在都在哪里呢？

假如 H. 斯宾塞（H. Spencer）先生还活着，也许他可以告诉我们这些纸卷的下落。1887 年至 1889 年间，他曾是埃及和亚述研究室（Egyptian and Assyrian Study Room）的负责人。我在 1893 年博物馆的书信集中发现了他的报告——当时巴奇正是主管研究员*。接下来的内容在我眼中无疑是一场惨剧，但对于斯宾塞先生来说只是日常工作的一部分。他在任务清单中罗列的事项包括整理大约 50000 块泥板，修复另外 1000 块泥板。接着，他将注意力转移到博物馆收藏的 400 份莎草纸卷上。他的任务是将它们展平、裁开，然后一张张压到玻璃下面，其中就包括阿尼纸草书。在巴奇那个时代，人们没有其他选择。三明治似的玻璃板夹层是研究人员处理文献最快捷高效的方式。当时最迫切、最紧急的目标是将文字翻译出来，然后给这些独一无二的宝藏拍照并归档，一切都要赶在他人捷足先登前完成。格林菲尔德纸草书就是这些操作的成果，它最初是一份巨幅长卷，完整长度令人过目难忘。巴奇当时拍摄的一张照片记录了这份巨型纸卷卷起时的侧面视图，这张照片现存于博物馆的档案中。可以想见，这张照片是在纸卷被切割成 96 张之前拍摄的。

---

*　博物馆领域的 keeper 是研究员负责人的头衔，由于经常兼任馆长，因此常与"馆长"表述混同。——译注

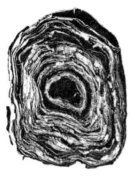

《女祭司奈斯坦博塔舍鲁亡灵书》未经处理的莎草纸卷两端，直径 6 英寸，长 123 英尺，格林菲尔德纸草书（来源：Budge, 1912）

　　格林菲尔德纸草书是为 2000 年前的女祭司奈斯坦博塔舍鲁（Nesitanebtashru）创作的，她是大祭司的女儿，也是王族成员。1910 年，伊迪丝·格林菲尔德（Edith Greenfield）夫人将这份纸卷捐赠给大英博物馆，此后，压在玻璃中裁成小片的莎草纸，在角落里冷落了 100 年，直到 2010 年大英博物馆举办《亡灵书》大型展览时才将这份纸卷悬挂展出。老阅览室宣传板上信誓旦旦宣称"本展览将还原完整的卷轴，首次呈现其最初面貌"的承诺并未完全兑现。得到授权的斯宾塞裁剪了太多纸卷，以至于完整的纸卷现在反而成了稀有之物，这实在令人难过。当初发现的大量古卷中，完整保留至今的寥寥无几。其中一份依然完好无损的长卷是长达 63 英尺的荷鲁斯大祭司伊莫霍特普的《亡灵书》，现藏于纽约大都会博物馆。

　　不支持展出古代莎草纸卷的一大原因在于许多纸卷的色彩并不丰富，比如伊莫霍特普纸卷对行色匆匆的博物馆观光者就

082 没有什么吸引力。在这方面，阿尼纸草书有一定优势，因为文字中穿插着许多色彩鲜艳的插画。但这在将来也可能成为它的缺憾，因为现在我们基本可以确定，这些颜料一旦暴露在光线之下就会逐渐褪色。

这段非同寻常的"猎纸之旅"最终的成果是，巴奇带回伦敦的莎草纸让巴库利德斯获得了二次生命。这位诗人在一夜之间成了古希腊抒情诗人最杰出的代表之一，其现存诗歌的数量大约是品达的一半。巴奇还让世人知道了古埃及王室写工阿尼的名字，同时也进一步提升了亚里士多德和希罗多德的声望。显然，巴奇和15世纪的佛罗伦萨淘书人会有很多共同语言。那些淘书人走遍世界各地，特别是君士坦丁堡及其周边地区，只为寻访古希腊时期的古典著作，支持文艺复兴。这些佛罗伦萨人很高兴能够得到叙利亚沙漠地区聂斯脱利教派（Nestorian）抄写员和巴格达9世纪大师们的作品，但这些都是二手或三手的皮纸抄本。巴奇得到的则是莎草纸卷和书籍，与原作者的最初真迹更为接近。他的发现很好地佐证了卡西奥多罗斯的观点：倘若没有莎草纸的存在，许多古代名人都只能在树皮上刮擦或雕刻粗糙的字母，局限于这种只适合原始人的令人反感的活动，从而导致古代先哲与原本命中注定的永垂不朽失之交臂。

在莎草纸问世之前，所有智者的箴言和古人的思想都面临着被时光冲刷殆尽的危机。虽然 book（书）一词根源于 liber，意思是树皮，但是谁能在粗糙的树皮上流畅愉快地书写呢？当写工费力地在肮脏的原材料上刻下一个个字母时，他的思想也在逐渐冷却：这种粗糙的发明只适合人类文明的萌芽时代。后来人们发现了莎草纸，长篇大论的雄辩才成为可能……莎草纸可以将思想的甘甜果实保存下来。（卡西奥多罗斯，527 年，《书信集》第十一册，第 38 号信笺［Letters. Book XI, Letter 38］）

8

水闸开放

　　继 19 世纪晚期的一系列发现之后，学者和公众的兴趣再次转向古代纪念碑、神庙和墓葬，对莎草纸的热情逐渐冷却。谁又能责备他们呢？毕竟那时候就像现代一样，古埃及的木乃伊和别具一格的丧葬风俗分外受人关注。关于狮身人面像、金字塔和王室陵墓的活动层出不穷，令大众目不暇接。爱德华·纳维尔（Édouard Naville）在 1882 年成立的埃及探索协会的资助下进行的工作就是一个典型。出身"守旧学派"的纳维尔主张对考古遗址进行底朝天式的大规模清点，不放过任何一块石头。弗林德斯·皮特里则对这种做法表示深恶痛绝。弗林德斯·皮特里虽然得到同一协会的资助，但他的研究更为系统和细致。当有关人员在庞贝古城外的别墅中发现烧成焦炭的纸卷时，人们意识到局面更加不容乐观。被焚毁的纸卷太过纤柔易碎，已经无法展开。这堆烧焦纸卷仿佛嘲笑着那些渴望得到更多古代

文学作品的古典主义学者，因为古代纸卷的供应似乎已近枯竭。在此之后，到 19 世纪与 20 世纪之交的当口上，一批令人瞩目

的发现突然涌现出来，再次让全世界为之震惊。这些发现的质量之高令人窒息，甚至连当时流行的、内容一本正经的皮革封面百科全书也大胆预言："更多令人兴奋的发现即将问世。"学者们认为，他们等待已久的、令人心潮澎湃的卷本终于再度出现了。

发现这批文物的两位非凡人物是伯纳德·派恩·格伦费尔（Bernard Pyne Grenfell）和阿瑟·苏利奇·亨特（Arthur Surridge Hunt），二人是牛津大学王后学院的同学，一次假期共同前往蒂罗尔（Tyrol）登山后成了好朋友，那时他们才20多岁。1895年，他们利用埃及探索协会资助的研究生奖学金来到埃及奥克西林库斯古城遗址附近，这座古城在亚历山大大帝统治时期曾是繁华的地区首府。他们在地表浅层发现了数量巨大的莎草纸卷，几乎一铲下去就能挖到。今天，我们依然能从格伦费尔1899年的报告中感受到这批纸卷初现人间时的巨大规模和探险者的兴奋心情。

> 随着我们向北前往遗址的其他部分，莎草纸的涓涓细流很快汇聚成难以应付的洪流……我们专门雇了两个人来制作存放莎草纸的锡盒，可在接下来的10周里，他们根本无法跟上我们发现莎草纸的速度……在一天的工作结束时，总有至少36个尺寸可观的篮子从这里被搬运出去，其中好几篮塞满了3英尺至10英尺长的纤细纸卷，有些甚至是我见过的最长的古希腊文纸卷。第二天的工作还要用到这些篮子，所以亨特先生和我晚上9点用过晚餐之后就要开始

整理，将莎草纸妥善存放到空包装箱中，幸好我们手边还留着这么些包装箱。这项任务要到凌晨3点才能完成，第二天晚上又要从头再来一遍。在这个地方被彻底搬空之前，我们已经装满了25个包装箱。（B. 格伦费尔，1899）

085　　那时已有80卷莎草纸重见天日，后面预计还会有更多。出土的多为莎草纸碎片——但那都是些怎样的碎片啊！其中有品达的诗歌，有萨福的部分作品，还有欧几里得《几何原本》中的示意图。此外还有欧里庇得斯（Euripides）的《许普西珀勒》（*Hypsipyle*）、米南德（Menander）的戏剧以及索福克勒斯（Sophocles）的《狩猎者》（*Ichneutae*），这些莎草纸的内容可谓无所不包。有些残片上的内容为基督教历史文献，包括未收录正典的《福音书》《约翰一书》（First Epistle of John）、《巴鲁的启示录》（Apocalypse of Baruch）、希伯来文《福音书》、早期基督教赞美诗、祈祷文、信件、耶稣箴言等，也有《马太福音》《马可福音》和《约翰福音》中的片段。

其后，格伦费尔和亨特成为许多故事中的主人公。托尼·哈里森（Tony Harrison）在1988年创作的话剧《奥克西林库斯的追踪者》（*Trackers of Oxyrhynchus*）便以他们为原型，这是一部围绕牛津学者和索福克勒斯《狩猎者》展开的现代戏剧。多年之后的1998年，这部话剧在英国利兹（Leeds）再度上演。

后来，彼得·帕森斯（Peter Parsons）教授接手了格伦费尔和亨特的工作，他曾任牛津大学钦定希腊文主席，现在则是奥克西林库斯莎草纸项目（Oxyrhynchus Papyri Project）负责人。

在帕森斯的领导下，项目关注的重点有所改变。将古代社会、经济和政治生活放在了研究的首要地位。在其著作《尖嘴鱼之城》（*City of the Sharp-Nosed Fish*）中，他令这座古城重获新生，让奥克西林库斯比过去更加重要——如果还能"更加"重要的话。大多数保存下来的文献记录的都是些日常平淡的内容，但正是这一点让它们在现代社会史学者眼中显得更为弥足珍贵。

在奥克西林库斯发现大批文献之后，人们又将注意力转移到埃及干旱地带的古代垃圾倾倒场中。这些地方发现的许多莎草纸都是写给特定收件人的私人文件——当然不是写给我们的，不过大家都知道，"不要擅自拆阅他人信件"这条不成文的规矩对考古学家显然不起作用。诸如法律文书之类的某些文件可能记录着被告败诉的情况，也许被告一辈子都不想再提起这场让自己颜面扫地的官司。不过考古学家对此毫不在意。这些文献的最初所有者最不希望发生的事，就是让文件暴露在数以千计的窥私狂面前。可他们没有预料到十八九世纪收藏家与早期考古学家的狂热。敬畏是阻止人们做出亵渎之举的最后一道壁垒，而现在，在这些收藏家与考古学家眼里，这道壁垒已经摇摇欲坠。

法国国家科学研究中心（CNRS）研究主任、知名纸草学家埃莱娜·居维尼（Hélène Cuvigny）指出，有些古代垃圾场可能厚达 27 英尺，其中既有公共倾倒的垃圾，也有私人丢弃的废物，主要包括生活垃圾、工业垃圾、农业垃圾、碎石瓦砾、灰

086

烬、破布、被丢弃的各类物品和大量陶器碎片。她进一步指出，古人丢弃在这里的莎草纸显然不是合约、地契或文学作品等需要妥善保存的重要文件。[1]从奥克西林库斯遗址的发掘可以看出，时常有大批文件和纸卷被倾倒在这里，倾倒者完全不在意纸上书写的内容。有些文件依然装在将它们带到垃圾场的篮子里。其中许多在被扔掉之前就已经统一撕成了碎片。

居维尼指出，拣选垃圾这样的工作既没有成就感，又枯燥乏味，而且一般情况下不会有什么有价值的发现。那么推动这一探索进程的动力是什么呢？在多数情况下，发掘者似乎最渴望找到家庭文件和情书一类私人素材，这些可以帮助他们了解古代人的日常生活。

考古学家和古代文献研究者都对奥克西林库斯的发现感到激动不已，尽管很难想象他们中的一些人，比如著名德国学者古斯塔夫·阿道夫·戴斯曼（Gustav Adolf Deissmann）教授，会像今天的特工、狗仔队和私家侦探翻找富人、名人或嫌疑人家中的垃圾袋一样，一边为同伴望风，一边在古代垃圾场里仔细翻拣。

当我们看到戴斯曼的照片时，映入眼帘的是一幅令人肃然起敬、若有所思的面孔，戴着钢框眼镜，留着修剪整齐的黑色山羊胡和大侦探波洛式*的小翘胡须，衣领挺拔得无懈可击。这位学者获得过八个荣誉博士学位（分别来自马尔堡、雅典、阿

---

* 赫尔克里·波洛（Hercule Poirot），是阿加莎·克里斯蒂所著系列侦探小说中的主角，如《东方快车谋杀案》，是文学史上最杰出、最受欢迎的侦探之一。胡子是其特色之一。——译注

伯丁、圣安德鲁斯、曼彻斯特、牛津、乌普萨拉和美国伍斯特），并且两次获得诺贝尔和平奖提名，这样的人也会加入牛津热血青年学者们的狂热搜寻吗？

用戴斯曼自己的话说，如果他得到邀请的话，他的答复毋庸置疑是"会"。对戴斯曼和其他所有人来说，这只是延续传统而已。1908 年，他曾用相当简洁而清楚的语言阐述了自己的观点：

> 古城中的垃圾给了我们珍贵的线索……我们不应该像当初所设想的那样将法尤姆、奥克西林库斯等地的大批莎草纸看作重要古代文献，而是应当将其视为古代垃圾的遗留物……很久以前，公共和私人机构丢弃的文件、破损的书籍、书页碎片和其他类似的材料都被丢在这里，静静等待命运为它们准备的毫无悬念的结局。（G. 戴斯曼和 L. 斯特拉坎，1908）

他还认为，这些垃圾堆里的莎草纸与此前发现的莎草纸有着不同的特点。

> 很大一部分莎草纸记载的是非文学文本：各种法律文书，比如租约、账目、收据、婚契、遗嘱、证明、官方敕令、陈情请愿书、司法程序记录等，还有大量与税收、信件和笔记相关的文字，以及练习册、咒文、占星术、日记等，不一而足。这些非文学记录的内容就像生活本身一样

087

丰富多彩。多达数万份希腊文碎片前后跨越了大约1000年的时间……这些平实质朴的莎草纸碎片汇聚成一股新鲜温暖的血液，让法律的早期历史重现活力，也让更广泛意义上的文明的历史重现生机。（G. 戴斯曼和 L. 斯特拉坎，1908）

总而言之，自 1788 年至今，沙漠中数量繁多的垃圾倾倒场和其貌不扬的土丘已出土数十万份纸页和残片，其中 5 万份已经出版并且基本得到破译。但仍有大量库存有待进一步处理。

1908 年，戴斯曼一度建议将这些莎草纸汇编成册，这是一项早该完成的工作，也是他计划在不远的将来要完成的任务，因为当时他的发掘尚在进行中。从许多方面来说，他的梦想已经成为现实，因为奥克西林库斯项目出版的卷册正是这个庞大文献库的一部分。更重要的是，正如帕森斯教授所指出的："1897 年，当格伦费尔和亨特在艾尔贝尼萨（el-Behnesa）开始挖掘时，他们的发现就像一种非常特殊的时间胶囊。庞贝古城好比是对古罗马生活的抓拍，因为它在灾难发生的那一天将建筑物和居民的尸体永久定格。而奥克西林库斯展现的则是完全相反的场景：没有尸体或建筑物，只有整个当地文化的'书面证据'（由古人丢弃的废纸所构成）。"

下面是从整个埃及发现的专业文献中选出的几个比较有趣的例子，从中可见材料涵盖范围之广：

日记：最古老的日记是一批莎草纸页和残片的集合，是塔莱和埃法联合考古队在古代港口瓦迪艾贾夫的石灰岩走廊洞穴中发现的。[2] 这些古老的莎草纸为我们了解胡夫及大金字塔时代人们的日常生活提供了新的视角。

记录：在古罗马统治埃及的时代，每个地区都必须设立公共记录存管处和财产记录存管处。[3] 所有行政文书都必须提交至公共记录存管处保管。此外，每位文职官员都必须记录交易日志。例如，242 年，来自象岛（Elephantine）的奥列利乌斯·里奥纳塔斯（Aurelius Leonatas）的日志中有这样一条记录："处理完恺撒庙的商务事项后，在办公室里坐下来处理公务。"这条记录被证明是他亲手所写，就像由他本人亲自宣读一样具有同等效力。之后还会有第二份、第三份复本，都要经由其本人背书签名，每一次签署都是对文件安全性和可信度的保障，当然，也会消耗更多莎草纸。

普查表：从 61 年开始，每个古罗马家庭的户主都有义务每隔 14 年进行一次申报，说明所居住的房屋和其中居住者的情况。

模板式文件：许多法律文书或正式文件都是由写工撰写后，再由其他人填写姓名和详细信息。这就是模板式文件最初的应用。最著名的例子是预先制作好某一版本的《亡灵书》书卷，纸页上留有填写姓名的空白处，这是前往来世的重要通行证，而且物美价廉。

089

科学文本：《莱因德数学纸草书》（Rhind Mathematical Papyrus，前 1550 年）是科学文本中最有意思的一份。这份纸卷发现于底比斯的一处墓穴中，1858 年在卢克索的市场上被人买下，它是我们研究古埃及数学最珍贵的信息来源。这份纸卷由写工阿默斯（Ahmes）所书，抄写的是更早期的公元前 2000 年流传至当时的作品，内容涉及数学实践和数学谜题，比如"7 间房里各有 7 只猫。每只猫吃了 7 只老鼠。每只老鼠吃了 7 穗麦粒。如果播种到地里，每穗麦粒能收获 7 海克特 * 小麦。所有这些数字之和是多少？"答案就是一个等比数列：7 间房子 +49 只猫 +343 只老鼠 +2401 穗麦粒 +16807 海克特（谷物），总数合计为 19607。

医学文本：最引人注目的两份医学文本是对古埃及医学最古老也是最重要的描述。《艾德温·史密斯纸草书》（Edwin Smith Papyrus）是最早的医学文本，写于公元前 1700 年。其中涉及外伤手术、解剖观察记录和检查、诊断、治疗以及伤情预判等诸多细节。在当时可算是相当成功的作品。这份纸草文稿中还提到了使用尿素淡化皱纹的处方，今天的面霜中依然在使用尿素这种成分。

第二份医学文本是公元前 1550 年的《埃伯斯纸草书》（Ebers Papyrus），这份 110 页的长卷保存着篇幅可观的古埃及

---

* 　海克特（hekat）是古埃及计量单位，1 海克特约合 4.8 升。——译注

医学记录，其中有大约 700 个魔法配方和药方，还有在实践和观察中得出的经验之谈。其中有两个药方很能激发现代读者的兴趣。药方一：将猫的脂肪涂在衣物上，可以免受老鼠的侵扰！但药方并未详细说明如何获得猫的脂肪。药方二：将半个洋葱浸在啤酒沫中，当时的人们认为这是"对抗死亡的可口良药"。

法律文书和请愿书：最后但并非最不重要的是数千份法律文件、账单、合约以及离婚文书。奥克西林库斯的收藏中有一份很有代表性的例子，是 600 年一份"解除婚约"的莎草纸，内容如下：

> 本人约翰，吾女尤菲米娅（Euphemia）尚未自立门户，本人在此借奥克西林库斯城最杰出的律师阿纳斯塔修斯（Anastasius）之手，特向吾婿费巴蒙（Phoebammon）足下呈递分居与解除婚约之书契。内容如下：据本人之所闻，足下无法无天，沉湎于人神难容之恶行，不堪入目，难以言表。故依吾之所见，足下与吾女尤菲米娅所订之婚约应予解除，原因如上所述，即闻言足下沉湎于法理难容之恶行。本人所愿，唯爱女平静度日，生活安宁。（"奥克西林库斯：城市及其文本"［Oxyrhynchus: A City and Its Texts, An Exhibition, 2007］）

从奥克西林库斯和其他遗址的古代垃圾倾倒场不难看出，古罗马人和古希腊人使用莎草纸的数量十分巨大。不过，这些规模令人印象深刻的莎草纸只是九牛一毛。还有数量巨大的莎草纸用于出口换取外汇，为执政的政府换取资金支持，并进一步推进文明的发展。

以上这些与"思想的甘甜果实"相去甚远，倒是与造纸业务的关系更加密切。在古埃及，造纸可是这个国度的主要产业之一。

PART II

Egypt, Papermaker to the World

埃及，

造纸者走向世界

9

孟菲斯与纸张的诞生

到目前为止，我们一直在谈论干燥地区，最早的纸张在这里历经时光，创造历史。纸张自诞生之初就注定会发挥重要作用，此地留存的遗迹就是最好的证据。现在，我们则要将注意力转向真正制造出第一张纸的地方。

为此，我们要从最干燥的区域来到最湿润的地带，因为用于造纸的纸莎草是一种沼泽植物。纸莎草需要足够的水分才能充分生长（茎秆平均高度可达 15 英尺），这种植物是三角洲生态系统不可或缺的一部分。因此，我们必须离开法老胡夫所在的吉萨以及总领大臣赫马卡所在的塞加拉——这两座城市都位于尼罗河谷西部边缘毗邻沙漠的干旱地带（见图 B）——情有可原，因为吉萨和塞加拉都是石头陵墓和金字塔集中的墓葬群，深埋于地底的墓穴极度干燥，有利于尸体保存，为来世的生活奠定了理想的基础。

纸莎草生长的湿地与这两座城市远隔千山万水。整个尼罗河沿线的河漫滩和三角洲地区广泛分布着壅水和沼泽，每年

今天的孟菲斯：从古城遗址远望现代村庄米特拉希纳（Mit Rahina）
（来源：Wikipedia）

洪水泛滥时，会淹没村庄连续数月，整个地区都会变成一片汪洋。即便待到洪水退去，盆地和口袋状的洼地里也仍然存有积水。只有掌握治水之道，才有可能在这些地区生存下去。要知道，孟菲斯是一座由泥砖、木头和芦苇搭建起来的城市——石料仅用于修筑纪念碑和神庙，倘若没有建城之初修造的排水设施，那么这座城市的很大一部分都会在洪水泛滥时被冲垮冲走。古埃及人在排水技术领域已达到极高的水平。

　　在之后的岁月里，孟菲斯面临困境，城市的堤坝和排水系统也陷入混乱，"神庙成为肆意破坏和采石活动的牺牲品。当时幸存下来的东西，如今都已埋在厚厚的尼罗河黏土层之下，被现代化的房屋和农田所覆盖。时至今日，孟菲斯的大部分早已消失不见"[1]。法老的文明恍如过眼云烟，托勒密王朝的都城亚历山大在公元前 300 年崛起，阿拉伯城市福斯塔特（Fustat，即后来的开罗）自 600 年也逐渐兴盛起来，这些都宣告着孟菲斯城的衰落。欧洲人来到昔日孟菲斯的遗址时不禁要问"哪儿有城？"这对一座城市而言无疑是奇耻大辱。早期历史记载存在相互矛盾之处。直到 1799 年，一位著名地理学家为了寻找孟菲斯的具体位置，在英格兰绘制了一幅汇聚所有早期信息的埃及地图[2]，他就是后来被誉为"海洋学之父"的詹姆斯·伦内尔少校（Major James Rennell）。他对大量旅行者和历史学家的记述加以提炼，最终绘制出的地图（见图 B）准确地显示出孟菲斯相对于尼罗河以及主宰会日景观的东部和西部沙漠的位置。

伦内尔和其他人一样，认为尼罗河的古河床曾因沉积物而抬升。河床升高后河水溢出，溢流汇入一条由河漫滩东部的河流划出的新河道。这便是伦内尔所处时代的尼罗河河道，后来又发生过一些变化，最终成为我们今天所见的模样。水域的分流形成了一座河上岛屿，岛屿逐渐扩张为陆地，孟菲斯就建在这片土地上（见图 B）。随着时间的推移，旧河床逐渐被淤泥堵塞。人工开凿的运河与堤坝加速了水体分流，在城中及其周围的土地开垦之后，这些运河与堤坝可以为孟菲斯提供保护。此外，这些水道也让城中的神庙建造者更容易获取来自图拉的石灰石板。待这些水道进一步开发，它们在之后的胡夫时代还将为梅勒服务，将同样的石料运往金字塔的建筑工地。

即使在前王朝时期，孟菲斯也能满足一个古埃及人的全部渴望，它的名字意为"持久而美丽"。很有可能早在史前时代

095

（前 6000—前 4000 年）就有第一批先民在此地分散定居，在第一王朝（前 3100—前 3050 年）开创者美尼斯的统治下进一步发展，再后来便成了古埃及的都城。有些历史学家指出，孟菲斯占据着统领王国南北两大疆土的重要战略位置，因为它坐落在尼罗河三角洲与尼罗河谷的交界处（见图 B 和图 2）。凭借港口、手工作坊、工厂和仓库，这座城市自然而然成了整个地区的商业、贸易和宗教中心。三角洲湿地和尼罗河谷的河漫滩沼泽盛产的莎草纸可以运送到这里等待出口。粮食和纸张等产品的贸易路线以孟菲斯港为起点，沿尼罗河的支流佩鲁西亚克（Pelusiac）* 前往地中海东岸的大型中心港口。[3] 后来，公元前300 年左右，亚历山大城也将发挥同样的作用。从商业角度来看，亚历山大城的位置更有利于开拓市场。到那时，孟菲斯已经走向衰落。

　　大约公元前 3500 年，在孟菲斯城的早期岁月里，定居者生活在城镇外围的芦苇小屋或者纸莎草制成的船屋上。这些先民都是对沼泽地形了如指掌的猎人、渔民和牧民。他们生活的全部内容都围绕着水泽展开。他们使用从附近沼泽采集的纸莎草茎秆制造船只，编织衣物和茅草屋顶，或者扎成一捆一捆用来搭建各种设施。用来建造屋舍或编织绳索的纸莎草茎秆在收割之后必须进行干燥处理。底比斯一处公元前 1400 年的墓穴壁画

---

* 根据老普林尼《博物志》（*Naturalis Historia*）的记载，当时的尼罗河三角洲分成 7 条支流，由东向西依次是 Pelusiac, Tanitic, Mendesian, Phatnitic, Sebennytic, Bolbitine 和 Canopic。现在只剩下 2 条：西边的罗塞塔河（Rosetta）和东边的达米耶塔河（Damietta）。——译注

让我们看到，为了从纸莎草茎秆上获取柔韧的绿色长条，人们往往会趁茎秆新鲜柔软时就将其外皮削下。

采集纸莎草茎秆并进行削皮处理（普耶姆拉之墓［Tomb of Puyemra］，底比斯，公元前 1400 年，来源：N. de Garis Davies）

茎秆表皮柔韧修长，是编织的绝佳材料。人们以此制作草垫和篮筐，为数千艘芦苇小船编织船帆。直到今天，这样的纸莎草条依然是非洲某些地方常用的编织材料。削皮之后，柔软的内芯就被丢到一旁，母亲做编织活计时，这些内芯想必会引起身边孩子们的兴趣。孩子们很可能有样学样，用长长的软质内芯制作自己的草垫。孩子们在玩闹中也许会将垫子压扁，如果他们将这样的作品丢在那里任其自然晾干，人类便拥有了粗糙的纸张雏形。

后来，造纸工艺得到改进，人们将内芯削成薄片，然后将薄片分层铺好而不是编织成一体，再均匀压制而不是随意踩扁。经过这样的工序得到的是一层轻盈又结实的薄片，纸张就这样诞生了。

一旦古人意识到这种造物的潜力，它很快就会流行起来。等孩子们的父亲回到家，我们就能看到这一点。孩子们的父亲是个陶艺工匠，经常用深红色颜料在陶器上绘制动物、人物和船只等装饰图案。这是一份不起眼的工作，但这位父亲始终保持着对生活的好奇心。当他回到用泥砖或芦苇搭成的简陋小屋时，孩子们留在地板上的那些像羽毛一样干燥轻巧的白色垫子立刻引起了他的注意。

这一天，他的妻子刚刚编好几张窗扇。纸莎草皮制成的窗扇必须赶在雨季来临之前完成。他拿起孩子们的手工作品来回翻看。这时，年纪最大的孩子从午睡中醒来，跑到父亲身边，他便教她如何用芦秆笔和彩色墨水装饰它，这些都是他日常工作的用具。这位父亲碰巧还是村庄首领的记录员，负责记录村庄粮仓里的存粮账目。这时他突然意识到，比起花费时间在工作场所附近寻找光滑的石头、扁平的骨头、贝壳或陶片，这种纸莎草芯编成的粗糙垫子要方便得多，可以派上大用场。

面对祭司记录神庙储备和贡品、村庄首领记录农事账目的巨大需求，这位父亲看到了潜藏其中的商机，他拿起近在手边的笔墨开始改进这种东西。他的职业生涯向前迈出了一大步。很快，他便被当地人称为写工，事业蒸蒸日上。他感谢众神眷顾他的家人和孩子，感谢众神赐予他这种全新的媒介——他将其称为 *p'p'r'*，这个词的意思是"属于法老的"或"法老的所有物"，这表明全埃及每一张用纸莎草制成的纸张都是法老的财产，因为造纸在当时是王室的特权。更重要的是，纸莎草这种植物本身也是神圣的。

据传，莎草纸是在古代孟菲斯发明的。[4]没过多久，造纸工坊就扩散到法尤姆、尼罗河三角洲和河漫滩等沼泽地带。当时活跃的造纸中心很可能比图 2 中标记的要多得多，图中标出的只是有记载保存至今的造纸点。

古希腊人控制埃及后，将这种植物称为 *papyros*。古希腊作家泰奥弗拉斯托斯（Theophrastus）提到纸莎草作为食物时使用的就是这个词语。但是将纸莎草用于制作绳索、篮筐或纸张等不可食用的产品时，他使用的却是另外一个词：*byblos*，在希腊文中写作 βύβλος，据说这个词源于古代腓尼基城镇比布鲁斯（Byblos），这座小镇是大宗莎草纸交易的主要港口。一位专家认为，这是用原产地命名商品的又一个例子，就像将来自中国的瓷器称为 china 一样。

099

在此基础上进一步演化出 *biblion* 一词，意思是一本书或一份小型纸卷；还衍生出了特指基督教经典《圣经》的英文单词"Bible"。

不管上述过程是何时发生以及如何发生的，纸张在问世之后不断得到改进，在一代代人的努力下变得更坚韧、更易折叠、

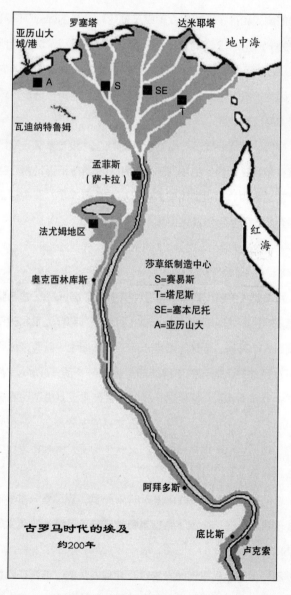

图 2　古罗马时代埃及的造纸中心

更轻薄。对比古代纸张与今天用产自尼罗河浅滩的纸莎草制成的纸张，我们几乎看不出区别。唯一的区别在于：现代开罗莎草纸针对的是旅游纪念品市场，而不是古代纸商的摊位。

每份莎草纸卷都是精工细作的产品，这种产品不是对天然造化的单纯模仿，也不像火那样是偶然得之。原始人用细木棍在斧柄上钻孔，无意中钻得太快，让木头进出火星，由此便造就了历史上的一大戏剧性时刻。但是一份莎草纸卷的诞生要复杂得多。不仅要对单张纸进行加工处理，还必须将十几张甚至更多单张纸连在一起，而且要让连接处与其他纸面一样光滑。

有趣的是，制作单张莎草纸并不需要太多技巧。诚然，外形更考究、更高级的莎草纸会采用上浆、抛光等工艺，还要将单张纸拼接成卷；这些处理也许确实需要一些专业技能，但是整体而言，制作纸张本身的工序还是相对简单的。幸运的是，普林尼在《博物志》中记录了这种造纸技术。可惜，也正是这份记载（xiii: 74-82）让评论者和编辑百思不得其解，甚至产生了巨大的误会。据普林尼所述，古埃及的造纸工人用"针"切割内茎。但现代莎草纸制作中通常使用的是剃刀或锋利的小刀，这样更便于操作。所以很难说普林尼所指的究竟是什么工具。无论古人用来将纸莎草切削成薄片的工具究竟是什么，后人都对其一无所知，这一度让 1492 年之后的学者陷入绝望。他们对普林尼的记载进行细致入微的考据，不过其中大部分工作都超出了本书讨论的范畴。为了让读者感受到普林尼记载的造

100

纸工序所引发的诸多争论，我们必须求助一位专家。碰巧有一位顶尖专家参与了这一课题的研究，他就是被许多人尊称为"纸草学泰斗"的纳夫塔利·刘易斯（Naphtali Lewis）。当我在21世纪初开始写我那本关于纸莎草历史的书时，刘易斯是布鲁克林学院的特级名誉教授。他去世于2005年。我从未见过他本人，但他的作品令我着迷。他的著作《古典时代的莎草纸》（*Papyrus in Classical Antiquity*）是他索邦大学论文的扩展和升级版本。[5]

刘易斯认为最令人不解的一点在于，普林尼的描述为何如此模糊。也许他在著作中提出的观点就是答案：几乎没有证据能够证明普林尼亲眼见过莎草纸的制作。开罗莎草纸研究所的创始人哈桑·拉加卜（Hassan Ragab）博士在钻研普林尼的记载之余，还做了一些更有实际意义的事：在20世纪70年代重现了莎草纸的制作过程。

拉加卜博士对古法造纸有着深入的研究，1979年他凭借关于莎草纸制造工艺的论文获得了格勒诺布尔大学的博士学位。与此同时，他还将一些割下的纸莎草茎秆从苏丹带回开罗，栽种在尼罗河的浅水保护区。他的造纸工艺尽可能还原了普林尼的描述，开罗、三角洲和卢克索新建的许多造纸工坊都采用这种方法，重现了古埃及造纸中心蒸蒸日上的繁忙景象。

现代社会，艺术家阿纳斯·穆斯塔法（Anas Mostafa）开发的500英亩沼泽地是当今世界屈指可数的纸莎草种植园之一，它位于尼罗河三角洲东部地区的艾尔卡拉姆斯村（el-Qaramous）。在这里，穆斯塔法博士组织200名村民培训，教他们种植纸莎草并用古法造纸。

作为造纸流程的第一步，工人们要从附近的沼泽中收割大捆新鲜的绿色茎秆，就像孟菲斯、三角洲和法尤姆的古代造纸工一样。诺曼·德·加里斯·戴维斯（Norman de Garis Davies）临摹的一处墓穴壁画（前 1430 年）清楚地展现出人们在古代沼泽地和种植园里收割纸莎草的系列场景[6]，画面中的收割者将纸莎草扎成捆，交给制造船只、绳索、草垫和纸张的工人。在画中，古代艺术创作者还在这一系列场景中刻画出不同年龄段的人物，左边用力将一捆捆纸莎草茎秆拉到纸莎草小船里的是一位年轻人，而举着一捆草茎、挺着大肚腩的则是一位头发灰白的男子。

收割沼泽中的纸莎草茎秆之后，下一步是要切除顶部的伞

1. 将绿色茎秆修剪成约12英寸长。在削皮之前，茎秆要一直浸泡在河水里。

2. 坚硬的外皮可以轻松剥下，露出洁白的髓质内芯。然后，用刀片将内芯削成薄片。

3. 挤压薄片，去除多余水分，然后水平摆放，薄片之间稍有重叠，形成一层薄纸。

4. 在第一层薄片上，以恰当的角度再铺一层薄片。用滚筒滚压，将两层合为一体。

5. 用重物压实潮湿的纸张，直到纸张完全干燥，交织的薄片融合为干燥的纸张。

6. 用细陶土粉打磨干燥后的纸张，直到表面足够光滑，即可用于书写。

制作莎草纸

状花序和茎秆末梢较细的部分。留下的茎秆切成长约 1 尺的茎条，放入缸中用河水浸泡。接着，流水线上的另一组工人将会接手这些原料，他们就是削皮工。茎秆的横截面呈三角形，因此沿着扁平的侧面可以用剃刀或刀片轻松削去坚韧的外皮，露出髓质的白色内芯。削皮工忙碌时，剥下的外皮很快就会堆成小山，它们会被定期取走，用于编织草垫、凉鞋、小篮筐和各种手工制品。去皮后留下的白色髓芯则被削成薄片，挤压去除多余水分，然后铺在透气的垫子或方形台面上。[7] 平行摆放并稍有重叠的薄片就是一张纸的雏形。之后再垂直摆放一层薄片，用形似擀面杖的滚筒碾压或用木槌锤打，将两层薄片紧紧挤压到一起，成为一张平整的纸。

碾压或锤打可以挤出纸片中的水分，而且可以发挥天然黏合剂的作用，让纸张更快干燥。大英博物馆前莎草纸研究员布里奇特·利奇（Bridget Leach）指出，这种植物含有的天然汁液能够在碾压和捶打的过程中促进纸张成型。受到压力时，每一层薄片中的纤维素在物理变化和化学反应的双重作用下发生融合，与现代纸张的制作原理类似。这是莎草纸与浆纸的另一相似之处。[8]

湿润的莎草纸在亚麻布上摊平，再用两块板压实绑紧，放在一边晾干——通常堆放在造纸工坊向阳的墙边。晾干之后打开压板，取出莎草纸等待进一步干燥。现在我们看到的就是一张可以直接用来写字的纸；如果想要质量更好的纸张，还可以用细陶粉打磨，直到表面足够光滑。

到这一步，就可以测试纸张的质量了。根据拉加卜博士的说法，好的莎草纸一定具备良好的柔韧性。除了根据触感，高品质的莎草纸还应当具备易弯曲、易折叠、易撕裂的特点，而且必须始终保持柔韧。纸张柔韧，表明让纸张融为一体并保持完整的天然黏合剂已经均匀渗透到整张纸中，只有趁材料新鲜且湿润的时候施加压力才能做到这一点。

刘易斯教授告诉我们，纸张在经过适当的加工、压制和干燥之后，就会变得非常耐用。古代和中世纪用莎草纸制成的书籍和文件的使用寿命甚至可达数百年之久。普林尼在书中提到，他见过已有一两百年历史的莎草纸文献，古希腊内科医生和哲学家盖伦（Galen）则称自己曾在 300 年前的书籍中查找资料。1213 年则出现过有 330 年历史的教皇文件。14 世纪，甚至有记载引述了意大利国王奥多亚塞（Odoacer，476—493 年）统治时期的莎草纸文献。

莎草纸怎能如此稳定？如果说莎草纸的制造过程中存在什么秘诀，那就是前期必须用木槌充分锤打、碾压或压制。在这一过程中，薄片彼此黏附在一起，使得纸张能够经受住日常的磨损和撕扯。对表面的打磨并非绝对必要的步骤，压好干燥的纸完全可以用于书写。

哥本哈根大学前研究员亚当·比洛－雅各布森（Adam Bülow-Jacobsen）指出，现代莎草纸和古代莎草纸之间存在一些差异，这一点很值得注意。古代莎草纸很少甚至完全没有薄片彼此重叠的痕迹。鉴于普林尼也未曾提到要将薄片交叠摆放，也许这确实并非必要。比洛－雅各布森还指出，西西里岛锡拉库扎（Siracusa）制造的现代莎草纸也没有明显的重叠，且也非常柔韧灵活。不过，它依然缺乏古纸的感觉——古纸更像是优质铜版纸。另一方面，在开罗和尼罗河三角洲制造的现代莎草纸虽然感觉与古纸非常相近，但却有明显的重叠痕迹，而古纸却没有这一特点。[9]

从压板上取下干燥的单张纸之后，可以将 20 张纸接在一起，制成长卷（后来的古罗马人将其称为 *scapus*）。用来连接单张纸的是淀粉糊而不是胶水，这样可以保持纸卷的柔韧性。在埃及造纸工坊流水线的最后阶段，有时甚至会根据买主的特殊需求拼接成长达 60—100 英尺的大型纸卷。纸张的连接堪称天衣无缝，常常令研究人员惊叹不已：古人究竟是怎么做到的？这个秘密现在已经大白于天下：用于拼接长卷的纸张最右边刻意少了一条薄片。这样一来，涂上糨糊并对接缝处进行锤打或滚压之后，拼接部分的厚度便不会有明显的增加。刘易斯教授认为，数百年来竟然没有人注意到这一点，实在令人震惊。[10]

纸莎草是古埃及国王珍视的资源。这种植物和以其为原料制成的莎草纸被视为神明直接赐予法老本人的礼物，而法老所有的臣民都是受益者。纸莎草让埃及在数千年的时光里都是世界的造纸中心，而历史也在这一过程中逐渐被创造出来。

亚历山大大帝的远征让古希腊人成为埃及的主宰，然而早在几个世纪以前，古埃及人就已经懂得用一道道严谨的工序制造莎草纸……并且……后来一直为整个罗马帝国供应纸张。与笨重或者昂贵的书写材料，比如石板、金属板、木简、泥板或皮革相比，纸张是多么美妙的发明啊，如此轻巧，便于携带，只需一根芦秆笔就能轻松记录信息。（C. H. 罗伯茨［C. H. Roberts］，1963）

纸卷或分散的单张纸制造出来以后，就成捆或成叠地运送到法老的代理人那里等待出口。世界上最早的造纸者用劳动换来的报酬是什么？当然不是钞票，因为西方世界最早普及的货币制度直到公元前700年才问世。也许他们用纸张换取谷物、珠宝、布料或其他物品，与他们交易的是法老的代理人或者神庙的祭司——祭司们往往拥有并经营着大片地产，通常代表法老的利益行事。在古罗马时代，当货币开始流通时，造纸者通常受雇于地产管理者并从他们那里获得报酬。

价格问题多年来一直困扰着研究莎草纸的历史学家。莎草纸是物美价廉还是价格昂贵？知名纸草学家、曾担任大英图书馆手稿保管员的T. C. 斯基特（T. C. Skeat）认为，只有现代人才会关心这个问题，没有一位古代学者曾对此表现出任何兴趣。不管价格有多高，莎草纸都被认为是至关重要的必需品，因此买主只能接受。[11] 为了进一步解答这个问题，斯基特谨慎地分析了两组记录在莎草纸上的详细账目和合同中的数据，这些资料是在法尤姆地区（见图2）发现的。其中一组记录出自奥列利乌斯·阿庇安（Aurelius Appianus）所有、由赫罗尼诺斯（Heroninos，249—268年）管理的庄园，另一组则来自位于法尤姆西南部泰布图尼斯（Tebtunis）的一处墓地（45—49年）。

经过审慎的研究，斯基特得出的结论是：一份标准纸卷的售价大约为2德拉克马（drachma，基本等价于2迪纳厄斯[denarius]）。[12] 昆士兰大学的图书管理员迈克尔·阿弗莱克（Michael Affleck）告诉我们，《齐尼亚》（Xenia）是一本由古罗马诗人马提亚尔（Martial）在莎草纸上写成的小书，公元84年的售价仅为4枚赛斯特斯币（sesterce），价值相当于1迪纳厄斯。而同一位作者经过装饰的诗歌集抄本却能卖出5倍的价格。阿弗莱克认为，一卷书的平均价格为8枚赛斯特斯币，这个价格包含抄录的人工和莎草纸本身的成本。这一价格与之前斯基特所估计的一整卷莎草纸（由20张单页拼接而成）售价2迪纳厄斯或2德拉克马斯的价值十分接近。1枚赛斯特斯币的价值大约相当于今天的2.25美元，所以一卷书的平均价格约为18美元，而单张莎草纸的价格则在90美分左右*。[13]

斯基特的研究成果与刘易斯先前的分析出入不大。刘易斯认为，在繁荣的古埃及、古希腊和古罗马，购买莎草纸不太可能被视为难以负担的开销。相反，这项开支倒更有可能归入"杂费"或"小额支出"一类。杨百翰大学古籍经典专业助理副教授林肯·布鲁梅尔（Lincoln Blumell）明确表示，对于大多数高于农民或非技术工人阶层的人来说，用莎草纸写一封信并不算昂贵，莎草纸自然也不会因为价格高昂而令人望而却步。在那个年代，没有比莎草纸更适合写信的载体了。布鲁梅尔告诉

---

*　本书英文版出版时间为2018年，美元对人民币汇率约为6.9。——译注

我们，目前发现的时间在公元前 3 世纪到 7 世纪之间的古埃及信件数量超过 7500 封，其中大约 90% 都写在莎草纸上。[14]

但这并不意味着莎草纸可以随意使用。在与纸张供应商联系时，许多古代书籍制造者都会使用陶骨书（ostraca），即利用贝壳、骨头或碎陶片作为书写载体，相当于古代的便利贴。既然古代书籍的制造者都不舍得浪费一片纸头，普通公民在用纸时想必更会三思而行，不会轻易用纸张记录重要信息或信件之外的内容。

这种态度也蔓延到抄写员身上。他们通常先在蜡质写板（pugillare）上打好草稿，然后再抄录到莎草纸上。幸运的是，如果用可清洗的墨水在莎草纸上写错了字，很容易就可以将字迹擦除，重新再写。不过，这一特点也被某些别有用心之人加以利用。斯基特讲述了一个非常有意思的案例。西尔瓦努斯（Silvanus）是君士坦提乌斯二世（Constantius II）时代的一位高卢学者，他的敌人想要让他身败名裂，便设法弄到了他的一些书信，然后洗去信中的字迹，只留下西尔瓦努斯的名字，再重新写上通敌叛国的内容。随后，这些信件被呈送给生性多疑而偏执的皇帝君士坦提乌斯二世。（哪位帝王不多疑？）担心遭遇不测的西尔瓦努斯也贸然采取了行动。不久，朝廷识破了这批伪造的信件，但为时已晚，恶果已然铸成：355 年，西尔瓦努斯在科隆遭人暗杀。[15] 为了避免这类问题，可以使用一旦干燥就不能擦除的永固墨水。这种墨水会渗入莎草纸深层，因此纠正拼写错误的唯一方法只能是将它涂白，这样便会留下明显的痕迹。

106

　　既然纸张需求量巨大，而且在很多情况下文字都可以涂改，那为什么回收利用产业没有发展起来呢？也许正如斯基特所言，原因在于人们的谨慎和怀疑心理，今天我们当中的一些人在使用二次回收利用的物品时也有同样的犹豫。在斯基特看来，二手纸卷被视为劣质材料，只能用来打草稿或涂鸦。文学作品也暗示我们，诗人或作家重复使用莎草纸卷会遭人轻视。因此，虽然有一部分莎草纸确实得到重复使用，但是更大一部分（75%—91%）只书写过一次便被丢进了垃圾倾倒场，后来被格伦费尔和亨特等人发现。他们提到这些纸在丢弃之前就已经被撕成两半——显然不是偶然遗忘在那里的。

　　古代作者也很清楚，在他们所处的时代，任何不够出色的书籍都会被当作垃圾丢到杂货市场，或者扔给学堂当作废纸。

10

神的礼物

尼罗河的植物郁郁葱葱，没有叶片，没有枝条。它是
水泽的造物，宛如沼泽的秀美华发。空心、富有弹性、喜
水的植物，靠外层支撑起全部力量，高大而轻盈，是污秽
的洪涝结出的最美的果实。

——卡西奥多罗斯

提起现代造纸业，我们往往会想到松树。当然，桉树或竹
子等植物也用来造纸，高级纸张的制作还会用到亚麻或碎布等
材料。不过，当今世界最常用来制作纸浆的依然是以松木为原
料制成的软木浆。在专为生产纸浆的松树林中散步是一种愉快
的体验，脚下是松针铺就的地毯，空气里弥漫着松脂的香味，
宜人的环境很适合野营，静坐冥想也不错。

相比之下，纸莎草的生长环境大不一样。1862 年，贝克
的探险队穿越苏丹南部广袤的纸莎草沼泽，他们充分感受到了
旅途的艰难。弗洛伦斯和塞缪尔·贝克（Florence and Samuel

非洲的纸莎草沼泽

Baker）最终设法在沼泽里划开一条路，完成了此行的任务：确定白尼罗河从艾伯特湖（Lake Albert）发源后的具体河道走向。后来被尊称为弗洛伦斯夫人和塞缪尔爵士的他们永远不会忘记第一次与纸莎草相遇的情景。他们一路跋涉穿过苏德沼泽区（Sudd），这片沼泽从他们那个时代直到今天仍人迹罕至，是一片寸步难行的地带。

纸莎草就生长在这片沼泽的浅滩潮湿的泥浆里，新生的根茎不断覆盖在原有的根茎之上；整片纸莎草及其所附着的泥炭土层会逐渐向水面延展开来，仿佛扎根在漂浮的气垫之上。纸莎草之所以能做到这一点，是因为中空的茎秆里充满空气，可以提供必要的浮力。在非洲的某些大型湖泊或深水河流沿岸，纸莎草能够形成规模可观的浮岛，又密又高的茎秆（15 英尺或更高）甚至能完全遮挡住视线，除非人站在船的甲板上。如果没有地图、路线图或向导，那么想在纸莎草沼泽里开辟出一条通路绝对是艰巨的任务。因此，西方世界很少有人真正知道纸莎草这种植物在自然环境中是什么模样。

纸莎草从形态上来看是典型的莎草科植物；每根笔直的茎或"秆"都从水平的块茎或根茎尖端萌芽并向上生长。直立的茎秆在顶部散开，扩展成一大束细长的花穗，也称作伞状花序。茎秆的基部包裹着紧致的鳞状叶片，茎秆顶端的伞状花序在开花前也同样包裹在鳞片状的苞叶中。茎秆是最常用于制造船只、篮筐、草编屋顶、绳索、纸张和其他手工制品的部分，其横截面呈三角形，这是莎草科物区别于普通杂草的独有特征。总体而言，沼泽里的野草、各种草本植物、莎草和灯芯草等都统称为"芦苇"，是生长速度最快的维管植物品种。举例来说，一队现代科研人员在肯尼亚奈瓦沙湖（Lake Naivasha）一带对纸莎草进行的研究表明，纸莎草的茎秆只需 6 个月左右就能达到成熟期，只需 9—12 个月就能完成一个生命周期。[1] 同样的研究表明，纸莎草沼泽为期 12 个月的生长周期恰好可以在一年内完成。[2] 这种植物每年每英亩平均可产出 22 吨干草，这让纸莎草沼泽成为地球上产量最高、生产速度最快的生态系统。相比之下，由芦草或热带海草床形成的芦草沼泽每英亩的年均产量仅为 12—16 吨。

在纸莎草沼泽遍布尼罗河三角洲、沿岸河漫滩和沼泽地区的古埃及时代，沼泽种植园的管理是一项重要事业。这也合乎情理，因为托勒密王朝时期的埃及以良好的管理和强大的经济实力著称，以至于古罗马迫不及待地想要插手埃及的事务。这个以富庶著称的王国是无比诱人的战利品，古罗马元老和皇帝甚至为此展开激烈的斗争，争相成为第一个征服它的人。托勒密二世（Ptolemy Ⅱ，也称为菲拉德尔弗斯［Philadelphus］，意思是"与姐姐恋爱的人"，前283—前246年）虽然谋杀了其同父异母的两个兄弟，还娶了自己的亲姐姐，但他也是一位出类拔萃的管理者、组织者和领导者。据推测，他可能推动了当时的纸莎草种植园的发展，有足够的证据表明他很关注造纸产业的需求，特别是亚历山大城的书卷贸易。在托勒密二世的统治下，种植园也许尚未直接由国家拥有和经营，但已经受到政府机构的审慎监管。

在现代旅游产业种植园中收割用来造纸的纸莎草（背景是开罗城）

后来的古罗马人改进了托勒密二世着手在做的事情，他们继承古希腊人的习惯，对野生或自然生长的纸莎草沼泽（*drymoi*）和纸莎草种植园（*helos papyrikon*）加以区分。

在天然纸莎草沼泽中，法尤姆地区的大型沼泽区尤其值得注意，这就是刘易斯提到的"大沼泽"（Great Swamp）。这样一片沼泽可以为村庄工匠、商人和手工制造者提供制作绳索、草编屋顶、轻舟、小船和草垫所需的原料。此外，亚历山大港在发展成为一座繁荣的城市之后，便与上游和法尤姆地区其他深受希腊影响的城市一样，建起经过改造、用稻草和芦苇秆作燃料的浴室。[3] 古罗马人在北非其他不易得到木柴的地方也如法炮制。浴室对燃料的持续需求随着时间的推移逐渐增长，每天都要消耗大量干燥的苇草。

虽然埃及湿地也有其他沼泽苇草，但最方便也最可靠的干草来源还是干燥的纸莎草茎秆，天然纸莎草沼泽可提供足够数量的纸莎草茎。

有些历史学家认为，一种植物就可以满足对干草燃料的大量需求，这似乎令人难以信服。在 1911 年版《大不列颠百科全书》中，大英博物馆第一任馆长爱德华·蒙德·汤普森爵士（Sir Edward Maunde Thompson，又称 E.M.T.）便为此撰写过一个词条。这位 E.M.T. 也是沃利斯·巴奇的朋友和导师。他写道："纸莎草据说用途十分广泛，我们很难相信纸莎草的数量能够满足如此广泛的需求，我们或许可以由此得出结论：在莎草属这一大类下，存在若干种植物……"在他写下这段文字的时代（公元 1000 年之后），纸莎草已经从埃及消失，20 世纪和 21 世纪证明这种植物产量巨大的现代研究尚未开始。现在我们知道，不需要其他品种的补充，仅仅纸莎草这一种植物就完全能满足古人的需求，不管是浴室烧火工还是造纸者。

尽管这些纸莎草被当作经济作物大量种植，但随着时间的推移，沼泽的压力还是越来越大。后来，随着人口的增长和对粮食作物日益增长的需求，农民获准开垦湿地和纸莎草沼泽。在那时，造纸者很可能被告诫要更高效地利用收获的草茎，维持生产水平。这延长了这种植物的寿命，但也没能阻止它的最终消亡——在第一个千禧年末尾，阿拉伯地区制造的棉纸开始崭露头角，纸莎草沼泽被改造成农田。此时，莎草纸也逐渐走向衰落。

11

垄　断

与建造纪念碑和大型建筑相比，莎草纸的制作无疑相对简单；不过这一行业始终相对封闭，不为外人所知。纸张生产制作的整个过程都被认为是法老的财产，因此一直严格保密。但到亚历山大大帝抵达埃及之后，从公元前 300 年开始，托勒密王朝统治时期王室对莎草纸的专有权有所松动。那时王室虽然不再控制纸张的生产，但仍然掌握着莎草纸的分配、零售和税收。后来在古罗马统治埃及时期，局面发生了更大的变化，王室对纸张古老的专有权彻底消失，被私有制度所取代。到这一时期，纸莎草沼泽的管理与其他农业用地已没有任何区别。[1]再后来，罗马人将最大的几处沼泽划入罗马皇帝的世袭产业（*patrimonium*，为维护罗马皇帝私人财产和遗产继承而创立的基金），这些土地和沼泽被承包出去，所得收益全部归罗马皇室所有。

虽然造纸产业实现了私有化，但造纸工艺尚未得到广泛普及。或许这也正合造纸商心意，他们决心将造纸工艺当作商业秘密。普林尼在公元77年将造纸过程的诸多细节公之于众，从理论上说，任何人从此都可以制作莎草纸，不过如何获得原材料依然是个大问题。对于罗马帝国的子民而言，莎草纸只能在埃及制造，因为埃及是唯一大量出产纸莎草的地方。

就这样，莎草纸生产彻底实现了垄断，从公元前3000年直到公元1000年退出历史舞台，莎草纸始终是垄断产品。与世界历史上其他著名的垄断行为相比，莎草纸垄断是显而易见的赢家。某些具有悠久历史的垄断，例如控制欧洲邮政服务的图恩与塔克西斯家族（the Thurn and Taxis family，垄断长达578年）、中国唐朝的官营盐业制度（369年）、英国东印度公司（274年）、美国标准石油公司（Standard Oil，41年）和戴比尔斯的钻石垄断（DeBeers，27年），这些与莎草纸垄断相比都黯然失色。4000年不曾间断的独家控制让莎草纸生产成为垄断界无人能超越的赢家。在美洲热带地区，早年的橡胶、咖啡、可可、金鸡纳树和香蕉种植园纷纷建立起垄断帝国，然而行为不检点的种植者可以将种子或植物的枝条带到远离种植园原产地的地方，自己另行栽种，垄断帝国很快便因此分崩离析。

莎草纸出口的唯一一次断流是在托勒密二世时期。据说托勒密二世勒令停止出口莎草纸，试图以此扼杀帕加马城（Pergamum）的书籍贸易。这座位于小亚细亚的城市正在迅速成为古希腊知识的中心，是亚历山大城的直接竞争对手。在除此之外的其他情况下，纸张生产和出口不可阻挡地持续发展着；除了偶尔在埃及爆发的骚乱或政局动荡，没有什么可以阻止纸张从原产地流向罗马帝国的权力中心。

普林尼告诉我们，在提比略统治时期（14—37 年），莎草纸一度出现了供不应求的趋势。为此，元老院特意委派专员对莎草纸的分配予以监管，"否则日常生活将陷入混乱"。这一现象也反映出垄断最大的弊病：一旦某种原因导致供应端出现问题（比如在这个例子当中），动乱便会接踵而至，除非有关方面能像罗马元老院那样干预产品的配给。为了避免重演类似的局面，人们曾经数次尝试在其他地方种植纸莎草。[2] 然而，即便纸莎草能够成活，也永远无法达到古埃及地区的产量。

114

这是世界历史上为数不多的能够以一己之力阻碍罗马帝国发展进程的植物。纸莎草用自己的方式统治世界，就像美国南部地区曾以"棉花为王"一样；只有埃及的纸莎草沼泽能够满足人们对纸张的需求。只要能控制埃及，就能控制这种得天独厚的书写媒介。这是一个关系到成千上万人就业的大规模产业，涉及许多不同的部门，其中还包括一些需要具备专业技能的劳动力：种植和收割纸莎草，将原材料运输到工坊，制造纸张，以及成品的销售和运输。

为什么造纸产业在埃及发展得如此之好？也许正如历史学家斯特拉波（Strabo）在公元 18 年所言，这一切都得益于莎草纸业卡特尔*在幕后的运作："有些人意图提高收入……许多地方都不允许种植（纸莎草），因而价格也有所上涨……这样一来，收入的确提高了，但却不利于这种植物的推广。"[3]

---

* 卡特尔（cartel），由一系列生产类似产品的独立企业所构成的组织，是垄断组织的形式之一。——译注

　　刘易斯教授在古罗马书契中也找到了卡特尔存在的证据，能够给契约施压的只能是卡特尔。他认为，只有造纸商的卡特尔有能力在控制劳动力成本的同时保证纸莎草的收获，同时还能控制产量。这样一来，卡特尔就可以抬高造纸作物的价值，减少自身的契约义务，从而在确保自身收入的同时将最终用户购买纸张的价格控制在合理范围内。

　　卡特尔一定发现，将纸张价格维持在有利可图的水平并不难，因为制造纸张从一开始就几乎没有任何成本。更妙的是，它的产地仅限于埃及。虽然，西西里岛数量有限的纸莎草沼泽在阿拉伯时代曾为苏丹制造过少量纸张。纸莎草也曾在约旦河谷生长。据推测，死海地区的库姆兰（Khirbet Qumran）缮写室也曾制作过纸张。但绝大部分纸张还是产自价格垄断的三角洲地区。他们始终将莎草纸的价格控制在低于皮纸的水平。即使在莎草纸逐渐被皮纸取代的 3 世纪和 4 世纪，莎草纸的价格仍只有皮纸的四分之一。[4]

115　　卡特尔在积累财富的数千年里几乎让所有人都坚信，莎草纸只能在尼罗河沿岸的造纸工坊里用新鲜收割的纸莎草茎秆制作——纸莎草的生长和加工都控制在他们手中。这种观念甚至一直流传至今。你在网上可以找到数千个展示如何用纸莎草制作纸张的视频，其中几乎所有人使用的都是从纸莎草茎秆上削下的新鲜薄片，这些纸莎草往往来自开罗或西西里岛的当地植物园或观光种植园。

　　没有说的是，如果新鲜收割的茎秆切成薄片晒干，它们也可以很容易以后用来制作纸张。这是开罗和三角洲艾尔卡拉

本书作者在开罗检查晾晒中的纸莎草条

姆斯的现代造纸者发现的。他们发现新鲜茎秆削成的薄片可以进行干燥处理，储存起来备用。这样就可以在空闲时制作纸张，而这与"只有刚收割的茎秆削成的新鲜薄片才能造纸"的观念完全背道而驰。

　　起初人们认为，新鲜纸莎草的汁液是让薄片彼此融合的必需条件。甚至连刘易斯教授也确信干燥的茎秆在莎草纸制造上毫无用处。他当然是对的，茎秆本身干燥之后确实很难削成薄片。诀窍在于要趁茎秆仍然新鲜时削片，然后将削下的薄片加以干燥保存，而不是茎秆本身。

116

　　在实践中，今天埃及旅游业使用的大部分莎草纸都是用干燥的茎条制作的。从鲜绿色的茎秆上削下新鲜的白色长条极具观赏效果。现场体验的电视节目主持人用微微颤抖的手挥舞刀片，没有什么比这更能吸引观众的目光了。大量茎秆就这样被削成薄片，铺在庭院中的垫子上接受日晒。晒干后的茎条几乎没有任何重量，可以轻松打包储存，等待使用或运输。日后制作纸张时，只需将其浸入水中就可以使用。我们在前文中提到过，这些茎条可以在网上买到。因此，现在任何人在世界任何角落都可以制作莎草纸。

需要注意的是，使用干燥的原料制作纸张时，需要施加更大的压力才能确保薄片充分融合。我的这段文字或许会惊扰莎草纸卡特尔墓中安息的魂魄，但早期造纸者确实有可能已经掌握了这个诀窍。果真如此的话，储备干燥茎条就可以在危机时刻帮助古代造纸工坊渡过难关。另外，造纸者可以选择在劳动力和纸莎草资源都充足且廉价的地方收割纸莎草并将其加工晾晒成薄片，比如努比亚的苏丹沼泽地带，那里的纸莎草生长和现代一样繁盛。加工完毕后，造纸者便可将干燥的茎条运往北方或其他任何地方，以此应对本地纸莎草收获和加工遇到困难的时期，比如暴动期间。

没有证据表明古人曾用干燥的纸莎草茎条造纸。大多数历史记载都和 YouTube 网站上的视频一样，只选用新鲜原料。不过，储存干茎条备用的可能性确实存在。

关于现代莎草纸的制作还有最后一点需要说明。在埃及首都开罗，莎草纸作为旅游纪念品大量生产，其制作技术由哈桑·拉加卜博士研发，他在自己的博士论文中详细阐述了莎草纸的制作过程。他发现，让两层薄片融合在一起的主要是物理因素而不是化学物质，这种融合是在压制过程中发生的。尽管有证据证明古人使用糨糊和天然树胶作为纸张的黏合剂，但拉加卜博士认为，纸张边缘刻意少放一条纵向薄片，与另一张纸的边缘咬合在一起，这才是连接纸张的关键。在压力的作用下，薄片被迫融为一体，在细胞层面上形成榫卯状的连接。彼此咬合的纸面在干燥过程中明显缩水，会更紧密地黏合在一起，从而确保双层纸条的牢固连接。因此，拉加卜的造纸技术首选干燥的茎条。如果使用新鲜的薄片则必须浸泡和滚压数次，挤出大部分新鲜汁液。也就是说，他的技法更依赖于利用压力将薄片压成纸张，而不是靠天然黏合剂的作用。天然汁液或水分的存在只是为这一过程提供了便利。使用细长的薄条是莎草纸与现代棉纸和中国古代直纹纸的主要区别之一，这两种纸都是用纸浆而不是茎条制成的，也许正是这种区别让维多利亚时代的埃及学家塞缪尔·夏尔普（Samuel Sharpe）在 1862 年将莎草纸称为"天然纸"（natural paper），以此与浆纸相区别。[5]

西西里岛是非洲之外少数可以生长纸莎草的地方之一。据说这种植物是突然出现在岛上的，没人知道具体的时间和来历。当然，每个人心中都有合情合理的答案，而这些答案往往都是极富想象力的故事。最早关于纸莎草引入西西里的解释与锡拉库扎（Syracuse）国王希伦二世（Hiero II）有关，据说托勒密二世将这种植物作为礼物送给了他。这一说法随后被刘易斯推翻，他将其称为"阴魂不散的鬼理论"，因为它实际上没有任何事实根据。[6]托勒密二世再怎么大发慈悲，也不太可能将古埃及经济支柱的基石拱手送人。想一想历史上其他具有重要价值的天然产品，比如丁香和橡胶，它们在热带原产地都受到严密的看守和保护。如果发现谁私自携带这些植物的种子，甚至可能被打死或吊死。

虽然"托勒密的赠礼"并非历史真相，但该理论依然是个非常引人入胜的故事。不过，如果让我来做同样疯狂的猜测，我会选择阿基米德而不是希伦二世。之所以说阿基米德是更有可能的人选，有好几个原因。公元前287年，阿基米德出生于锡拉库扎，在亚历山大港接受早期教育，然后在公元前230年至公元前212年返回西西里岛居住。他想必对莎草纸和埃及的沼泽了如指掌，尤其是尼罗河三角洲地区的沼泽；他也一定知道如何造纸以及如何在埃及之外的地方经营造纸业务。

在人生暮年，他与好友希伦二世一起为锡拉库扎的发展发挥了重要作用，并在公元前214年罗马围困锡拉库扎时协助巩固城防。阿基米德巧妙利用自己的发明来驱逐罗马人，为锡拉库扎城争取了宝贵的时间。锡拉库扎的西西里人坚持了整整两年，然而罗马人最后还是攻下城市，并杀死了阿基米德。阿基米德因为一句"尤里卡"（Εύρηκα）而成名，也正是他发明了对埃及灌溉系统有极大帮助的螺旋泵，用于锡拉库扎城防的投石器，能够掀翻船只的滑轮和空中吊钩，还用镜子聚焦阳光，帮助西西里人点燃停泊在港口的罗马战船。对于这样一个人而言，引进并传播纸莎草，在当地开创造纸产业简直就像孩子们的游戏一样易如反掌。

更耐人寻味的是，阿基米德一直与埃及的老相识有密切联系，他的藏书规模可观，想必会用到大量的莎草纸。如果这样一个头脑灵活、才思敏捷的人某天灵机一动，让人设法割下一段纸莎草根茎带到锡拉库扎自然不是难事——不管是否有托勒密王朝的允准。一旦栽种成功，这种植物几年内就可以投入生产。不过，没有证据证明阿基米德曾这样做过。事实上，这个版本的"传说"至少存在一处硬伤：历史记载表明，关于纸莎草的记载首先出现在巴勒莫地区，直到 17 世纪晚期才有资料表明其被移栽到锡拉库扎和其他地区。

另一种理论认为，根本没必要将纸莎草"移植"到西西里岛来。根据来自博洛尼亚的路易吉·马莱巴（Luigi Malerba）教授的说法，西西里岛的纸莎草是当地的本土品种或者是埃及纸莎草的一个亚种。轻巧的种子很可能随风飘散或者被鸟类带到西西里岛上，从此便开始独自生长。倘若确实如此，那么要解答的问题就是：为什么这座岛的早期历史记载从未提过这种植物？

另一个版本的"传说"故事则牵涉罗马天主教会。这种观点认为，是教皇命人将纸莎草带到西西里岛，使其在更接近天主教会的地方生长。古代罗马教廷使用的莎草纸数量巨大，据说教会想打破古埃及异教徒以及后来同样不信基督的阿拉伯人对莎草纸的垄断。

有趣的是，关于纸莎草在西西里岛生长的最早记载来自教皇圣格列高利一世（Pope Gregory the Great），他在 6 世纪的一封书信中提到，599 年的巴勒莫有纸莎草生长。在很久之后的972 年即穆斯林占领西西里岛期间，一位名叫伊本·哈卡尔（Ibn

Hawqal）的巴格达商人来到岛上，他描述巴勒莫附近一处湿地称，那里"沼泽长满纸莎草……大多数……被编成船上的绳索，剩下一点用来为苏丹制造纸张，只够满足他本人的需求"。

纳夫塔利·刘易斯据此认为，这种植物可能是阿拉伯商人带到西西里岛的，为后来教皇和阿拉伯朝臣使用的纸张提供原材料。这让他们能够在埃及停止造纸后的很长一段时间里继续用莎草纸书写。根据西西里岛的一份土地租约，12世纪至少有一片用来种植纸莎草并以此创收的沼泽，而且，纸莎草直到16世纪都在巴勒莫地区生长。

今天，在锡拉库扎的纸莎草博物馆，科拉多·巴西莱（Corrado Basile）可以用本地种植的纸莎草生产出优质纸张。他没有进行过多浸泡和碾压，但依然可以制作出质量上乘的莎草纸。事实上，这种纸可以说与古埃及生产的纸张一样柔韧光滑，不过仍有一些人认为，它的触感还是无法与古纸相媲美。[7]

12

纸莎草的种植与管理

如前所述，罗马接管埃及之后的最大变革是造纸的私有化； 许多沼泽完全为私人所有，与其他农业用地一样成为受管控的资源，纸莎草生产也被签约承包。纳夫塔利·刘易斯研究的 3 份古罗马时代的契约让我们看到，如何将纸莎草当作一种农作物进行管理。

第一份契约来自一个名叫哈特霍特斯（Harthotes）的人，公元 26 年，他申请在法尤姆地区收割纸莎草。这份请求的有趣之处在于，哈特霍特斯希望获得的是在野生沼泽地进行收割的许可。

如果哈特霍特斯的申请获得批准，他就可以进入那片被称 为"大沼泽"的广袤湿地（见图 3）。这片湿地长达 20 英里，从古埃及小镇斐洛泰利斯（Philoteris）向东北一直延伸到提奥克西尼斯（Theoxenis）。湿地宽约 0.5 英里，其面积达 10 平方英里（6400 英亩）。下面就是他的申请书 [1]：

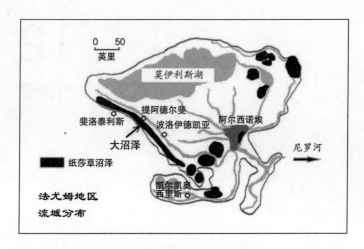

图 3　法尤姆地区的"大沼泽"（根据鲁汶大学法尤姆项目的原始地图资料绘制，感谢威利·克莱瑞斯［Willy Clarysse］教授）

来自：玛勒斯之子哈特霍特斯

致：朱莉娅·奥古斯塔纸莎草财产的监管者、日耳曼尼库斯·恺撒的子民，佐伊洛斯之子阿佛洛狄西乌斯

如果我能有幸获得自提奥克西尼斯附近至斐洛泰利斯边界一带的纸莎草收割特许权——在天然沼泽收割芦苇和纸莎草——并以此编织成草垫，在提比略十二年期间销往我所选择的各个村庄，我承诺将支付 4 枚银质德拉克马和 15 奥波勒斯*以及其他常规费用、附加杂费和票据开支。如果您认可上述条款，准予我此项特许权，我将在低潮三月、

* 　6 奥波勒斯约等于 1 德拉克马。——译注

低潮四月和来年的洪水一月 * 分三期支付上述费用。

祝好！

提比略十二年

敬上

刘易斯指出，即使不考虑纸莎草收割的问题，这份合同本身也是一份不同寻常的文献，因为它可以证明皇族（已故的日耳曼尼库斯［Germanicus］的子女）世袭产业的存在。文献记载的是这个家族的一大收入来源，对于罗马时代的埃及和罗马帝国的经济史研究具有重要意义。日耳曼尼库斯是罗马精英阶层的重量级人物。他被叔父提比略收养，其叔父在 10 年后继承了奥古斯都的罗马皇帝之位。日耳曼尼库斯也是尼禄的外祖父。他的孩子们被冠以"大沼泽之主"的名号，包括罗马皇帝卡利古拉（Caligula）和罗马皇后小阿格里皮娜（Agrippina the Younger）。沼泽的另一位主人是朱莉娅·奥古斯塔（Julia Augusta），也就是是奥古斯都的遗孀莉薇娅（Livia）——在丈夫去世后，改称为朱莉娅，后被孙子克劳狄乌斯（Claudius）尊为神明。关于克劳狄乌斯的事迹，我们将在下一章了解更多。

另一个重要细节是，为了获得在长约 20 英里的沼泽地收割野生芦苇和纸莎草的权利，竟然只需要少量的资金。4 枚银质德拉克马和 15 奥波勒斯在今天大约价值 58 美元。可以推测法尤

---

* 低潮三月、低潮四月和洪水一月均为古埃及历法中的月份，相当于 7 月、8 月和 9 月。——原注

姆地区还有其他供造纸者收割的沼泽，但他们为收割权付出的价格却要高出许多。我们将会在其他契约中看到这一点。

另外两份契约具体描述了种植园的运行，其中一份可追溯到公元前 14 世纪，另一份则来自公元前 5 世纪。这两份契约针对的是三角洲地区内被划为种植园的沼泽地，体现出受保护的细耕沼泽与天然沼泽之间的差异。受保护的纸莎草茎秆往往品质更好，尺寸也更均一。刘易斯指出，为保证种植园内纸莎草的优良品质，"显然有一整套确保种植园产量和质量的详细规定。租户有义务在种植园管理当中全面贯彻这一套规定，不得忽略其中的任何部分。此外，他们可能无权进行二次转租。他们必须亲自监管种植园的运行，必须使用符合规定的工具和方法，同时必须确保水道不会淤塞、水质不会恶化"。野生沼泽常有动物来觅食饮水，难免会踩断高大的茎秆，还可能啃食嫩芽。种植园里可没有它们的容身之地。

契约规定："允许使用野生植物来编织物品……但是顶级植物……无疑只能用于制造纸张，它们太过宝贵，不能浪费在低端用品之上……大部分植物都会等到充分生长成熟之后才进行收割。"

刘易斯教授认为这几份契约很值得研究，因为条款中还有关于雇佣劳动力薪资水平的规定，从而消除了劳动力竞价的隐患。受雇的劳动者都是自由民而非奴隶。刘易斯指出，造纸工坊之所以可以一年运营 12 个月，是因为纸莎草全年都可以收割。一份契约显示，6 月到 8 月间可以收割纸莎草；而另一份契约又表明，6 月到 11 月每天都能收割纸莎草。在另一座种植园里，租户同意在 9 月至次年 2 月的 6 个月中每月支付 250 德拉克马的租金（约合现在的 2250 美元），而在另 6 个月里支付的则是这个数字的两倍之多。

这笔钱款换来的是什么？在一份时间更早的、由夫妻二人订立的契约中，夫妻二人作为一座种植园（*helos papyrikon*）的租户确认收到一笔 200 德拉克马（约 1800 美元）的贷款，约定每日偿还 1 德拉克马；此外，他们要将每日收割的一部分纸莎草茎以低于市场的价格卖给出租人，以此作为贷款利息。在 6 个月的租期里，共计 20000 捆一合抱和 3500 捆六合抱的纸莎草茎。平均下来约为每天 200 捆纸莎草茎秆，数量可观！出租人可将这些纸莎草"利息"转手卖出或供自己使用，从中获取巨额利润。

正如古埃及墓室壁画中所描绘的那样，收割时要将茎秆从靠近根茎的部位割下来，捆成一束，然后背在背上或者装到船上。从契约条款中，刘易斯注意到，公元前 1 世纪晚期，纸莎草茎的收割和交易单位统一规定为"一合抱"和"六合抱"两种，"这一细节充分表明，收割纸莎草的技术和实践在时代更替中几乎没有变化，就算有也微乎其微"。

至于总收获量，上文契约中约定上缴 200 捆纸莎草，这仅占沼泽地产量的 10% 左右，因此可以粗略估计，沼泽每天的采收量可能在 2000 捆左右，净重量约为 8 吨。而这只是遍布全国的诸多沼泽地中的一个。

综合这 3 份文件可以知道，纸莎草茎秆的产量从 3 月开始逐渐增加，6 月至 8 月是一年中最主要的收获季节。毫无疑问，这是由当地的水文特点决定的。从每年 9 月到次年 3 月，尼罗河洪水泛滥达到最高水位，要收割纸莎草就必须动用船只，难度大大增加。

显然，古罗马人为管理和生产纸莎草付出的所有努力只有一个目标：为整个帝国乃至更大范围内不断增长的市场供应莎草纸。幸运的是，纸莎草是一种产量极高的植物。[2]

各种类型、各种用途的专业纸张

在这种生产模式下，纸张产量庞大，到古罗马时代达到顶峰。当时手稿抄写和交易活动在各大学术中心长盛不衰。托勒密二世统治下的亚历山大城，皇家图书馆的卷本藏书极受重视，但如此卷帙浩繁的收藏也只是全世界文献和书卷的冰山一角。托勒密王朝时期，书籍很可能与其他商品一样是为出口而制造的产品。[3] 在此期间，一部分莎草纸开始得到回收利用。比较典型的情形是，第一次使用的纸卷往往在内侧（又称正面）书写。等到不再需要它的时候，如果它没有被打上丢进垃圾倾倒场的标记，那么这份纸卷就可以再次卖出去另作他用，比如在外侧也就是反面再次书写。如果墨水中含有树胶或树脂，最初留下的书写痕迹就很难擦除。遇到这种情况，若不将纸张撕开或刮去一层，就很难再次在莎草纸表面写下字迹。皮纸的一大优点是质地更强韧，刮擦纸面不易留下痕迹。因此中世纪时学堂用皮纸作为叠写纸（palimpsest），而叠写纸是学校写字板的前身。

不过，莎草纸上的墨迹大多时候都是可以清除的，这就降低了操作难度，而且形成了一些有趣的观念。自古以来就有人认为，喝下用来擦洗字迹的水或啤酒可以获得蕴含在字迹中的知识！一位远古埃及王子的故事可以证明这一观点。王子抄下托特神的《魔法之书》（*Book of Magic*），然后用啤酒冲洗书页，并"一饮而尽"，就这样掌握了魔法——至少苏格兰埃及学家詹姆斯·贝基神父（Reverend James Baikie）是这样告诉我们的。[4]在那个时代，"消化"一本书显然就是字面上的含义。

经过多次书写的旧莎草纸依然有用武之地，可以加工成一种类似于混凝纸的材料——"盒纸"，用来制作纸箱、小纸盒，甚至是装殓木乃伊的盒棺和丧葬用的面具。这样的纸张通常需经软化处理，但仍是彼此分离的单张纸，而不像混凝纸那样成糊状。因此，盒纸经过浸泡之后依然可以揭成一层一层可回收的完整纸张。

到目前为止，这些纸张中最著名的还要数弗林德斯·皮特里爵士在1889—1890年间在古罗布（Gurob）的托勒密王朝墓葬中挖掘到的那批。他的发现包括木乃伊的裹尸布、胸部配饰、盒棺，甚至还有用写过字的莎草纸压制成的凉鞋。这些发现中有许多重要的莎草纸文献，这批莎草纸后来以《弗林德斯·皮特里纸草书》（Flinders Petrie Papyri）的名义出版，其年代可追溯到公元前250年至公元前225年。它们是当时发现的最古老的希腊手稿之一[5]，因而具有巨大的研究价值。其中大多数是法律文件和官方文书、遗嘱、公文书信往来、账目和私人信笺；也有一些文学作品，比如柏拉图《斐多》（*Phaedo*）的部分段落，欧里庇得斯一部名为《安提奥普》（*Antiope*）的戏剧最后一幕散佚的部分，甚至有《荷马史诗·伊利亚特》(*Iliad*) 的部分片段。这些发现令公众着迷，也打开了其他埃及学家的视野，让他们发现了此前从未注意过的古代莎草纸来源。

用莎草纸加工盒纸的做法一直延续到古罗马时期。那时木乃伊的装饰习俗有所改变，亚麻布再次成为首选材料，尤其是头饰部分。

镇外的垃圾倾倒场是许多纸卷、未装订的散页和碎纸的最终归宿。1897—1907 年间格伦费尔和亨特所发现的就是其中一部分。据估计，迄今为止出土的所有文学莎草纸中超过 70% 的发现是这二位的功劳。不过，数万张重见天日的纸张中只有约 10% 是文学作品，其他多是文件、法规、法令、登记册、公文书信、普查表、税务统计、请愿书、庭审记录、销售表单、租约、遗嘱、账单、账目、库存清单、星盘图和私人信笺，它们虽然看起来微不足道，但却为历代学者提供了线索，帮助他们拼凑出古埃及和早期罗马帝国的社会结构和面貌。它们可以证明这样一句老话：最平凡无奇的收据或信件在千年之后都会价值连城！仿佛就在一夜之间，垃圾变成了无价之宝。

13

罗马皇帝与下流的造纸者

到公元 1 世纪，整个罗马帝国境内都可以买到莎草纸，市场的覆盖范围北至哈德良长城（Hadrian's Wall）所矗立的喀里多尼亚（Caledonia）荒野，东至卡帕多西亚（Cappadocia）干旱的喀斯特高原和里海沿岸，南至草木葱茏的尼罗河谷，西至毛里塔尼亚沙漠中的利克苏斯古城（Lixus）。这个环绕地中海的帝国面积超过 200 万平方英里（古罗马人将地中海称为 *Mare Nostrum*，意思是"我们的海"），人口近 1 亿，每日对食品、饮料和纸张有着庞大的需求。出于便捷的考虑，古罗马人干脆将埃及划为帝国的一个行省，从而将长期以来的一系列做法确立为程序化的制度。过去许多年来，埃及一直是帝国主要的粮食产地。虽然埃及在当时的地位只是一个行省，但它依然是罗马帝国的主要贸易伙伴之一。

为了换取进口奢侈品、金属武器和工具、金币、玻璃器皿，

图 4 1 世纪的罗马帝国（来源：Wikipedia）

以及橄榄油、羊毛、紫色织物*等原材料，埃及出口黄金、亚麻、玻璃、彩绘陶器、莎草纸和绳索。[1]多年来埃及输出的谷物喂饱了意大利的港口、城市和平民百姓，但粮食作为货币的主要替代品，属于缴纳给罗马帝国的实物税。[2]在第一位罗马皇帝奥古斯都统治时期，每年上缴粮食的数量在 10 万吨以上。[3]

至于谷物以外的诸多产品，进出口流动是双向的，制成品贸易比原材料贸易更加繁荣。埃及出口商将这一趋势视为输出高附加值产品的良机，古往今来许多国家都是如此。

我第一次见到附加值原则的实际应用是在 20 世纪 80 年代的

---

* 古罗马时代的紫色颜料用海螺壳制成，制作工艺复杂，价值高昂，是象征皇族高贵身份的颜色。——译注

加纳，当时我正在调查一座造价高昂的水坝对环境产生的影响。当地盛产铝矿石，阿克拉（Accra）附近新建水力发电厂就是为了给冶炼矿石提供能源。参与项目的经济学家建议，为了提高出口产品的竞争力和利润率，最好出口升级后的产品或者制成品。他们认为加纳更应该出口铝罐和铝制平底锅，而不是铝锭。

一张张一卷卷离开埃及运往罗马各地市场的莎草纸也是附加值原则用于实践的绝佳典范。制作莎草纸只需要很少的投入甚至不需要投入，不像谷物需要运到罗马的磨坊里磨成面粉，金块需要精炼并重铸成金币，玻璃制品和亚麻同样需要大量前期工作。在一个木材稀缺的国度生产玻璃和陶器或者精炼金块需要大量燃料。埃及的窑炉经常用谷壳和切碎的干草、谷物碾磨之后的肥料，还有干燥的纸莎草茎作为燃料，实在缺乏燃料时还会用到当地荒漠中的灌木和矮树丛。[4]

然而，纸是一种制造成本低廉，仅需当地资源即可自给自足的制成品，也是受到种植园主的卡特尔密切监管的产品。种植园主一年到头都在收获纸莎草，让造纸工坊保持一年12个月的运转。[5]

在罗马帝国的行政管理体系之下，埃及造纸者不得不接受严格的质量管控，纸张必须根据罗马帝国制定的标准进行分级。卡特尔抓住这个机遇，根据需求进行生产，从高质量的皇家贡纸一直到最低档的包装纸，各种档次应有尽有（见表1）。多年来，这一策略始终颇有成效，甚至有人提出，一位来自毛列塔尼亚（Muretania）、公元273年谋篡皇位（后遭废黜）的摩尔人（Moor）统治者菲尔穆斯（Firmus）可能曾为埃及的纸张贸易投入大量资金。[6]

公元前 27 年，奥古斯都接管罗马时，造纸行业需要重新组织和标准化。过去数千年来，埃及造纸者造出的纸张规格五花八门，长度和宽度各不相同。曾任牛津大学埃及学教授的雅罗斯拉夫·切尔尼（Jaroslav Černý）告诉我们，埃及早期王朝的莎草纸卷高约 12.5 英寸（32 厘米），这个高度基本稳定不变，就像我们购买墙纸时一般以高度作为尺寸衡量标准一样。而纸卷的"长度"则根据裁剪位置不同而有所差异。一份莎草纸卷一般由 20 张纸拼接而成，因此，高度为 12.5 英寸的纸卷最终拼接完成后的"宽度"或者说"长度"约为 160 英寸。这样的空间对于大多数日常书写任务而言都绰绰有余。如果不够，还可以根据需要添加纸张。高度为 12.5 英寸的标准古代纸卷通常会裁成 4 条，分成 4 份以供办公之用，每一卷的高度为 2.25—3.5 英寸，长度依然为 160 英寸。用于文学创作的纸卷则会裁成 2 条，分成 2 份长卷，每卷的高度为 6.25 英寸。[7]

随着帝制的建立，古罗马人给最优质的纸张起了一个恰如其分的名字：奥古斯塔纸[8]，据普林尼所述，这种纸的宽度为 9.5 英寸（他没有提到高度）。相比之下，莉薇娅纸比奥古斯塔纸要窄 1 英寸，显得小巧玲珑。它的名称取自奥古斯都皇帝那位低调却深谋远虑的皇后莉薇娅，法尤姆"大沼泽"的拥有者之一。

奥古斯都在登基之初有很多构想。这位帝王忙于开展大规

表1　古罗马时代常用莎草纸的等级
（根据普林尼的记载，分级标准为纸张的质量和宽度）*
（括号中纸张宽度的单位为"指节"［digiti］，1 指节约合 0.74 英寸）

---

1. 奥古斯塔纸（Charta Augusta）：用纸莎草茎秆最饱满的中段制成，是质量最好的纸张，为颂扬皇帝奥古斯都的功绩而命名为"奥古斯塔"。但是，奥古斯塔纸的吸水性太强，不适用于文学创作或商业记录，因此仅作为信笺用纸。（9.5"）

2. 莉薇娅纸（Charta Livia）：质量仅次于奥古斯塔纸的优质纸张，为纪念奥古斯都之妻而命名。（8"）

3. 僧侣纸（Hieratica）：曾被认为是最优质的纸张，现在也是高级纸张的一种。（6.6"）

4. 圆场纸（Charta Amphitheatrica）：因纸张的主要生产地位于亚历山大港的圆形竞技场内而得名。（6.6"）

5. 法尼亚那纸（Charta Fanniana）：在罗马一家法尼乌斯（Fannius）的造纸工坊中经过再加工的莎草纸。法尼亚那纸用来自埃及的圆场纸加工而成，利用滚压或碾压工艺让纸张变得更薄更宽。（7.6"）

6. 赛易提卡纸（Saitica）：得名于赛易斯城（Sais）。（8.7"）

7. 泰尼奥提卡纸（Taeniotica）：因其位于亚历山大附近的造纸地而得名。这种纸的尺寸不明，按重量出售。（4-5"）

8. 恩波瑞提卡纸（Charta Emporetica）：常用的包装纸。（4"）

9. 克劳狄亚纸（Charta Claudia）：在克劳狄乌斯皇帝统治时期制造的一种特殊纸张。（11.5"）

10. 巨幅纸（Macrocollon）：质量等级与僧侣纸相同，但面积要大得多。（18.7"）

---

*　Anon. 1911. *Papyrus. Encyclopedia Britannica* (http://penelope. uchicago. edu).

模重建和社会改革，他会了解或者关心莎草纸吗？他是维吉尔（Virgil）、贺拉斯（Horace）和其他优秀诗人的赞助者，而且很重视在整个帝国范围内宣传自己的光辉形象。由此可见，他对铸造雕像和硬币一定非常感兴趣。当时最好的纸张以他的名字命名，这一做法想必也令他十分满意。

他的继子、罗马帝国的第二任皇帝提比略一定对制作莎草纸的细节熟稔于心，因为元老院曾在他统治期间呼吁重视莎草纸的供应问题。提比略对图书馆非常感兴趣，想来也会重视藏书阁中的纸张。为纪念公元 14 年去世的继父，他下令建造了第四座皇家图书馆。这座图书馆就坐落在为奥古斯都修建的神庙当中，不远处便是帕拉蒂尼山的奥古斯都皇宫（Augustinian palace）。提比略还设置了帝国图书管理员即图书馆总监（*procurator bibliothecarum*）一职，并任命提比略·尤利乌斯·帕普斯（Tiberius Iulius Pappus）就任该职，负责监管所有属于罗马皇帝的图书馆。[9, 10]

第四位皇位继任者克劳狄乌斯对图书馆似乎不那么关注，但他很重视写作。他是一位罕见的古代学者，既能描写新兴的帝国，又能创作晦涩的古代题材。他甚至建议改革拉丁字母表，增添新的字母。他一生创作颇丰，包括关于伊特鲁里亚和迦太基的历史研究，因此，他一定非常清楚奥古斯塔纸的缺陷。这种在当时一直被认为质量顶级的纸张并不能满足克劳狄乌斯，他认为这种纸的透明度太高，用起来并不舒服。纸张太薄，墨水容易洇到背面。另外，纸张尺寸也太小。

于是他命令埃及造纸者生产一款尺寸更大也更厚的纸张。

造纸商们用一款三层纸满足了皇帝的要求，这种纸的基底是一张用质量略次一等的茎条制成的纸，基底之上再加铺一层品质一流的茎条。通过该工艺，他们造出了克劳狄乌斯统治时代品质最好的莎草纸。这种纸的另一大优点是两面都可以书写，这表明纸张背面也很可能用浮石、骨板或象牙进行了打磨抛光处理。

132

这项成就一定让克劳狄乌斯颇为自得。他下令制定的纸张分级标准声名远扬，还有幸登上普林尼所记载的清单，不过这段记载在克劳狄乌斯意外身亡之后才出现。而当这份记载在公元 79 年为人所知时，普林尼本人也已在维苏威火山爆发的劫难中窒息身亡。在这份清单里，纸张根据质量和宽度被分为十大类。[11] 如果放到现代，将 20 张宽 8.5 英寸、高 11 英寸的优质铜版纸拼接成一份标准的纸卷，得到的成品就是一张连续不断的长条形纸张，长度可达 14 英尺，而高度仍然是 11 英寸。在普林尼的分类系统中，这种纸或许会被划入"现代纸"（*charta moderna*）一类。

克劳狄乌斯定制的纸张面市之后，罗马的大型纸张仓库（*horrea charteria*）[12] 在相当一段时间里都堆满了这种足以满足任何需要的标准产品。不过，大约在同一时期，市场上又出现了另外一种纸张——法尼亚那纸。这款纸是克劳狄亚纸的有力竞争对手，因为它的质量足以与之媲美，但价格更便宜。此外，它还是有记载以来第一款在埃及之外制造的重要纸品，这绝非易事。

完成这一壮举的是昆图斯·勒密乌斯·帕莱蒙（Quintus

Remmius Palaemon），人称法尼乌斯。他在成为自由人之前曾是织布工和奴隶。后来，他成了当时最负盛名的老师之一，这样的人生经历足以让他成为自我提升的典范。

法尼乌斯身为奴隶时的一项任务是陪主人家的孩子们去上学。他利用等孩子们放学的空闲学习了一些基础知识，很快便掌握了叙事的技巧和谈话的风格，对诗歌也有一定的造诣，他的知识水平足以与当今世界的高中甚至大学英语教师一较高下。[13] 获得自由之后，他成了其所在时代最受欢迎的老师之一。他开办了一所私立学堂，小心谨慎地打理自己的私产，很快便摇身一变，进入富人阶层。

他最为世人诟病的缺点就是苏维托尼乌斯（Suetonius）称之的"与女性交往荒淫无度"，以及"举止下流猥亵"。[14] 他沉浸于骄奢淫逸的生活，每天要沐浴数次。据说，他有"用嘴伺候"和他打交道的男性的习惯，从而更加臭名昭著。种种恶行让提比略和后来的克劳狄乌斯对他厌恶至极，不放心任何男孩或年轻男人跟随他接受教育。然而，他凭借非凡的记忆力和三寸不烂之舌引得无数人追捧。他的名字"帕莱蒙"的希腊语意思是"满嘴抹蜜的人"——古罗马人认为这个名字便是对他为人的最好概括。

他让我想起我认识的几位高中和大学英语老师。他们似乎无所不知，这些知识抑或来自现实经历，抑或来自阅读（而你永远无从知晓究竟是二者中的哪一个）。结果他们很可能无凭无据地被评价为下流无耻之人。

法尼乌斯真有那么道德败坏吗？综合考量历史上所有关于

古罗马人（不论社会高层还是底层）堕落生活的传记、电影、书籍、漫画和视频资料（脑海中立刻浮现出尼禄和卡利古拉的名字），相比之下，法尼乌斯在浴室里的古怪举动、亲吻男性和其他猥亵之举就显得很稀松平常。也有一种说法认为，他是苏维托尼乌斯恶意诽谤的受害者。[15]

无论如何，法尼乌斯不是笨蛋，他显然知道自己在做什么。他开了一家销售二手服装的商店，做织布工的经验想必能派上大用场。没过多久，他就建立起自己的商业帝国，开始学校教育和写作生涯，而这些活动都需要用到莎草纸。也许，当克劳狄乌斯皇帝需要一种新型纸张的消息传到他的耳朵里时，他立刻眼前一亮，甚至很可能满怀信心地说"包在我身上"。

他究竟在想些什么？他要面对的客户不仅是一位皇帝，而且是一位曾经称他为"变态"的皇帝。这对组合简直可以上演电视真人秀中的精彩对决：法尼乌斯，充满男子气概，白手起家，腰缠万贯，是一位唐纳德·特朗普式的生意人；与他对垒的是罗马皇帝克劳狄乌斯，他偶尔会与庶民同席用餐，但却以嗜血、残忍、沉迷角斗士的对战和处决而著称，而且还非常易怒。

法尼乌斯有胜算吗？他一定知道，也许是从织布工的经历中知道，布和纸时常被看作有生命的物体，因为它们与砖石和砂浆不同，可以改变、加工，甚至彻底改变原有的面貌。

在老旧的软帽上巧妙点缀几根羽毛就能让它迎来重生，长披肩经过染色也会焕然一新，这就是法尼乌斯的想法。具体到莎草纸上，他知道这些纸张在离开埃及之后仍然可以进行很多加工。也许他像我一样通过实验发现，莎草纸在水中浸泡一夜就会变得非常柔软、容易弯折。这时可以用类似擀面杖的木棒加以滚压，直到把它变成非常薄的一片，薄到可以看见反面的字迹。在我的实验当中，选用的是一块在开罗制作的现代莎草纸，将它裁成正好 7.5 英寸 ×7.5 英寸的正方形，浸泡之后不断滚压，在很短的时间里就可以看到它被擀成了一张边长超过 8.5 英寸的正方形，此时已经变得非常薄，透过它可以辨认出美食杂志封面上的文字。

左：浸湿并滚压之后放在杂志上的莎草纸
右：同一张莎草纸，上面又加了一层

随后，我将一些同样从开罗网购来的干燥茎条浸泡在水中，在这张擀薄的莎草纸上又加了一层。铺设一层新纸条时，我将它们裁成与新纸张匹配的尺寸，即 8.5 英寸，小心不要让铺设的纸条彼此重叠。在新一轮挤压、滚压和槌打之后，我得到了一张三层厚的新纸。由于新铺设的那一层呈水平摆放（与原先双层纸的正面方向相同），现在纸张两面都可以用来书写了。

普林尼从未告诉我们法尼乌斯究竟是如何操作的。但是刘易斯教授告诉我们，认真阅读和分析普林尼的文字就会发现，法尼乌斯选用的是一种相当常见而廉价的中等埃及纸"圆场纸"，将这种纸压薄之后再加上第三层。[16] 法尼乌斯在他位于罗马的工坊里进行的这些操作与古埃及偶尔需要特制高级纸张时的做法如出一辙。例如，根据沃利斯·巴奇的说法，阿尼纸草书和格林菲尔德纸草书都是在三层加厚莎草纸上创作的。[17] 如果这种纸能得到书记官阿尼的认可，那也应该可以满足法尼乌斯以及包括克劳狄乌斯皇帝在内的整个罗马帝国的要求。

到普林尼记载的纸张等级表出现时，法尼乌斯和克劳狄乌斯都已不在人世。但是在那时，法尼乌斯已经与帝王们一同名垂青史。至少，他的大名与奥古斯都和克劳狄乌斯都成了纸张的名称。不论苏维托尼乌斯如何诟病，法尼乌斯终究在历史上为自己赢得了一席之地。

14

占领世界，留下遗产

孟菲斯为世界各地办公场所提供的这件产品实属天才之作。

——卡西奥多罗斯

古罗马政治家卡西奥多罗斯在写下这句话时究竟在想什么？我的第一反应是，他只是在陈述一个显而易见的事实：在那古老的岁月里，所有办公机构使用的纸张都来自古埃及曾经的都城孟菲斯。放到现代世界，相当于说坐落在大河之滨的圣路易斯市＊及其周边的农场将拥有未来 4000 年里向全世界供应纸张的垄断权！倘若果真如此，这座城市便会成为人们关注的焦点，引得热衷于金融投资的人们纷纷前来，资本会争相涌入当地的造纸厂以及附近的农场、运输业和贸易产业。

＊ 圣路易斯位于美国最长的密西西比河中游河畔，几乎处于美国的几何中心，在地理位置上具有重要的战略意义。——译注

卡西奥多罗斯生活的时代没有现代西方商业世界数以百万计的信纸和标准尺寸铜版纸，古代诸国的纸张、纸卷和书籍都是用莎草纸制作的。与卡西奥多罗斯同时代的商人不可能没有注意到：这种商品的原材料是一种仅产自埃及的植物，所使用的工艺也严格掌握在生产者手中。但这对卡西奥多罗斯来说并不是困扰，因为在他那个时代，他的同胞罗马人就是埃及的统治者，因此也是垄断的控制者。然而在他死后的 100 年里，一切都将改头换面，第一莎草纸时代（Frist Papyrus Era）将走向终点。在这 4000 年的时间里，社会发展与纸张生产始终齐头并进，在下文中，我们将在对埃及历史的简要概述中感受到这一点。

埃及的原始王朝时期*，在莎草纸孕育的同时——或许也正是得益于莎草纸的推动，已知最早的圣书体象形文字同样在不断发展。这是古埃及的青铜时代（约前 3200 年），尼罗河沿岸定居的先民在河流两岸的阶梯状台地和绿洲顽强地留下了自己的痕迹。此时他们要花费大量精力才能在岩石表面刻下情节简单的故事，比如尼罗河意味着生命，而沙漠代表死亡。他们也许对新出现的媒介缺乏信任，但神庙祭司和更高阶层的定居者却对其推崇备至。

随着古王国时期（前 2755—前 2255 年）第一王朝和第二

---

*　此处的 Protodynastic Period 为与 predynastic period（前王朝时期）相区别，译为"原始王朝"时期，二者概念有区别：某些学者认为奈加代（Napada，又译涅伽达）三期文化属于前王朝时期，有些学者则认为其属于早王朝时期。因此，这一时期被笼统地称为"原始王朝"时期或"零王朝"时期。——译注

王朝的兴起，精英阶层的葬礼以修造矩形平顶陵墓（马斯塔巴）为核心，这种陵墓是后来的阶梯形金字塔的雏形。当时，莎草纸已成为王族生活中不可或缺的材料。孟菲斯成为埃及的新都城，王室成员的到来让这座城市逐渐兴旺起来。乔塞尔在这里建立自己的宫廷，还下令在附近的塞加拉墓葬群修造了第一座金字塔。待到后来著名的大金字塔建成时，祭司和官员们已广泛使用莎草纸记录国家和神庙运转等方方面面的事务，包括金字塔时代源源不断运往这些大型工地的材料运输情况。

古埃及人崇拜法老，将其奉为神的化身。他们相信是法老带来尼罗河一年一度的洪水，为农作物生长提供必需的条件。因此，当法老决定建立一个中央集权的政府时，埃及人民与他站在了同一条阵线上。这正是法老所需要的：倾举国之力建造金字塔，为金字塔的建造者供应食物，还要为包括工程师、画师、数学家和祭司在内的大量专业人员提供支持。

埃及本国市场对乌木、象牙、没药、乳香、铜和雪松的需求日益增长，这些需求促使古埃及人扬帆前往更辽阔的大海。莎草纸既是追踪记录贸易扩张的实用工具，也是创造收入的贸易产品；它与黄金、谷物、纸莎草绳和亚麻等商品一样，推动了古埃及对外贸易的日渐繁荣。

在古王国时期的最后几年里，旱灾、河流水位过低和饥荒让时局陷入混乱，最终导致古王国覆灭。这段历史再次证明，即便在人间乐土，生活也有残酷的一面。

古王国垮台之后，中王国开始兴起。这一时期的考古发现中出现了装饰着咒文的木乃伊——咒文一度是法老金字塔独享的特权。从此时到第十三王朝（前 2030—前 1650 年）开端，尼罗河三角洲逐渐发展成为造纸的主要中心。

埃及在第十七王朝时实现了自我救赎。解放埃及的战争最终爆发，将当时的侵略者（喜克索斯人 [Hyksos]）赶回了亚洲。这一时期的莎草纸不仅继续充当着商贸往来和政府公务的媒介，还成了蓬勃发展的文学和史学的载体，推动埃及步入古典文学时代。

新王国时期宛如淤泥中盛放的莲花一般，从两千年的古埃及文明积淀中拔地而起。这一时期，古埃及的领土范围达到最大，向南扩张至努比亚，在近东地区也拥有广袤的领土。古埃及与赫梯王国开战争夺今天的叙利亚地区。这是古埃及拥有巨大财富和权力的荣耀时刻。新王国时代涌现出不少古埃及历史上最重要、最知名的法老，为西方文明的发展提供了可能。当时，整个埃及的文化、习俗、艺术、建筑和社会结构都与宗教紧密相连，融合发展成一种生活方式。这种生活方式惊人地稳定，在几千年里几乎没有变化。

139

这也是书面文字占尽天时地利的时代。以话语为媒介、口耳相传的传统习俗让思想的基本含义在不断交流和解读中传承下来，是历史的精华。而纸张记录的则是确切的言辞和真正的意旨。大众的广泛需求让写在莎草纸上的《亡灵书》在商业领域大获成功，这便是最好的证明。富裕阶层对莎草纸寄予莫大的信赖，他们需要写在纸上的颂词和"通关文书"去争取永恒的生命。唐纳德·肖教授认为莎草纸没有辜负他们的信任：作为传递信息的载体，纸张的易得和便捷性有着压倒性的优势。

纸张凭借一己之力，在横向的大众社交传媒和自上而下的制度化社会力量之间实现了平衡。阿拜多斯、卡纳克、阿布辛拜勒（Abu Simbel）和卢克索令人叹为观止的神庙建筑群就是制度化社会力量的象征。毕竟，这是一个伟大法老辈出的时代，哈特谢普苏特女王（Queen Hatshepsut）、图特摩斯三世（Thutmose Ⅲ，人称"古埃及的拿破仑"）、阿蒙霍特普三世（Amenhotep Ⅲ）、埃赫那吞（Akhenaten，阿蒙霍特普四世[Amenhotep Ⅳ]）、埃赫那吞的妻子纳芙蒂蒂（Nefertiti）、拉美西斯一世、拉美西斯一世之子塞提一世以及拉美西斯二世（人称"拉美西斯大帝"）都是这段历史时期的著名人物。

随着新王国时期（前1550—前1069年）的到来和底比斯城的兴起，以出口为目的的纸张生产迎来了第一次实质性的大幅增长。在这一进程中，比布鲁斯（Byblos）这座腓尼基城市扮演着重要角色，因为它是纸张从埃及出口到希腊的中心。事实上，古希腊语中的"莎草纸"一词（byblos）也许就演化自这座城市的名字。古王国时期，比布鲁斯其实是古埃及的殖民地，这种关系在埃及最古老的语言中有所体现：远洋航行的船只被称为"比布鲁斯船"。

从那里输出的莎草纸满足了早期希腊、阿拉伯、叙利亚、希伯来和罗马帝国不断发展的需求。埃及与比布鲁斯的往来在第十九王朝时期达到顶峰，及至第二十王朝和第二十一王朝比布鲁斯不再是埃及的殖民地时才逐渐式微。这恰好与新王国末期古埃及资源耗尽、国库空虚的时间相吻合。

拉美西斯三世死后，古埃及帝国渐渐走向没落。无休止的纷争、连续的干旱、尼罗河水位持续过低、饥荒肆虐、内乱频发、官吏腐败等问题接踵而至。这一时期的最后一位法老拉美西斯十一世的权势已经无比虚弱，以至于埃及南部底比斯城的阿蒙神大祭司成了上埃及的实际统治者。这个国度再次被撕裂成两部分，为利比亚在第二十二王朝时期占领埃及提供了可乘之机。

140

在利比亚人、亚述人和努比亚人接连统治埃及（前 945—前 525 年）之后，前来接手的是已占领巴比伦王国的波斯人。面对正式继承"法老"头衔的波斯国王冈比西斯（Cambyses），埃及不堪一击。波斯人对埃及的统治一直持续到公元前 332 年——当亚历山大大帝进军埃及时，竟被当地民众视为解放埃及的救星。

亚历山大大帝在巴比伦去世后，托勒密夺得法老王的头衔，建立起一个统治埃及近 300 年的王朝，直到罗马帝国于公元前 30 年征服埃及。托勒密王朝统治时期，希腊文化被引入埃及并蓬勃发展，伊斯兰征服埃及之后也是如此。托勒密王朝受到古希腊伟大思想家的影响，有意将亚历山大港打造成世界智慧之都。壮观的亚历山大图书馆成千上万卷莎草纸藏书帮助托勒密王朝实现了这一目标。

罗马人的统治从公元前 30 年开始，持续到约公元 325 年。随后，基督教在罗马帝国兴起，进入繁荣的拜占庭时期，直到公元 640 年。再往后，撒拉森人（Saracen）入侵埃及，建立起阿拉伯人的统治。

上述历史时期中，纸张出口随着海外市场的增长始终持续不断，纸张是整个西方世界的成长和发展中至关重要的一环。即便后来出现了中国浆纸，莎草纸依然是贵重的出口产品，莎草纸贸易甚至在中国纸传入和发展期间再次达到了一个高点。

阿拉伯人对埃及以及中东和南欧地区的控制有利于棉浆纸在其帝国疆域之内以及周边地区的发展和推广，最终为这种更廉价的纸张开拓出较大的市场。随着拜占庭帝国时期（324—1453 年）人们改用浆纸，纸莎草种植园和纸莎草沼泽逐渐减少，莎草纸的产量也不断下降。

漫长的岁月里，莎草纸在西方贸易世界中的作用格外突出，在托勒密王朝和古罗马时期的大片地产管理中尤其有用。古埃及城镇费拉德尔菲亚（Philadelphia）附近出土的文献很好地证明了这一点。1914 年冬天，位于法尤姆地区的考姆艾尔卡拉巴（Kom el-Kharaba）村民发现了约 2000 份古代文献，这批文献现在被统称为芝诺档案。芝诺（Zenon）是托勒密二世器重的财务顾问[1]阿波罗尼沃斯（Apollonios）名下一座大型庄园的监管者。公元前 258 年左右，芝诺以私人秘书的身份为阿波罗尼沃斯雇用劳力、打理家务和地产，同时还负责管理主人的档案。

这批莎草纸中的许多文件为我们呈现出一幅托勒密王朝早期权力机构内外的生活画卷。文献包括信件、陈情书、报告、账目等类型，还有少量文学作品。其中有两首短诗专为纪念一条猎犬而作，这条猎犬在遭遇野猪袭击时救了芝诺的命，自己却重伤而死。芝诺在公元前 249 年退休，庄园的农场和土地在其他监管者的监督下继续运行。

我们可以通过莎草纸的用量来推断管理工作的规模。一份报告显示，芝诺的办公室在短短 33 天里使用了 454 份莎草纸卷。如此，按照每天 14 份莎草纸卷的使用速率计算，庄园的业务想必每天都很繁忙。必须大量购入莎草纸才能满足这一需求，因此也就产生了常见的供需问题。[2]

芝诺敬启：

听闻您久病不起，本人深感忧虑。近来得知您已痊愈，我心甚慰。我一切都好……已付清400德拉克马银币……作为在塔尼斯为阿波罗尼沃斯定制莎草纸卷的费用。此项交易就此结算完毕，望您知悉。若您本人有任何需要，请告知在下。

普罗米西翁（Promethion）敬上[3]

如果事情进展不尽如人意时又如何呢？

芝诺敬启：

惊闻载有莎草纸卷的船只已行经本地！可否请您通融，将我方从阿波罗尼沃斯处订购的10份莎草纸卷送来？请将这批莎草纸交给送信之人，以免延误我方工作。

祝好。

狄奥尼索多罗斯（Dionysodoros）敬上[4]

这一时期，即便是生活在新月沃土、在泥板上刻写楔形文字的人，也已经习惯于使用从埃及进口的莎草纸。有观点认为，这种改用笔墨和莎草纸的需求是促使腓尼基人改进字母表的重要因素，而腓尼基字母表正是古希腊和拉丁字母的前身之一。至于用来造纸的植物——埃及纸莎草（*Cyperus papyrus*），孕育它们的尼罗河沿岸沼泽依然是珍贵的产业，受到王室的保护，也受到季节性泛滥、富含养分的尼罗河水的滋养和哺育。

畅销小说家和作家谢利·哈扎德（Shirley Hazzard）也认为，在古代扮演关键角色的莎草纸是一件非凡的造物。1983 年 5 月，在意大利那不勒斯，她以《纽约客》"远程通讯员"的身份对第十七届国际纸草学大会进行了报道。她告诉我们，"埃及纸莎草一旦歉收，整个罗马世界的商贸往来和国家事务就将陷入瘫痪，无数负责繁重抄录工作的写工也将暂时失业"。

莎草纸终将被取代，尼罗河沿岸的沼泽也终将被排干，用来耕耘农作物。因此，到拿破仑时代，埃及已然没有了纸莎草的踪影。不过，这种植物还在非洲的偏远地区继续生长着，就像莎草纸依然存活在人类的思想和行为方式中一样。为什么这么说？因为莎草纸是最早广泛使用的纸张，它让西方人习惯于轻松书写和记录，无论是家庭账单、购物清单、政府公文还是书籍和诗歌。当人们习惯这种轻松记录和传递信息的方式之后，书写媒介或许会发生变化，皮纸或浆纸会依次出场或消失，但是"将事情写在纸上"的习惯和期待已经成为文明的鲜明标志。多亏了莎草纸，人类再也不会倒退回用石头或泥板记录书面文字的时代。

许多早期莎草纸卷都是旧日手工匠人技艺、耐心和奉献精神的结晶，这些匠人深谙优质莎草纸的价值。有如此之多的莎草纸幸存至今，这一事实意味着莎草纸无论新旧，在适当条件下都可以保存相当长的时间。[5] 柏林埃及博物馆收藏的一份莎草纸卷已有超过 3000 年的历史，但在威廉·舒巴特（Wilhelm Schubart，1912 年至 1937 年担任博物馆研究员）手里依然可以轻松卷起和展开，纸张没有受到任何损坏。[6] 如果在合适的湿度环境下，莎草纸可以保存很长时间。不过，一旦暴露在潮湿的空气中，莎草纸就很容易腐烂，必须付出巨大的努力才能使其免受昆虫、霉菌、细菌、光和空气的侵蚀。[7]

在古埃及还是全世界造纸中心的时代，尽管大多数人目不识丁，但许多古埃及人都是莎草纸产业的受益者。造纸业不仅提供工作岗位，还为某种更崇高的事业而服务。正如老普林尼在 1 世纪所指出的，莎草纸是让我们永垂不朽的守护者。历史的丝线常常受到灾难性事件的威胁，然而借助记录在纸上传承至今的文学、思想和贸易活动，遥远时代的线索得以完好无损地保存下来。

随着古希腊诸城邦以及后来罗马帝国的兴起，莎草纸的传播达到鼎盛时期。卡西奥多罗斯并没有意识到，他在本章开头关于全世界所有办公场所的言论为后来莎草纸在世界历史中的地位奠定了基础。当他奋笔疾书的时候，欧洲的莎草纸正逐渐被皮纸所取代，这种皮纸由当地动物的皮制成，不需要从外地进口。在卡西奥多罗斯之后的 500 年，皮纸和莎草纸都将慢慢被现代纸张的先驱——浆纸和直纹纸取而代之。

直纹纸又称亚麻布纸或碎布纸，阿拉伯商人第一次见到这种纸便立刻意识到了它的价值，正是他们将这种纸张推向了全世界。他们很快发现，浆纸与莎草纸的不同之处在于它不依赖于任何一种特定的植物材料，手边的任何纤维都可以作为原料。起初他们使用的是桑树皮、亚麻纤维或碎布，但是很明显，还有许多种植物或织物可以作为这种纸张的原料。

如果棉纸出现在更早时期会发生什么呢？马尔文·迈耶（Marvin Meyer）是加州查普曼大学《圣经》和基督教研究教授，也是早期诺斯替《圣经》领域的专家。他提出的观点很有意思。莎草纸是一种耐久的书写载体。迈耶教授认为，假如在拿戈玛第发现的、创作时期在 3 世纪和 4 世纪的著名经集册本当初写在浆纸而不是莎草纸上，那么它们恐怕早已朽烂为尘土。从另一方面来看，浆纸出现于较晚的历史时期也不失为一桩幸事：这种纸张恰好出现在人类发明印刷设备之后。疏松多孔的浆纸更易吸收专为印刷设备设计的特殊油墨，而莎草纸则难以做到这一点。皮纸虽然仍有使用，但在那时已经因为太过昂贵而面临淘汰。就这样，历史做出了选择，绵延 4000 年的莎草纸垄断就此终结。不过，直纹纸和棉纸之所以能够取代莎草纸，在很大程度上还要归功于最初因莎草纸而创立的纸张贸易和行业系统。

古代纸张贸易的发展耗费了数个世纪的时光。自埃及第十九王朝（前 1400 年）开始，莎草纸的生产规模一步步从零增长到每年数千卷。到古罗马征服埃及时（前 48 年），莎草纸产量一度达到数百万卷。

莱拉·艾弗林指出，莎草纸最早可能在公元前 11 世纪或公元前 9 世纪引入希腊群岛，那时腓尼基人也刚刚引进字母表。从创作于公元前 1200 年的《乌奴阿蒙的故事》（*The Story of Wenamun*）中可以得知，古埃及通过比布鲁斯对外出口纸莎草，不过，古希腊的扩张、贸易和殖民活动直到公元前 750 年之后才迎来繁荣发展。因此艾弗林认为，关于莎草纸最早在古希腊世界中得到广泛使用的时间点，公元前 8 世纪或许是更符合史实的答案。

145

从那时起，莎草纸一直是地中海最重要的商品之一。公元前 7 世纪早期的希腊，莎草纸想必是很常见的物品，因为当时古希腊人已在尼罗河沿岸的纳奥克拉提斯（Naucratis）建立起殖民地。尼罗河的支流卡诺皮克河（Canopic branch）距离海岸线有 45 英里，纳奥克拉提斯就坐落在这条支流的沿岸。它是古希腊人在埃及建立的第一个永久殖民地，而且在其早期历史的大部分时间里也是古希腊在埃及唯一的永久殖民地。到后来托勒密王朝时期，法尤姆地区（见图 1 和图 2）成为古希腊人青睐的目的地，当地 30% 的人口都是希腊人。

在这段漫长的岁月里，莎草纸垄断经受住考验，创造了大量财富，其中一个重要原因是造纸者对整个造纸过程严加保密，直到普林尼让这个秘密大白于天下。而在此之后，莎草纸仍有不俗的表现。尽管在康斯坦丁大帝的时代（330 年）之后市场有轻微的变化，但一直到 10 世纪，莎草纸的发展势头都十分强劲。

生产规模如此庞大——毫无疑问，每年产量可达数百万卷，莎草纸产业一定是古埃及雇用劳动力最多的产业之一，也许仅次于食品产业。造纸行业内细分的诸多部门需要成千上万名工人，其中一些还要求劳动者具备高超的专业技能。

比如种植和收获植物，将原材料运输到造纸场所，成品的制造、销售和运输。（纳夫塔利·刘易斯，1974）

在托勒密王朝和古罗马人的统治下，收集信息是标准流程，这样做是为了更好地管理食品生产和莎草纸制造等产业。管理人员必须清楚每天需要多少原材料才能满足各行业的正常运转。托勒密时期的管理人员或许对此了如指掌，但我们对莎草纸和纸莎草绳的产量和出口总量却知之甚少，只能猜测。正如纳夫塔利·刘易斯所言："古希腊和古罗马时代关于埃及纸莎草产业组织的信息寥寥无几，仅存有少量古希腊文献，还有一些零星的佐证作为补充。关于总产量的研究明暗对比突出：晦暗不明的大背景中偶尔闪现出个别高光点。"

基于早先对古埃及沼泽规模的估计[8]，我们可以粗略估算出当时任意时间能够生产的莎草纸的最大数量。我们用"标准产量"代表一次收割的产量，类似于收获一片麦田或砍伐一片树林的产量。根据计算结果可以推测，在古埃及，理论上一次性收获的纸莎草可以制造出大约 250 亿张纸。按当前的纸价计算，其价值约为 225 亿美元。

在实践中，造纸者受到沼泽所有者的限制。他们必须遵守沼泽租赁契约中的条款，只能在合理范围内进行收割。沼泽就像一个聚宝盆，承租人不能过度收割，否则沼泽需要很长时间才能恢复，甚至可能遭到永久性的破坏。根据契约中的限制条款以及现代人所估算的纸莎草生长速度 9，我们可以推测出古罗马时期在维持可持续种植基础上的最大产量，这一结果仅为最大标准产量的 7.5%，即每年可制造 18.75 亿张纸。现实中很可能也从未达到过可持续种植的最大产量，原因很简单——那需要大量造纸者和收割工具。我估计古罗马时代每年出产5000 万张纸，这是纸张使用和生产鼎盛时期的峰值（如图所示，在 425 年里总共生产了 212.5 亿张纸，详见附录中的表 2），这一估计值也不过是最大可持续产量中的很小一部分。余下的大量茎秆将作为浴室燃料或成为制作手工产品和绳索的工业原料。

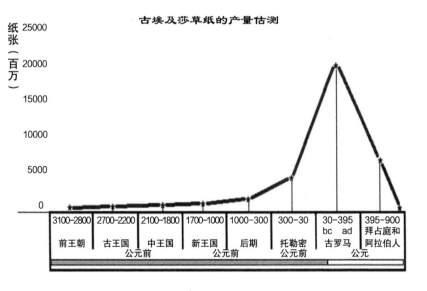

古埃及莎草纸的产量估测

与食物不同，纸张市场与人口的增长没有直接关系，因为平民百姓很少用纸。对纸张持续增长的需求始终来源于商业活动。与粮食相反，莎草纸作为一种非农产品，可以连年出口，不受饥荒的制约。但政治动乱确实会影响莎草纸的生产，历史上纸张出口曾有好几次由于埃及发生骚乱而被迫中断。

根据我的粗略估算，从公元前 3100 年到 900 年的 4000 年里，莎草纸的产量约为 157807 吨，这一数字与现代纸张生产相比是什么概念？为了充分理解数字所代表的含义，我们可以将其与 19 世纪英国的纸张生产进行对比。英国自 1588 年初开始采用中国人发明的工艺手工制作棉纸，将打碎的浆料（经过粉碎的木质纤维或浸湿的碎布混合物）倒在细筛网上，均匀平铺，让水分透过筛网排出。干燥后即可将棉纸从筛网上揭下。

到 1800 年，英格兰和威尔士共有 430 家造纸作坊，苏格兰的造纸作坊不到 50 家。大部分作坊的制作方式都是将一整桶纸浆直接倒入模具中，手工制作纸张。[10] 平均每间造纸作坊的年产量在 23 吨左右，全英总产量合计约为 1.1 万吨。第一台安装成功的造纸机于 1803 年在赫特福德郡的弗洛格莫尔（Frogmore, Hertfordshire）投入生产，造纸机上装有一块循环金属丝网，将潮湿的纸浆延展成连续不断的纸张，这样更利于排出水分。此后的升级便主要致力于改善排水和干燥。到 1850 年，大不列颠的纸张产量已达到每年 10 万吨。纸张的机械化生产模式就此形成。到 19 世纪末，全英国共有 300 家造纸坊，每年雇用 35000 人，可生产 65 万吨纸。[11] 因此，

19世纪，经过短短300年的发展，大不列颠就赶上并且远远超过了古埃及造纸量的总和（前3100—公元900年），此时手工造纸还远没有转变为机械工艺。

今天的埃及，莎草纸是为旅游业准备的纪念品。在旅游市场的繁荣时期，2010年游客人数一度激增至1470万人次。三角洲地带的造纸中心艾尔卡拉姆斯村，每户造纸者每周大约可生产1000张莎草纸。[12] 考虑到全年大约有200户家庭参与造纸活动，利用500英亩的纸莎草种植园造出100万张纸，生产率相当于400年至900年阿拉伯统治时期的10%。

古代与当今的纸张使用足印形成了有趣的对比。在当今的电子时代，纸张用量之大[14]往往令人惊叹，尤其是在美国——

149

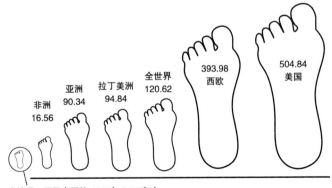

全世界的纸张使用足印图，单位：磅/每人每年
（数据来源：Statista, 2016）[13]

美国的纸张消耗量在 2010 年远远高于世界平均水平，每人每年的用纸量高达 500 磅。这个数字让"无纸化世界"的概念看起来像个自欺欺人的笑话。此外，耐人寻味的是，如果不将包括古罗马时代在内的 4000 多年视作一个整体，那么，古代莎草纸的人均使用足印根本无缘登上这一榜单。

对于一个普通埃及人来说，这一切都没有什么意义，尽管纸张贸易给当地经济带来的丰厚利润是大家有目共睹的，但是纸莎草最实际的用途并不在于造纸，而在于它无须任何成本就可以轻松制作成五花八门的物品。在饥荒或寒潮时期，身边有这样一种植物十分实用。住家附近有这种植物也能派上许多用场，可以制作篮筐、垫子和绳索。对于生活在水上或者临水而居的人来说，纸莎草既是储藏室也是养鱼场；而对于沼地居民来说，随处可见的纸莎草一定让他们感到安心，因为纸莎草可以用来制作草垫、船只甚至小屋。最重要的是，随手可得的纸莎草能够而且似乎也很乐于帮助逝者往生，无论死者是富裕还是贫穷。死者可以包裹在简单廉价的纸莎草垫里，或者在手中攥个放有一小片莎草纸的小护身符，或者与 100 英尺长的莎草纸卷一同封葬在价值数百万美元的陵墓之中。感谢这神圣的莎草，死者得以安息并做好远行的准备。对于当时的商人或神庙守护者来说，纸张是一种恩赐；对于这个古老世界中更具社会意识的居民来说，纸张是一种与社会保持联系的手段。就像汤姆·斯丹迪奇告诉我们的那样，莎草纸让人们能够用白纸黑字的有形方式传递信息，不再依赖于信使的口头传播。这一逐渐发展起来的非正式传播体系能够在几周内将消息扩散到最偏远的行省。斯丹迪奇指出，来自罗马城的消息只需约 5 个星期就能到达帝国西境的不列颠，只需 7 个星期就可以到达帝国东部的叙利亚。

古人利用莎草纸将永生的特权从墙上"揭"下来——"揭"这个动作可谓名副其实。曾经，呈现在纸面上的话语是众神和极乐世界神圣居民的声音。现在，罗马时代的纸张得到了新的演进。它不再局限于死者，而是走向活着的人。来自天南海北的商人、士兵、官员和普罗大众从此都可以发出自己的声音。这一演进的结果就是，写在莎草纸上的信件数量激增。

有些信件在特定的精英社会阶层内传递着来自共和国核心的信息，另一些则记录着同一阶层中的两个人彼此交换的双向信息。所有这些都表明，社交网络在不断发展，而文明也响应着这种发展。

最妙的是，这些进程都被记录在了纸卷上，而这些纸卷又被存储在专为此目的而建造的设施之中。有书面记载的历史和系统的知识发展就此开始。

150

PART III

The Enemy of Oblivion

遗忘的强敌

15

早期图书馆、
纸张和代笔业务

如前文所述，随着莎草纸的发展以及墨水和写工的出现，古埃及人凭借纸张为贸易和政治建立起体量庞大的基础设施。詹姆斯·布莱克（James Black）在他 2002 年研究埃及的经典著作《阿美尼莫普的教谕》(*The Instruction of Amenemope*) 中告诉我们，为构建此等基础设施而产生了一支人数可观的写工队伍，他们负责"记录土地分配和转让、纳税、国家和神庙的物资清单、行政敕令、司法判决等。事实上，从现有证据来看，宗教文本和文学创作在书写的发展中似乎处于次要地位；古埃及发明书写活动的最初动机可以说纯粹是为行政管理和政治宣传而服务——在其诞生后的最初数个世纪中的主要用途也是如此"[1]。哥本哈根大学埃及学副教授金·吕霍尔特（Kim Ryholt）一再强调，当时创作的宗教文本都是最基础的内容。他指出，在法尤姆地区的塔布突尼斯（Tebtunis）神庙（见图 2），人们在藏书室的碎纸片中发现了关于神庙日常祭礼的记载，它是古埃及每座神庙每天都要举行的基本仪式。[2]

吕霍尔特指出，尽管祭礼已是老掉牙的常规，但神庙的藏书管理员依然执着于守护这些文本，仿佛其中记载着什么秘密仪式。也许他们相信此举能够有效保障法术的效力，也能保护僧侣们占卜未来的传统权力。将这些内容牢牢掌握在自己手中还有利于维护他们在医疗专业领域的优势。古希腊人后来发现，古埃及祭司留下的医学莎草纸文献虽然大名鼎鼎，但要想破解其中蕴藏的智慧简直难于上青天。因此古希腊人只好放弃。19世纪，考古学家们再次发现了这些莎草纸。

普罗大众与写作和阅读活动基本无缘，所以早期古埃及藏书室和图书馆的演进和发展显然符合祭司们"密不外传"的心态，这一点也就不足为奇了。创造性思维被控制在最低限度，信息传播掌握在少数人手中，神圣的宗教卷轴要尽可能保持神秘。

既然早期图书馆是为祭司们服务，那我们便可以合理推测：他们会将书籍放在宗教场所附近。位于伊德夫（Edfu）的荷鲁斯神庙藏书阁就是一个很好的例子。这间藏书阁最令人赞叹的是图书管理员们最渴望也最引以为傲的存在——书目，这份独一无二的书目镌刻在墙壁上保存至今，倘若古代的图书守护者泉下有知，他们一定会欣慰地微笑。从书目可以看出，此间藏书阁曾有不少藏书，在此摘选其中部分内容如下：

> 驱魔，驱逐鳄鱼，召唤法老王的灵魂，古老实验室的秘密知识，关于战斗的描写，驱除邪眼的法术，装饰墙壁

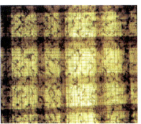

上左：古代莎草纸，公元前 1075—前 945 年

上右：左边是新造的莎草纸，右边是背光效果（请注意茎条的薄片有重叠）

中：阿蒙霍特普三世统治时期的书记官奈布克德的《亡灵书》（底比斯，公元前 1353 年）

下：新王国时期的羽饰棺。棺材表面绘有羽毛和翅膀图案（底比斯，公元前 1300 年）

上：《阿尼纸草书》中所表现的"芦苇之野"，蜿蜒的水道穿过生长在天国的纸莎草沼泽

中左、中右：博茨瓦纳和南苏丹的现代纸莎草沼泽

下：在沼泽里收割纸莎草的场景（普耶姆拉之墓，底比斯，公元前 1400 年）

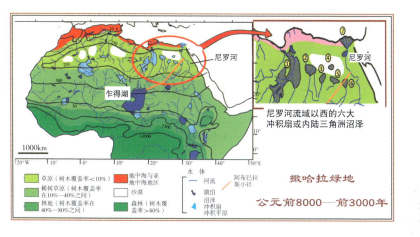

上：图A 公元前8000—前3000年史前撒哈拉的植被分布图，图中可见尼罗河流域以西的冲积扇或沼泽地带

下左：古人正在阅读莎草纸卷（全卷共20张纸页）

下右：维吉尔为奥古斯都和屋大维娅朗诵自己的作品《埃涅阿斯纪》

上左：现代开罗为旅游业商品用纸收割纸莎草茎秆
上中：从新鲜的纸莎草茎秆上削下薄片
上右：纸卷（一份古埃及《亡灵书》的现代复制品）
中：用单张莎草纸拼接成纸卷的过程
下：阅读莎草纸卷上的文字

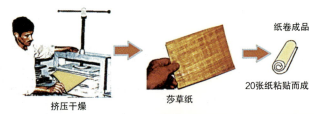

挤压干燥　　　　　　莎草纸　　　　纸卷成品
　　　　　　　　　　　　　　　　20张纸粘贴而成

上左和上中：公元前 1350 年的墓室壁画上所表现的一位年轻写工向死者敬献卷轴的场景，可以看出他出身于富庶家庭。他将笔架夹在腋下，脚边的长条形口袋里放着其他书写装备。上中图是更加传统的写工工作时的姿态

上右：安纳托利亚以弗所的塞尔瑟斯图书馆残存的古罗马建筑立面。位于今天土耳其境内的塞尔丘克

中：古代笔架和芦杆笔的复制品。两个小坑用于盛装红墨水和黑墨水

下：公元前 48—公元 1450 年的莎草纸书籍贸易（后期）

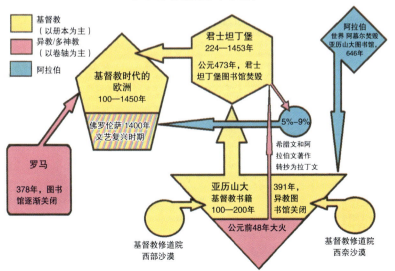

莎草纸书籍贸易（后期）

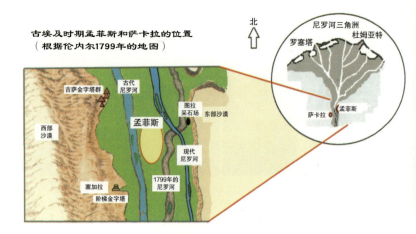

古埃及时期孟菲斯和萨卡拉的位置
（根据伦内尔1799年的地图）

北

尼罗河三角洲
罗塞塔   杜姆亚特

吉萨金字塔群   古代尼罗河
西部沙漠   孟菲斯   图拉采石场   东部沙漠
现代尼罗河
1799年的尼罗河
塞加拉   阶梯金字塔

萨卡拉   孟菲斯

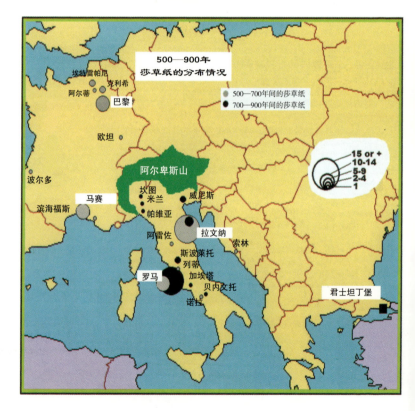

500—900年莎草纸的分布情况

● 500—700年间的莎草纸
● 700—900年间的莎草纸

15 or +
10-14
5-9
2-4
1

埃特雷帕尼
克利希
阿尔蒂   巴黎

欧坦

阿尔卑斯山

波尔多

马赛   坎图   威尼斯
滨海福斯   米兰
帕维亚
拉文纳
阿雷佐   索林
斯波莱托
罗马   列蒂
加埃塔
贝内文托
诺拉

君士坦丁堡

上：**图 B**　根据詹姆斯·伦内尔少校 1799 年绘制的地图确定的古代尼罗河和孟菲斯古城的位置
下：**图 C**　拜占庭时期欧洲莎草纸的分布情况

上：图D　埃及发现莎草纸的主要地点
中：现代莎草纸制作的册本复制品
下：11世纪中国造纸的场景

化学家尤斯图斯·冯·李比希（Justus von Liebig）在 19 世纪推向市场的浓缩牛肉汁产品随附的一套集换式卡片

古埃及纸张制作

公元 700 年的中国纸贩

18 世纪法国的纸张制作

20 世纪欧洲的现代造纸工坊

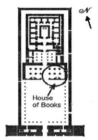

拿破仑时代的伊德夫神庙以及神庙中藏书阁的位置
（来源：a sketch by D.Roberts，1838）

的指导，保护身体的诀窍，关于两大天体周期性回归的知识，还有（神）所有秘密形态的列表，以及相关神灵的各种样貌。最后这部分内容会每天抄在纸上送往神庙，每天描绘一位神明，循环往复，好让这些神的"灵"一直停留在此地，不会离开神庙，永不离开。[3]

这座神庙动工于公元前 237 年，公元前 57 年在克利奥帕特拉七世的父亲、绰号奥列提斯（Auletus，意为"吹笛者"）的托勒密十二世统治时期完工。换言之，此时距离恺撒进驻埃及还有整整 10 年，一间"藏书阁"曾经与有史以来最声名显赫的图书馆——亚历山大皇家图书馆——在同一片土地上同时存在过。[4]

但二者有天壤之别，亚历山大图书馆效仿的是亚里士多德和古希腊人的图书馆。亚里士多德在公元前 337 年从亚细亚回到雅典之后开始筹建自己的图书馆，与此同时，他创办的吕克昂学园也恰好开学。他为学生们设计了一个合作研究项目，开始为此收集相关书籍和标本。经过多年的积累，他建成了一座自然历史博物馆和一座藏有 10000 册书卷的图书馆。亚历山大大帝命人送回雅典的资料和标本进一步丰富了亚里士多德的馆藏——亚历山大大帝本人也是这位伟大学者的门生。

亚历山大城的图书馆和博物馆严格参照亚里士多德博物馆和图书馆而建，二者都赢得了学者们的喜爱和欢迎。与图书馆相关的抄写员、学者、作者、图书管理员和写工的日常任务就是制作书籍、目录、清单、信件、学术论文、布告、通知和新闻简报。托勒密二世因此名垂青史。不过，图书馆位于宫殿内部，仅供获得皇室许可的人使用。普通民众只能前往位于城市西部的塞拉比尤姆神庙（Serapeum），这座宏伟的神庙内有一间规模较小的图书馆。

图书馆发展在托勒密二世统治末年达到鼎盛，亚历山大图书馆的藏书多达 49 万卷，塞拉比尤姆图书馆的藏书也有 42800 卷。[5] 这两个数字都是保守估计。有些人估计藏书量甚至达到了百万级。而在图书馆之外，以 20 张单页纸为一卷的书卷可能超过 100 万卷。在托勒密王朝统治埃及的近 300 年里，图书馆每年需要约 7 万张纸，而这一数字只相当于罗马统治时期纸张年产量的不到 1%。显然，用于文学创作的纸张与商贸领域中使用的纸张相比是小巫见大巫。但是，书籍承载着无法用数字衡量的价值。历史学家、编剧和电影制作人贾斯汀·波拉德（Justin Pollard）和霍华德·赖德（Howard Reid）提出了一个有趣的观点："后来的图书馆拥有更多的书籍；确实，今天华盛顿国会图书馆和伦敦大英图书馆拥有过去 200 年里印刷的几乎每一本书，还有其他更多的书籍。但是它们的藏书并不完整，其中一个原因便是西方文明第一个千年里的大部分知识都丢失了，而这些正是亚历山大图书馆的藏书。"

散佚的古书、数以百万计的莎草纸卷以及后来的一些典籍册本全都踪影全无，只留下零星碎片，今天的学者们必须"煞费苦心地复原和分析，才能榨取出最后一丁点儿有用的信息"。[6]

书写贸易

在古埃及早期，哪怕你待在家中，要想获得名垂青史的机会也并非难事，只需整理好思路，手握芦秆笔，写一封长信就够了。比如说，写给某位身在孟菲斯的友人，也许他碰巧还是一位写工，让我们姑且称他为塞林普特（Serenput）吧。你可以在信中描绘第六王朝时期底比斯的生活，那时它还是一座比孟菲斯小得多的城市。如果你是这样一封信的作者，那你就可以在墓中安息了，因为数千年后的某一位杰出的考古学家将会发现这封信。这份纸卷将以一位知名捐赠者的名字命名，然后被裁成小块，郑重其事地放置在西方某博物馆的玻璃展柜之中。

公元前 2200 年，用古埃及文写信的人不必再大费周折地描绘圣书体象形文字，转而开始使用更加简洁的僧侣体文字。就像盘腿而坐、将莎草纸卷摊开在双腿间的古老写工一样，人们左手握着空白的莎草纸卷，右手书写。从右向左的书写顺序与

157

人物正在阅读纵向书写的纸卷（来源：在阿尔玛－塔德玛的绘画中，约瑟身边的书记官正在记录粮仓的谷物储量；在阿尔玛－塔德玛的绘画中，韦帕芗阅读一位将军送来的报告；伊莱休·维德创作的密涅瓦马赛克拼贴画，来自美国华盛顿国会图书馆）

现代阿拉伯文相近，也与包括古希腊文和腓尼基文在内的诸多早期书写系统相一致。此时仍处于古王国时期（前 2686 — 前 2134 年），文字方向与页面垂直[7]，只需将纸卷拎起来即可阅读上面的内容。

158　　伊莱休·维德（Elihu Vedder）是一位美国画家、浪漫的意象派作家，他为奥玛·海亚姆（Omar Khayyam）的《鲁拜集》（*The Rubaiyat*）精装版本创作了插画。在位于华盛顿特区的国会图书馆，伊莱休·维德用马赛克镶嵌画打造了一幅密涅瓦的画像。画面中可以清楚地看到，纸卷上的文字方向与纸卷的长边垂直。

意大利壁画中的年轻读书人（来源：Barker, 1908）

公元前 2055 年，古埃及进入中王国时期，大多数纸卷的文字方向发生了改变。从这一时期开始，人们开始沿水平方向书写，这意味着阅读者可以将纸卷在面前展开，而不必将其拎起来。[8] 这也是后世所采用的书写方式。假设你生活在公元前 231 年左右，那你必须更加努力才有可能被载入史册。为此，你决定给身在亚历山大的阿利斯塔克（Aristarchus）寄一篇论著。你读过他（写在纸卷上）的书——《太阳和月球的大小与距离》（*On the Sizes and Distances of the Sun and Moon*）之后认为，他完全错了。你的论著旨在反驳他提出的"地球围绕太阳旋转"的观点。你不仅希望这篇文章被收入博物馆，还期待文中提出的"太阳围绕地球旋转"的新理论也能在历史中占据一席之地。所以这是一份至关重要的文件，而且你必须用古希腊文进行创作，尽管亚历山大是一座埃及城市。不仅如此，你还必须像现代希腊文、拉丁文和英文那样，从左向右书写。文字写在纸张正面，每一行都平行于纸卷的长边，若干行排列成一个方块状的文段。这样一来，阅读纸卷的人可以将其放在平坦的表面或在膝头上，用左手从最右端向左慢慢展开，即可一次阅览一个方块的内容。

你的论文篇幅很长，写到第 20 页时发现需要加纸，此时只需从备用纸卷上裁一片黏上去就行了。让我们继续假设，一段时间之后传来佳音——你的著作被收入了皇家图书馆！在访问亚历山大城期间，你提交了参观图书馆的申请。你越来越靠近现任国王托勒密五世的王宫。他的王后、现年 15 岁的克利奥帕特拉一世（Cleopatra I）将成为托勒密王朝第一位独立统治埃及的女王，就像恺撒时代的克利奥帕特拉七世一样。她对你的访问表示欢迎。国王亲口告诉你，阿利斯塔克不久前刚刚离世，而你的论著现已名声远扬。王后邀请你共进晚餐，席间每个人都信誓旦旦地说，你认为"地球是宇宙中心"的观点无人能够反驳。

一见到图书馆的宝藏，你就会惊讶地发现，早期纸卷上的文字竟然呈纵向排列。不过，在某些年代更加久远的纸卷中，也可以看到一行字从头到尾横跨整幅长卷的水平书写。这样的纸卷无论是展开还是重新卷好都很不方便。

后来，写工也不得不采用我们这位写作者的方法，将一行的长度控制在一定范围内，好让读者一次阅读一段完整的文字，无需将整卷反复展开再卷好。写工确立了方块状文段的标准，将一行字从左到右的距离固定下来，将文段宽度限制在 3 英寸左右。这在拉丁文中被称为 *pagina*，至今仍是常用的排版标准。现代英语则称之为"页"（page）。

古王国时期
纵向书写

"页"的演进
排列成方块的横向书写

莎草纸卷文字书写的不同方式以及"页"的演进

古罗马时代，打开纸卷的标准方式是将其放在桌面上摊开或放在膝头展开。阅读完毕后，你必须将整卷纸向左重新卷好，就像租来的老式录像带一样，看完了还要"倒带"，让下一位读者可以直接从第一页开始阅读，无须再将书卷重新摊开理顺。在阅读时不断展收纸卷的做法对于包括我在内的某些人而言很是新奇，让人联想到老电影中古罗马百夫长打开卷轴的画面。他充满威仪地站在那里，身披锃亮的金属胸甲，腰佩短剑，头戴护盔，像拉开窗帘一样展开卷轴，阅读竖直排列的文字（与卷轴短边的方向平行）。

事实上，古罗马时代大多数莎草纸卷中的文字都沿水平方向书写，一行行横向的文字组成块状的文段，称为 *paginae*（*pagina* 的复数形式），这一形式已在上文中有所解释。维多利亚时代著名画家劳伦斯·阿尔玛–塔德玛爵士（Sir Lawrence Alma-Tadema）在其作品中写实地描绘了古代读者的形象。阿尔玛－塔德玛是一位精益求精的职业画家，他的画作体现了他对完美的极致追求。年轻时，他曾数次远行，观摩和研究古罗马时代的遗迹。他还在 1902 年前往埃及，此次旅程给他带来了全新的创作灵感。据说，他对包括罗马建筑在内的考古研究一丝不苟，极尽周密翔实之能事，他在画布上呈现的每一座建筑都可以用古罗马的工具和技法还原重建。他精准的历史研究在其所处的时代便已令人称奇，而他的绘画作品至今仍被包括大卫·格里菲斯（D. W. Griffith）在内的诸多好莱坞导演当作重现古代世界的重要参考：《党同伐异》（1916 年）、《宾虚》（1926 年）、《埃及艳后》（1934 年）、《角斗士》（2009 年）和《纳尼亚传奇》（2005 年）等都曾从他的绘画中汲取灵感。最值得一提的是，塞西尔·B. 戴米尔（Cecil B. DeMille）在重拍史诗大片《十诫》（1956 年）时也利用阿尔玛－塔德玛的作品。据说在拍摄期间，戴米尔常常在桌面上铺满阿尔玛－塔德玛画作的复制品，向布景设计师说明自己想要呈现的效果。9

161

在阿尔玛－塔德玛的画作《最爱的诗人》（*Favorite Poet*）中，我们看到画中人物在阅读莎草纸卷，画家对纸卷的表现非常准确——由 20 张纸拼接而成，画中可爱的读者已经将书卷大部分展开，接下来她还会将它重新卷好。在他的另一幅作品《朗读荷马史诗》（*A Reading from Homer*）中，我们不仅看到古罗马时代打开和阅读莎草纸卷的正确方式，还能欣赏到头戴桂冠的朗读者极富戏剧表现力的形象，他正在朗读书中的文字，将荷马笔下的角色栩栩如生地呈现在如痴如醉的听众面前。这幅画作精彩地塑造了一个口头文学传统的案例，这一传统是影响早期书籍传播的重要因素，我们在后文中还将提到这一点。

我们很难将自己想象成古代的写工或抄写员，不过显而易见的是，这在古罗马时代并不是一件轻松的工作。帕森斯教授根据在奥克西林库斯莎草纸项目中积累的丰富经验，为我们描述了这样一幅画面：

> 这些是最基本的操作：抄写员削尖芦秆笔，将新鲜的莎草纸铺在膝头开始书写——伸手可及的某个地方放着他的墨水罐（烟灰与树胶的混合物），抄写的原本也摆在身边——可能摆放在小书架上，或者有人为他朗诵。保持这样的姿势一定很吃力（写字台很久以后才得到普及），后世的某些图像资料显示，抄写员双腿交叠时左腿在上右腿在下，这或许可以解释为什么很多纸卷中，纵列文字会顺着两侧大腿的高度差逐渐向纸张底部倾斜。一位名不见经传的诗人记述了身体所遭受的痛苦："我两眼昏花，肌腱、脊柱、头颈和双肩无不隐隐作痛。"这位资深书写者最终得到的可能是颤抖的双手和衰弱的视力。（P. Parsons, 2007）

墨与笔

如果在古代写信，你会发现墨水罐中的墨水与现代普通墨水其实非常相似。古代写工的木制笔架上有两个浅凹槽，其中一个可用来调和墨水。笔架上还有一个较深的切口可以容纳若干支芦秆笔。这样的笔架被视为写工职业的标志，在表现写工的绘画作品和墓室壁画中经常出现在显著位置。有时被写工紧紧攥在手中，有时则被夹在腋下或别在腰带上（见写工奈布克德［Nebqed］在他的《亡灵书》中绘制的彩色插图），笔架向全世界昭告着主人的特殊身份。它与当今最具影响力的消费技术产物——iPhone——颇有几分相似之处：二者都是彰显身份的符号，拥有它，就能标榜自己是与众不同的那一类人。

笔架浅凹槽中的墨水以黑炭（烟灰）加水与金合欢树胶混合调制而成。树胶取自生长在干旱地区的树木，与今天用作墨水、颜料和食品的天然稳定剂和黏合剂的阿拉伯树胶是同一种物质。以此制成的墨水性状十分稳定，不会褪色；[10] 如果写错字或者需要重复使用纸张或纸卷，则可以用水洗去墨迹。蛋清偶尔也被当作黏合剂使用，死海古卷中的墨水便是如此。[11] 在后来的岁月中，用水或醋稀释明胶再加入烟灰，由此制成的混合物便是古罗马人称为黑色剂（*atramentum*）的墨水。

这些墨水可以用水清洗，添加媒染剂（如氧化铝）或黏合成分（如焦化树脂、糊精、黄茂胶、蛋清或蜡）可以提高墨水的稳定性和防水性。知名墨水和书法专家戴维·卡瓦略（David Carvalho）告诉我们，将树脂或富含树脂的木材焚烧后得到的烟灰与明胶及油、蛋清或胶水混合在一起，就可以制成不褪色的永固墨水。按此法制成的某些混合物与古印度使用的无法擦除的墨水十分相似。[12] 公元前 4 世纪的"印度墨"就是用烧焦的骨头、焦油、沥青以及其他物质（如虫胶）制作而成。加入虫胶是古代中国人的发明，这种物质让墨水变得格外"顽强"，一旦干燥就无法用水洗去。我们知道有些写工曾使用过类似性质的墨水，现存的某些古纸可以证明，后来的作者显然放弃了擦除原有字迹的尝试，无奈之下只能将纸张翻转过来，反面书写。

古埃及写工用来蘸墨写字的工具是一小根细细的芦苇。将灯芯草属植物（*Juncus maritimus*）的茎秆斜着切断，再用牙齿轻咬，将尖端嚼成笔刷状。[13] 在亚历山大时代，尖头芦秆笔开始投入使用。这种笔用埃及芦苇（*Phragmites aegyptica*）的茎秆制成，一端像羽毛笔一样被削出笔尖，这可以加快写作速度，特别是在书写草书体时。这也标志着莎草纸的一大改变，因为尖头笔需要更厚的纸张，而造纸者们很乐意提供这样的纸张。[14]

从公元前 252 年至公元前 198 年以及之后的文献中可以看出，随着笔的变化，墨水也发生了相应的改变。到这一时期，搭配埃及软笔和以炭灰为基本原料的墨水使用的莎草纸正在逐渐被希腊莎草纸所取代，写作工具也改成了尖头芦秆笔和以水调和而成的金属油墨。[15] 不过，当时使用的金属油墨与后来出现的铁胆墨水并不相同。[16] 赫库兰尼姆（Herculaneum）古城烧焦的莎草纸残片中检测出了早期金属油墨的痕迹，其历史可追溯到公元 79 年。研究人员对烧成焦炭的纸卷进行了 X 光扫描，发现纸上所使用的墨水虽然和早期墨水一样以炭灰为基本原料，但是含有大量的铅和铜。[17] 需要说明的是，接受扫描的这些莎草纸文献在维苏威火山爆发时也已有 200 年到 350 年的历史，这意味着水基金属油墨很有可能在公元前 3 世纪就已取代了古埃及墨水。[18]

墨水最重大的变革发生在很久以后，大约是在莎草纸正被皮纸取代的历史时期。到了那时，一种称作紫墨（encaustum）的墨水大行其道。这是一种用五倍子煮沸后得到的深褐色液体单宁制成的墨水。虽然从黑色剂（以炭灰为基础原料）过渡到紫墨（铁胆墨水）的确切时间目前尚未可知，但保守地说，到中世纪末期，铁胆墨水 * 已经是最主要的墨水了。[19]

后来，金属硫酸盐被添加到墨水当中，使墨水具有相当程度的腐蚀性，甚至偶尔会腐蚀皮纸，将当初写下的字母刻在纸面上。

随着印刷术的到来，约翰内斯·古登堡发现，无论是古埃及人早期用烟灰—水—树胶混合制成的墨水，还是古希腊人和古罗马人的金属油墨，抑或是后来盛行于皮纸书写时期的铁胆墨水，都不适用于印刷。古登堡当时使用的是浆纸，而所有这些墨水都以水为基础，会淤积在金属字模上，印出的字母便会洇成一团。于是，15 世纪印刷活动的出现迫切需要开发黏稠厚重的新型油墨。古登堡为他的印刷机设计出这样一种油墨：油性清漆状质地，由烟灰、松节油和核桃油混合而成。这种油墨至今仍在使用。

164

---

* 铁胆墨水（iron gall ink）是用铁盐晶体混合栎五倍子（oak gall）中收集的鞣酸制成，因此得名铁胆。其粒子不溶于水，当嵌入纸张后具有极强的防水性。——译注

阿拉伯树胶——第二次垄断？

　　说到这里就不得不提埃及出口的另一种产品，它后来也成了一种不可或缺且价值高昂的商品，古代世界对它的需求一直十分稳定且不断增长。我要说的就是非洲墨水的重要成分——阿拉伯树胶，也称为金合欢树胶，一种从阿拉伯胶树的树干切口中渗出的结晶状胶质。阿拉伯胶树广泛生长在非洲各地，甚至在南亚次大陆上也可以见到它们的踪影。不过，全世界出产阿拉伯树胶最多的地方是苏丹，那里有一条纵贯全国的阿拉伯胶树密集生长带。从公元前 12 世纪开始，这种树胶便一直是重要的贸易商品。

　　努比亚收割的树胶向北出口到埃及，用于调制墨水、水彩颜料和染料。公元前 5 世纪，希罗多德的记录中提到，古埃及

165

待研磨的阿拉伯树胶块（来源：Wikipedia）

还用它进行防腐处理。后来，其他贸易路线让腓尼基人、柏柏尔人（Berber）和古希腊人也参与进来，但是与莎草纸一样，树胶流通的主要线路依然是通过埃及。

世界各地的写工都将树胶视为珍贵的乳化剂和稳定剂。树胶使烟灰和水两种成分紧密结合在一起，从而使墨水很容易在笔尖流动。它还可以让墨水更牢固地附着在纸张表面，而不像只用水作调和剂时只是堆积在纸面上。

要想调制出这样的墨水，必须将阿拉伯树胶的块状晶体研磨成易溶于水的粉末，然后加入烟灰调和即可。墨水可以直接使用，也可以干燥成小块之后称重出售。

阿拉伯树胶也会单独出售，用于其他用途。它是一种天然乳化剂，在今天仍然用途广泛。制药公司用它保持药物的稳定性，不会分离成原料；少许阿拉伯树胶就可以使报纸油墨更具凝聚力和持久性。它也是可口可乐等软饮料中常用的乳化剂。每年阿拉伯树胶的使用量可以达到 6 万吨。

今天的苏丹仍然是阿拉伯树胶的主要出口国，不可思议的是，据说奥萨马·本·拉登（Osama bin Laden）在该国的树胶产业拥有可观的股份，因此有人呼吁抵制使用树胶产品。《华盛顿邮报》（Washington Post）的达纳·米尔班克（Dana Milbank）记述了 2007 年华盛顿新闻俱乐部一场新闻发布会上的情形，当时苏丹驻美国大使威胁说，如果美国实施制裁，苏丹将停止阿拉伯树胶的出口。大使摇晃着一瓶可口可乐说："我可以停止阿拉伯树胶出口，然后我们所有人都要和这个说再见了。"

终于，美国国务院发布声明称，奥萨马·本·拉登确实曾经在苏丹阿拉伯树胶生产中持有大量股份，但是他在 1996 年被驱逐出苏丹时已失去了这些股份。[20]

综上所述，随着莎草纸和阿拉伯树胶这两种以植物为基础原料的产品强强联合，纸张和墨水不断发展演进。它们满足了人类书写、保存书面记录和记录思想的需要。一份书写精美的纸卷能够捕捉和承载人类思维的精华。试想现代高中或大学毕业生高举手中卷轴欢呼的场景，想想他们的激动和喜悦之情——那份卷轴就是他们学业有成的证明。卷轴往往绑着彩色的缎带，让我们与古代罗马人感受到同样的喜悦：在众多爱好书籍而富有的古罗马人心中，只要拥有一卷书写精致的莎草纸卷，就一定是得到众神眷顾的人。

16

登峰造极的图书馆
与香气怡人的历史

> 莎草纸可以将思想的甘甜果实保存下来，供读者随时
> 采撷，重现其中的奥妙。
>
> ——卡西奥多罗斯

古罗马人接管埃及这片土地时，他们发现这里有无限量供应的莎草纸、堪比当代钢笔水的优质墨水、大量待命的写工和文员；亚历山大城蕴藏着学问的遗产宝库，全世界数一数二的图书馆也矗立于此。一切都唾手可得。这一阶段为全球文化发展的下一次大飞跃做好了铺垫——尤利乌斯·恺撒（Julius Caesar）的到来将是此次大飞跃开始的标志。

埃及的征服者恺撒于公元前 48 年登上亚历山大港，率领 4000 名军团士兵追击庞培*。他控制了港口的船坞和码头，但

---

*　此处庞培是指统帅格涅乌斯·庞培（Gnaeus Pompey，前 106—前 48），在罗
马内战中被恺撒击败之后逃往埃及。——译注

失火的亚历山大图书馆（*Hutchinson's History of the Nations*，1910）

埃及海军依然坚守着港池和入海通道。为了肃清港口、打开连接罗马的供给线，恺撒采取的第一项措施是准备几艘火船。满载易燃物的船只在尽可能少的船员操控下驶向敌方舰队，点燃熊熊大火。在火船即将撞上敌船的一瞬间，船员跃入水中游回岸边。

强劲的北风助长了火势，挤在港内的埃及舰队很快便陷入一片火海。风将燃烧的物体吹到码头上，那里堆满了等待出口的干燥物资。火势从码头蔓延至周围的建筑和皇家图书馆——不巧，图书馆的建造位置距离港口太近了。记载 3000 年历史的所有书卷都被烈焰吞没，在数小时的时间里焚烧殆尽。[1]

我们在前文中提过，莎草纸含有某些类似于香料的物质，普林尼称之为"有香气的杂草"。可以想象，图书馆熊熊燃烧

168

时，空气中一定弥漫着异乎寻常的香气。

　　有人称之为有史以来最野蛮的破坏行为，指责恺撒是火灾的始作俑者。他们指出，恺撒在回忆录中只字未提图书馆的毁灭，这便是恺撒做贼心虚的证据。[2]

169　　　在图书馆付之一炬的整个过程中，当恺撒呼吸着空气中的芬芳时，克利奥帕特拉想必正惊恐地站在那里，眼睁睁看着凝聚家族几代人心血的浩繁卷帙化为灰烬。对于身为政治家和军队领袖的恺撒而言，这一过程并没有太大意义，然而出乎意料的是，这一事件在恺撒的脑海中埋下了一粒种子。如果亚历山大城能从一座图书馆中获益，那么罗马为何不如法炮制呢？也许恺撒曾经听说过亚历山大图书馆藏书丰富，所以他基本可以确定，那些熊熊燃烧的书卷中一定包括托勒密王朝为亚历山大大帝撰写的传记，恺撒将那位神明一般开疆拓土的英雄视为自己的楷模。作为一位追求完美的政治家，他也许会被这样的想法所吸引：他可以让亚历山大大帝、亚里士多德和托勒密的创意发挥更实际的用处。如果知识就是力量，那么图书馆便是凝聚力量的焦点，为什么不在罗马为知识准备一席之地呢？除了书籍和建筑，恺撒很可能还设想了某些更受罗马公民青睐的娱乐活动：公开朗读、讲座和研讨会等。

170　　　牛津大学基督圣体学院名誉研究员埃文·鲍伊（Ewen Bowie）教授精彩的评论文章《恺撒时期的图书馆》（*Libraries for the Caesars*）[3]指出，尤利乌斯·恺撒建立公共图书馆是出于多方面的考虑，其意图之一是维护自己在人民眼中的宽仁形象，同时也是为了向罗马市民提供共和国晚期的诸位重要政坛人物

亚历山大图书馆被毁后的混乱（来源：Thomas Cole, *Destruction—The Course of Empire*, N.Y.Hist. Society, 1836）

从不肯与市民分享的资源，尽管这些政要在城中官邸和郊区别墅都拥有私人图书馆。在亚历山大城，恺撒萌生了修建图书馆的念头；返回罗马后，他便着手将公共图书馆的理念落到实处。不过在他遭暗杀之时，图书馆建设尚未取得任何实质性进展。

话题回到亚历山大皇家图书馆。其中部分在大火中幸存下来，随着时间的推移逐渐恢复着元气。它曾经是一处多么不同寻常的所在啊。贾斯汀·波拉德和霍华德·赖德合著的《亚历山大城的兴衰》（*The Rise and Fall of Alexandria*）一书准确还原了这座图书馆的特色。这座图书馆是"地球上唯一汇聚全世界所有知识的地方，包括每一部伟大的戏剧和诗歌，每一本物理学和哲学著作"[4]，而所有这些知识都写在莎草纸上。

亚历山大城坐落在地中海沿岸一块突出的土地之上，全城有好几处海港。亚历山大大帝建立了这座城镇，也长眠于此。公元前 323 年亚历山大去世之后，他麾下的将军托勒密一世来到此地，将小镇建设成为在未来 1000 年里始终稳居埃及首都之位的城市，这座城市也是当时全世界的文化中心之一。已故纽约大学名誉教授莱昂内尔·卡森（Lionel Casson）认为，这座城市在学术领域取得的光环和荣誉很大程度上得益于托勒密王朝的前四位统治者，他们都坚持让一流学者和科学家担任孩子们的家庭教师。[5]

在离开马其顿之前，托勒密一世（后来罗得人 [Rhodes] 称他为索塔尔 [Soter]，意思是"救世主"）费尽周折才夺回儿时好友亚历山大大帝的尸体，这一点对他十分有利。在那段岁月里，谁能在统治者身故之后得到他的遗体，就有可能成为新一任统治者。亚历山大死时尚无继承人，他唯一的儿子在他去世之后才降生。

托勒密有意在埃及建立自己的王国，也有资本对抗帝国摄政者和亚历山大大帝的其他近臣。他打算在亚历山大城发展自己的势力，关于这座城市的种种迹象和预兆都令他备受鼓舞。索塔尔的目标是开启属于自己的王朝，创下自己的伟业，而不是继承马其顿帝国的江山；因此，一旦城市布局得以确立、第一批定居者开始在早期建筑里繁衍生息，他就开始吸引最优秀、最有才华的人来他的新都城。在亚历山大大帝去世 30 年后，索塔尔成功了。

在这座新城市里，博物馆是最吸引人的机构之一。亚历山大博物馆建于约公元前 299 年，创立之初便被当作高等研究所。博物馆设有一条走廊、一条拱廊和一座公共餐厅，学者可以在此用餐和交流思想。除了私人阅览室、住宿区、演讲大厅和剧院，博物馆内还设有图书馆，后者与博物馆一起成为"现代科学、修辞学、哲学、医学、解剖学、几何学、地理学和天文学的摇篮，（而且）深远影响了与之隔地中海相望的罗马"[6]。

后来，数位全城最出类拔萃的思想家曾担任图书管理员或顾问，为图书收录提供建议。不仅如此，波拉德和赖德还告诉我们，"在隶属于亚历山大城王宫的伟大图书馆和博物馆中，人才济济。他们往来其间，高谈阔论，针锋相对，唇枪舌剑，埋首于书海之中，然后挥笔落纸，著书立说"。

荟萃一堂的人杰包括几何之父欧几里得，数学家、物理学家、工程师兼哲学家阿基米德，当时最伟大的医生和生理学家盖伦，天文学和地理学之父克劳狄乌斯·托勒密（Claudius Ptolemy），《阿尔戈英雄纪》（*Jason and the Argonauts*）的作者阿波罗尼奥斯（Apollonius），第一个测量地球周长的人埃拉托斯特尼（Eratosthenes），第一个认为太阳是宇宙中心的阿利斯塔克，新柏拉图主义的奠基人之一普罗提诺（Plotinus），基督教神学家、亚历山大城的革利免教父（Clement of Alexandria），第一位重要基督教异端人士阿里乌（Arius），激进的犹太神学家斐洛（Philo）等，不一而足。

托勒密索塔尔逝世于公元前 283 年，享年 84 岁。他身后留下的是一个井然有序、欣欣向荣的王国，在持续 40 年的战争结束后终于得以休养生息，迎来社会发展的高峰。公元前 289 年，他让儿子托勒密二世与自己共同执政，后者在顺利实现权力过渡之后进一步推动图书馆的发展。人称菲拉德尔弗斯的托勒密二世是一名杰出的军事领袖，也是一位历史学家和擅长权谋的外交官。他在建立图书馆之后不久便自立为埃及法老，借此扩大王国的统治范围。他的儿子托勒密三世奥厄葛提斯（Euergetes，意为"善行者"）也是杰出的管理者和收藏家，他沿着父亲的足迹，不惜重金将亚历山大城打造成古希腊世界的经济、艺术和知识之都。奥厄葛提斯的儿子——不那么杰出的托勒密四世——的统治标志着托勒密政权鼎盛时期的终结。后来，恺撒和古罗马人的出现让托勒密王朝陷入困境，最终永远改变了亚历山大城。

　　作为主要港口，亚历山大城可以轻松获取来自世界各地的书籍。此外，这座城市的另一大优势在于，它是全世界唯一纸张产地的主要对外出口渠道。在那个时代，莎草纸是仅次于粮食的主要出口产品。我们可以从古罗马执政官和知名历史学家卡西乌斯·狄奥（Cassius Dio）的记载中一窥莎草纸的重要性。他写道，在恺撒点燃的大火中，"粮仓和存有无数精美书册的库房被烧毁……"⁷有人认为，这句话中所提到的书册仅仅是港口仓库的旧账簿，毕竟那是全世界最繁忙的地方之一。但如果是那样的话，又何必将其存放在黄金地段的商业建筑中呢？旧账簿的处理如何不受重视，我们在前文中已经有所了解。它们被撕成两半，运送到城外的垃圾倾倒场，尽快得到处置，以免好事者从中发现偷漏税款的蛛丝马迹或者重大罪证。

更合理的假设是，仓库中存放的是等待出口的莎草纸卷。我们可以设想，谷物和莎草纸在港口贸易中的地位不相上下。还有一种可能是，狄奥所记载的是另一种价值更高的商品：写有字的纸卷，也就是存放在码头建筑中准备出口的书籍手抄本。托勒密王朝的统治者想必不会放过通过出口此类商品获取财富的机会。[8]

这些仓库中的纸卷是否和 3000 年前赫马卡墓中的纸卷一样空白无字，这个问题着实吊足了我们的胃口。遗憾的是，这也意味着我们对当时的莎草纸产业依然知之甚少，研究所取得的进展甚微。

皇家图书馆

后来的古希腊地理学家斯特拉波指出，新城的选址堪称完美。它坐落在海边，靠近尼罗河三角洲的种植园和尼罗河谷肥沃高产的粮食产地。在奥斯曼海军上将兼地理学家皮瑞·雷斯（Piri Reis）于 1521 年绘制的地图上，亚历山大城被高墙环绕，东边是以棕榈树为标志的粮食作物种植区。而在 1000 多年以前，三角洲的这一部分曾分布着广袤的纸莎草沼泽和繁忙的造纸工坊。事实上，在亚历山大大帝从培琉喜阿姆（Pelusium）一路行军至孟菲斯的胜利之旅中，他必须经过绵延数英亩的纸莎草种

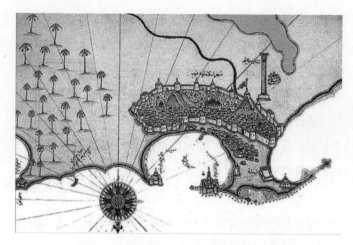

图 5　16 世纪的亚历山大城（城市以东的种植园用棕榈树表示）

植园。当他在旧都孟菲斯自立为王时，他一定意识到了造纸的重要性，他一定知道，自己刚刚征服、现在统治的这片土地是西方文明世界唯一的纸张来源。

　　在迁都亚历山大城——并在后来成为古罗马港口——之后，这些三角洲种植园每天清晨都会收割大量纸莎草茎。大部分茎秆干燥后便会被送进城内浴室的锅炉，经过改造的锅炉可以用芦苇而不是木材作为燃料。更令人印象深刻的是，每日生产的纸张源源不断地运送到世界各地需求不断增长的市场，所有纸张都会与日常发货的粮食一样穿过索塔尔的新都城。托勒密王朝的统治者很早就开始关注书籍，他们从雅典和罗得岛的书商那里购置了大量书籍。卡森告诉我们，王室委托代理商买下他们能找到的一切，特别是与原本高度近似的古旧纸卷。[9]大批希腊人的奴隶被训练成为抄写员，并派往海外的各处图书馆以及境内的亚历山大图书馆抄录书籍。

托勒密王朝统治者注意到，港口通行的船只上时常载有书籍，有些是为了出售，有些只是供船员打发时间。于是他们下令查封这些书籍。原本真迹会被收入藏书，而手抄本则会在船只起航前送回船上。借阅的书本也会被抄录，最广为人知的例子便是索福克勒斯、埃斯库罗斯（Aeschylus）和欧里庇得斯三位戏剧家的剧作。这些剧作的权威原本都保存在雅典的市政官员手中，直到托勒密三世斥巨资将它们借来——他支付了 15 塔兰同*的保证金，相当于现在的数百万美元。当对方要求返还原作时，托勒密三世还回的却是一份精装莎草纸抄本，并因违约支付了罚款。[10]

托勒密王朝统治者费尽心机，只为让亚历山大城收全世界上的每一本书，从而巩固其"最好且唯一"的地位。他们还打算将最好的研究工具全部集中到一起。从关于图书馆的早期记载中可以看出，他们显然正在有条不紊地实现自己的目标，藏书已超过 49 万册，规模相当可观。可就在这时，恺撒戏剧性地打断了他们努力取得的所有进展。

日暮西山的城市

亚历山大城和皇家图书馆的发展历时多年，令人叹为观止，甚至在第一次遭遇火灾之后顽强地恢复了元气。然而这座城市

---

* 塔兰同（talent）是古希腊罗马世界的质量单位，1 塔兰同约为 27—33 千克不等；用作货币单位时，塔兰同是指 1 塔兰同重的黄金或白银。——译注

最终还是走向了衰落，它颓然消逝的缓慢没落同样令人扼腕叹息。亚历山大图书馆经受的打击包括：270 年奥勒良（Aurelian）的袭击，391 年科普特教皇狄奥菲鲁斯（Pope Theophilus）颁布的报复性敕令，还有穆斯林在 642 年征服埃及期间对图书馆进行的彻底破坏。但是，阿忒那奥斯（Athenaeus）早在三四世纪就已经写道，在当时的亚历山大城，书籍、图书馆以及博物馆的藏品只存在于人们的记忆中。亚历山大城藏书衰落的原因有很多。302 年，罗马皇帝戴克里先下令烧毁图书馆中的早期基督教书籍，这显然对局面没有任何帮助。不仅如此，他还将许多古埃及技术类书籍付之一炬。[11] 藏书衰落的另一个重要因素是卷本和册本的制作材料从莎草纸逐渐转变为皮纸，这一进程从 325 年君士坦丁大帝统治时期开始大范围扩展。那时最受关注的是君士坦丁堡出品的基督教作品，而不再是亚历山大城日渐衰微的异教徒藏书。还有一个因素是，得益于尤利乌斯·恺撒，罗马现在已经拥有了自己的图书馆。此外，随着君士坦丁堡第一座帝国图书馆的开放，领袖人物、政治家、知识阶层和神学家关注的目光都转向了那里。幸运的是，我们在后文中将会看到，君士坦丁堡设立了一套筛选机制，异教经典因此得以系统地保存下来。到那时，罗马和亚历山大都已成为"过去时"。

7 世纪，亚历山大图书馆被夷为平地，彻底宣告终结。642 年，阿拉伯将军阿慕尔·伊本·阿斯（Amr Ibn al-Asi）征服亚历山大城时，曾向统治者苏丹欧麦尔（Umar）征求如何处理图书馆数十万份莎草纸卷。欧麦尔给了他这句著名的答复："如果纸卷里的内容与神之书相一致，那我们就不需要它们；如果与神之书相悖，那我们根本不想看见它们。因此，销毁它们吧。"据说阿慕尔将军下令将莎草纸卷运送到城中的各家浴室，为锅炉提供了足够半年之用的燃料。

后来，亚历山大图书馆被君士坦丁堡的帝国图书馆所取代，后者的开创者是皈依基督教的君士坦丁大帝之子君士坦提乌斯二世。这也是古代文明世界的最后一座大型图书馆。

莎草纸似乎注定要与亚历山大图书馆经受相同的命运：莎草纸产量在公元前3世纪达到顶峰，也同时开始走下坡路。它正在慢慢被皮纸取而代之，后者不像莎草纸那样受到垄断经济的控制和影响。但是，在法老的宝藏完全没落之前，它还会焕发最后一次光芒，就像太阳在沉入地平线之前最后进出一线耀眼的余晖。

新生的基督教随着耶稣使徒圣马可的足迹来到亚历山大城，点燃了人们的宗教激情。在此期间，莎草纸被用来抄写《圣经》，首先是卷本形式，后来发展出线装册本——这就是现代书籍的前身。到300年，君士坦丁堡的皇家图书馆开始运作时，中间的过渡期大约持续了300年。在此期间，西方文明世界只能依靠不断改进的古罗马图书馆和古罗马书籍。

176

17

古罗马人与书籍贸易

我立了一座纪念碑（我的书），它比国王的金字塔更巍峨……岁月的无尽轮回也不能将它摧毁。我不会完全逝去。

——贺拉斯《颂歌集》（*Carmina*），3.30

经过分析，现代西方世界保存的莎草纸碎片、纸卷和纸页已清晰地展现出从公元前 3100 年直至公元 10 世纪的文学发展史。但当翻开这段历史故事的第一页，更像是在观赏一部倒叙开头的电影，因为在现代之前，比如说 18 世纪，任何一位对纸的历史有所了解的人都会觉得早期书籍贸易和莎草纸的历史从罗马开始，最后又在罗马结束，但事实绝非如此。让人产生这

种印象的原因在于，许多古老的莎草纸文献都保存在天主教会的档案室里，而且几乎都是用拉丁文书写的。然而真相是，古罗马人在文学舞台上登场相对较晚。他们热衷的是兵法和农事。直到公元前 240 年，剧作家李维乌斯·安德罗尼库斯（Livius Andronicus）创作的两部改编自古希腊作品的戏剧被公认为第一

部拉丁文作品，古罗马文学这才宣告诞生。[1]

在人生和教育等主题上，古罗马之前的古希腊人建立起的传统文学涌现出了荷马、赫西俄德（Hesiod）、伊索（Aesop）以及诸多抒情诗人的早期作品，而这些文学作品无疑是在莎草纸上创作的。1752年，意大利赫库兰尼姆出土了一些烧焦的莎草纸卷，其中大部分都是用希腊文书写的。这一发现似乎出人意料，它提醒我们莎草纸是古希腊文字世界得以建立的基础。1778年，早期旅行者在埃及发现了更多写有古希腊文的纸卷和碎纸片，让人们更加清楚地认识到这一点。现在，学界普遍认为，莎草纸书籍在多年里保持着健康的出口贸易局面。谢菲尔德大学名誉教授洛芙迪·亚历山大（Loveday Alexander）指出，早在色诺芬创作《长征记》的年代（前370年）便有证据表明，黑海沿岸偶尔会出现被冲刷到海岸上的书籍。这就是当时存在莎草纸书籍贸易的明证。

虽然古罗马人吞并了希腊（前146年），但古罗马文学在很多方面依然是对希腊文学的延续，许多受过教育的古罗马人依然用希腊文阅读和写作。拉丁文还需要几个世纪才会成为古罗马文学的主流文字。当拉丁文取得主体地位时，罗马古典文学也迎来了繁荣发展的黄金时代。黄金时代称从西塞罗发表目前已知的第一篇演说开始，到奥维德（Ovid，前81—公元17年）的离世结束。根据保存至今的数千份莎草纸碎片可以推测，当时存世的书籍可能多达数百万册。此外，古罗马人对书册记录、制作和发行有着系统的组织管理，他们的操作方式很可能与现代世界别无二致，有些学者据此认为，当时已存在广泛覆盖的出版业。

然而，身兼出版商、编辑和记者身份的雷克斯·温斯伯里（Rex Winsbury）却认为他们大错特错。[2] 那只是他们的一厢情愿。

温斯伯里提出了一个精彩的观点，当时并不存在我们所熟悉的出版业，没有书籍发行和促销，也没有以创造收入为目标的销售活动。他指出，古罗马书面文献的市场规模完全不够支撑上述业务。当时大部分人甚至不识字。因此，古罗马作者创作一本书的目的更像是为了朗读。一些被称为"悦音派"（Euphonists）的作家更重视诗歌的音律而不是文字。亚历山大教授还提醒我们注意，早期书籍盛行口头表演的传统。她指出，琉善（Lucian）曾在 2 世纪提到"人们聆听最新历史作品的朗读"。这不禁令人联想到阿尔玛 – 塔德玛的《朗读荷马史诗》，这幅画作戏剧性地表现了朗读的场景。

由此看来，在古罗马时代，"有声书"比书面文本更受欢迎，听书很便宜甚至很可能免费；只需几份抄本就可以让听众享受书中的内容，完全不必学习阅读或写作。换言之，写书挣不了几个钱；当时的作者们更有可能将作品视为在生前身后提高社会地位的手段。这也就意味着他们必须靠其他方式谋生。书籍将成为作者故去后留在世间的纪念，想来要比墓碑或公共广场上的雕像便宜，同时也表明作者生前收入平平。

这和今天有什么不同吗？艾莉森·弗勒德（Alison Flood）在《卫报》上告诉我们，21 世纪图书作者收入的平均数为 16200 美元，远低于英国最低生活标准规定的薪酬水平。[3] 因此，无论在古代还是当代，给写作者的最佳建议都是："不要放弃日常工作"。

在古罗马时代，无论是馈赠好友还是送到图书馆朗读或者供他人消遣，书籍都被认为是很有意义的礼物。听众的规模是衡量作者身后之名的标准，荷马——虽然他不是罗马人——正是凭借这一点成为永恒的典范。

既然书籍内容主要靠朗读传播，写书也不为谋求商业利益，因此古罗马时代的实体书制作主要是为图书馆服务。图书馆的抄写员——无处不在的希腊奴隶——会完整而忠实地抄写一本本书籍。还有一种选择是从商店或商贩那里购买抄好的书卷，但你必须有足够的判断力，因为通过此种渠道获得的书卷往往质量堪忧。注重阅读质量的人最好还是与友人或者可以接触到纸卷原本的图书馆工作人员互换书籍。人们对原本的依赖促使图书馆及其工作人员和赞助人开始从事书籍交换活动，在这一过程中，许多藏书往来互易，抄本在文学精英阶层中得到了有组织的传播。[4,5]

亚历山大教授介绍了书籍在志同道合的知识分子社交圈中不断传播的过程，知识阶层本身往往就是文字传播的主要载体。在制作书籍的过程中，首先要确定想要的莎草纸卷身在何处，然后便可前往那里抄录复制。书商在整个书籍制作的过程中几乎完全是偶然因素。显然，书商只是搜寻学术类书籍的额外潜在资源。不过，正如亚历山大教授所言，读者对书籍最核心也最主要的期待是分享。

她以奥克西林库斯出土的一封莎草纸书信为例充分论述了自己的观点。这封信寄出的时间约在 2 世纪末，信中记载了文人圈内就如何获取原本、制作抄本交换意见。两条不同字体的脚注记录了他们的评论和指导。脚注之一写道："请将许珀希克拉底

（Hypsicrates）《喜剧中被取笑的人们》（*Komodoumenoi*）卷六和卷七抄录并寄送给我。据哈帕克拉提翁（Harpocration）说，玻利翁（Polion）有这几本书。不过其他人或许也有。他还有关于泰萨格拉斯（Thersagoras）《悲剧中的神话》（On the Myths of Tragedy）的散文摘选。"

第二条脚注为信件的读者提供了更详细的指导（同样来自为写信人提供消息的哈帕克拉提翁，一位古希腊作家和语法学家）："书商德梅特留斯（Demetrius）有这几本书。我已经托阿波罗尼德斯（Apollonides）给我寄几本，很快你便可从塞琉古（Seleucus）本人那里得知相关消息。如果你能找到任何我没有的书，请抄录副本派人送给我。狄奥多罗斯（Diodorus）和他的朋友们也还有一些我没有的书籍。"

学术精英通过书信与同仁及其赞助者（能够为学术交流提供社交基础的富人们）交流互动，这种方式让亚历山大教授很感兴趣。机会对一位作者而言至关重要，这种交流互动是一块敲门砖，让作者有机会接触共和国和帝国时期各大罗马贵族的社会关系网。此外，他可以为赞助人及其身边的人口头朗诵，或者向他们分发自己著作的抄本，以此达到自我宣传的目的。这样一来，这位作者的作品便能在其赞助人的私人图书馆中占据一席之地，任何人都可以翻阅或抄录它。

随着图书馆之间的交流日益扩展以及人们云游四方的机会增加，图书贸易在整个帝国范围内得到了普及。图书馆制作和交换书籍的活动欣欣向荣，图书管理员之间广为传播的藏书清单和书目发挥着广而告之的作用。抄写员的职责便是搜寻书单上罗列的纸本，然后抄写成书。

随着基督教的时代初具雏形，书籍日益成为文化力量的象征并且被认为是推动基督教运动的有力因素。[6] 因此，领袖人物如瓦伦斯（Valens）——笃信基督教的罗马帝国东部皇帝——在372年挑选了4名希腊文抄写员和3名拉丁文抄写员编入君士坦丁堡图书馆的工作人员队伍[7]，这是一项可以事半功倍地提升图书馆效益的举措，因为雇用抄写员制作书卷的成本不会很高。而莎草纸的成本在数千年内都没有变化，价格也不算昂贵。根据斯基特的分析，一份纸卷价值2德拉克马。显然，莎草纸垄断组织依然牢牢掌控着局面。

大约在这一时期，莎草纸卷开始向皮纸册本过渡，这一演变对古罗马人而言绝不轻松，因为正如温斯伯里所言，古罗马人将卷本视若珍宝，对卷本的偏爱远胜于册本。

纸卷在古代罗马社会被视为贵重物品，新出现的册本很难撼动卷本的地位。过了数百年，册本才完全替代卷本。

此刻，覆盖全国的莎草纸书籍贸易在图书馆之间广泛开展（如下页图表所示）。与此同时，文学类书卷的商业市场也随之发展起来。种种因素都在鼓励写工私下进行交易，将自己的劳动成果售卖给书店。

我们知道书店很早就存在，苏格拉底曾提到公元前399年的雅典市场上就可以买到书籍。到公元前2世纪，亚历山大城、罗得岛、布林迪西（Brindisi）、迦太基城和雅典都以书卷制作和出口闻名。[8] 当时最出名的是坐落在罗马老城区大型购物中心的书商。例如，在城市广场（the Forum）一带，罗马人

182

可以去阿尔吉来图姆大道（Argiletum）购买书籍。在与大道相对的恺撒广场，你可以找到马提亚尔最爱的书店——阿特莱克图斯（Atrectus）。温斯伯里说，这家书店很有辨识度，门柱上写着许多诗人的名字，让你直观地了解店里的书架上有哪些作者的作品或书籍抄本，在某种程度上相当于"古代的橱窗促销广告"。书店里可以买到马提亚尔本人作品的豪华精装本，而"观感上佳的抄本"，一本只需 5 迪纳厉斯。[9] 还想要更多马提亚尔的书？沿街向前走，去塞昆德斯（Secundus）书店碰碰运气吧！

183　　　　亲爱的读者，如果你想知道去何处购买我的书籍，

莎草纸书籍贸易——异教／多神教书籍（主要为卷本）

我愿为你指明方向，而不必浪费时光苦苦找寻，

去塞昆德斯的书店吧，博学的卢琴西斯（Lucensis）的

自由民，

和平殿与密涅瓦广场之后，便是书店所在之地。

——马提亚尔《谐谑诗》（*Epigrams*, 1.2.5–8）

马提亚尔是为数不多能用写作养活自己的作家之一。他在罗马城合作的书商拥有大量受过良好训练、书写整洁快速的奴隶。一位朗读者的口述可以同时被 50 名到 100 名这样的奴隶记录下来，因此，制作一卷全新的马提亚尔《谐谑诗》的速度很快，成本也很低。[10] 不过，虽然他很成功，但凭写作获得的收入也只能勉强维生。

盖伦是古代最伟大的医生之一，他在 2 世纪指出，韦帕芗和平殿（Vespasian's Temple）附近的桑达拉瑞姆区（Sandalarium）是书商最密集的地带，但他怀疑那里出售的自己的著作（抄写在莎草纸卷上）不够准确和完整。盖伦是一位多产的作家，他为自己编纂了一份作品名录，好让当时的医学生或其他感兴趣的人根据这份列表核对书商提供的书目。盖伦在名录上罗列了超过 50 部作品。

在与阿特莱克图斯和塞昆德斯等书商打交道时，能有一位善于甄别抄本质量的人陪同不失为明智之举。从迪乌斯关于上门书籍推销员的著名记载便可见一斑，[11] 这位推销员在公元 150 年登门拜访尤利乌斯·普拉契都斯（Julius Placidus），向他推销 6 份书卷。但尤利乌斯拒绝了这批书卷，只购买了几张散页。也许，从庞波尼乌斯·阿提库斯（Pomponius Atticus）等可信赖

的商人那里购书是更好的选择。阿提库斯是西塞罗的朋友，富有的他决定与罗马城的书商们一较高下。他让希腊奴隶抄录手稿，然后出售奴隶们的劳动成果，售价应该很便宜。通过这种方式，他能以合理的价格为大众提供内容可信的抄本。

倘若大部分时间里气候适宜，加之图书管理员妥善保管，使之免受虫蚁啃咬和物理损坏，买回来的莎草纸书卷可以保存数百年。当位于意大利南部的帕皮里别墅*被毁时，别墅图书馆中的大部分书卷已有 120 年至 160 年的历史。在这座图书馆的藏书中，年代达到 200 年左右的书卷数量也十分可观，甚至还有若干 350 年的古旧本 [12]，相当于在今天拥有历史可追溯到 17 世纪的古籍。

回顾古罗马时期，幸存至今的文学文本寥寥无几，留下了巨大的真空；不仅如此，我们对当时一度广泛使用的工业用纸也同样缺乏了解。因此，我们无从知晓纸张在当时究竟发挥着怎样具体的作用。不过，就像军队和粮食一样，纸张必定也是维护帝国统一的重要物品之一。无论统治者在罗马城、君士坦丁堡、米兰或拉文纳如何发挥领导和指挥作用，无论迪纳厄斯价值几何，无论出现了多少种新的货币，也无论颁行的法律对帝国边疆行省有着怎样的影响，如果统治者不能将他们的意愿传达到帝国统治的遥远地带，如果他们无法记录和统计出生、

---

* Villa dei Papiri，字面意为"莎草纸别墅"。——译注

死亡或其他关键数据，那么上述一切都毫无意义。

也许第一份报纸《每日纪事》正是为此而服务的。这份报纸最初刻在金属或石板上，后来则由写工记录在莎草纸上。据说它是古罗马元老院议事的记录，当代作家则将其称为传播新闻的常设官方媒体。西塞罗认为这份报纸是结婚、离婚等城市新闻和八卦的源头；它被分发到遥远城市的订阅者手中，有时也会在集结的军队中高声朗读。

莎草纸如此广为传播的结果之一是，送往帝国境内各大城市的文件越来越多，必须建档保存。许多往来文件都属于标准文本，比如各村庄或行省提交的，包括土地所有权和人畜数量等信息的普查表，还有罗马行省总督可能感兴趣的任何其他信息。这一张张标准化的表格很方便粘贴成尺寸统一的长卷。每张表格都会被标记为单独的条目，并在页面顶部边缘标注文件编号，例如"卷 10，表 19"。[13] 这种做法对于需要定期追加数据的表格尤其好用。这样下去，一份长卷可能包含 400 个条目甚至更多，其长度至少可以达到 23 英尺。纸卷可以卷得很紧，一份长达 30 英尺的纸卷卷紧后直径大约在 3 英寸。不过，正如帕森斯所言，要想查看编号为 300 的表格，手上的动作必须轻巧灵活，以免反复展开和卷动让纸张的连接处受到过度牵拉。

于是，官方档案渐渐积成莎草纸山，在罗马城的核心地带越堆越高。苏维托尼乌斯对公元 64 年罗马城大火的描述可以展现出档案室的规模，那场大火焚毁了罗马多家图书馆的大量书籍。不过，根据澳大利亚历史作家斯蒂芬·丹多 – 科林斯（Stephen Dando-Collins）的描述，当时已有 140 年历史的罗马国家档案馆位

于俯瞰城市广场的卡比托利欧山（Capitoline）脚下，许多保存在
这座大型国家档案室的文件已经被市政官员转移到了安全地带。[14]

　　这些逃过一劫的文件都是手写的莎草纸卷。其中包括《元
老院纪事》（Acta Senatus），也就是罗马共和国后期对每一次
元老院会议的每一句发言的逐字记录（感谢西塞罗的秘书蒂罗
[Tiro]发明的速记法），官方报纸《每日纪事》每一期的抄本，
以及奥古斯都未公之于世的私人信件和回忆录，还有尼禄的母
亲阿格里皮娜的回忆录。

　　半个世纪之后，当苏维托尼乌斯撰写《罗马十二帝王传》
（The Twelve Caesars）时，上述档案想必派上了大用场。种种迹
象都表明，莎草纸正在履行自己的职责，担当着传承生命的媒
介。这一任务只有在其远离火源的情况下才能完成，然而古罗
马皇帝似乎永远无法吸取这一教训。

18

古罗马的图书馆

在本章中，为了身临其境地感受莎草纸对古罗马人日常生活的影响，我们将前往本人最爱的图书馆一探究竟。这座图书馆如今已不复存在，当年的它也与大家习以为常的社区图书馆或地区公共图书馆有所不同。它不仅建在罗马城中心，而且就在卡拉卡拉浴场（Baths of Caracalla）建筑群的内部，位于古罗马斗兽场南边。它的另一大不同寻常之处是，这座已成废墟的图书馆的建筑大部分都是露天的。

多年前，在前往非洲研究纸莎草植物生态学的旅程之初，我曾在罗马短暂停留，在那里欣赏威尔第歌剧《阿依达》（Aida）的演出。这部作品过去也曾在卡拉卡拉浴场上演。当初这部歌剧应埃及赫迪夫的委托而创作，以庆祝1869年苏伊士运河通航。我认为这是一部介绍非洲和埃及早期历史的杰作。歌剧在开罗首演，后来在罗马上演多年，浴场的断壁残垣恰好令人联想到埃及古老的神庙。亲眼见到真实的大象和单峰驼依次登上舞台，那时我还不知道，就在距离自己一步之遥的地方，在罗马城的

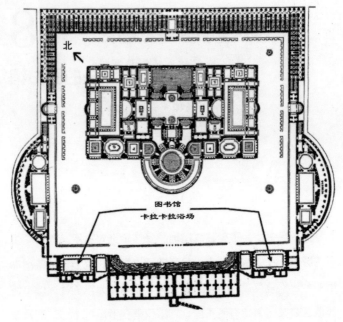

卡拉卡拉浴场平面图以及两座图书馆的位置
（来源：Giuseppe Ripostelli, *The Thermae of Caracalla*, Rome, 1914）

鼎盛时期曾经收藏着数百卷书卷，所有文字都写在最初由埃及制造的莎草纸上。

后来我又数次回到罗马，偶尔也会在这片废墟的西南角漫步，凝望图书馆墙壁的残迹，试图感悟往昔古人的心境。

浴室建于 217 年，也就是臭名昭著的卡拉卡拉统治的最后一年，它是当时全罗马城规模最大的浴场。要想探访我所说的那座图书馆，我们先要走进浴场。浏览这座图书馆与访问今天任何一座图书馆的体验都不同。在那时，如果读书读累了，你可以去冷水或热水池里简单泡个澡，去两座健身馆里锻炼身体，围着运动场跑跑步，或者前往私人休息区来一份点心、享受按摩、打个盹——不妨三者一起享受。储物柜、食物、饮料，甚至不定期的演讲和各类娱乐活动在这里应有尽有。浴场有两间阅览室，一间存放希腊文书卷，另一间则存放拉丁文书卷，两间阅览室都十分宽敞，占据了浴场建筑群的整个南面。

　　参观图书馆时，我们会经过庭院中的一排排立柱，然后首先踏入的应该是拉丁文阅览室。在这里，我们会看到壁龛中摆放着雕像，至少一定会供奉掌管诗歌和智慧的童贞女神密涅瓦。沿墙壁陈列着更多的壁龛或木箱，里面存放着数以百计的纸卷。康奈尔大学出版助理加卡琳·斯布恩（Jacalyn Spoon）指出，

古罗马图书馆中的书卷、读者和管理人员（来源：Wikipedia）

古希腊图书馆中没有壁龛的踪迹，它们之所以会出现在古罗马的图书馆里，可能是因为恺撒在埃及受到亚历山大图书馆的影响。在木材稀缺且价格昂贵的埃及，壁龛被当作书架使用，墙壁由产自当地的厚重石灰石筑成，然后直接在墙体中留出空间或者在石灰岩中凿出壁龛是较为廉价的做法。加卡琳·斯布恩发现，罗马城的壁龛平均深度为 24 英寸，足以容纳最长的书卷。[1]另一方面，北卡罗来纳大学教堂山分校的古典文学名誉教授乔治·休斯敦（George Houston）却持有完全不同的观点；他认为，当时的图书馆一定是用木箱存放书籍，即便不是每座图书馆都如此，但至少大型帝国图书馆的藏书可以享受这样的待遇。这种被称为书龛（armaria）的木箱层层堆积成与建筑体量相当的书橱，想必其规模肯定惊人。[2]

　　与之类似的是，卡森也认为图拉真（Trajan）皇帝的乌尔比

堆放在古代图书馆中的莎草纸卷"书"（请注意：每份纸卷上都附有标签）
（来源：4 世纪罗马浮雕）

安图书馆（Ulpian Library）有为书龛专门设计的空间。[3] 他认为，石墙难免会渗出潮气，而木制书龛可以保护书卷免受潮气的侵蚀。乌尔比安图书馆的书橱可能一度存有约两万卷书。假设古希腊城市以弗所（位于今天的土耳其境内）为古罗马元老塞尔瑟斯（Celsus）建造的图书馆也使用书龛，休斯敦教授估计这座图书馆能容纳 10500 份纸卷。[4] 同时他明确提出，有些书橱的容量可能相当庞大。史料告诉我们，在暗杀奥古斯都时，法尼乌斯·卡埃皮奥（Fannius Caepio，不是前文中那位"满嘴抹蜜"的法尼乌斯*）便藏身于书橱之中。卡埃皮奥后来被捕并被处决。

190

为了便于取用，最受欢迎的、每日都有人翻阅的书卷通常存放在形似大号帽盒的圆形书筒中（就是本书开篇插画中的缪斯女神克利俄脚边之物）。圆形书筒也用于外出携带书籍。在大多数情况下，此类纸卷没有手柄，只需简单卷起即可。澳大利亚墨尔本的历史学家、拉丁文学者卡拉·肖德（Carla Schodde）在对赫库兰尼姆古城的古罗马雕塑、壁画和碳化书卷的调查研究中发现，古罗马时期的大多数纸卷都没有装配木制手柄。手柄或许是更精致的卷轴才有的配件，这些高级卷轴生来便是优雅的私人图书馆的专属珍藏。肖德由此得出结论：木制手柄对于长途旅行中随身携带的纸卷而言太过累赘。收拾行囊的时候，如果你想把书卷塞进圆形书筒里，木柄只会碍手碍脚。[5]

回到我最喜欢的图书馆，让我们将想要借阅的书卷标题写

---

* "满嘴抹蜜"的法尼乌斯，见第 13 章"罗马皇帝与下流的造纸者"。——译注

在陶骨书上交给图书馆的工作人员吧。这种碎陶片我们在前文中已经介绍过。图书馆里的工作人员都是受过良好训练、技艺精熟的希腊奴隶。让他们去搜寻我们需要的书卷吧，我们可以找个地方坐下来等候，或者去浴室打发时间。在私人住所，书卷往往随意摆放在开放式书架上或置于陶罐中。但是在图书馆的书架上，它们会被收存在称作轴筒（scrinium）的匣中。几份纸卷可以放在一起，每卷末端都附有标签，可能还装有手柄或者称为卷杆（umbicus）的轴心棍。

相比之下，私人图书馆更风行于精巧复杂的古罗马别墅和富丽堂皇的领主庄园，这样的宅邸会专门留出一到两个房间，将莎草纸卷珍藏在华贵的书橱中。这里收藏的都是怎样的卷轴啊！它们都是精工细作的鉴赏家版本，抄录在最上乘的莎草纸上，用浮石打磨光滑，中心的卷杆上涂有防虫的雪松树脂，配以冬青木、象牙或乌木材质的手柄。整个卷轴包裹在染成红色的皮套里，绑上红色的皮绳，也许还要附上银色的标签。

奥维德在远离罗马城的流放之地十分怀念那些装帧奢华的书卷，而他只能将诗歌写在普通的纸卷上寄回家中。为此他不禁悲叹，这些书卷是"不加雕饰的流亡之书。生不逢时，披挂褴褛，与我的落魄如出一辙"。

皇家图书馆和私人图书馆

除了推行莎草纸标准化、产业私有化以及大力扩展莎草纸的使用范围，古罗马人还创设"公共"图书馆来容纳新生的藏书和档案。这些令人印象深刻的机构是跨越共和国时代晚期至帝国时代初期的建筑扩张计划的一部分。

正如我们之前所见，是尤利乌斯·恺撒率先提出在罗马城建造一座图书馆的想法。有人认为，亚历山大图书馆是因为他的过错才遭到毁灭，恺撒此举只是出于愧疚所做的弥补。公元前39年，恺撒被布鲁图斯（Brutus）等人刺杀后，建成第一座公共图书馆的荣耀落到了他的盟友盖乌斯·阿西尼乌斯·波利奥（Gaius Asinius Pollio）身上。用普林尼的话说，波利奥是"让人类的智慧成为公共财产的第一人"[6]。

这第一座图书馆坐落于帕拉蒂尼山以南的阿文提诺山（Aventine Hill）上，位于监察院中庭。据说，馆内存有大量关于民法和通识文化的书籍，以满足恺撒巩固这些领域研究成果的遗愿。

虽然被称为"公共"图书馆，但阅览书籍的都是文人圈的成员。他们所说的"对公众开放"仅限于与他们属于同类的公众。[7]这些图书馆更为准确的称呼应该是"帝国图书馆"，因为它们往往位于依据帝国法令而修造的建筑物内，例如神庙、政府办公场所甚至宫殿。它们发挥着怎样的作用呢？雷丁大学古典文学系的马修·尼科尔斯（Matthew Nicholls）教授认为，图书馆在设计之初便以"展示"的公共职能为设计理念，是奥古斯都宏大的全新罗马文化形象塑造计划的组成部分之一。图书馆存在的意义是为多彩的文化活动搭建华丽的背景，比如为广受欢迎的作者提供在大批听众面前朗读的场地。[8]暂时不需要的书籍、档案和多余的纸卷抄本都存储在附近的仓库之中，这些仓库也是毁于 192 年大火的建筑物之一。[9]

继波利奥图书馆之后，奥古斯都又建了两座图书馆。公元前 28 年，奥古斯都在帕拉蒂尼山西南脚修建了一座阿波罗神庙，以纪念他在阿克提姆海战 * 中击败安东尼和克利奥帕特拉。图书馆设有希腊文和拉丁文阅览室。这是罗马的第二座公共图书馆。温斯伯里认为，最初建造它是为了存放奥古斯都从他麾下遭到排挤的将领那里没收的一部分战利品。那时，他可能已经拥有"大批无处安放的书籍"。

罗马城的第三座图书馆同样奉奥古斯都之命修建，台伯河（Tiber River）与马尔切洛剧场（Theater of Marcellus）附近的卡比托利欧山之间有一座梅泰利柱廊（Portico Metelli），图书馆就位于柱廊之内。这间柱廊始建于公元前 146 年，建造者是一名曾经参与过马其顿战争的军队指挥官。从建筑方面而言，它算得上是罗马城最美的建筑之一。[10] 柱廊中心的朱诺神庙和朱庇特神庙是罗马最早一批用大理石修造的神庙。奥古斯都在公元前 33 年至公元前 23 年间将这间柱廊修缮一新，献给了他的姐姐屋大维娅（Octavia），从此以后，它便被称为屋大维娅柱廊。柱廊内设有屋大维娅为纪念儿子马尔切洛而建造的马尔切洛图书馆；同样是为了纪念马尔切洛，屋大维娅的弟弟奥古斯都在图书馆近旁修建了一座面向民众开放的马尔切洛剧场，这是那个时代规模最大也最重要的剧场。[11]

我们可以从这一系列工程中看出，图书馆以及馆中收藏

---

*   Battle of Actium，又译亚克兴战役。

的莎草纸卷已上升到一个全新的高度，几乎成了那些热衷建造"书之神庙"或"纸之圣殿"的人心中的某种执念。值得注意的是，这些图书馆都紧邻宗教场所或者供奉守护神和神格化英雄的殿宇。可以想见，书籍与永恒之间的关联性愈发清晰，屋大维娅以此纪念儿子的举动尤其能突显这一点。这一选择本身就足以说明问题，因为她是一位不同凡响的人物。身为罗马史上最杰出的女性之一，她因具备忠诚、高尚、仁慈等传统罗马女性的美德而受到同时代人的尊敬和钦佩。为了与其同父异母的姐姐相区别，她被称为小屋大维娅。她是马克·安东尼（Mark Antony）的第四任妻子。后来，安东尼抛下她和两个孩子与情人克利奥帕特拉女王厮守，婚姻面临着严峻的考验。

公元前 35 年，她提供人员和军队支持安东尼东征。然而安东尼却在公元前 32 年与她离婚。公元前 30 年，安东尼自杀身亡，屋大维娅从东方回到罗马，成为安东尼与她和前妻所生的孩子的唯一监护人，但她最疼爱的一直是她的长子马尔切洛。奥古斯都同样很喜欢这个孩子，当马尔切洛在公元前 23 年意外病死时，奥古斯都也受到了沉重的打击。屋大维娅哀痛欲绝，从此便淡出公众的视线，始终未能走出丧子之痛的阴影。当时广受欢迎的诗人维吉尔在《埃涅阿斯纪》中，将马尔切洛的名字也列入罗马英杰名单中，让他成为埃涅阿斯在冥界遇见的未来大有作为的罗马人之一。维吉尔在史诗中用数节篇幅记述了马尔切洛的生平，回顾他与声名显赫的祖辈的联系，也为他的英年早逝扼腕叹息。

193

当维吉尔为奥古斯都、屋大维娅以及其他听众朗诵这段作品时，屋大维娅一度因悲伤过度而晕厥过去。恢复清醒之后，屋大维娅派人送给维吉尔 10000 赛斯特斯，毫不吝惜地表达对他的赏识与敬意。[12]

法国历史题材画家让－巴蒂斯特·维卡尔（Jean-Baptiste Wicar）将整个场景呈现在了画布之上。我们看到维吉尔正在朗诵，他手中握着一卷莎草纸，旁边的桌子上放着几份刚刚展开的纸卷。画面中的场景可能就发生在屋大维娅命人建造的新图书馆的拉丁文阅览室里。波利奥是维吉尔的重要赞助者，或许正是在波利奥的鼓励下，这位诗人正按当时流行的做法朗诵自己的作品，为自己、作品及其赞助人歌功颂德，同时也向屋大维娅的爱子以及让这一切成为可能的媒介——莎草纸——表达敬意。

屋大维娅柱廊图书馆在公元 80 年烧毁，后来很可能在公元 90 年由图密善（Domitian）重建。公元 203 年，图书馆再一次失火，之后又一次得到重修。这一次是由塞普蒂米乌斯·塞维鲁（Septimius Severus）及其子卡拉卡拉在公元 200 年左右主持重修，以此纪念卡拉卡拉的曾祖母。

从中世纪到 19 世纪末，屋大维娅柱廊一直作为鱼市场。从它附近的教堂之名"鱼市场的圣安杰洛教堂"（Sant'Angelo in Pescheria）便能看出它当年的用途，或许，这个名字也是在影射屋大维娅，无论从哪一点来看，她都可以被视为圣人和天使[*]。这座建筑所在的圣安杰洛区（rione of Sant'Angelo）是极具代表性的罗马犹太区中心地带。

以上三座早期罗马图书馆都持续开放运营了许多年。继恺撒和奥古斯都之后，提比略在他的提比略宫附近的柱廊内又建起一座帝国图书馆。[13] 他在奥古斯都神庙（37 年）内也建了一座图书馆，作为贡品献给公元 14 年去世的继父。韦帕芗延续修造图书馆的传统，公元 71 年修建了一座与和平殿比邻的图书馆。和平殿在历经整整 120 年岁月后，最终于公元 192 年在大火中烧毁。[14]

看来，火是古代图书馆最大的敌人。不难想象，干燥的纸卷和木制书橱很容易起火。即使图书馆内拥有完备的预防措施，但附近街区也可能发生火灾。在城市建筑布局太过密集的情况下，防火一直是个难题。公元 64 年的罗马大火摧毁了阿波罗神庙中的帕拉蒂尼图书馆，令当时的藏书和档案损失惨重。之后的公元 80 年，屋大维娅柱廊内的图书馆也发生了火灾。公元 192 年，康茂德（Commodus）统治时期，又一场大火烧毁了和平殿以及圣道（Via Sacra）沿线的许多仓库和货栈，那里储存着皇家图书馆放不下的书卷。街上还有一间被称为"纸仓"（horrea chartaria）的莎草纸库房，它很可能就是引起火灾的罪魁祸首。[15]

---

* 圣安杰洛（Sant'Angelo）在意大利语中的意思是"圣洁的天使"。——译注

194

古罗马时代的乌尔比安图书馆，两个阅览室分列于图拉真纪功柱两侧
（来源：Wikipedia）

195　　所有古罗马图书馆中最令人印象深刻的乌尔比安图书馆由图拉真修建于 113 年，是图拉真广场的一部分。富丽堂皇的希腊文和拉丁文阅览室分别位于著名的图拉真纪功柱两侧。两间庞大的阅览室（每间宽 60 英尺、长 80 英尺）为书卷提供了宽敞的双层储存空间，宛如一座供奉书籍的神庙。房间内铺有来自埃及和非洲其他地区的大理石和花岗岩，立柱和墙壁均采用杂色斑驳的大理石。绿色大理石广泛应用于整个空间内，有人曾说图书馆的色彩令人眼前一亮。[16] 数以千计的莎草纸卷静静陈列在洁白的大理石壁龛内，或整齐摆放在以柑橘木打造、以象牙装饰的橱柜中，极尽奢华与优雅之能事，以此迎合法老与皇帝的尊贵身份，让他们永载史册。

　　乌尔比安图书馆历经多年岁月，在它之后还有图密善图书

馆、哈德良图书馆和塞维鲁图书馆，它们全都遵循帝国传统而
建。到 4 世纪，罗马城已有 29 座公共图书馆。在意大利地区还
至少分布着其他 24 座图书馆，而整个罗马帝国范围内还有更
多的图书馆分布在希腊各行省、小亚细亚、塞浦路斯和非洲地
区。帝国图书馆为帝国发挥了重要作用。昆士兰大学图书管理
员迈克尔·阿弗莱克对图书馆的作用进行了总结。他指出，帕
拉蒂尼图书馆的生命直到 363 年葬身火海才宣告终结——它存
在了将近 400 年的时间。图拉真在 114 年建造的乌尔比安图书
馆直到 456 年仍对读者开放。他将它们与当今世界馆藏规模最
大的两座图书馆——大英图书馆与美国国会图书馆相比较，这
两座图书馆存在的时间不过区区 200 年，相形之下简直如稚子
一般。[17]

尽管它们充分体现了古罗马的文学理念，但这些庞大的帝
国图书馆建筑更多承担着档案馆、资料室或会议场所的功能，
而不是我们今天概念中的图书馆。罗马皇帝将自己的图书馆当
作接受觐见的殿堂，是与元老会面并接待外国使节的地方。图
书馆可以说是王宫的延伸。乌尔比安图书馆也与古罗马国家档
案馆共同充当着国家文件资料的保管场所。

虽然帝国图书馆拥有良好的基础设施，但有些研究人员指
出，古罗马人更喜欢在自己或朋友的私人图书馆里活动。私人
图书馆在公共图书馆出现之前就早已存在。早在 167 年保卢斯
将军（General Paullus）征服马其顿凯旋时，便动了"书籍值得
作为战利品占有"的念头。他将国王珀修斯（Perseus）的皇家
图书馆中的部分藏书带回罗马，送给他热爱文学的儿子们。蓬

佩尤斯·斯特拉波在公元前 89 年洗劫阿斯库路姆（Asculum）时抢劫了许多手稿。后来，古罗马将军和政治家苏拉在雅典围攻战（前86年）期间将亚里士多德图书馆幸存的藏书掠夺一空，当托勒密夺得亚历山大大帝的遗体返回埃及时，苏拉也将亚里士多德伟大的知识宝库带回了罗马。亚里士多德恰好是亚历山大大帝的家庭教师，他对后人思想的影响是如此深远，以至于某些人觉得，只要靠近这位大师的藏书和作品就能受到其伟大思想潜移默化的熏陶。从藏书被安置在意大利直到最终散佚不见，无论世事如何变迁，这些书始终受到热烈的追捧。[18] 苏拉饱读诗书，足智多谋，能说一口流利的希腊语（这在罗马是受过教育的标志），他显然很清楚自己在做什么，因为他很快便成了古罗马的独裁官。

功勋卓著、谋略过人的卢库卢斯（Lucullus）是东部诸国的征服者，他带回罗马的战利品数量惊人，据说完全无法统计确切的数字。他斥巨资支持修造私人建筑，慷慨资助艺术和科学活动，他将自己位于图斯库卢姆（Tusculum）高地的世袭庄园改造成供学者和哲人休憩的乐土。他将公元前 70 年征战中获得的大量莎草纸卷存放在庄园图书馆中。这座私人图书馆常被视为"不惜一切代价保护隐私原则"的例外。卢库卢斯的图书馆为文人们敞开大门，包括身在罗马城的希腊知识分子。"于是，他的图书馆及其周边地区宾客盈门，希腊人尤其多"，这些人"整天耗在一起，乐得远离自己应尽的职责"。[19]

卢库卢斯、西塞罗和阿提库斯引领的潮流，追随者众多。提兰尼奥（Tyrannion）是一位希腊文文法学家，也是为苏拉和西塞罗管理图书馆的人，据说他本人便拥有 3 万卷藏书；古罗马学者兼作家瓦罗（Varro）拥有一大批藏书；学者萨莫尼库斯（Sammonicus）是卡拉卡拉的导师，他留给自己的门生——年轻的戈尔狄安（Gordian）的藏书不少于 6.2 万卷。

富人可以用桌椅之外的东西来装饰自己的图书馆，这一理念从此不断发展。今天，倘若听说某人的大房子配有私家藏书室，那无疑是财富的象征，古代也同样如此，尽管房主也许从未踏足其中。

古代图书馆的平均藏书量为 3 万—10 万卷；其中完整作品的数量或许要少一些。以最多产的古代哲学家之一伊壁鸠鲁为例，他的全部创作需要耗费 300 卷莎草纸。而他篇幅最长的单行作品《论自然》就需要 37 卷纸。因此，数量庞大的纸卷可能只包含 2 万卷完整的书籍，与现代图书馆相比并不算多。

书架、壁龛和书橱内存放着数千卷书本，帝国图书馆和大型私人图书馆一般都设有两间阅览室，收藏两种语言的书卷，主要是因为当时古希腊经典仍然风行于世。许多相对次要的古希腊文献依然有待翻译，但富有的罗马人即使不懂希腊文也会附庸风雅，想让人以为自己懂得两种语言，以此为炫耀的资本。

我们造访的卡拉卡拉浴场图书馆与这些廊柱雍容华贵、接待范围有限的大型罗马图书馆不可同日而语，相比之下，它要平易近人得多。图书馆免费开放，不过浴室侍者会收取 1 枚叫作夸德伦（quadrans）的铜币，相当于不到 1 美分。与乌尔比安图书馆一样，它也在日出时开放，但阅览室的位置不太理想，西南朝向的采光不够好；高档一些的图书馆会设有朝东的房间，可以更好地利用晨光。面朝东方也有利于莎草纸卷的保存，因为早晨来自东方的空气更干燥。不仅如此，阳光本身也可以驱散破坏书籍的虫蚁和潮湿。

我们这座浴室图书馆的另一个问题是靠近进水口和水库。不过幸运的是，浴池上方覆有拱形穹顶，得以隔绝湿气的侵蚀。数百位浴客在主要浴池的开放式大厅中肆意喧哗，人声鼎沸，无疑是令人头疼的噪音，但好在我们的阅览室距离人们聚集的主要区域还有相当一段距离。

与浴场和体育馆比邻的图书馆依靠捐款和使用者的赞助维持运营。公元前 275 年，托勒密二世为雅典城捐赠了一座体育馆。根据人民授权的要求，人们每年必须为体育馆中的图书馆增添 100 卷藏书，而显要公民则应捐出 150 卷书或 200 德拉克马。[20]

在更早的时代，一份写好的书卷的价值可能略高于 2 德拉克马，但到西塞罗的时代（前 106—前 43 年），书商哄抬成品书卷的价格，情况有所改变。在罗马城，人们可以从西塞罗富有的朋友阿提库斯那里买到便宜的抄本，他推出了历史上第一部与"企鹅经典"丛书相当的作品。虽然浴场图书馆里的书卷很可能不是质量最上乘的图书，但积累起此等规模的藏书同样要耗费数年时间。经典著作、讽刺诗集、八卦期刊以及不知名作者的普通作品都会被快速抄写完毕，送到这里供无数人翻阅，很受欢迎。因此，当我们坐在浴场等待书卷送到手里时，对书卷的品相可不能抱太高的期待。

如果打算边读书边做笔记，那我们很可能要用到叠写纸，这种纸由小幅皮纸装订而成，当作便笺纸使用；或者用蜡板，这是一种在整个帝国范围内普遍使用的书写工具。使用这些书写载体的好处是，速记和口授记录的内容转抄到莎草纸上之后，使用者可以轻松擦除叠写纸或蜡板上的字迹。不过，距离我们最后完成工作可能还需要一段时间。然而，或许我们已经耽搁太久，又或许你在浴室里耗费了太长时间，此时天光已渐渐黯淡下去。

"我们就不能借几本书回家吗？"你不禁问道。

也许可以，但请记住：不按时归还的罚款可能相当夸张，不会像今天这样只罚几美元了事。斯布恩告诉我们，在雅典的一座图书馆中，一位没有按时归还古代文献原本的借书人被判处的罚款是 15 名受过技术训练的奴隶！为了平息图书管理员的怒火，这位借书人将原件的抄本送给了图书馆，但此举显然没有奏效。因此，我们最好仔细规划，趁早将书归还图书馆，然后静待图书馆收录更多书籍。好在这种局面会逐渐改善，因为约翰·威利斯·克拉克（John Willis Clark）在他 1901 年的经典著作《书籍保管》（*The Care of Books*）一书中告诉我们，到538 年，当我们的精神导师卡西奥多罗斯开始在意大利南部建立宗教兄弟会时，他为自己的图书馆准备了充足的自给自足式照明设备，让读者和抄写员在夜间也能工作。希望他们谨记于心：在离开之前记得彻底熄灭所有明火。

199

不过，卡西奥多罗斯的图书馆还是后话。在本章的游览中，我们能享受到日光就已经很幸运了。

天色已晚，让我们享用晚餐，好好睡一觉，准备前往庞贝古城吧。

19

那些珍贵而温柔的纸卷

　　我曾因不同缘由数次流连于庞贝古城，每每身处其中都不禁频频回顾，生怕有什么东西或者什么人跟在我身后或者潜藏在废墟之中。如果地球上真有幽灵肆意游荡之处，那便非这座古城莫属。自从公元 79 年夏天维苏威火山爆发，这里便陷入令人毛骨悚然的寂静，宛如一座死者只埋了一半的大型墓园。最吓人的地方是"逃亡者花园"（Garden of Fugitives），石膏模型将遇难者凝固在死亡来临的瞬间，生动还原了他们临终时遭受的剧烈痛苦。谁能轻易忘记这些顷刻间蒸发的人脸上的表情？谁又能轻易忘记命中劫数的那一天餐桌上摆满食物的景象？

　　火山爆发前的庞贝是一座兴旺繁荣、蒸蒸日上的度假小镇，镇上富丽堂皇的别墅位置优越，可以饱览大自然的造化之美。近在咫尺的那不勒斯湾拥有无与伦比的景致和日落风光，火山温泉则提供了得天独厚的温泉水疗，吸引着富有的罗马游客源源不断地来到此地，欣赏当地的画廊。一座座度假屋拔地而起，加之附近城镇日渐发展壮大，当地的建筑行业呈现出一派欣欣向荣的景象。尤利乌斯·恺撒、奥古斯都、西塞罗、提比略、卡利古拉、克劳狄乌斯和尼禄在海湾一带都拥有夏日行宫。[1]

海滨小镇赫库兰尼姆地处庞贝与那不勒斯之间。一天下午，赫库兰尼姆的居民听到震耳欲聋的爆炸声。这一声宛如警钟，让他们火速奔向港口停泊的船只。因此，当赫库兰尼姆在数百年后被挖掘出来时，房屋或街道上几乎没有发现尸体，不像庞贝城中有许多人在街头遇难，城内四处散落着遗骸。然而令人悲伤的是，赫库兰尼姆的很多人被困在了海滩上。船只驶离码头，数百人被弃之不顾。那些来得太晚、太过贫穷或身体太弱的人只能挤在古老的码头棚屋里，他们的尸体直到1981年才被发现。

火山喷发之后，裹挟着滚烫气体和炙热尘土的火凝成碎屑流完全吞没了小镇，数万吨燃烧的火山灰将此地完全覆盖。一定有很多居民有过一瞬间的希望：要是自己和当地人喜爱的诗人菲洛德穆（Philodemus）一样身在别处就好了。

> 墨利刻耳忒斯及其母上，碧蓝深海的女王
> 琉科忒亚，驱散邪恶的慈悲女神，
> 舞动的海中仙女、波涛与海神波塞冬，
> 泽费罗斯一声叹，呼出最轻柔的风，
> 请诸神降福，庇佑我驶过惊涛骇浪，

平安登抵比雷埃夫斯的美丽海岸。*

——G. 埃科诺穆（G. Economou，1987）

第二天晚些时候下起了瓢泼大雨。整整三天，泥石流沿着维苏威火山缓慢移动，将整座城镇和别墅区覆盖在厚厚一层火山灰、石块和泥浆之下，将一切归于漫长的沉寂。1709 年，挖井工人发掘出被掩埋的大理石雕塑；1738 年，军事工程师罗克·德·阿尔库别雷（Roque de Alcubierre）奉那不勒斯国王卡洛斯三世（Charles Ⅲ）之命开始进行考古发掘。数不胜数的雕塑、壁画和建筑残迹重见天日，出土的青铜和大理石雕像超过 90 件。[2] 关于遗址的早期报道称，灾难发生数百年后的现场依然存在火山有毒气体，一些挖掘工人不敢进一步开展工作。到 1750 年，人们才设法在厚达 69 英尺的火山灰层中开挖出一条狭窄而深长的通道。卡洛斯国王和玛丽亚·阿马利娅王后（Queen Consort Maria Amalia）也大力支持发掘工作。

他们用赫库兰尼姆古城出土的一件件艺术品装饰自己位于

---

* 琉科忒亚（Λευκοθέα / Leucothea），希腊神话中的漂浮女神，即忒拜（Thebai）国王卡德摩斯（Cadmus）与和谐女神哈耳摩尼亚（Harmonia）之女伊诺（Ino）。伊诺嫁给玻俄提亚（Boeotia）国王阿塔马斯（Athamas）成为他的第二任妻子，为他生下了两个儿子：勒耳科斯（Learchus）和墨利刻耳忒斯（Melicertes）。她因收养了新生的外甥酒神狄奥尼索斯（Dionysus）而遭到嫉妒的天后赫拉报复，赫拉让阿塔马斯发疯，杀死长子勒阿耳科斯，并追杀伊诺与次子墨利刻耳忒斯。走投无路的伊诺带着儿子跳入海中，化为海神：伊诺改名为琉科忒亚，而墨利刻耳忒斯则改名为帕莱蒙（Palaemon）。琉科忒亚会救助遭遇海难的水手，她曾用头巾缠绕在落水的英雄奥德修斯身上，帮他漂浮起来并游回岸上。泽费罗斯（Zephyrus）是希腊神话中的西风之神。比雷埃夫斯（Piraeus）是希腊东南部的重要港口。——译注

波蒂奇镇（Portici）附近的避暑行宫，文物装满了整个翼楼。10
年后，阿尔库别雷才将注意力转向赫库兰尼姆附近一处据称名
为庞贝的遗址。他要求助手卡尔·韦伯（Karl Weber）绘制的赫
库兰尼姆考古遗址平面图中有一座名为卡尔普尼亚别墅（Villa
Calpurnia）的大型建筑遗迹，它曾经属于卢修斯·卡尔普尼乌
斯·皮索（Lucius Calpurnius Piso）——皮索是西塞罗的死对头、
尤利乌斯·恺撒的岳父，也是那个时代最富有的罗马人之一。
1752 年有消息称该别墅内发现了 250 卷莎草纸，这座别墅后来
也因此而得名帕皮里别墅。

　　发现古代书籍的消息在欧洲被视为不同凡响的大新闻，很 203

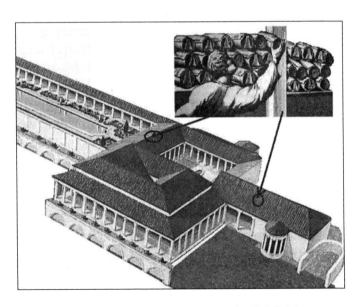

帕皮里别墅中发现莎草纸的地点，有些纸卷还堆放在书架上
（来源：Dr. M. Capasso，经原作者允许引述）

快便不胫而走。当时恰逢启蒙运动全盛时期，阅读已得到广泛普及，人们如饥似渴地研习作为理性科学的哲学，对知识的需求异常旺盛。当时正需要古希腊罗马哲学家的原本和新作，轻松愉快但寓意深远的古代诗歌或散文也是不错的选择。许多人认为维吉尔和李维遗失的作品即将重现于世。在此之前，除了教会收藏的古旧拉丁文莎草纸文献以及偶尔从埃及发现的残片，莎草纸早已是尘封多年的历史，而纸莎草这种植物本身也已被人遗忘。事实上，直到第二年即 1753 年，卡罗勒斯·林内乌斯（Carolus Linnaeus，又名卡尔·冯·林奈 [Carl von Linné]）才终于正式确定这种植物的拉丁文学名是 *Cyperus papyrus*（埃及纸莎草）。就连他也认定这种植物已经成为历史，因为他的一位同行曾在 1752 年遍访埃及，却发现这种植物已经彻底消失。

来自赫库兰尼姆的消息引发了关注的热潮。随后传出的细节称，现场发现了一些看起来好像一块块煤炭的物品。创办于伦敦的英国皇家学会《哲学汇刊》（*Philosophical Transactions*）在同一年宣布：没错，它们就是古代的莎草纸书；没错，它们一共有数百卷之多。但遗憾的是，它们"已经炭化，脆弱易碎，一经触碰就会化为齑粉"[3]。

让我们回到那不勒斯。卡洛斯国王是位一丝不苟的收藏家，他意识到全世界都在觊觎他的发现，便下令成立一个研究所，专门负责记录和妥善保管那些无法运送到他宫里的物品。在研究所内，烧焦碳化的纸卷得以安全存放并受到严密监管。公众的强烈兴趣让国王不得不加强对发掘工作的管控。任何游客——当时已有数百人蜂拥而至——都不允许使用铅笔，此举相当于今天的"严禁拍照"。

在研究所的新晋负责人、意大利艺术家卡米洛·帕代尔尼（Camillo Paderni）的指挥下，人们进行了第一次解读碳化纸卷的尝试。帕代尔尼像削黄瓜那样纵向划了几刀，刚一动手便震惊地发现，纸卷立刻分崩离析，化成了黑色的粉末。接下来，国王的朋友、初出茅庐的炼金术士桑塞韦罗公爵（Duke of Sansevero）也来碰运气。朱迪思·哈里斯（Judith Harris）在她的著作《庞贝苏醒》（*Pompeii Awakened*）中记录了他的"成果"：他将几份纸卷浸泡在水银罐中，结果纸卷完全溶化了。[4]

碳化的纸卷：A – 为运输而绑紧的纸卷；B – 单份纸卷；C – 剥开的纸卷；
D – 展开的纸卷（来源：Barker, 1908）

之后上阵的是一位来自那不勒斯的文献学家，他相信强烈的阳光能让墨水蒸发，从而在烧焦的纸面上留下可以辨认的空白字迹。令他失望的是，日照不仅晒干了墨水，也让字迹一同消失不见。接下来试验的是玫瑰水，那简直是一场灾难。不过，至少玫瑰水的气味比之后一位意大利化学家所使用的"植物气"要好，那股糟糕的气味（想象一下腐烂的卷心菜味）把所有人都轰出了房间，包括应邀前来见证首次解读珍贵纸卷的朝臣和贵妇们。[5]

上述努力全部宣告失败。知识分子们不得不继续等待。这些纸卷也就一直被束之高阁。

终于，一位专家、来自梵蒂冈的书法家安东尼奥·皮亚乔神父（Padre Antonio Piaggio）应召而来。僧侣和书法家的双重身份让他养成了小心翼翼、聚精会神的态度。神父缓慢而耐心的工作节奏激怒了急切的卡米洛·帕代尔尼，他只想尽快取得成果。用他自己的话说，他负责的研究所目前"处境艰难"。如果一直被他口中这些"毫无高贵学识"的"无用之物"所累，研究所永远无法做出像样的成就。更何况它们已经"撕裂"，"不可能修复"。为了打开纸卷，安东尼奥神父专门设计并制造了一台机器，然而这位圣洁的僧侣惊骇地发现，帕代尔尼在此期间依然在用切割、穿刺和撬拨等简单粗暴的手段对付这些纸卷。

皮亚乔神父的发明在当时被称为奇物。机器上装有细长的丝线，先将这些细丝轻轻黏在烧成灰烬的脆弱莎草纸上，再小心将纸页从纸卷边缘向上提起。纸卷事先用特制的溶液浸泡过。

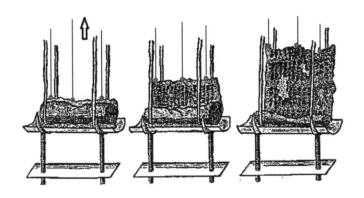

皮亚乔神父用来展开炭化纸卷的机器（来源：Barker, 1908）

一张薄膜衬托着纤薄的纸页，为其提供支撑。一整天的操作只能松动几毫米长的纸页，展开一幅完整的纸卷需要 4 年。帕代尔尼急得抓耳挠腮，然而除了等待别无他法。

龟兔赛跑的经典场景再度上演，皮亚乔神父获胜。但他气急败坏的上司帕代尔尼却是最先宣布成果并因此载誉而归的人，世事总是如此。1755 年，帕代尔尼向全世界宣告，莎草纸书卷上的希腊文"很可能是伊壁鸠鲁的著作"。

1793 年，即皮亚乔神父去世前 3 年，他的第一批成果终于出版面世。苦等 40 年的世人这才发现，他们盼来的并不是维吉尔的手抄本或李维散佚的大作。相反，大家不得不接受这样的结果：莎草纸上只是伊壁鸠鲁学派的追随者菲洛德穆创作的一篇关于音乐的随笔；虽然在 1700 年后重见天日堪称奇迹，但是对于求贤若渴的读者来说，这样的文章实在是难以下咽的糟糠。加利福尼亚大学伯克利分校的詹姆斯·波特（James Porter）

教授在其笔调优雅的论文《倾听声音：赫库兰尼姆莎草纸与古典学术研究》(Hearing Voices: The Herculaneum Papyri and Classical Scholarship)中指出，那一整代人都怀着对探索发现的强烈渴望。他们期盼着发现书籍，最不济也是某种以册本形式保存的手稿，然而最后的结果却让他们大失所望。眼前的发现令他们茫然无措，这些烧焦的炭块完全无法与文学经典扯上半点关系。更令他们沮丧的是，据说这些纸卷中很多都是伊壁鸠鲁学派菲洛德穆的作品，他可是个彻底抛弃古典文化的人啊！古代这一地区富庶的上层罗马精英对伊壁鸠鲁的学说格外感兴趣不无原因：它为他们提供了"一个令人难以抗拒的、得以逃避政治漩涡和城市生活压力的选择"。换句话说，伊壁鸠鲁派就是古罗马人的新纪元文化 *。

伦敦的读者们多年来一直耐心等待帕代尔尼摸索的结果，现在他们也转身离去。时局变化令他们无暇他顾。新成立的法兰西第一共和国已向英格兰宣战，恐怖统治也自 1793 年底宣告开始。

那不勒斯的工作直到 1800 年约翰·海特牧师（Reverend John Hayter）参与才得以继续进行。从那时起，研究人员开始采用实践经验与研究相结合的方法。尽管如此，人们的兴趣依然相当浓厚。1819 年，威廉·华兹华斯（William Wordsworth）将时人对进一步调查、发掘和探测的浓厚兴趣写进了诗里：

---

* 新纪元文化（New Age），又译为新时代文化，主张远离尘嚣、亲近自然，促进人类意识转变，追求心灵的回归和飞跃。——译注

你啊，耐心探索的人

在赫库兰尼姆遗迹探游，

你会大喜过望！找到

来自底比斯的残片，或者展开

一份珍贵而脆弱的纸卷。

尽管大失所望，但西方世界的渴望从未停止。如今，研究取得的重大进展让我们备受鼓舞。现在有了处理碳化莎草纸的多光谱扫描技术，盖蒂基金会（Getty Foundation）在加利福尼亚州复制了帕皮里别墅，官方对古代文物进行有组织的研究，赫库兰尼姆也建造起博物馆，这一切都在向好的方向发展。此外，研究经费方面的大力支持和长达两个半世纪的媒体聚焦也让公众对寻找"一份珍贵而脆弱的纸卷"始终保持着兴趣。

此外，还有两位畅销书作者也长期关注着这些烧焦的莎草纸卷。谢利·哈扎德和罗伯特·哈里斯（Robert Harris）对莎草纸的关注众所周知。在 1983 年 8 月为《纽约客》（New Yorker）撰写的关于纸草学的故事、1987 年为《纽约时报》撰写的关于赫库兰尼姆古城的故事，以及 2008 年与人合著的《古老海岸》（The Ancient Shore）一书中，哈扎德都用了许多篇幅来描述这些纸卷。在其他场合，她还曾特别提起过 18 世纪的一次交易：那不勒斯国王用出土于赫库兰尼姆古城的莎草纸交换活袋鼠——在那个时代，袋鼠想必也是一种罕见且贵重的商品。

大仲马的历史小说《那不勒斯恋人》（La San Felice）便将这段轶事作为素材。故事中，斐迪南四世与英国派往那不勒斯的特使汉密尔顿勋爵（他的妻子汉密尔顿夫人是大名鼎鼎的海军上将纳尔逊的情人）进行交易。斐迪南四世称：汉密尔顿勋爵"说袋鼠是一种罕见的动物，我希望他不是在骗我，否则我可要心疼我那些莎草纸了。它们是在赫库兰尼姆找到的。汉密尔顿看到了它们，他就爱摆弄那些古老的垃圾。他聊起袋鼠，我就说我想养一些试试，让它们适应这里的环境。于是他便问我，如果伦敦动物园能给我袋鼠，我能否为伦敦博物馆提供同等数量的莎草纸。我说，'尽快把袋鼠运来！'昨天他送来了18只袋鼠，我就给了他18卷莎草纸"。

故事的另一位主人公、一位英国银行家说："威廉爵士的买卖做得不错，也许他已经得到了塔西佗致弗吉尼厄斯（Virginius）的颂词，或者塔西佗反对代执政官马库斯 – 普里斯库斯（Marcus-Priscus）的演说，或者他最后的诗篇。"国王担心自己交出的书卷中可能有一部古代经典，如果真是那样，这笔交易就不划算了。但是，我们现在更清楚事实的真相，斐迪南国王可以安心长眠。即使大英博物馆能够设法展开这些纸卷，其中的内容有99%的概率不会比我们的老朋友菲洛德穆的随笔更有价值。

熔岩层下的古代图书馆遗迹以及其中可能存在的数千份莎草纸卷至今尚未得到发掘，依然深埋于地下，距离哈扎德心爱的那不勒斯城并不远。每每谈起这个问题，哈扎德便会失去耐心，与罗伯特·哈里斯站在同一阵线上。后者在2003年的小说《庞贝》（Pompeii）大获成功之后，便对帕皮里别墅的考古工作不断施加压力，主张尽快发掘别墅的剩余部分。

2013 年 12 月，布里斯托大学古典文学教授罗伯特·福勒（Robert Fowler）在接受英国广播公司的罗宾·班纳吉（Robin Banerji）的采访时指出，在别墅内初次发现大量纸卷的房间的同一层，还有一部分没有进行发掘[6]，此外还有一排精心陈设、可以欣赏海景的房间也未曾探索。福勒仍然抱有希望，认为这栋别墅里还能发现一大批古代纸卷。但是，意大利政府不愿批准进一步的挖掘工作，理由是这将对现代城镇埃尔科拉诺（Ercolano）的居民造成干扰，这座小镇就建在赫库兰尼姆古城之上。有关方面还指出，目前仍有 300—400 份最初发现的纸卷尚未解读。

与此同时，哈里斯和福勒提醒所有人：维苏威火山可能再次迎来大爆发，或许会让我们探索剩余古迹的机会彻底化为泡影。他们希望这能让发掘工作者感受到压力。

总而言之，经过多年研究得出的结论似乎是：这栋别墅不仅是一处度假屋，也是一座博学园，是皮索展示其文学和艺术收藏，尤其是雕塑收藏的地方。至于纸卷，其中大多数都是用古希腊文写成的哲学著作，且很多都是菲洛德穆的作品，不过人们也发现了一本作者为凯基利乌斯·斯塔提乌斯（Caecilius Statius）、题为《放高利贷的人》（*Faenerator*）的拉丁文喜剧，讲述的是一名年轻人借高利贷帮女友从皮条客手中赎身的故事。

对赫库兰尼姆故事的兴趣还促成了另一项非凡成果。富有的金融家和慈善家 J. 保罗·盖蒂（J. Paul Getty）决定在加利福尼亚州的马里布（Malibu）原样复制一座帕皮里别墅。盖蒂别墅（Getty Villa）根据卡尔·韦伯18世纪绘制的原始平面图修建，1974年建成并对外开放，后成为盖蒂博物馆建筑群的一部分。1976年去世的盖蒂先生从未亲自走进过这幢别墅。

209　　　盖蒂博物馆的建筑设计师和前任馆长斯蒂芬·加勒特（Stephen Garrett）告诉我们[7]，J. 保罗·盖蒂清楚知道自己想要取得怎样的效果。"他想让走进那里的人身临其境地体会到2000年前别墅的感觉。"

如果要追求与古代意大利别墅别无二致的氛围，除了马里布精心还原的花园，数以千计的莎草纸卷也是不可或缺的一大要素。正如詹姆斯·波特所说："处理莎草纸的工作最令人触动的一点在于，它让我们得以将古典历史文献视为切实可感的物体，而不再仅仅是文字。"[8]

依我所见，这幢复制的别墅还不够完整。它还缺少图书馆和阅览室，或者至少应该设有书柜，这样才更接近最初发现莎草纸的遗址。罗伯特·哈里斯在他的书中已经用充满想象的文字描述了古代图书馆的模样，我们能否期待某一天，某座大型博物馆能够重建一座堆满莎草纸卷的图书馆呢？据我所知，目前还没有这样的博物馆。这样的展出必须解决当今的一大难题：完整的古代纸卷在今天十分匮乏。从公元前3000年到公元900年间的数百万卷现存莎草纸中，完好无损的纸卷寥寥无几。即使大英博物馆这样的博物馆，也还有一些出土于坟墓中的小型纸卷尚未展开。维多利亚时期的人们得到过数千份完好无损的纸卷（仅大英博物馆就有400卷），但几乎所有纸卷都被裁成了碎片压在玻璃板下以供研究。今天，它们当中有许多都已封存起来，也正因为此，一座装满小型完整纸卷复制品的图书馆将颇具吸引力。重建帕皮里别墅中放满伊壁鸠鲁学派纸卷的图书馆，将让现代埃及的造纸者有机会完善技艺并拓宽业务范围。开罗、卢克索和尼罗河三角洲地区的许多造纸者都可以获得新鲜纸莎草和大量干燥的茎条。材料已准备就绪。除了这些拥有专业技能的人，艺术家们也跃跃欲试，想要让莎草纸卷重现人间。

20

转危为安

莎草纸可以将思想的甘甜果实保存下来。

——卡西奥多罗斯

这不是最好的时代。罗马帝国在蛮族的步步紧逼下，风雨飘摇。恶劣的气候条件横扫各地，北半球正经历着 2000 年以来最严重、最持久的冰河期，严寒导致农作物歉收，饥荒接踵而至。很快，一场恐怖的瘟疫在备受打击的人群中肆虐，这种疾病每天会夺去数千君士坦丁堡人的生命，而它将从那里蔓延到全世界。

50 年内，近 1 亿人死于这种疾病。病魔扫荡了整个文明世界，让许多城市成为空城。蒙昧在整座大陆占据上风。普通大众不会读写。教育和学习活动退守到修道院内，处于避世而居的状态，书籍焚烧的速度比制作的速度还要快。西方世界陷入一片黑暗。

在这片思想的荒漠中，有几处绿洲脱颖而出：巴勒斯坦的恺撒利亚（Caesarea）、阿尔及利亚海岸的希波（Hippo）以及耶路撒冷的依丽亚（Aelia）。此外，在意大利南部阳光明媚的卡拉布里亚海滨有一座小城斯奎拉切（Squillace），维瓦里乌姆（Vivarium）就坐落在此地。这是卡西奥多罗斯在自己的领地上建起的修道院和图书馆，因当地鱼塘众多而得名维瓦里乌姆 *。它地处临海的小山丘，面朝太阳升起的方向，附近有一条水量丰沛的溪流。

对于一个养鱼的地方，"生命之园"是个很合适的名字。不仅如此，维瓦里乌姆也守护着知识的星星之火。这座修道院是当时最有雄心的大规模项目之一，以逆转时代潮流为己任，努力以一己之力保存、拓展和弘扬基督教的知识文化。[1] 创办这座修道院的卡西奥多罗斯是一位思想家和作家，也是全世界最著名的图书管理员之一。他一手创建了这座学术中心，为设法确保图书馆有足够的手稿供应，专门雇用了一批"为手稿披上端庄外衣"的装订工人。他还为读者提供可以自取的灯具，以供其挑灯夜读。日晷和水钟分别在白天和夜晚提醒读者时间的流逝。修道院偏居乡野、远离尘世，打破寂静的唯有婉转的鸟鸣和山下爱奥尼亚海的海浪拍打岩壁的涛声，还有哪里比此地更适合做一处学术飞地呢？

卡西奥多罗斯曾在拉文纳为狄奥多里克大帝效力，后来辗转前往君士坦丁堡，留在查士丁尼一世的宫廷直到 554 年退休，

212

---

 *   Vivarium 的拉丁文字面意思为"生命之园"，英文 vivarium（生态箱）一词即源于此。——译注

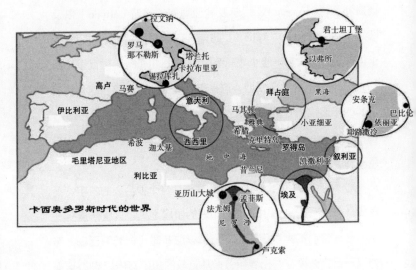

图6　卡西奥多罗斯时代的世界

当时已经 65 岁的他回到意大利避世而居。跟他回乡的除了几车书籍，还有历经考验的赫赫声名。兼基督教学者、罗马政治家和作家多重身份的他将平静地生活在与世隔绝的乡野，直到 90 岁高龄溘然长逝。*

　　他手下的全体佣仆或许会在他返乡那天出门恭候。30 年的旅居生涯让他更加渴望知识，他将全部身心都投入到书籍的收集制作和其他爱好之中。毫无疑问，他现有的书籍中有一些由皮纸制成，但数量并不多，因为皮纸和犊皮纸在当时已是天价，一部完整皮纸版《圣经》的价值与一座宫殿或一个农场不相上

---

* 毛里塔尼亚地区（Mauretania），即今天的马格里布地区，原指阿特拉斯山脉至地中海海岸之间的地区，后逐渐成为摩洛哥、阿尔及利亚和突尼斯三国的代称。与现代非洲西北部国家毛里塔尼亚伊斯兰共和国（The Islamic Republic of Mauritania）是两个不同的概念。——译注

下。为了交换一册写在皮纸上的《宇宙志》，英格兰国王阿尔弗雷德大帝（Alfred the Great）付出了一块需要 8 具犁才能耕种的田产。[2] 在巴伐利亚，一部饰有插图的《弥撒经》可以交换一座葡萄园，曾有一座修道院用一部《弥撒经》买下一大片土地的记载。[3]

如果卡西奥多罗斯也朝这个方向努力，那他很快就会倾家荡产。因此，他收集的大部分文献依然是莎草纸制成的手抄册本。与古代西方世界的许多图书管理员一样，他是名副其实地生活在莎草纸的"包围"中，呼吸之间都能感受到莎草纸的气息。

莎草纸的价格不算便宜，但还可以接受，是制作实用性大于美观性的书籍的理想选择。不过，到五六世纪，就连莎草纸的供应也不再稳定；战争和侵略导致的动荡局面对贸易和社会秩序都是沉重的打击。550 年至 750 年，几乎没有非基督教手稿得到传抄。因此，当学者们在查理大帝的时代开始收集和复刻古代典籍时，他们发现拉丁文学有相当一部分已经永远消失了。[4]

幸运的是，意大利的轮廓形似皮靴，而维瓦里乌姆恰好位于"靴底"，在这里，卡西奥多罗斯可以设法从埃及获得相对稳定的莎草纸供应。也许位于"靴背"以东的繁忙港口塔兰托便是他的中转站。曾经的古希腊殖民地塔兰托通过亚壁古道（Appian Way）将爱奥尼亚海与罗马城连接起来，它与埃及的贸易往来可以追溯到托勒密二世时期。

在为帝国政府效力的漫长岁月里，卡西奥多罗斯逐渐对莎草纸产生了亲切感。在那些日子里，他起草、撰写和抄录了数千份文件、信札、笔记、书籍和报告。在至少40年的光阴里，莎草纸在他的桌台上堆积如山。除此之外，卡西奥多罗斯的一大难得之处在于，他比大多数人更了解纸莎草这种植物。与他所处时代（以及我们这个时代）的许多作家、历史学家和地理学家不同，卡西奥多罗斯显然亲眼见过这种植物自然生长的状态。

我们是怎么知道这一点的呢？他从未在文字中提到自己曾到过埃及或非洲其他有纸莎草生长的地方。但我们可以从他在15年或20年前写给一位税务官的信件中找到一丝线索，他在信中详细介绍了这种植物，包括它的历史及其重要作用。这封信让我们知道，卡西奥多罗斯曾经去过纸莎草生长的地方。而另一条线索是：在卡西奥多罗斯出生时，他的父亲是西西里岛总督。

巧合的是，纸莎草仅在非洲之外的两个地方茂盛生长过：约旦河谷和西西里岛上的沼泽。这两个地方的纸莎草在冬季会枯黄，这一现象表明植物处于其生长带的边缘。但是，这两个地方的纸莎草质量都还不错，当地农民会用它们来编织草垫。从另一位大人物——教皇圣格列高利一世的一封信中还可得知，6世纪的巴勒莫地区有纸莎草生长；此外，972年来自巴格达的商旅伊本·豪卡尔（Ibn Haukal）也提到纸莎草仍然被用来编制绳索并为苏丹提供极少量纸张，但"只能满足苏丹一人之需"[5]。

卡西奥多罗斯的出生地——位于斯奎拉切的家族领地距离

西西里岛的锡拉库扎大约只有 100 英里，无论走陆路还是水路，对于总督的儿子来说都是一段轻松的旅程。历史古城锡拉库扎碧波荡漾的河流一直是吸引游客的胜地。过去，这座城市被称为叙拉古（Syracuse），源于古希腊文 *sirako*，意思是附近多有沼泽和湿地。该地区地势平坦，流域内的河漫滩遍布着纸莎草沼泽。卡西奥多罗斯在 17 岁成为财务官或在 24 岁成为领事之前曾在这一带旅行，这种假设绝不是牵强附会。

他会看到什么？

第一眼看去，不同原生栖息地的纸莎草在许多方面都各有不同，但有一点始终不变：花朵，也就是伞状花序。我们可以引述 19 世纪初莫泊桑对纸莎草花穗的精彩描述。当时他或许就站在卡西奥多罗斯在公元 500 年曾经驻足的地方，又或许就站在我本人在 21 世纪的某一天所伫立的地方。他无法不注意到花朵的顶端与人类的头发颇有几分相似之处，"一丛聚拢成圆形的绿色绒线团，柔软而富有弹性……仿佛人的脑袋变成了植物"。当地农民将纸莎草叫作 *parucca*，意思是"假发"，更是突出体现了这种相似性。

对于莫泊桑来说，纸莎草沼泽宛如无数毛茸茸的脑袋组成的丛林，它们轻轻颤动，簌簌作响，随风弯曲，仿佛某种被施了魔法、鬃毛浓密顺滑的古老物体，"有一种诗意的冲击力"。卡西奥多罗斯的形容与莫泊桑差不多，他将它们称为"沼泽的秀发"。

关于纸莎草，大多数人的认识都来自水上花园或温带植物园池塘，纸莎草生长在盛有潮湿土壤的花盆里，茎秆细瘦，像

非洲的纸莎草沼泽（来源：Denny, 1985）

野草一样纤弱。他们不会想到，在自然条件下，每株直立的茎杆都是从一块水平的地下茎（即块茎）上长出来的，最高可达15英尺。卡西奥多罗斯所说的"无节茎"（seamless stem）在最顶端舒展开来，扩张成一大束开满花朵的纤细穗条。这就是伞状花序或者"毛茸茸的发辫"，随着最不易觉察的轻风而摇曳舞动。

纸莎草是尼罗河流域的主要自然资源，而千里之外征战的罗马军团士兵也很需要这种植物。在欧洲各地新开辟的殖民地，人们都用拉丁语交谈和书写，这就形成了一种有趣的发展趋势。拉丁语逐渐成为书面和口头都必须使用的官方语言。所有正式交易、通告、标识、普查表等都必须用这种语言记录和传递。就连后来的殖民者，比如洗劫罗马的哥特人和西哥特人也不得不使用拉丁语，因为他们自己的"蛮族"语言正在逐渐枯萎。笔墨和莎草纸将原本口头流传的拉丁语记录下来，保持了拉丁语的生命力，最终让这种语言在6世纪至9世纪演变出罗曼语系下的五大现代语言。莎草纸再一次充当了帮助人类步入现代世界的媒介。

最终，古希腊罗马文学得以流传下来，但幸存者寥寥无几。文艺复兴时期，学者们仅找到7部埃斯库罗斯创作的悲剧、7部索福克勒斯的悲剧以及19部欧里庇得斯的悲剧。然而古代文献表明，埃斯库罗斯生前创作的剧本数量在70部到80部之间，索福克勒斯则有120部，而欧里庇得斯也有90部剧作。与我们现在所知的这些作家的全部作品相比，幸存率仅有10%—20%。

倘若没有莎草纸的耐久性，倘若莎草纸没有被古代伟大作家作为首选的书写媒介，所有的作品都可能随着黑暗时代的来临而彻底消失。

除了保存古代遗产的生命力，莎草纸在信息传播中也发挥着关键作用。不知不觉中，尤利乌斯·恺撒再一次参与了这一进程。

21

第一媒介，一鸣惊人

"有什么新闻吗？"这是人类最常问的问题之一。或许是出于好奇，或许是感到无聊，又或许是觉得会对自己有所帮助，无论如何，人们总是热切希望掌握最新资讯。

——约翰·格罗斯（John Gross），《纽约时报》，1988 年

受过教育的古人，无论是埃及人、希腊人还是罗马人，要想知道"最近有什么新闻"的方法之一就是写信，通常写在单张或一小卷莎草纸上。几千年来都是如此。我们之所以能知道这一点，要感谢研究人员对奥克西林库斯垃圾倾倒场中堆积如山的莎草纸的仔细梳理。根据帕森斯的说法，奥克西林库斯的纸堆就是"一个装满五花八门信件的巨型邮袋"。

纽约大学历史学与古典文学教授罗杰·巴格诺尔（Roger Bagnall）和拉法埃拉·克里比奥雷（Raffaella Cribiore）则介绍了另外一系列趣味盎然的发现。[1]他们翻阅了从公元前 300 年至

公元 800 年间女性书写的信件，其中有几封信出自前文提到的芝诺档案（前 260—前 256 年）。他们指出，书信是一种让女性明确表达自我，无须男性代为发声的文本类型。直面数千年前写信人的私生活，这种直截了当的亲密接触是这些信件的吸引力所在。

古埃及女性始终拥有较高的社会地位，比古代世界其他几大文明的女性都要高，因此，这些年代较早的信件中很大一部分为请愿书，要求实现自己或家人应有的权利也就不足为奇了。写信的女性毫不羞于表达自己的诉求。一位养蜂女在信中恳求官员归还一头驴，而另一位得到特许在村里做啤酒生意的哈伊希斯夫人（Mrs. Haynchis）则写信给芝诺，请求他让女儿回到自己身边。她控诉在当地修建葡萄园、照料和栽培葡萄的迪米特里奥斯（Dimetrios）哄骗她的女儿，说会带她过上幸福的生活，实际上他已有妻子儿女。女儿在离家出走之前一直替哈伊希斯夫人打理店里的生意，对这位年迈的夫人有很大的帮助。因此，她写信请求芝诺出手相助。

大部分信件来自社会上层女性，这些拥有一定财产甚至家资庞大的女性在信中讨论房产管理、财产问题、仆从和管家的雇佣以及与金钱有关的事宜，但也有一些信件来自家境一般的女性。写信最常见的主题是向你关心的人以及关心你的人报平安，让他们知道你还活着，而且活得不错。紧随其后的另一大主题是告知货物或人员的到达和转移，再然后是询问家务事和各种请愿。这些信件极少表现写信人的情感或个性。丑闻、性、恋爱、政治和重大历史事件更是鲜少提及。[2] 这些信件往往由第

218　三人或写工代笔再由寄信人签名，与维多利亚时代和爱德华时代那些耐人寻味、缺乏想象力、时常堆砌华丽辞藻的书信相去甚远。这些信件向我们展示的是写信人认为的生活中最得体、最重要的事情。写在莎草纸上是这些信件的共同点之一，而它们的另一个共同点是：倘若没有这些书信，我们对写信人永远不会有更多了解。

写好以后，莎草纸会被折叠或卷起来，然后压平捆好，有时还会盖上封印；写好地址之后，信件就会被寄出。帝国邮政系统寄信的官员们会迅速将信件送至目的地。苏埃托尼乌斯告诉我们，在奥古斯都时代，许多年轻男性驻守在军事道路沿线间隔很短的驿站里，后来为加快速度则改用驿车。[3] 在意大利路况良好的道路上，驾车的信使在顺利更换驿马的情况下每天可以疾行 50 英里至 80 英里，骑马则要更快。历史上曾有好几例在当天将信件送达 120 英里外的目的地的记录。[4]

私人信件是迄今为止发现的最常见的邮件类型，这类信件往往由寄信人所信赖的邮差寄送。邮差是寄信人的代言人；他们经常被要求回答关于寄信人或信中内容的问题，因此，他们必须能在必要时说明写信人的意图，这种做法在基督徒中达到顶峰。[5] 在信众和使徒的信件传递过程中，邮差显得更为重要，因为他本身就是一种传播和皈依信仰的手段，同时也能保证一定程度的安全和隐秘，这在基督教发展的早期往往很有必要。口述信件内容或带来其他口信能够证明信件是否真实可靠，也能够证实寄信人的权威地位。这样一来，收信人才能更好地执行信中所载的教会指令。

受过教育的人经常会参考写信教程，套用现成的书信模板。一份公元前 270 年的莎草纸卷上记载着德梅特留斯的教程，书中介绍了 4 种可供选择的写作类型：简明体、宏伟体、雅致体和强硬体。

大多数信件只需一页单张莎草纸就够用。写工可以提供单张纸，他们可能先从纸卷上裁下一张张单页，也可能直接在长卷上写好信件内容再将其裁下。巴格诺尔和克里比奥雷在合著的《古埃及女子信札》（*Women's Letters from Ancient Egypt*）一书中指出，古代信件中有时会提到写信人付款购买单张纸甚至半张纸的情况。由此可知，零售商一定要将纸卷裁开才能按客户需要的规格出售纸张。书信也可以写在陶片、贝壳或甲骨上，现存已公开的公元前 3 世纪至公元 7 世纪的埃及信件超过 7500 封，其中约 90% 都写在莎草纸上。[6]

为了节省费用，"拼信"的做法应运而生：将好几封信写在同一张纸或同一纸卷上，由一位邮差送给居住在同一社区的不同收信人，邮差的职责是依次将信件送到每一位收信人手中。也许他会将每封信依次裁下来；也许只是像现代的咏唱电报 * 一样读出信件的内容，而作为"硬拷贝"的信纸则会被交给收件人列表上的最后一个人，可能也是地位最高的那个人。

早期信件用许多实例证明，莎草纸推动建立起了双向的信息传递系统，在社交网络中将信息从一个人传递给水平方向上

---

* singing telegram，咏唱电报、歌唱电报，以歌唱的形式唱出电报的信息内容。——译注

的另一个人。不过，信息也可能来源于某个不涉及个人的中心，在垂直方向上进行传播，例如第一份报纸《每日纪事》，它的名字 *Acta Diurna* 字面上的意思就是"每一天的公告"。它出现在约公元前 131 年的罗马共和国时期，最初雕刻在石板或金属上，安放在诸如古罗马广场之类的公共场所。当时《每日纪事》上刊载的主要是诉讼和审判的结果。苏埃托尼乌斯告诉我们，后来的尤利乌斯·恺撒在公元前 59 年当选为罗马共和国执政官后，他采取的第一项重大举措便是命令元老院的议事工作必须每日记录在案，登载于《每日纪事》，公之于众。这项巧妙的策略给处理新闻的方式带来了莫大的改变。

> 元老院……闭门议事，只有在他们愿意时才会披露辩论、演说或投票的细节。可见，强令元老院每天公布议事工作的简报是恺撒的一个简单手段，借此突出元老院贵族对其亲民政策的敌对态度，从而在不知不觉中摧毁元老院的神秘感和权威地位。恺撒的目的不是要让罗马政治更加开放和民主，而是要削弱元老院，为实现自己成为罗马绝对统治者的野心做好铺垫。他相信，只有将权力集中在一个人手中，才能驾驭罗马混乱的政治局面。（汤姆·斯丹迪奇，《从莎草纸到互联网：社交媒体 2000 年》）

马克·帕克（Mark Pack）在他的博客"弄潮儿"（*The Dabbler*）上指出，恺撒在将《每日纪事》改造成为自己所用的工具时，也创造了一个信息交流的奇迹；早在传统报纸和互联网出现之前，早在电脑之前，甚至早在人类发明电力之前，《每日纪事》就已经在传播新闻了！它让全世界看到，恺撒如何利用现有的技术将适当的信息传递到适当的人手中。

首先，他要求《每日纪事》将枯燥的官方新闻（例如最新的政务官选举）与富有人情味的新闻（例如显要人物的添丁、成婚和逝世，或者不寻常的征兆）混编在一起。其次，加入饶有趣味的元素吸引读者的眼球。今天的媒体人可能会用萌猫的可爱视频，而在恺撒的时代，《每日纪事》也曾经报道过一条忠犬的新闻。主人被处决以后，它守护着尸身久久不愿离去。当尸体最终被抛进台伯河时，那条狗也跳进河里游到尸体旁，努力不让它沉入水底。许多人都聚在河边围观这忠心耿耿的动物。

恺撒很早就意识到，如果你想左右人们的想法，那就不能把信息传播工作拱手让给别人；或者借用马克·帕克的说法："如果有人试图用某种信息传播媒介的新颖之处或者复杂炫目的技术细节混淆你的视听，请记住，基础原理始终是不变的。"

另一项让恺撒充分发挥《每日纪事》价值的重要因素便是稳定供应的莎草纸。国家只负责《每日纪事》的首次发布，将其张贴在市场的木制宣传栏里后便不再承担后续的抄录和发行工作，而由《每日纪事》的读者自己去传抄。很快，写工便将抄写和派发新闻纳入了自己的业务范围，他们将抄在莎草纸上的复制本分送给城里和各行省的付费客户，报纸被抄录成更多份，受到热切追捧，广为传阅。密切关注新闻对某些人而言是一种警醒，始终掌握最新消息对他们来说关乎生死存亡。倘若不了解罗马掌权的精英每天都在做什么，你也许会做出后果无可挽回的错误判断。

221　　从政坛老手、杰出演说家和笔耕不辍的书信作者西塞罗之死中，我们可以看到"人言可畏"的力量。西塞罗出身于城中的富裕家庭。他终其一生都认为，被屏蔽在消息圈外是一种危险的状态。然而，当恺撒在公元前 44 年遇刺时，他被这一消息惊得目瞪口呆。西塞罗不在暗杀现场，但在暗杀的过程中，马库斯·布鲁图斯（Marcus Brutus）高喊西塞罗的名字，要求他恢复共和制。

身为安东尼的敌人，西塞罗在随之而来的动荡时期成为受民众拥戴的领袖。他被视为元老院的发言人，而身为执政官的安东尼则是恺撒集团的领袖和恺撒遗嘱的非正式执行者。

西塞罗开始离间屋大维与安东尼的关系，他对屋大维大加称颂，公开宣称屋大维不会重蹈他父亲 * 的覆辙。但是，西塞罗将安东尼踢出局的计划以失败告终。安东尼、屋大维、雷必达握手言和，结成后三头同盟。公元前 43 年，西塞罗匆匆抛下他的别墅前往码头，希望在那里登上驶向马其顿的航船。可惜，他在旅途中被捕。他们砍下西塞罗的头颅，还按安东尼的指示砍下了他的双手，正是这双手在莎草纸上写下了痛斥安东尼的长篇檄文、言辞激昂如火的《反腓利比克之辩》（The Philippics）。

西塞罗的双手和头颅都被钉在古罗马广场的演讲台上。根

---

*　屋大维是恺撒的甥外孙，公元前 44 年被恺撒指定为第一继承人并收为养子。——译注

据卡西乌斯·狄奥的记载，安东尼的妻子富尔维娅（Fulvia，安东尼五任妻子中的第三任）上前抓住西塞罗的头颅，扯出他的舌头用自己的发簪来回猛刺，作为对西塞罗演说才华的最后报复。不过，这些行刑者在痛下杀手时想必也已经意识到，西塞罗的生命不会随死亡而消逝。他写在莎草纸上的 900 多封书信足可保他名垂青史。多年以后，这些书信有许多都因为这样那样的原因遗失不见了。而在 1345 年春天，学者和诗人彼特拉克（Petrach）发现了一批西塞罗的书信，它们常被认为是催生 14 世纪文艺复兴的推手。西塞罗的书信为钻研古希腊文和拉丁文作品的研究者提供了动力，但更重要的是，它们树立了一个典范，或许让书信体就此成为人文主义文学中最受欢迎的体裁。[7]

为什么？因为西塞罗的书信里写到了他所处时代的标杆人物、政客的愚蠢、将军的软弱以及政府的阴谋，信中蕴含的细节无比丰富，几乎没给读者留下想象的空间。西塞罗对拉丁文散文的精熟运用、弘扬人文主义的声望让他成为许多杰出天主教神父敬仰的对象，希波的奥古斯丁（Augustine of Hippo）就是其中一位。托马斯·杰斐逊[*]甚至将西塞罗奉为少数几位让革命理念成为美国国民共识的重要人物之一。

222

直言不讳是西塞罗书信的特点。公元前 43 年春天，也就是他去世前 8 个月，西塞罗在写给卡西乌斯[**]的一封信中兴高采烈

---

[*] 托马斯·杰斐逊（Thomas Jefferson），美利坚合众国第三任总统，《美国独立宣言》主要起草人，美国开国元勋之一。——译注

[**] 此处为元老院成员和军事将领盖乌斯·卡西乌斯（Gaius Cassius，前 85—前 42 年），与布鲁图斯合谋刺杀恺撒，不是前文所提到的生活在 150—235 年的古罗马政治家与历史学家卡西乌斯·狄奥。——译注

地说："无论是在元老院还是在人民面前，我都在以极大的热忱
捍卫你的政治立场啊……尽管我们还没有任何关于你在哪里或
者有多少军事力量的情报，但我坚信，世界那一端的所有资源
和军队终归将会掌握在你的手中，而且我对你充满信心，相信
你一定已经凭一己之力将亚细亚行省收归共和国。请你多保重，
超越自我，再创辉煌。再会。"[8]

如果我们穿越到 6 世纪卡西奥多罗斯的时代，我们会发现
这位多产的书信作者使用的也是莎草纸。卡西奥多罗斯凭借自
己的才华在 6 世纪 20 年代的血腥谋杀时代平步青云，那是一段
罗马的传统元老院贵族阶级与拉文纳的新生哥特统治者产生裂
痕、关系持续恶化的时代。正是在这一时期，时任执政官[*]的
波爱修斯（Boethius）锒铛入狱，随后遭到处决。有人说他被斩
首；也有人说他被乱棍打死。还有一个版本说他是被绳索勒到
眼球暴突、头骨迸裂而死。不仅如此，他的岳父不到一年之后
也被砍头。

卡西奥多罗斯却安然无恙地度过了这段岁月。波爱修斯担
任执政官不到一年便陡然失势，卡西奥多罗斯随即在 523 年成
为他的继任者，后来又成为意大利的禁卫军长官，实质上相当
于东哥特王国平民政府的首席大臣。他处变不惊，将信札作为
保护自己、宣传自己理念和行动的手段。西塞罗直截了当、傲
慢无礼、知无不言的风格不适合卡西奥多罗斯。他采用的是一

---

[*] 执政官（magister officiorum），又译总理大臣、执事官、内务长官，罗马帝国
所有行政和司法部门的首脑。——译注

种健谈而友好的写作风格，将说教、轶事、比喻与严肃的主题
融为一体。莎草纸和笔墨不离手的他创作的大量信札中并没有 223
今人渴望了解的历史信息，日期、数字、人名和地点往往被省
略，也许是为了保持优雅舒展的风格所做的牺牲。[9]

　　能够证明卡西奥多罗斯手段高明的最好证据就是，他直到
90 岁高龄才离开人世，而西塞罗在 64 岁便遭人暗杀。今天任何
一位阅读卡西奥多罗斯信札的人都能不费吹灰之力地看出，这
是一位超前于时代的人。他是博客作者的缩影，是一位深谙休
闲博客写作艺术的舆论引领者，谨慎地避开了他所生活的动荡
时代的一切具体细节。卡西奥多罗斯懂得回避可能会冒犯哥特
人、罗马人或拜占庭人的任何内容，同时为那些互相残杀的王
公贵族歌功颂德。他还对君王的所思所想加以润色和阐释，某
些人甚至认为，国王在其统治中展现出的高尚情操其实全都是
卡西奥多罗斯鼎力宣传的功劳。

　　卡西奥多罗斯的信札不是为普通读者而作，也不像西塞罗
那样为一小群密友和亲近之人而作。卡西奥多罗斯的目标读者
是与他一样从事国家公务的人，或者说是国王任命的政府官员
和管理者。他有意将自己的信札作为后世的榜样，他的目标是
教导读者如何避免陷阱和危机，以及——最重要的是——如何
安然度日。因此，我们一方面可以看到西塞罗为恢复共和国制
度和改变世界所做的努力；另一方面，卡西奥多罗斯向我们展
示了如何通过潜入体制内部来保全自身。二人都以莎草纸为依
托和后盾。莎草纸，是卡西奥多罗斯创作信札的媒介，是报刊、
书籍和许多手抄文献得以广为流传的媒介，也是让他和其他所

有人掌握最新消息的媒介。

神圣的互联网络

斯丹迪奇指出，早期基督徒对书面文献的极度依赖是一种很不寻常的现象。在讲道、言传、身教和论辩之外，他们写下了数千封莎草纸信札，热切地搜寻一切可能收集到的作品并将其视若珍宝，这些作品最终都成了《新约》的组成部分。

与其他创作书信的使徒相比，保罗*的技艺最为精熟。他充分认识到当时的"社交媒体"的价值和实用性，利用自己身为犹太人和罗马公民的双重身份向犹太人和罗马人两大受众传播福音。在这一过程中，他创建了数座教堂，以官员、商人、传教士和朝圣者的身份四处旅行，沿途留下了数不清的指示、评价、论证和建议，好让上帝的羊群在没有他的日子里也能找到方向。他还通过值得信赖的邮差向四面八方寄出了数千封书信，这些书信便是现存最早的基督教文献。《新约》中的很大一部分——27卷中的14卷以及使徒书信中的7封都被认为是保罗及其追随者的作品。他是"古代最有影响力的书信作者，甚至超过西塞罗"。

剑桥大学《新约》讲师迈克尔·汤普森牧师（Reverend Michael Thompson）指出，保罗所利用的是古代世界最接近信息高速公路的系统：罗马道路和航线网络，它让旅行比过去任何时候都更安全便捷。汤普森称之为"神圣的互联网络"（Holy

---

*　又译保禄。——译注

Internet），他认为，是保罗发现这个网络拥有将散落各地的教会信众凝聚在一起的潜力。斯丹迪奇也表示，保罗的影响力是如此深远，以至于"直至今日，世界各地的基督教教堂还在朗诵他的书信——这有力地证明了社交网络复制和传播文献的惊人力量"。

幸存至今的古代基督徒信件数量约有 9000 封，这表明早期基督徒是一个书信往来频繁的群体，也表明保罗的措施确实奏效。教徒们祈求庇佑的祷告得到了回应。

保罗在年轻时一度对基督教非常仇视。他很可能就是围观圣司提反（Saint Stephan）被乱石砸死的民众之一，也许还曾大声叫好。他当时大概在想："终于啊，终于有人对这帮烦人的耶稣追随者动手了。"

保罗最初名为扫罗（Saul），是一名帐篷工匠，法利赛人（Pharisee），受过良好教育。在耶路撒冷生活许多年后，他在前往大马士革的途中见到耶稣显圣的异象，从此皈依新生的基督教。从那以后，他便被称为使徒保罗。从前反对基督有多积极，现在信奉基督就有多虔诚。他洗心革面，彻底贯彻独身主义，笃信神的恩典和救赎，抛弃割礼习俗，以洗礼取而代之。最重要的是，他全身心投入文字的世界，特别是福音书和使徒书信的创作，传播基督的圣训和教义。遇见耶稣的兄弟雅各和使徒彼得之后，他继续周游各地，到外邦人中传教。这有利于基督教成为一种普世宗教。大约在公元 67 年尼禄掌权期间，保罗在罗马被斩首。

汤普森提醒我们注意，面向基督徒群体的书面信息在当时具有一定的权威性和即时性，比今天计算机显示屏或印刷品所呈现的文字更有影响力。因此，四大福音书中最早出现的《马可福音》问世的消息一经保罗传播便飞快地传遍四面八方。保罗在罗马、耶路撒冷、安条克以及其他地方都设有传递信息的枢纽站，连接成一个理想的网络，以他所希望的方式将圣言传扬开去。

　　但是有人可能会问，如果当时没有莎草纸怎么办？假设，在1世纪某种疾病席卷纸莎草种植园，造纸者从此无法再获得这种植物，早期基督徒在没有莎草纸的情况下该怎么办？

　　"用皮纸"，有人可能会提议。的确有这种可能。根据希罗多德的记述，未上硝的生羊皮制成的皮纸自公元前5世纪便已开始使用。但即使在罗马共和国早期，持续产出高品质的皮纸也需要高超的技术。如果基督徒转而使用皮纸来传播福音，那就需要支付大量金钱，然而早期信徒的手头并不宽裕。随之浮现的另一个问题则是：既然有皮纸，那他们为什么没有早点想到用兽皮造纸？答案当然是：莎草纸更为廉价。农民屠宰牲畜是为了获得肉食，动物的皮、角、蹄都只是附带产品，能卖多少钱就算多少。如果农民不得不反其道而行之，为了获得皮革而宰杀动物，谁知道会发生什么？古典学者科林·罗伯茨（Colin Roberts）和T. C. 斯基特认为，人们需要很多年甚至数个世纪才能建立起满足古代世界需求的规模化皮纸产业，只有反复试验和试错才能确定生产中的诸多细节。

　　在各地长期储备足够水平和数量的劳动力，以满足早期基督徒对纸张的需求，会耗费大量的时间和金钱。一个有趣的观点认为，保罗可能不会受到这些问题的困扰。从事帐篷制造生意的他似乎在商界有不少熟人，而在商业领域，购买莎草纸或皮纸的成本仅仅被视为一项必要的日常开支。在必要的时候，比如为了缓解饥荒或者救济穷人时，他似乎也很有筹集资金的能力。

一直以来，莎草纸不仅用于写字，还有其他用途，其中有些对未来的信息发展影响深远。航空邮件最初的雏形和先驱——飞鸽传书便是其中的一种。

飞鸽传书：古代世界的推特

古埃及人早就开始用信鸽来传送短笺。邮差是一只小鸟，携带的文字篇幅有限，只能用尖头芦秆笔在一小片莎草纸上书写几行细密的小字。有点像有 280 个字符限制的推特的原始形态。

推特可以连续发送推文，信鸽同样可以：多条短消息按顺序排列即可组成一份较长的文本。不过在古代连续发信有一定的风险，因为鸽子中的某只或某几只可能成为沿途鹰隼的猎物。

飞鸽传书的最早记载可以追溯到公元前 2500 年的埃及。[10] 新王国后期，鸽子是传递军事情报的常用工具。埃及人还会向东南西北四个方向派出信鸽，昭告新法老登基和尼罗河洪水到来等重大消息。

古希腊人的时代，信鸽则被用来向各城邦宣布奥运会的比赛结果。后来，尤利乌斯·恺撒还利用信鸽将军事情报传回罗

227 马。罗马帝国时期，信鸽可以在船只靠岸前将消息送到港口。莎草纸在其中的作用至关重要，因为信鸽不可能负载太重的物品，只能是轻巧便携、容易裁成小块的介质。

公元前 43 年，西塞罗的朋友、执政官奥卢斯·希尔提乌斯（Aulus Hirtius）帮助刺杀恺撒的杀手之一德西默斯·布鲁图斯*（Decimus Brutus）一路厮杀，逃往意大利北部城市穆蒂纳（Mutina，今摩德纳 [Modena]）。虽然希尔提乌斯在战斗中丧命，但他也成功让安东尼退避三舍。根据普林尼的记载，在战斗期间，希尔提乌斯派出信鸽与德西默斯·布鲁图斯交流情报，布鲁图斯"以这种方式掌握一切动向，值得一提的是，他会在某些地方摆放食物，引导信鸽降落在那里"[11]。

再一次，小小的莎草纸发挥了关键作用。

在十字军东征后期，飞鸽传书中的莎草纸被一种更轻薄的浆纸所取代，这种名为"鸽纸"（waraq al-tayr）的纸张为苏丹马穆鲁克专用，黏在鸽子质地较硬的羽毛上，不影响信鸽振翅飞翔。通过这种方式，身在开罗的萨拉森统治者便可收到来自遥远行省的每日战报。[12]

饰有图案的书卷和绘有插画的书本、报纸与杂志

绘有插画的手稿和报刊在逐渐演变成我们今天熟悉模样的进程中，莎草纸同样发挥着关键性作用。

---

* 即布鲁图斯·阿尔比努斯（Brutus Albinus），古罗马将军之一。不是马库斯·布鲁图斯。——译注

在一篇关于维多利亚时代赫库兰尼姆出土文献的论文中，波特对 18 世纪某些学者的质疑做出了评论。这些学者不认同"赫库兰尼姆烧成灰烬的纸卷是书籍"的观点。他们认为，如果不能发现册本形式的文献，那么存放在这里的纸卷顶多是合同和书契之类的文件，更有可能是古代的普查表，这也就意味着帕皮里别墅不过是另一间古代公共档案馆而已。但令这些人震惊的是，他们发现（我们在前文中已经看到）早期书籍不仅确实以书卷的形式存在，而且还配有装饰和插图，甚至有用彩色墨水写成的标题，所有这些都可以追溯到古埃及时代。而亚历山大城的抄写员（多为希腊艺术家）每天都会接触到埃及艺术家和写工用鲜艳颜料创作的插图，他们也潜移默化地受到了影响。

228

由此可见，绘有插图的手稿与古希腊立柱一样，都是从早期埃及与纸莎草相关的雏形演变而来。在卷本和后来的册本中，古埃及人用红色墨水书写重要的名称和日期，并直接在莎草纸上绘制草图和彩图，纸面可以很好地吸收和承载彩色墨水和颜料，比古代的其他书写媒介效果都好。因此，亚历山大城的抄写员以这些古老的莎草纸为参照，制作出绘有插图的书卷，并由此开创出一种新趋势，最终形成了从君士坦丁时代开始流行于西方和东方的绘制插图的传统。

现存最古老的彩色插图精心绘制在一张公元前 5 世纪的莎草纸上，出自一份古希腊册本。1904 年，J. 德·M. 约翰逊（J. de M. Johnson）在埃及发现了这张插图，当时他正在法尤姆以南 125 英里的安提诺镇（Antinoe）为埃及探索基金会工作。插画栩栩如生地描绘出两种常见草药的形象：紫根草（*Symphytum offinale*），长有黑色的萝卜状块茎；毛蕊花（*Verbascum thapsus*），长有绿色莲座和有茸毛的叶片。这张作者不详的插画现在被称为《约翰逊草药图》（Johnson Herbal）。现代作家、博客作者和维基百科都对其有严重的误解，他们错误地将正面的毛蕊花误认为常见的紫根草。紫根草黑色的萝卜状块茎出现在插画的反面，绘制得非常逼真。[13]

甚至有人提出这样的设想，最早在莎草纸上绘制插画是受到古埃及《亡灵书》的启发，后来逐渐演变成绘画、版画和帆布上的油画。"这些绘有插画的文本如今所剩无几，主要来自基督教初生的几个世纪。考虑到古典文学主要以希腊和罗马的马赛克镶嵌画和壁画形式呈现，因此可以假设，绘有插画的纸卷是绘画和雕塑的初稿或模型，后来拜占庭和欧洲的彩绘手稿也一脉相承。"[14]

换句话说，莎草纸和埃及写工共同充当了插画和西方世界许多其他艺术形式的先驱。作为其中的典范，《亡灵书》与全世界第一部配有插画的新闻周刊《伦敦新闻画报》相比，就好像后者遥远的前身。《伦敦新闻画报》直到 1842 年 5 月才首次出版，二者似乎风马牛不相及，但新闻中出现插画一定发源于某个节点，为什么这个节点就不能是古埃及纸卷呢？或者，正如弗朗西斯·培根爵士所言："在推测未来可能存在的事物时，人们总会以曾经存在过的事物为范例；在预言新生事物时，人们的想象力始终为陈旧事物所左右。"

我们故事的下一部分将再次转向基督徒，他们是最后一个大量使用莎草纸的群体。他们不断寻求新的、更好的办法来保存早期《圣经》，使之既能得到妥善保存，又能为基督教的目标受众即普罗大众所接受。正是这种追寻促进了莎草纸向册本的演进，并最终发展成为现代意义上的书籍。

22

最后的堡垒，罗马教会

　　在埃及成为罗马的一个行省之后，新上任的统治者虽然属于共和派，但显然与先前的征服者没有什么区别。罗马人的首要任务是保证埃及持续向罗马输送物资，仅限于此。区别对待从一开始就很明显，罗马皇帝没有给予埃及行省的领导者控制军事资源的权力，这在帝国其他地方也是惯例。[1]埃及人得到的不是权力和责任，而是大量涌入的罗马地主和富商。他们买下大片农场和种植园，让现成的廉价劳动力去那里劳作。这些劳力同样是外族，其中大部分是亚历山大大帝征服埃及后留下来的希腊人，他们已深深扎根于埃及社会的各个阶层。这些希腊人为所有渴望攀上社会经济阶梯的埃及人树立了榜样。此时的埃及虽已成为罗马的行省，但仍然是一个高度希腊化的社会。[2]除此之外，埃及还接纳了一部分退役的军团士兵，这些罗马公民不必缴纳向当地人征收的多项赋税。显而易见，作为帝国的新领土，埃及将得到多方面的耕耘和榨取。[3]

　　亚历山大城本身也在发生变化。这里有丰富的图书馆和博物馆资源，学者和思想家等人才济济一堂，这座城市仍然是享誉世界的思想和哲学中心。城市人口结构复杂，富人和贫民、男人和女人，在街头传福音的布道者和高居庙堂之上的神学家都聚集于此，加之这座城市自古就有浓厚的二元对立和学术论辩氛围，凡此种种都使之成为早期基督教发展的完美之地。而且，亚历山大城的基督徒近水楼台，可以获得无限量供应的纸张，能够随时记录发生的任何事情。当然，新信条的捍卫者无疑会遭遇反对力量，冲突也在所难免。当基督徒的鲜血泼洒在亚历山大的街头时，没有人对此感到意外。随之而来的是漫长的宗教迫害，基督徒、异教徒和犹太人先后成为受害者。公元68年圣马可的殉难宣告着迫害基督徒的开始，紧随其后的是一连串清洗运动：202年塞普蒂米乌斯·塞维鲁，250年德西乌斯（Decius），259年瓦勒良（Valerian）先后下令清洗基督徒。296年，戴克里先在其统治时期更是疯狂迫害基督徒，史称"大迫害"（戴克里先迫害），这是罗马帝国时期对基督徒最后一次也是最残酷的一次迫害。303年，由戴克里先、马克西米安（Maximian）、伽列里乌斯（Galerius）和康斯坦提乌斯一世（Constantius）组成的四帝共治发布了一系列法令，剥夺基督徒的合法权利，要求他们遵守传统的罗马宗教习俗。这段"殉道者统治"宣告着一段血腥屠杀的开始，直到311年君士坦丁大帝登基才告一段落。

在此之后，历史开始朝有利于基督教的方向转变，历史意义重大的那一天终于到来：380年2月27日，皇帝狄奥多西一世（Theodosius I）宣布废止所有异端宗教活动。这项法令实质上将基督教确立为罗马帝国的国教。所有其他宗教都被贬为异端邪说，甚至包括基督教的其他分支，例如奥利金*（Origen）的追随者——这些人在亚历山大城被新任主教狄奥菲鲁斯追捕。时至今日，东正教会仍在悼念当年被狄奥菲鲁斯疯狂迫害的10000名僧侣。[4]

391年，所有异教神庙全部关闭，异教崇拜遭到全面禁止。此举也成了417年区利罗一世（Patriarch Cyril）屠杀犹太人的许可证。

册本

基督教仅用两三个世纪便反败为胜，这是一个令人瞩目的大事件。历史的钟摆来回摆动，随着地下发展的基督教运动逐渐掌控帝国的权柄，基督徒也从受迫害群体摇身一变，成为暴民正义的伸张者。让革命成为可能的工具就潜藏在帝国华丽的外衣之下：在亚历山大城、罗马以及其他许多地方，使徒和信徒为了传播上帝圣言而奔走，神圣的文本在寻常巷陌间被编纂装订成册。

新生的基督教和后来的基督教文学流派都在寻求一种全新的表现方式。册本，一种廉价、紧凑的纸卷替代品正是他们所要找寻的，他们毫不犹豫地选择了这种形式。在后来的岁月里，

---

* 奥利金（185—251），又译俄利根，是古代基督教希腊教会神学家，生于亚历山大城。奥利金运用当时流行的新柏拉图主义来阐述基督教神学教义，他的神学思想发展为奥利金主义，引起极大的争论。553年的第二次君士坦丁堡公会议将奥利金主义定为异端。奥利金本人在罗马皇帝德西乌斯进行大迫害期间伤重而死。——译注

皮纸逐渐成为制作书籍青睐的材料，不过从《圣经》诞生之初到 4 世纪，大多数《圣经》仍然写在莎草纸上，而且几乎都是册本形式。在迄今为止发现的所有早期册本中，莎草纸册本占比超 88%。[5]

制作莎草纸册本的方法有好几种；最早的做法是直接从长卷上裁下所需数量的纸张叠放在一起，然后将整叠纸对折装订。这样做出来的书仅有厚重的"一折"（quire）。举例来说，用 60 张纸做出的一本书就是 120 叶的册本（如果在每一"叶"[leaf] 的两面分别标注页码，那么这本书就是 240 页）。这种开本极其笨重，也不方便翻页，尤其是中间部分的页边距往往非常狭窄，但这种形制在早期十分常见。后来的装订方法则是将每一张纸单独对折，累加为一组较薄的折页之后再进行装订，此时一折为 4 张纸，即 8 叶或 16 页。这是一项重大改进，用此法制作的册本可以完全摊开。这种大多数现代书籍依然采用的装订方式被称为"codex binding"（裸脊锁线），顾名思义，这也是法老专属的神圣莎草时代留存至今的遗产。

到这一历史阶段，很多人或许只是将册本当作简单的写字本或笔记本。对于生活在 1 世纪的古罗马人而言，其中一侧边缘用绳索固定的册本就是许多块写板的组合，一页相当于一块木质或蜡质写板。这就是一本木版书（block），或称为册本（codex）——源于拉丁文 caudex，原意是"树干"或"木块"。在马提亚尔的时代，木制书叶（leaf）可能已被皮纸所取代，马提亚尔的某些著作就是用皮纸制作发行的。但在卷本盛行的罗马城，皮纸本还是新鲜事物，是为繁忙的社交达人服务的新式

233

册本和书本的演进（来源：Johnson, 1973）

工具。在仍将莎草纸卷视为正统的人们眼中，刚刚诞生的册本仅当作便携式笔记本，为写在纸卷上的正式文本打草稿之用。

另一方面，也有一些人想要放弃纸卷，改用这种更紧凑的新形制，但他们想要的不是仅仅让写工将文字誊抄到装订好的册本上那么简单。圣格列高利一世著作的刊行充分展现了卷本到册本的转换过程。在成为教皇之前，圣格列高利一世曾在君士坦丁堡做过一系列关于《约伯记》的讲道，宣讲内容先是被简要记录在蜡板上，然后再誊抄到莎草纸卷上，共计 35 卷。590 年，圣格列高利一世成为教皇之后，卷本上的文本被转抄到皮纸册本上，只需 6 册即可。这可以佐证犹他州立大学图书馆馆长理查德·克莱门特（Richard Clement）所阐述的理念。他提出，改良后的皮纸册本固然是理想的最终产品，但是蜡板、莎草纸卷本和册本也各自承担着重要的作用，都是该产业的重要组成部分。因此，成为中世纪图书馆标志的皮纸书籍只是一场漫长演进的最终产物，而莎草纸在这一演进过程中同样扮演着重要的角色。[6]

与传统卷本相比，笔记本形式的册本书写空间更大，体积更小，也更便于取用，而且可以轻松翻找和阅读某一特定的段落。这些重要特点让册本非常适合在基督教重要仪式和祭典活动上公开宣读。随后，就像汤姆·斯丹迪奇所指出的，当基督徒意识到更大书写空间的价值之后，便从笔记本转向更接近书籍的册本。"他们……乐于摒弃'册本只能记笔记，正式文献应当写在卷本上'的传统观念。基督教正式文本的形制从一开始就与众不同，这一事实便是明证。古希腊罗马时代的传统文献缺少标点符号、段落标记和单词之间的空格，看起来就像川流不息的'文字之河'，而基督教文本则用较大字母注明每一段的开头，还有分隔单词的记号、标点、章节符号和页码。所有这些都让普通民众（而不是专业的布道者）更容易大声朗读基督教文本。因此，从卷本到册本的转变可能只是全面抛弃古希腊罗马文学传统的具体表现之一。"

即使改用册本形式，在页面反面写字仍非易事，除非事先将反面打磨光滑。为了充分利用新发明，早期书写者只能硬着头皮在反面写字。后来，埃及造纸者为册本生产出两面都可以轻松书写的特制纸张，这个问题才迎刃而解。不过，抄写员再

235

也不能像处理纸卷那样随意加纸了，因此他们必须尽量准确地估计作品的篇幅。基督徒需要更多更廉价的书籍，他们很愿意忍受早期册本的不足。另外，异教徒——那些仍未皈依基督的埃及人、希腊人和罗马人依然偏爱卷本。从某种程度上说，册本也是区分基督徒和异教徒的元素之一，而基督徒很可能有意扩大这种区别。

斯基特从经济层面对这一问题进行了研究。[7] 卷本只有内侧（正面）可用于书写，而册本纸页的正反两面都可以写字，有人据此提出，早期基督徒改用册本是因为购买纸张的资金有限，这也就意味着他们会充分利用书页的每一寸空间。然而，斯基特在分析册本页面时发现，书写者完全没有考虑节约的问题，某些《福音书》册本完全可以写在相同数量的莎草纸卷上。在一份以挥霍莎草纸而出名的册本中，斯基特发现文字仅占纸页总面积的 30%，其余 70% 都是空白。因此他得出结论，也许其他行业会将莎草纸视为"昂贵的商品"，但书籍制作行业绝对不这么认为。

事实证明，采用册本是明智之举，因为册本形式的《圣经》经得起反复使用，文字内容可以得到更好的保护。原因在于，扁平的册本不像卷本那样中间留有多余的空间，因此不易压坏。于是从 4 世纪至 8 世纪，莎草纸册本被广泛接纳，许多过去记录在卷本上的宗教文本被转抄到了册本上。

在与罗马帝国的早期对抗中，莎草纸册本是满载基督圣言和使徒教义的武器，在危急时刻比笨重的纸卷更容易隐藏。册本便携小巧，适合在非法或秘密举行的临时集会上翻阅。

为了进一步定义早期的册本形制，艾奥瓦大学主图书馆荣誉研究员加里·弗罗斯特（Gary Frost）创造了"非洲册本模式"（the African codex model）这一术语。他敏锐地注意到，这种"在非洲诞生的模式是传播福音者所使用的媒介，在整个罗马帝国内广为流传。莎草纸册本更适合在旅途中、在乡村的露天环境下阅读，而卷本则更适合室内图书馆，这一特点可以充分解释册本在早期基督徒中的兴起与流行"。

弗罗斯特让我们看到册本形制与现代图书贸易中的技术发展存在相似之处，他还将册本与现代平装书进行了比较。册本和现代平装书都没有圆角或背衬，即都没有刻意塑造书脊的轮廓。装订采用矩形布线，最终做好的书籍与录像带或 DVD 盒一样呈方块状。全纸结构，书叶对齐，将封面当作最外层书叶，同样对齐处理，封面与内页裁切成同样的尺寸，这些都是平装书和册本持久不变的共同特征。

正如刘易斯所言，莎草纸当然可以胜任制作册本的任务。早前曾有观点认为，采用册本形式的莎草纸页面更容易受到损坏，而且边缘处很容易撕裂，这一观点已被证明纯属无稽之谈。册本选用的纸张是一切的基础，而久经考验的莎草纸早已被证明是一个很好的选择。刘易斯此前也曾提到过其中的原因：公元前 3000 年到公元 900 年的漫长时间跨度中，莎草纸的生产方式几乎没有改变多少，只是从长期来看，纸张的质量在缓慢地下降。所有证据都表明，在未经精细加工的初始状态下，莎草纸的耐久性绝不亚于古代或现代质量最好的手工纸，甚至可能更胜一筹。在没有任何现代保护技术的环境下，来自 5 世纪拉文纳的文献也能一直保存到今天。

> 古代工坊生产的莎草纸具有以下品质，这些品质可以持续许多年：白色（或略呈浅色），柔软坚韧，表面光滑且有光泽。莎草纸的地位被皮纸所取代并不是因为它缺乏这些品质，而是因为随着时间的推移，其他材质可以更好地满足在不同时间、不同地点和不同条件下写字的需要，并最终迎合了印刷文字的需求。（纳夫塔利·刘易斯，1974）

根据罗伯茨和斯基特的说法，莎草纸文献的制作在 3 世纪迎来了转折：册本与卷本各占据半壁江山。到 5 世纪，卷本仅剩 10% 的市场；到 6 世纪，作为文学作品载体的卷本便消失不见了，与之一同结束的还有罗马人对卷本的热爱。从此以后的 1000 多年里，册本始终处于无法撼动的地位，直到棉纸与印刷技术相伴相生地发展起来，让册本进一步转型为今天的书本样式。

对于商人和官方文件的记录者来说，使用最多的依然是纸卷或单张纸，主要是因为它们便于取用，随手拿一张就可以开始书写。如果使用册本则要先将纸张一页页摊开，写好之后还要整理和装订。这些流程在书籍贸易行业可以接受，但在日常商务活动中就略显烦琐。[8]

10 世纪浆纸兴起之前，人们一直没有找到廉价的替代品。

皮纸和犊皮纸（比皮纸更加细腻）价格昂贵，占一本书制作成本的 23%—38%。⁹ 后来，皮纸和犊皮纸成为新的书写载体，但莎草纸依旧作为书籍用纸而存在，甚至有一些声名显赫的追随者，5 世纪的圣奥古斯丁（Saint Augustine）便是其中之一。他曾为了一封信向自己富有的朋友罗马尼亚努斯（Romanianus）道歉，因为这封信写在犊皮纸而不是更加寻常的莎草纸上。

弗罗斯特指出，初入书籍行业的早期基督徒很快就发现，外表平凡的册本书籍实在是珍贵的恩赐，因为它不仅是一种全新的交流工具，也是加强社会团结的有效机制。册本让超越源文学或文化所在地的"远程学习"成为可能，从而能够将思想传播到中央的控制范围之外。综上所述，莎草纸是古埃及人前往来世的神圣载体，是支持起整个罗马帝国的苇草，摩西等犹太先知曾躲在纸莎草编织的篮筐里躲过劫难。而现在，莎草纸则成了基督教传播过程中的有力工具。

23

君士坦丁堡与漫长的告别

　　到 6 世纪，意大利已成为一潭死水。我们的精神导师卡西奥多罗斯一生的大部分时间都在这样的意大利度过。罗马帝国在卡西奥多罗斯所处的时代就像贝壳一样故步自封。哥特人、匈奴人和汪达尔人将金库劫掠一空，焚烧图书馆，捣毁档案馆，掌握了控制权。卡西奥多罗斯年轻时就已是一位能力过人且勤勉的官员。他从 38 岁起为哥特人效力，很快便在哥特人的政治体制中崭露头角。他与旧政权势力交游甚广，其父曾是西西里和卡拉布里亚（Calabria）行省总督，祖父则是护民官。卡西奥多罗斯善于审时度势，眼光极具前瞻性。亚利桑那州立大学图书管理员、历史学家兼作者詹姆斯·奥唐奈教授（James O'Donnell）是研究卡西奥多罗斯的权威，他将卡西奥多罗斯评价为一个"擅长与权力妥协"的人，同时"非常善于把握时机"，是一个主张变革与创新的人。[1]

　　在狄奥多里克大帝所统治的拉文纳，东哥特人非常欣赏卡西奥多罗斯的文学和法学造诣。身为基督徒的东哥特人接管了

手拿莎草纸册本的卡西奥多罗斯
（来源：*Gesta Theodorici*, 1176）

当地的统治，随之而来的却是一场噩梦：前朝留下了卷帙浩繁
的文献档案，事无巨细地记录着与教会和国家事务有关的一切。
各项事宜似乎都需要冗长而严谨的书面答复。面对雪崩一般汹
涌的莎草纸堆，能找到一位乐于承担此项工作的人，对他们而
言着实是一件幸事。卡西奥多罗斯被任命为意大利的禁卫军长
官，实质上相当于东哥特王国平民政府的首席大臣。他经常奉
命承担重要公文的起草工作。他还留下了大量与公共事务有关
的记录和书信，而莎草纸便是这些文献的载体。与圣奥古斯丁
一样，卡西奥多罗斯认为，莎草纸是世界上最伟大的发明之一。

从空中俯瞰拜占庭时期的君士坦丁堡
（来源：Deli Dumrul·Wikipedia）

卡西奥多罗斯所辅佐的狄奥多里克深受其影响，后来甚至取消了向纸张征税，卡西奥多罗斯认为此举是狄奥多里克统治历史上的一大功德。534 年，意大利的莎草纸供应充足且免征税费，于是，"大量纸张……堆在办公室里，诉讼当事人可以收到详尽的法官判决，既不耽误时间，也不必为书写判决的纸张缴纳漫天要价的巨额费用"[2]。

这是怎样一位人物啊！在哥特人纠缠于战争、斩首、酷刑等血腥活动时，他始终保持着惊人的冷静。如果一个人只读卡西奥多罗斯的作品，很可能会坚信哥特人是一群经常上教堂的温顺教徒。

狄奥多里克年轻的继承人阿塔拉里克（Athalaric）去世于534 年，查士丁尼一世 540 年征服了意大利。经过这一系列变故，卡西奥多罗斯离开拉文纳，前往新的权力中心君士坦丁堡定居。

在卡西奥多罗斯的时代，君士坦丁堡是一座三面环水、高墙拱卫的城市。它是财富、权力和安全的象征，也像罗马一样建立在七座山丘的缓坡之上。站在当年的君士坦丁堡和今天的伊斯坦布尔都可以将博斯普鲁斯海峡（Bosporus）的壮观景色尽收眼底。只要在金角湾（Golden Horn）河口拉起一条锁链，便可切断整条线上的船只交通，保护城市的侧翼。

这是罗马帝国和当时全世界最大的城市。这座城的最高领导者不需要去拜访各地的首都和宫殿。随着地中海东部和西亚的财富源源不断地流入，他们可以踞守在这座伟大的城市里，派出将领率领军队前往各地。[3]

8 世纪，狄奥多西城墙（Theodosian Walls，设有护城河的双层城墙）让城市的陆地防御无懈可击，与此同时，借助一种能在压力下喷射而出的新型燃烧剂——人们称之为"希腊火"（Greek Fire），拜占庭海军将阿拉伯舰队打得落花流水，保卫了城市的安全。

埃及定期运来的谷物、来自印度的香料和异国食材、产自本土葡萄园的葡萄和葡萄酒，以及当地菜园和渔业提供的农产品每天大量运入城内，提供数量巨大的补给。穿城而过的莱克斯河（Lycus River）则为数量众多的地下蓄水池和水库带来充足的淡水。君士坦丁堡牢固的防御工事饱受赞誉，虽然经历过多次围城困境，但这座城市直到 1204 年第四次十字军东征才第一次被军队攻陷。

至于纸张，知名拜占庭学者尼古拉斯·依科诺米狄斯（Nicolas Oikonomides）提醒人们注意，10 世纪的君士坦丁堡仍在进口从埃及海运来的莎草纸。埃及莎草纸仍被视作最经得起检验的书写材料。[4] 他指出，虽然皮纸已被用来制作新书并转抄

241

原先莎草纸册本上的内容，但它依然造价高昂，占一本书制作成本的近三分之一。此外，皮纸的供应具有季节性，皮革原料主要来自绵羊，仅在一年中的特定时间屠宰。此外，皮纸的质量并不总是能达到预期。君士坦丁堡的皮纸经常出现短缺，尤其是在冬季。而莎草纸则可以大批量订购然后储存起来，满足日常使用的需求。迈克尔·麦考密克（Michael McCormick）有一部关于这一时代的简明经济史著作《欧洲经济的起源》（*The Origins of the European Economy*），他在书中写道，840 年教皇文书院囤积的莎草纸数目惊人，其中有一张纸从制造到使用中间整整隔了 38 年。[5] 君士坦丁堡以东的伊斯兰统治者同样也喜欢将莎草纸储存起来慢慢使用。根据历史学家马特·马尔切斯基（Matt Malczycki）的观点，这一时期巴格达的哈里发一直密切关注库房里莎草纸的存量。[6]

就这样，到 10 世纪为止，从盎格鲁－撒克逊人生活的英格兰到巴格达，莎草纸仍能满足世界各地的日常使用和更高层面的需求；即使巴格达在 794 年开设了第一家阿拉伯造纸工坊 [7]，这样的局面也没有改变。这家造纸工坊采用的是在中国造纸术基础之上加以创新的阿拉伯造纸技艺，以亚麻碎布为原料制造纸浆，然后将纸浆倾倒在框架内，等待干燥后揭纸。用这种工艺制作出的直纹浆纸很便宜，但依科诺米狄斯认为其强度不太理想。中国纸以桑皮等木质纤维为原材料，但伊斯兰世界最早造出的纸张则是用亚麻布制成，这是一项因地制宜的实用改良，因为埃及广泛种植亚麻树，盛产亚麻布，尤其是在法蒂玛王朝时期（969—1171 年）。因此，新生的浆纸产业自然而然地成了大规模亚麻纺织行业的附属产业。这个故事最有趣的部分在于，阿拉伯人认真研究中国造纸术之后对其加以改进，巧妙地让纺织工业的大量亚麻废料有了用武之地。数百年间，埃及同时生产着属于基督教世界的莎草纸、盛行于东方伊斯兰市场的浆纸以及足够所有人分享的亚麻布。

君士坦丁堡赶上了浆纸和皮纸蓬勃发展的浪潮，但莎草纸依然用于记录日常事务。依科诺米狄斯告诉我们，帝国秘书处直到9世纪仍然更爱用莎草纸来书写重要文本，例如被称为"圣丹尼纸草书"（Saint Denis Papyrus）的著名信函。在信中，狄奥菲鲁斯皇帝向法兰克人求助，希望扭转地中海地区伊斯兰势力日益强大的局面，或许这就是十字军东征的前奏之一。[8]

到10世纪末，欧洲局势有所改变。翻越阿尔卑斯山将莎草纸运往北方已不再是经济的选择。意大利的莎草纸堆积如山（见图C），但是在阿尔卑斯山以北直到诺森布里亚（Northumbria）一带，法兰克人控制范围内林立的新王国都不得不另谋出路。这些王国不像罗马那样与埃及有着悠久的贸易往来，也许他们也曾效仿乡村牧师，在当地的教堂图书馆中收藏犊皮纸和皮纸制成的册本，尽管这样的收藏造价不菲。总之，为满足日常的书写需求，西欧的新兴统治者开始转向本地出产的媒介，就此与莎草纸渐行渐远。

在英格兰以及欧洲更北部，莎草纸的供应不断减少，濒临消失的边缘。在这里，我们将看到法老的宝藏走到毁灭时所发生的故事。在现代世界，如果我们住在远离杂货店的荒郊野外，那就只能充分利用手边的资源得过且过。在古代也是如此。在罗马帝国的遥远边地、紧靠哈德良长城南端的北英格兰，我们发现自己身处一处名为文德兰达（Vindolanda）的罗马要塞。这里在公元 100 年成为比利时高卢人的军事殖民地，堡垒中的殖民者将附近的原住民称为"不列颠小可怜"。[9]

尽管莎草纸仍然按月派送到文德兰达，《每日纪事》的卷本也定期送到我们手中，好让我们了解世界其他地方在发生什么。然而，在送抵要塞的物资中，纸张的数量越来越少。纸张的主要产地远在千里之外，我们不得不设法利用当地的资源。欧洲其他地区的应对之道是开创皮纸产业；然而在此地，军事设施只是一块小小的飞地，一座被森林包围的要塞，不像其他地方还有修道院等基础设施。日常生活中任何一件可以用木头制作的物品都值得我们感激上帝。指挥官委派一名会做木工的军士为大家提供书写材料。这位军士没有效仿早期罗马人使用树皮内侧的韧皮部的做法——古人将树皮的韧皮部称为 liber，而拉丁文中的书籍一词便发源于此（并衍生为后来英文中的"图书馆"[library] 一词）。相反，这位军士将目光投向当地能够提供浅色木材的树种——桦木、桤木和橡木的边材。

他砍伐合适的树木，锯出一块尺寸大约相当于半张成品单页纸的木块（8 英寸 ×3.5 英寸左右）；将木块浸湿，用一片宽9 英寸、极其锋利的铁刃——可能嵌在短刨木框中固定——沿着木质纹理的方向切割。他很快便刨出一堆厚约 1 毫米的宽大刨片，这就是纸张的替代品。刨出的薄片还需进一步加工，要将它们压在重物下干燥以免卷翘。随后稍加打磨便成了小幅纸张，可以满足日常书信往来以及军队的需要。

每日和每周的账簿、工作手册、临时报告、日常需求清单以及人员物资的每日清点，都必须记录在案。所有这一切都书写在今天所称的"木简"上，不过更恰当的名字或许应该是"木纸"，因为它被用作纸张的替代品，与纸张的用途相同，而且在刚制作出来时很可能也像较硬的铜版纸或明信片一样柔韧。[10]

这些明信片大小的"纸张"的重要价值在于，它们充当着临时的书写材料。但篇幅更长、需要纳入地区官方档案的正式报告仍然写在莎草纸卷上。不过对于其他需求来说，木简已经足够了。

在文德兰达以及哈德良长城西端的卡莱尔（Carlisle）要塞中的发现表明，木简使用广泛，而且有证据表明它们在整个罗马世界都广为人知。3世纪的历史学家赫罗狄安（Herodian）记述皇帝康茂德（180—192年在位）之死时提到这位皇帝之所以招来杀身之祸，是因为皇帝编制的一份危险人物名单遭到泄露，而这份名单正是"写在椴木薄片制成的木简上并弯曲对折"。

木简的故事告诉我们，罗马军队是一台运转极其流畅的官僚机器，同时也进一步让我们看到，少数足智多谋之人如何发挥自己的聪明才智，更好地治理和控制广袤的边疆。

恰如麦考密克所言，在阿尔卑斯山以南，罗马教会机构和教皇法庭延续着圣奥古斯丁和卡西奥多罗斯对莎草纸的偏爱，将莎草纸作为"教皇权力保守文化之象征的一部分"。换句话说，意大利对莎草纸的需求主要建立在神圣教堂礼拜仪式和《圣经》传统的基础之上。传统要求文件必须加铅封（拉丁文中的"印玺"一词为 bulla，由此衍生出的英文 bull 一词可以指称任何重要的教堂文书），用专门的字体写成，采用散文体，打结和折叠的手法都必须符合神圣的规范，这都是为了歌颂上帝、教会和教皇的荣光。其中一项早期传统要求教皇文件必须写在莎草纸上，因此，在教皇法庭里尽管已有皮纸和犊皮纸这样的替代品，但莎草纸仍然是不可替代的书写材料。

除了遵循传统的考量，教会偏爱莎草纸胜过皮纸的另一大原因可能是安全问题。事实上，尽管墨水会牢牢黏附在皮纸或犊皮纸上，通常不能通过擦拭或水洗来去除；但即便是铁胆墨水留下的顽固痕迹也是有办法去除的。皮纸非常坚韧，因此可以直接从表面刮下薄薄一层，抹去原有的字迹。这种的做法在教学实践中应用广泛，叠写纸就相当于中世纪的便笺本，这是一张使用方法类似于小学生写字板的皮纸，不管上面写了什么，只需刮净字迹便可重新开始。中世纪早期的人们甚至用牛奶和燕麦麸擦洗字迹，好将皮纸回收利用。[11] 随着时间的推移，前一次书写的隐约残迹会再次出现，学者可以辨认出当初的文字（他们称之为 scriptio inferior，意思是"下层字迹"）。到中世纪晚期，人们常用浮石粉擦除皮纸表面的字迹，以防原先文本的淡影再度出现，不过这样一来，之前的痕迹便不可挽回地消失了。因此，中世纪早期反复书写的叠写纸在今天反而更有研究价值。

上述这些都不适用于莎草纸，刮擦会在纸上留下破洞或疤痕，用永久性油墨写下的字迹难以去除，篡改文件的难度极大。这就是一些哈里发偏爱莎草纸而不是皮纸的原因之一。若非如此，他们该如何确定自己的臣民或收件人得到的敕令或信件是原始真迹呢？他们并不是唯一有此顾虑的人，教皇也有同样的担忧。这两类人都不愿意放弃使用莎草纸。皮纸用来做书还不错，但并不适用于他们的书信或正式文件。

那时，"教皇诏令"这个词涵盖许多内容：通谕、法令、通知和各类声明都属于这一范畴。最早的诏令写在大幅莎草纸上，而抄录在羊皮纸上的副本通常规格较小。一位 10 世纪的法国作家在谈到从教皇本笃七世（975—984 年在位）那里获得的殊荣时表示，前往罗马请愿的人可以获得一份由掌握使徒权柄的主教批准寄出的敕令；敕令一式两份，一份写在皮纸上，另一份写在莎草纸上。这位作家将它们当作罗马的纪念品收藏起来。[12]

令人难以置信的是，古埃及异教徒眼中的神圣苇草如今在天主教会中竟然得到了同样的祝福和敬重。莎草纸一直拥有特殊的地位，直到 1083 年最后一封写在莎草纸上的文书墨迹干透——那是著名拜占庭政治家、军事指挥官和教会赞助人格里高利·帕克利亚诺斯（Gregory Pakourianos）创作的《礼仪典章》（Typikon）。到那时，欧洲已将皮纸作为主要书写媒介，教会也随之效仿。到 12 世纪末，帖撒罗尼迦的优斯塔修斯（Eustathius of Thessalonica）不禁抱怨莎草纸"在不久前"消失得无影无踪。[13]

在东方的伊斯兰世界，经过改良的浆纸最终成为首选的书写媒介，主要是因为这种纸张表面质地更加均匀，可以在两面书写，更便于制成书籍。最后一份写在莎草纸上的阿拉伯文文献出现在 1087 年，同样在 11 世纪，用直纹纸书写的阿拉伯文手稿不断涌现。[14]

大型图书馆与书籍贸易

君士坦丁堡图书馆注定要成为足以与亚历山大图书馆和罗马图书馆相媲美的后起之秀，不同之处在于它从一开始就是一座基督教图书馆。361 年，皇帝尤里安（Julian）将 7 名抄写员交由图书管理员领导，以示对图书馆建设的支持。政治家与哲学家忒弥修斯（Themistios）的关注也让这座图书馆受益匪浅。忒弥修斯曾为君士坦提乌斯、尤里安、约维安（Jovian）、瓦伦提尼安一世和二世（Valentinians I and II）、瓦伦斯以及狄奥多西一世等数位拜占庭皇帝效力，388 年去世之前，还曾担任过君士坦丁堡的地方行政长官。

从世界文学的角度来看，忒弥修斯的重要贡献是致力于保护早期希腊作者的作品。忒弥修斯本人就是一位很有名望的非基督教希腊人，当时的基督教会愈发敌视对异教书籍的研究，他动用自己强大的影响力和说服力，倾尽所能拯救异教经典——其中有些异教书籍依然写在莎草纸卷上。

477 年，皇帝巴西利斯库斯（Basiliscus）在位期间，君士坦丁堡图书馆在城内爆发的一场大火中焚毁（我们不禁想起尤利乌斯·恺撒和亚历山大图书馆的轶事），此后又得到修复和扩建。后来的图书馆拥有一支人数众多的书写人员和图书管理员组成的团队，他们脚踏实地、笔耕不倦，等卡西奥多罗斯来到君士坦丁堡时，据说这座图书馆的藏书已超过 10 万卷。[15]

火的作用

在图书馆的发展道路上，火始终如幽灵一般如影随形。如果莎草纸是遗忘的强敌，那火就是遗忘的盟友。从最早的图书馆存放莎草纸卷的方式上，我们很容易看到干燥、易燃、轻便的纸卷堆叠在一起，纸卷之间充满空气，简直是理想的引火物。后来的皮纸书卷和浆纸制成的书本也好不到哪儿去。下面这份大名鼎鼎的图书馆火灾名单[16]列举了自纸质档案诞生以来发生的历次大型火灾：亚历山大图书馆（前 48 年）遭焚毁，罗马图书馆火灾（分别发生在 64 年、80 年、192 年、203 年和 393 年），古叙利亚地区的安条克图书馆大火（364 年），君士坦丁堡帝国图书馆大火（分别发生在 477 年、726 年、1204 年和 1453 年），印度那烂陀寺图书馆火灾（1193 年），受灾面积巨大的英格兰伯明翰图书馆大火（1879 年，5 万卷藏书只抢救出 1000 卷），以及德国魏玛的阿马利娅公爵夫人图书馆火灾（2004 年）——85 万卷历史藏书在这场大火中损失惨重：至少 5 万卷藏书彻底焚毁，6.2 万卷严重受损。

就连美国国会图书馆也曾遭受火灾蹂躏。第一次是 1814 年被英国军队放火，后来 1851 年 12 月 22 日再次失火，当时那场大火烧毁了 35000 册书籍，占图书馆全部藏书的约 2/3，杰斐逊总统最初捐赠的藏书也有 2/3 葬身火海。1852 年，美国国会拨款 168700 美元（相当于今天的 500 万美元）用于更新焚毁的书籍。

导致火灾的原因五花八门，有些是人为纵火，有些则是放大镜聚焦日光引燃书页——位于英格兰诺瑟姆的图书馆就发生过这样的事件。战争和革命也让书籍损失惨重，比如2011年位于开罗的埃及科学研究所遭遇的火焰弹袭击。该研究所奉拿破仑·波拿巴之命创立于1798年，旨在推动埃及科学研究的进步。几个世纪后的这场火灾造成了巨大的破坏：14万册书籍散佚，占20万藏书量的近70%。

早期阅读时显然要小心油灯的明火，但是历史上图书馆火灾中出现最频繁的诱因之一却是看似无害的防霉措施。图书管理员发现潮湿环境下的莎草纸卷很快就会发霉，因此格外重视图书馆的布局，设法加强馆藏空间的新鲜空气流通。然而事实证明，流通的空气极易让火势从一层蔓延到另一层，因此一旦失火，往往会烧毁整座图书馆而不是某一小片区域。

由此可见，在为预防图书馆火灾而引入的所有新型技术中，最关键的就是截断与外界相通的气流，使用空调系统来抑制霉菌滋生。

古籍的传播

君士坦丁堡图书馆分别在726年和1204年遭遇火灾，最后一次失火则是在1453年城市被奥斯曼帝国军队攻破时。这几场火灾加上罗马和亚历山大城数不胜数的大小火情，让世界文学付出了惨痛的代价。然而，挪威古典文献学家克努特·克莱夫（Knut Kleve）告诉我们，忒弥修斯、托勒密王室成员、热爱书籍的罗马和拜占庭皇帝以及成千上万名早期图书管理员、政府官员、写工和哲学家的努力并没有白费。在他们所生活的时代，人们从帝国各大行省前来拜访这些伟大的图书馆，除了查阅藏书，他们还将藏书抄本带回家进一步抄录和珍藏，历史的脉络因此得以延续。

经过二次抄录的卷本、册本和书目索引辗转传播，有许多最终流落到地处偏远却深藏不露的古代图书馆中，比如希波、恺撒利亚、锡尔塔（Cirta）、阿瑞塔斯（Arethas）、赫库兰尼姆、庞贝、尼西比斯、依丽亚、卡帕多西亚、阿索斯山（Mount Athos）、斯奎拉切、艾弗杰蒂斯（Evegetis）、拔摩岛（Patmos）和西西里岛等地。在埃及，数千座小型和大型修道院在东部沙漠和西部沙漠拔地而起，这些"沙漠神父"便是后来西欧修道院隐修会的雏形。在下一章中我们将看到，古代文献在这些偏远贫瘠的干旱地带如何被一遍遍地抄录复制。展现基督教时代书籍贸易概况的图表（见彩色插页第5页）对当时的情况进行了总结。与更早之前的罗马时代相比，书籍贸易显然已经发生了巨大的变化。

在基督教时代的鼎盛时期，欧洲和阿拉伯世界对同一批作品产生了需求。这些作品在东方被翻译成叙利亚语、希伯来语和阿拉伯语，在西方则被译为拉丁语。埃及古老的修道院和欧洲新建的修道院所承担的文字工作充分展现出卡西奥多罗斯哲学思想的深远影响——在为修道院和大学机构创作的经典《宗教与世俗教育指南》（*Institutiones Divinarum et Saecularium Litterarum*）中，他大致介绍了自己的哲学理念。这本指南是中

249

世纪早期最重要的教科书之一。在书中，卡西奥多罗斯有理有据地阐释了全面教育的重要意义，同时雄辩地阐释抄录和制作书籍绝不是地位次要的劳作，而是一种生命体验。想必这位热爱书籍和书写的学者走出自己的图书馆时，常有步入蒙昧的侏儒世界之感。直到很多年以后人们才理解，正是他树立的榜样——加之教皇圣格列高利和圣本笃会的直接干预——才让书籍的制作和保存成为西方修道院制度中不可或缺的组成部分。[17]

今天，我们必须感激修道院抄写员的辛勤工作，几乎所有幸存下来的古代世俗和神圣文学都是他们的劳动成果。在下一章中，我们将深入研究莎草纸帮助他们实现这一目标的具体方式，尤其是莎草纸在最早一批修道院中发挥的作用——机缘巧合，这些修道院恰好位于埃及，而且恰好靠近主要的纸张原产地。

在世界其他地区，随着新一代蛮族在 6 世纪占领文明世界，读写活动、书籍制作以及罗马帝国的经济都逐渐走向衰落。罗马城中的书商不得不清理库存，开始推销旧书——旧书现已成为一种稀有商品。艾弗林教授告诉我们，为了满足市场对旧书的需求，书商会伪造古籍，将书籍——现在主要是册本——埋进土里做旧。从意大利修道院窃取的手稿以及私人和公共藏书中幸存的书籍都开始出现在市场上。[18] 为英格兰修道院和加洛林王族服务的教会与皇家购书者走遍各地，疯狂抢购各种书籍。对书籍的需求不断增长，因为在这一时期，过去由中世纪僧侣承担的教育职责开始逐渐转向最早出现的大学机构。不过到此为止，让这一切成为可能的书写媒介——莎草纸已经成为回忆。

旧书贵重如金，伪造是否有罪？

莎草纸逐渐减少直至最终消失的后果之一是，既然不再有新的纸张，老旧莎草纸便身价大涨，几乎成为一种奢侈品。到了中世纪，超乎人们想象的事情发生了。英国耶稣会士赫伯特·瑟斯顿神父（Father Herbert Thurston）为 1908 年版《天主教百科全书》（*Catholic Encyclopedia*）贡献了许多内容，根据他的看法，教皇文书和其他文件曾遭到不择手段的篡改。据此，他认为教会图书馆的一些早期文献十分可疑，有些甚至显而易见是伪造的。瑟斯顿神父强调，伪造文件的动机往往不是为了犯罪，许多篡改者这样做只是为了保护修道院的财产。地契文书时常遗失，或者放错地方，或者字迹难以辨认，让爱好和平的神父平白受害或者遭到敲诈勒索。为了重新确认手中文书的效力，他们可能不得不支付一大笔不必要的金钱，甚至可能更糟，有些野心勃勃的神职人员急于扩大本家族的势力，甚至会胁迫神父出具效力有瑕疵的文书。

以位于第戎（Dijon）的圣贝尼涅修道院（Abbey of Saint Benignus）为例。修道院始建于 511 年，后于 1325 年重建，成为法国国家文化遗产、著名的第戎大教堂，勃艮第公爵、绰号"好人"的腓力三世（Phillip the Good）便长眠于此。这样一个地方似乎没有不法行为的容身之地。然而瑟斯顿神父指出，修道院图书馆中有两份据称是教皇若望五世（Pope John V）和塞

250

尔吉乌斯一世（Pope Sergius Ⅰ）分别写给修道院的莎草纸教皇诏书，起初被当作真迹收藏，后来却被证明是赝品。它们实际上是由后来的若望十五世（John XV）在 995 年写给修道院院长的一封教皇诏书篡改而成的，这份教皇诏书的一半页面空白无字，有人便裁下空白部分，将白纸分成两半，以最不符合基督教教义的方式滥用神圣的古代纸张。不过，在这起案例以及其他许多案例中，伪造教皇诏书的目的究竟是什么，始终令瑟斯顿神父百思不得其解。[19]

圣丹尼修道院（monastery of Saint Denis）是另一个例子。这座修道院位于巴黎以北约 4 英里的一座小镇上，是巴黎第一位主教圣丹尼的埋骨之地。630 年，国王达戈贝尔（King Dagobert）为本笃会僧侣创办了这座修道院，他的继任者一直大力支持修道院的建设，直到成为全法国最富有、最重要的修道院之一。750 年，查理大帝在这座修道院内新建了一座礼拜堂，据说基督耶稣曾在这座礼拜堂的祝圣礼中显灵，足以证明这座修道院的重要性。它是法国历史的标杆，好几个世纪里历任修道院院长都是全法兰西最有权势的大贵族。国王路易七世率军参与十字军东征期间，圣丹尼修道院的院长在法国摄政。圣女贞德在 1429 年收复了这座教堂。[20]

251 与之前一样，谁会想到这样一个地方会存在任何不当之举呢？

根据美国新泽西州普林斯顿高等研究院历史学家帕特里克·吉尔里（Patrick Geary）的说法，今天圣丹尼的档案中存有 19 份具有重大历史研究价值的莎草纸文献，但我们知道在 17 世纪还曾存在过另外 3 份文献，其中一份是伪造的国王达戈贝尔捐赠书，一份是伪造的教皇斯蒂芬二世（Pope Stephen Ⅱ）诏书，还有一份是伪造的忏悔书（*Confessio Genechisel*）。此外他还指出，教皇尼古拉一世的诏书即便不是 9 世纪伪造的赝品，最多也不过是一份得到教皇法庭授意并加盖铅封（印玺）认可的复制品！这表明教会高层也参与其中！

是什么让他们做出这样的事？原因之一当然是梵蒂冈坚持使用莎草纸书写重要文件。存有大量纸卷的图书馆是最适合寻找古旧纸张的地方。吉尔里告诉我们，在 11 世纪，伪造已成为圣丹尼的悠久传统，伪造的作品甚至被奉为经典。而且"很多文件之所以能被保存下来，无一例外只是因为找不到新莎草纸的时候，可以用这些旧纸来编写文书诏令……"[21]

这种做法一直持续到当代。2012 年，一张 1.5 英寸 ×3 英寸的莎草纸重现世间，哈佛大学神学院的凯伦·金教授宣称，这片残纸上写有这样的文字："耶稣对他们说：'我的妻子……'"随后关于这张纸是伪造品的说法更是引起了轩然大波。不过，这并不是我们第一次听到耶稣曾经结婚生子的言论；大约 15 年前，《达·芬奇密码》的读者早已得知耶稣曾有妻子的秘密，向他们揭示这一点的不是教会神父，而是丹·布朗（Dan Brown）。得知金教授的发现，《达·芬奇密码》的 2 亿读者一定会说"我早就知道是这样！"他们会毫不犹豫地相信这一小片莎草纸上的内容。对他们来说，这张纸无疑是真品。

新闻稿的权威性让这份文献异常令人瞩目，发布者来自哈佛大学，而且姓金 *。有如此贵重的姓氏加持，这样的消息实在

---

* 凯伦·金的姓氏 King 在英文中意思是"国王"。——译注

很难忽略。

但对我而言，直到新闻提到莎草纸的那一刻，我才相信发布者所言不虚。而我也再次理解了麦克卢汉的话：媒介的确就是信息本身。为什么？因为所有检验这张纸片的专家都认为它是真品——纸张确实是古纸。任何一位对这张残纸进行碳年代测定或物理检测的人都不得不承认："没错，这是一份 8 世纪的文献。"普林斯顿大学宗教学教授安娜玛丽·路因狄克（AnneMarie Luijendijk）认为，就连墨水的年代也很古老，她说："通过墨水渗透在莎草纸上的状态可以看出这一点。"

这样一来，墨水和纸张都已验明正身 [22]，也就是说，它们确实非常古老。直到其他专家检查纸上的科普特文字时，才发现作假的蛛丝马迹。罗马大学的阿尔贝托·坎普拉尼（Alberto Camplani）为此撰写了长篇分析文章（被梵蒂冈引用），阿卡迪亚神学院的克雷格·埃文斯（Craig Evans）、杜伦大学的弗朗西斯·沃森教授（Francis Watson）和布朗大学的莱奥·德皮特教授（Leo Depuydt）也对此进行了研究，他们都认为这是现代人从其他已知科普特文献中摘取字句拼凑而成的文本，只不过是写在古老的莎草纸上。

为了打压耶稣曾有妻子的说法，梵蒂冈举双手赞成教授们的结论，因为天主教的正统观念认为耶稣从未结婚，而且由于他的使徒都是男性，女性也不能担任牧师。他与抹大拉的玛丽亚结婚生子的说法可能带来数不清的麻烦。但是在许多年以前，教会成员偏偏也与所谓《耶稣妻子福音书》（*Gospel of Jesus's Wife*）的作者做过同样的事——不为发财，而是为了达到某种目的伪造莎草纸文件！

在这片残纸被篡改之前，罗马教会的成员很可能早就在从事伪造活动。历史悠久就可以原谅吗？瑟斯顿神父的回答是，完全不可以。他郑重表示："毫无疑问，有些伪造的动机并不那么值得颂扬——比如出于野心想要提高本家族的名望，而……对待这一问题的原则普遍过于宽松……"

我们接受的教诲一直是"不要随意抨击他人，除非自己问心无愧、清白无辜"，现在我们又该何去何从呢？根据一些人的说法，《耶稣妻子福音书》即使是在昨天刚刚写成的，也与《新约》中的任何篇章一样真实有效。他们会说，《耶稣妻子福音书》的神秘作者无意中帮了我们一个忙，而他或她所使用的手法对于古老的教会来说并不陌生。

对于基督徒而言，这部新福音书"让人得以一瞥基督教发展历程中某个原本秘而不宣的时刻……"另外，根据《卫报》作者汤姆·霍兰（Tom Holland）的说法，这部福音书还"提醒人们，宗教如何无视杂乱的事实，巧妙地删繁就简，让权威认证的历史为自己所用"[23]。

啊，莎草纸。

253

24

道路的尽头与怛逻斯之战

怛逻斯之战 * 只是一场战役而已。但有些人试图将其定性为历史的转折点——经此一役,阿拉伯人掌握了用碎布或木浆造纸的秘诀,从此开始以我们今天所熟悉的方式制造纸张。故事发生在 751 年的夏天,地点在现今哈萨克斯坦与吉尔吉斯斯坦边境附近的塔拉斯河畔,唐军被阿拔斯王朝 ** 创建者萨法赫(As-Saffah)的部队击败。被俘军士中有人因擅长制作中国纸而得到赦免。而莎草纸也因此与 8000 名中国将士一起走向生命的终点。

---

* 怛逻斯,今称塔拉兹(Тараз),是哈萨克斯坦江布尔州首府,位于该国南部塔拉斯河畔。我国史书中关于这场战役的主要记载有:

高仙芝伐石国,于怛逻斯川七万众尽没。(杜佑《通典·卷一八五·边防序》)

勃达岭北行千余里,至碎叶川……其川西南头,有城名怛逻斯,石国大镇,即天宝十年,高仙芝兵败之地。(杜环《经行记》)

仙芝闻之,将蕃汉三万众击大食,深入七百余里,至怛罗斯城,与大食遇。相持五日,葛罗禄部众叛,与大食夹攻唐军,仙芝大败,士卒死亡略尽,所余才数千人。(司马光《资治通鉴卷》二〇六,引自《唐历》)——译注

** 阿拔斯王朝(Abbasid Caliphate),《旧唐书》《新唐书》等史书称之为"黑衣大食"。——译注

波士顿学院研究这一时期纸张的专家乔纳森·布鲁姆告诉我们，上述观点是对这一历史事件的过度解读。[1] 阿拉伯人并非直到此时才第一次见到或听说中国纸。布鲁姆在其精彩的著作《印刷术以前的纸：纸张在伊斯兰世界的历史及影响》(*Paper Before Print: the History and Impact of Paper in the Islamic World*)中写道，中国纸在怛逻斯战役之前便已在该地区出现。事实上，布鲁姆认为，撒马尔罕（Samarkand，位于今天的乌兹别克斯坦境内）很可能在这场战役爆发前数十年就已开始使用甚至制造纸张。

因此，阿拉伯人在赢得怛逻斯之战后更关注的显然是其他问题，比如如何开发利用这一地区蕴藏的资源。随着先知穆罕默德的去世和哈里发的崛起，阿拉伯人逐渐建立起一个广袤帝国，尤其是在苏丹欧麦尔统治时期——634 年登基成为正统王朝时代的哈里发[*]。

10 年后，苏丹欧麦尔去世时，阿拔斯王朝已将伊比利亚地区（西班牙的大部分）、今伊朗和伊拉克一带、阿拉伯半岛、叙利亚、埃及、黎巴嫩、以色列、约旦、高加索地区、土耳其大部、部分中亚和巴基斯坦纳入帝国版图。

苏丹欧麦尔是史上最有影响力的哈里发之一。我们在前文中已经领略过他的风采，正是他派遣阿慕尔·伊本·阿斯将军

---

* 正统王朝时代（Rashidun Dynasty），是指先知穆罕默德逝世后，巴克尔、欧麦尔、奥斯曼与阿里四位哈里发自 632 年至 661 年相继执掌阿拉伯伊斯兰国家政教大权的时期。四大哈里发均通过民主选举或推举产生，获得大多数穆斯林的认可，故这一时期也称为哈里发国家的"神权共和时期"。——译注

255

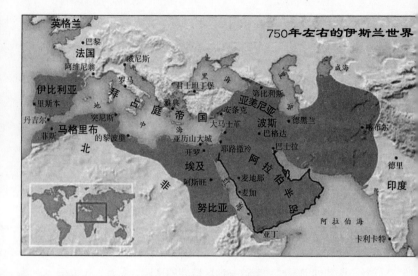

图 7　750 年左右的伊斯兰世界
（来源：The Muslimah Feed–WordPress.com）

出征埃及。642 年阿慕尔将军抵达亚历山大城后，曾就如何处理图书馆收藏的数万莎草纸卷征求欧麦尔的意见。他命令阿慕尔摧毁那些藏书。[2] 抛开他对世俗文本的蔑视不谈，欧麦尔还算得上是一位以虔诚和公正闻名的法学家。

从此以后，埃及总督开始以正统哈里发的名义进行统治，那时哈里发仍以大马士革为都城。在本书研究的范围内，苏丹欧麦尔的统治最令我们感兴趣的地方在于，他不仅掌控着一个浩瀚的帝国，而且与亚历山大大帝和古罗马人一样控制着整个西方世界的纸张生产。莎草纸出口在阿拉伯人统治埃及期间有增无减，可见莎草纸在当时仍然是一种贵重商品。早在伊斯兰世界的黄金时代到来之前，莎草纸便拥有不断扩张的广大市场：

维持帝国正常运转、起草商业文书和留存档案记录都要用到莎草纸，对埃及的统治显然在某种程度上迎合了这方面的需求。阿拉伯人对纸张的需求量绝不逊于曾经的罗马帝国和拜占庭帝国。掌控纸张的来源地不仅让阿拉伯人实现了市场垄断，也可以更好地满足其自身的各种需要。

当欧麦尔的正统哈里发王朝被倭马亚王朝（Umayyad Caliphate，661—750 年）取代后，局面并没有改变，商旅和学者可以轻松穿越欧亚大陆西部，进一步拓展商贸活动和学术研究。而先知穆罕默德的教诲也鼓励所有人学习读写。在这一切活动中，莎草纸始终恭候在侧。

时间来到 749 年，倭马亚王朝被阿拔斯王朝推翻，新政权的第一任哈里发萨法赫将库法（Kufa）设为伊斯兰帝国的新都城。大马士革持续好几个世纪的统治地位宣告结束。萨法赫登基后的第一件大事便是在塔拉斯河畔与中国军队开战。怛逻斯一役得胜后不久，萨法赫的兄弟曼苏尔（al-Mansur）接过朝政大权。曼苏尔又将都城迁往位于库法以北约 110 英里的新城巴格达。曼苏尔在登基几年后参观了皇家库房，决定储备尽可能多的莎草纸。他担心一旦莎草纸用尽，文官们将不得不在他们"不熟悉"的材料上书写。[3]

伊斯兰黄金时代开始于曼苏尔时期，繁荣发展的势头一直持续到 786 年至 809 年拉希德（al-Rashid）统治时期。拉希德在巴格达设立的"智慧宫"（House of Wisdom）积极收集各地经典，成为汇聚全世界知识精华并将其翻译为阿拉伯文的中心。智慧宫尤其注重科学、医学、数学和天文学，其中一些启蒙知识传播到西方之后产生了意料之外的影响。知识重新点燃了学术的火花，最终让掌控在基督教手中的欧洲走出黑暗时代，迎来了文艺复兴。[4]

在上述进程中，许多书籍需要誊抄在皮纸上，但也意味着莎草纸在商业和书信写作中的应用越来越广泛。有趣的是，早期伊斯兰书籍相对而言极少使用皮纸。已故的哥本哈根大学东方语言学教授约翰内斯·彼泽森（Johannes Pedersen）认为其中的原因在于，皮纸是一种昂贵的书写材料。莎草纸始终是相对廉价的替代品，不过，直到伊斯兰帝国征服埃及、穆斯林接管莎草纸产业之后，莎草纸才成为阿拉伯文写作者的日常用品。我们知道，先知穆罕默德时期（约 7 世纪 30 年代）的阿拉伯半岛对莎草纸已经有所了解，因为《古兰经》中提到某些启示就写在莎草纸上。真主曾对先知说：假若把一部写在纸上的经典降示给不信道的人，而他们用手抚摩它，那么，不信道的人依然会否定真主的启示（《古兰经》第 6 章"牲畜"第 7 节）。[5]

从那时到今日，已有数千份阿拉伯文莎草纸现世。彼泽森称其中大部分是官方公文、法律文书、收支账簿和税收单据等。文学作品也有一些，但寥寥无几。他还告诉我们，有些哈里发偏爱莎草纸胜过皮纸，因为皮纸上的字迹便于刮擦，而用永固墨水在莎草纸上写下的字迹几乎不可能擦除。当时的阿拉伯写工使用的是以硫酸和五倍子调制的墨水，耐久性相当好。因此，用莎草纸书写可以保证人们收到的哈里发信函是未经篡改的真本。

从 800 年开始，阿拉伯文学在整个伊斯兰世界范围内发展势头强劲，由此催生出对书写材料的空前需求。彼泽森告诉我们，在阿拉伯文学高速发展时期（约 900 年），皮纸、莎草纸和浆纸均有使用。同样在这一时期，阿拉伯人已经在制作中国纸，并且供应充足。阿拉伯人因地制宜地改进了制造浆纸的方法，主要是用碎亚麻布代替植物纤维。虽然这种纸的质量日渐提高，但使用范围仍然有限。也许曼苏尔不愿放弃莎草纸只是出于"静观其变"这一普遍心理。

因此，从盎格鲁－撒克逊英格兰到巴格达的广大范围内，莎草纸直到 10 世纪依然属于日常用品，即使 794 年第一家阿拉伯造纸工坊在巴格达开工，局面也没有发生改变。在这段过渡时期，莎草纸仍然是颇受重视的书写材料，836 年迁都至底格里斯河畔城市萨马拉（Samarra）的阿拔斯王朝哈里发穆斯台绥木（al-Mu'tasim）甚至不远千里从开罗传召莎草纸制造者，以此促进当地造纸产业的发展。但是，随着萨马拉城在 949 年走向衰落以及阿拉伯浆纸的不断改进，哈里发的努力终归落空。现在，造价低廉的阿拉伯浆纸需求量很大。这一时期的阿拉伯人已经开始逐渐放弃莎草纸。在埃及制造莎草纸 4000 年之后，与新生的替代品相比，成本偏高的莎草纸已经不再值得投入。[6]

中国纸

同许多改变世界的发现一样，中国的造纸术来源于一个简单的现象，简单到让你不禁纳闷古人为什么没有早点发现它。常见的说法认为，东汉宦官蔡伦在 105 年[*]向汉和帝介绍造纸工艺[7]，成为浆纸发明的标志。在更早的商（约前 1600—约前

---

[*]　公元 105 年，即东汉和帝元兴元年。——译注

1050 年）周（约前 1050—前 256 年）时期，文献写在兽骨或竹片上，编连成可卷起的书简，沉重笨拙，难以携带。作为简牍替代品的缣帛则太过昂贵，不适合日常使用。[8]

蔡伦的记载将造纸胡蜂或大黄蜂奉为真正的浆纸发明者。亚洲造纸胡蜂的蜂后用颚从篱笆、原木甚至木板上啃下木质纤维，然后将木质纤维嚼碎，再用唾液和水分浸泡这些纤维。随后，蜂后飞向选定的筑巢点，口腔里满含着软化的木浆，以此为原材料筑起灰色或棕色的纸质防水蜂巢。建成较大的巢穴后，她还会建造出巢孔，在孔室中产下未受精的卵，这些卵孵化出的便是工蜂。工蜂会筑造更多纸质巢孔，而蜂后则会转而操持蜂巢中的其他事务。[9]

如果古人试着仿照这一过程偶然造出浆纸的雏形，那就意味着他们必须模仿这些昆虫对原材料进行咀嚼加工。更重要的是，他们还要设法还原下一个步骤：胡蜂将咀嚼后的糊状物塑造成六角形巢孔，或者像大黄蜂那样将木浆一层层铺开干燥，最终筑成一个橄榄球大小的蜂窝。无论如何，蜂巢很可能就是早期浆纸制造者的灵感来源，模仿蜂巢制作出的成果便是近期在甘肃敦煌发现的一张历史有 2000 年之久的浆纸，纸上的字迹依旧清晰可辨，字迹断代可追溯到公元前 8 年 *。[10]

制作早期浆纸的原材料是构树（Broussonetia papyrifera）的韧皮部，将树皮捣碎与水混合，即可得到与胡蜂咀嚼物类似的糊浆。中国造纸者有时会添加平日收集的旧渔网、破布和碎麻

---

*　公元前 8 年即汉成帝刘骜绥和元年。——译注

布等废料,一起捣制成浆。不过最主要的原料还是木材或植物纤维。

经过反复捣制、搅拌和蒸煮,将制得的纸浆倒出,用细密的竹筛模具捞浆,细腻的纸浆便沉淀在捞纸的模具上。将水分挤干或进一步干燥之后即可从模具上揭下完整的纸,经过打磨抛光便可制得真正意义上的纸张。整个过程在中国的造纸坊如火如荼地展开,每周可生产数千张。

3世纪的中国人不仅将纸张用于书写和雕版印刷,还用纸来包装物品,皇家贵胄甚至还用上了洁面纸和厕纸。一位游访中国的阿拉伯旅行家曾在851年记录下他看来十分新奇的中国传统:"(中国人)如厕后不用水清洗,只用纸拭净。"但并不是所有的纸都可作为此用。在更早以前的589年,北齐文官颜之推曾写道:"故纸有《五经》词义,及贤达姓名,不敢秽用也。"[11]

阿拉伯人意识到,用碎布代替木质纤维可以提高纸张的品质。随后他们又发现,利用水磨粉碎原材料不仅可以提高效率,还能改进质量。阿拉伯人的水磨多建在流速平缓的浅水河上,因此造纸工坊的水轮必须水平摆放,由来自水库的水提供动力。[12]如此改进的成果就是,纸张的每日产量迅速提升,完全超出了他们的预期。

阿拉伯人利用施胶工艺让纸张品质更上一层楼,即覆盖涂层让纸张表面更硬。在法蒂玛王朝时期(969—1171年),埃及地区尤其重视施胶工艺的使用,在浆纸的制作过程之中或之后添加液态施胶剂。[13]今天的造纸工业仍在使用施胶剂降低纸张的透水性;美国造纸工业每年要消耗170万吨施胶剂。[14]这些改进

260

大大提高了浆纸的吸引力，尽管莎草纸依然用于商业活动和书信往来，皮纸也依然用于制作《古兰经》册本，但浆纸已然成为阿拉伯国家日常书写的首选媒介。

在可以确定年代的阿拉伯纸中，最早的文献是写于 874 年的一封信，随后是 900 年的一份合同以及 909 年的一张收据。[15] 通过分析维也纳爱泽佐格·莱纳纸品收藏馆（Erzherzog Rainer Paper Collection）中的藏品（主要是在埃及发现的纸张），我们可以看出浆纸一步一步取代莎草纸的过程。719—815 年间的 36 份文献全部写在莎草纸上。在下一个世纪（816—912 年），莎草纸文献为 96 份，写在阿拉伯浆纸上的文献为 24 份。到 10 世纪（913—1069 年），只有 9 份莎草纸文献，浆纸文献则多达 77 份。馆藏中最晚一份莎草纸文献的年代确定为 936 年。[16]

在阿拉伯纸出现后的 170 年，即 1074 年，西班牙穆斯林在胡卡尔河（Jucar River）附近建了全欧洲第一家生产浆纸的造纸工坊。这家工坊有 30 名雇工，使用水轮驱动的锤式粉碎机粉碎原材料。在那之后，罗马、奥弗涅（Auvergne）和纽伦堡（Nuremberg）纷纷出现造纸工坊。英格兰在 1490 年也终于建起自己的造纸工坊，此时距离巴格达出现第一家造纸工坊已经过去了 700 年。

基尔戈认为浆纸推广如此缓慢的主要原因是品质太差。即便到了 14 世纪，价格较为低廉的纸张还是很脆弱，表面粗糙，会大量吸收水基墨水。也许这就是为什么在 1035 年的开罗市场上，蔬菜、香料和五金件都用浆纸包装：它比莎草纸更柔韧易折，可以作为"一次性物品"使用。[17] 已故的哥伦比亚中文教授卡特告诉我们，一位波斯旅行家在 1040 年左右记录了让他大开眼界的景象："在开罗售卖蔬菜和香料的商贩身边都备有纸张，他们卖出的所有商品都包在纸里。"用来包装商品的纸张属于很廉价的品类，造纸原料来源更是让人不寒而栗。根据一位巴格达医生 100 多年后的记载，卡特揭示了杂货商所用包装纸的来龙去脉："贝都因人和阿拉伯农夫在古代墓葬群里搜寻包裹木乃伊的布条。当他们发现这些布条不能用来给自己做衣服时，便将它们卖给造纸工坊，在工坊里制成纸张运往食品市场。"

不过，局面很快就会再次改变，因为阿拉伯世界的造纸者意识到，他们的纸张必须适应欧洲市场的需求。欧洲人抱怨这种新型纸的质量太差，但这些抱怨似乎与纸张本身无关，因为中国人、阿拉伯人和波斯人从 800 年开始就用这样的纸张书写而没有任何问题。事实上，当地书法家很喜欢本地纸坊出产的表面柔软的纸张。中国人使用的毛笔和特有的墨，与纸张相得益彰；阿拉伯人和波斯人所用芦秆笔的书写效果也很不错。西方人抱怨纸张的真正原因在于，他们使用的是羽毛笔。

纸张的打磨与羽毛笔

古埃及人使用芦苇刷头笔在莎草纸上写字作画，而古希腊人和古罗马人则使用尖头芦秆笔。羽毛笔最早出现在西班牙的塞维利亚，是 7 世纪至 19 世纪首选的书写工具。[18] 欧洲人发现羽毛笔不仅书写方便而且可以提高书写速度，似乎更符合时代潮流，手工削尖的羽毛笔便逐渐成为主要的书写工具。这在莎草纸逐渐被皮纸取代的过渡时期没有任何问题。这种笔在纸面硬挺的皮纸和莎草纸上写字都很轻松，让写工觉得书写流畅是一件理所当然的事。唯有当羽毛笔的笔尖触及早期阿拉伯纸或中国纸松软的表面时，麻烦才显现出来。

当意大利造纸商推出一款硬面浆纸时，西方的写工、作家、出版商和抄写员都在犹豫，不知这款新纸是否好用。好在这款纸最终赢得了他们的信赖。

到13世纪和14世纪，意大利人接管了造纸业的江山。他们成功的诀窍是用明胶作为施胶剂，这种稀薄的水性溶液干燥后可以让纸张表面更好定型。中国和阿拉伯造纸者用米浆施胶的办法在欧洲并不可行，欧洲造纸者效仿尝试的小麦淀粉施胶剂气味很难闻，而且在欧洲的潮湿地区很容易发霉生虫。意大利人采用的明胶使问题迎刃而解，由此制得的纸张表面硬挺，成为羽毛笔书写的理想选择。与阿拉伯地区水势平缓的河流不同，意大利部分地区水流湍急，将造纸工坊建在这些地区有助于对制浆工艺加以改进。这样做的结果是，意大利纸品质更高，价格更低，产量也有所提升。根据乔纳森·布鲁姆所记载的1614年一位东印度公司驻印度帕塔尼（Patani）的管理人员的故事，可以看出意大利纸比中国纸更受欢迎。这位管理人员恳请伦敦办事处为其提供纸张，理由是"由于缺纸，我们所有的账目都只能写在中国纸上，连给阁下写信都快要无纸可用了。因此恳请阁下，为我们提供账簿、纸张和墨水，这些都是急需物资。蟑螂啃食中国纸，为害甚剧。"布鲁姆还引用17世纪荷尔斯泰因公国驻波斯大使亚当·欧莱利乌斯（Adam Olearius）的评价："他们的纸张很柔软，羽毛笔对这种纸来说太硬了。"

在伊斯兰世界，阿拉伯人和波斯人正利用自己的纸张迅猛发展。当地出产的通常是经过施胶处理的精致白纸，在埃及、伊朗和大马士革批量生产，供应充足。他们甚至为手抄手稿设计了操作流水线，从而可以大批量制作书籍和出版物，在数百年里遥遥领先于欧洲。[19] 因此，阿拉伯世界的图书馆在中世纪迅速扩张，而同一时期西方的图书馆则表现平平。13 世纪的索邦大学图书馆只有 1700 册藏书。[20] 而在 10 世纪的伊斯兰世界，科尔多瓦（Cordoba）有 70 座图书馆，规模最大的图书馆已有 60 万册藏书；开罗图书馆藏书超过 10 万册；据称，的黎波里图书馆在被十字军烧毁之前，藏书一度多达 300 万册。在西班牙的安达卢斯（当时仍处于阿拉伯人的控制之下），每年出版的专著、诗歌、辩论文章和文集就有 6 万部之多。[21]

伊斯兰图书馆的丰富藏书体现出阿拉伯世界的优势。当初他们占领了莎草纸市场，随后又转向浆纸，试图实现浆纸的垄断。而在他们稳步向前发展的同时，欧洲人却正在被皮纸和羽毛笔的种种限制掣肘，他们的处境似乎不比当初使用竹简的中国古人好到哪里去。

随着印刷术的出现，上述这一切都将在 16 世纪迎来转变，西方世界将凭借这项重大发明扳回一城。而且到那时，欧洲人的造纸速度也开始与阿拉伯人齐头并进。与多年前莎草纸之于西方世界一样，阿拉伯人的新书写媒介对他们有着重大的意义：阿拉伯纸为伊斯兰教提供助力，向全世界传播。然而，历史总有办法打破人们的预期。这一次意料之外的事件是 13 世纪的蒙古人入侵以及随后而来的十字军东征，战火蹂躏了中东地区，最终导致伊斯兰势力和文化的影响力逐渐撤出世界其他地区。

很快，基督教僧侣开始在伊斯兰与基督教势力的交界区域抄录阿拉伯人的书籍，尤其是西班牙和西西里岛一带，经过翻译的书籍正是从那里流入基督教欧洲的其他地方，它们往往会流入规模有限但数量众多的修道院，成为修道院的藏书。中世纪末期的英格兰有超过 500 座修道院，据估计当时的藏书总量可能有 30 万册。那时印刷书籍已经开始取代手写书卷，这都是古登堡的功劳。

在埃及，纸莎草节节败退。尼罗河三角洲的沼泽地和河流沿岸的壅水区被改造成种植谷物、其他粮食作物和亚麻的农田，而亚麻布又为新兴的浆纸贸易提供了原料和发展动力。

25

莎草纸消失之谜

看哪，耶和华乘驾快云，临到埃及……必激动埃及人
攻击埃及人……这城攻击那城，这国攻击那国。……埃及
的河水，都必减少枯干。苇子和芦荻，都必衰残。……被
风吹去，归于无有。

——《以赛亚书》19:1–7

《圣经》中的这段预言让我很是吃惊。《以赛亚书》中
的内容记载于《旧约》之中，也就是公元前 8 世纪库施人
（Kushites）统治埃及的时期。那时的以赛亚似乎已经预见到在
他之后的"现代"将要发生的事。但他可能没有想到"苇子和
芦荻"将在十字军东征前彻底消失，也不会知道将纸莎草推向
灭绝的最后一击来自人类而不是上帝。倘若他这段预言在后世
真的能够兑现——事实上，他的预言的确成了现实——毫无疑
问，预言中提到的是一种极其重要的植物，它在灭亡前曾对整
个西方世界的经济建设和美学理念产生重要影响。

莎草纸在阿拉伯人占领埃及之后销声匿迹，但并不是在一夜之间消失。如前文所述，埃及直到 10 世纪或 11 世纪还在生产莎草纸。

从 7 世纪初阿拉伯人占领埃及，一直到 1798 年拿破仑远征军到来，埃及在这 1000 多年的历史中已经改头换面。变化之一是人口增长到了 1000 万。农业依然是支柱产业，只不过纸莎草在漫长的岁月里逐渐不见了踪影。而最糟糕的是，根本没有人注意到它的消失，除了 18 世纪末四处打听其下落的法国科学家。尽管纸莎草这个单词存在于很多语言中，但他们寻访各地都没有找到这种植物。纸莎草在阿拉伯语中称为 *bardi*（بردي）；在希腊语中称作 *papyrus*（πάπυρος）；在拉丁语中称作 *papyrum*；在希伯来语中称为 *suf*（סוף）；斯瓦希里语对它的称呼最为贴切：*ndago mwitu*，意思是"百姓的苇草"。

在探寻纸莎草消失的原因之前，或许我们有必要先了解古代埃及的纸莎草究竟是什么模样。熟悉埃及地区植被的植物学家认为，古代尼罗河流域植物的体型应该与今天非洲中东部赤道地区的植物差不多，尤其与苏丹南部的植物相近。换言之，古代纸莎草是一种茎秆粗壮、蓬勃生长的群生植物，而且是人类所知的生长速度最快的维管植物之一。修长的茎秆顶部生有伞状花序，蓬松花穗的绽放标志着植物释放出全部生长潜力，此时其高度可达 15 英尺甚至更高。

我们还可以根据间接证据来推断纸莎草有多粗壮。在埃及早期制造的纸张中，从髓质内芯削成的薄片干燥后的宽度来看，至少有一部分纸莎草的体型相当可观。例如，从法尤姆地区发现的两份莎草纸卷（约 300—500 年）可以看出，其中几张纸上的莎草纸片宽度达到了 8—9.7 厘米（约合 3—4 英寸）。[1]

现代文献首次报道这些发现时受到了多方质疑，因为在现代旅游业中，莎草纸片的平均宽度大约只有 1—2 英寸。然而，如果我们假设古代纸莎草与今天的某些非洲植物一样强壮，可以生长到 15—18 英尺，其根基部分的直径往往可达 6 英寸，那么即使考虑到纸张制作过程中的干燥缩水，古人也完全可能轻松获得上述宽度的纸莎草薄片。

沃利斯·巴奇爵士也有这方面的记载，书记官阿尼制作《亡灵书》的纸张来自直径至少为 4.5 英寸的植物。[2] 与之类似，制作格林菲尔德纸草书的纸张中，某些薄片取自宽度至少为 4 英寸的植物。[3] 这表明在纸莎草繁衍的鼎盛时期，埃及尼罗河沿岸生长的纸莎草无论是体型还是茎秆的重量，都与今日非洲赤道附近的植物十分接近。

纸莎草是一种茁壮的植物，同时也是一种水陆两栖的沼泽植物，因此极易受到局部水体干涸或缺水的影响。一旦尼罗河水的盐度上升，也会损害纸莎草的生长。不幸的是，在公元纪年的第一个千年里，埃及尼罗河流域最显著的变化便是水位下降和盐度升高。于是乎，三角洲的湿地很快受到影响，广泛分布在这一带的纸莎草沼泽开始消退，只留下小片孤立的纸莎草丛，它们以这种形式苟延残喘到 19 世纪。当自然条件进一步发生改变时，最后这些纸莎草也消失不见了。

我们可以从公元 900 年以降的多份记载中看到纸莎草衰落的轨迹。那些游览埃及的游客留下的记录中有对尼罗河湿地中纸莎草生长状况的描述。969 年的商人伊本·哈卡尔和 982 年的旅行作家伊本·贾勒盖尔（Ibn Gulgul）都提到纸莎草虽然还存在，但数量已经不多。[4]16 世纪 40 年代，法国博物学家皮埃尔·贝隆（Pierre Belon）提到当时埃及仍有纸莎草生长。1580 年，意大利医生和植物学家普罗斯珀·阿尔皮诺斯（Prosper Alpinus）也有同样的记载，而大家的印象都是纸莎草不再那么常见了。

著名瑞典探险家和植物学家弗雷德里克·哈塞尔奎斯特（Fredrik Hasselquist）在 1749—1750 年的旅行中没有见到这种植物。1790 年，詹姆斯·布鲁斯（James Bruce）写道，纸莎草仍在埃及顽强生长；1820—1821 年，普鲁士将军海因里希·德·米努托利男爵（Baron Heinrich de Minutoli）发现纸莎草的生长地仅限于尼罗河三角洲和开罗东北部的区区几处。最后，杰出的法国植物学家古斯塔夫·戴勒舍瓦勒里（Gustave Delchevalerie）在 1897 年提到这种植物已在埃及完全灭绝，只剩下 1872 年从巴黎植物园带到埃及的十几株。[5]

史前时期以及之后的一段时间里，当早期先民开始他们第一次改造尼罗河的努力时，河岸太过陡峭，水势太过湍急，任何植物都难以在主河道水流的冲击下生长。洪水退去后，地势低洼积水的洼地和沟壑成为浅水沼泽，纸莎草便在这些水涝地中成片生长。在河漫滩的壅水区，石器时代的先民容忍甚至可能鼓励纸莎草肆意生长，因为它们可以为日常生活提供各种原材料，房屋附近有纸莎草十分便利。后来，人们对野生纸莎草沼泽和人工种植的沼泽加以区分，但二者在河漫滩农业的发展历程中被划归为同一类，农业生产的重点始终是粮食种植。在罗马征服并占领埃及时期，三角洲和法尤姆地区达到了极高的农业生产水平，农作物产量极大，甚至要动用大型运粮船来将富余的粮食运往罗马。

现代埃及经济仍然以农业为基础。如果乘飞机沿着今天埃及境内的尼罗河飞行，你会看到大片绿色的平原，那是典型的灌溉系统地貌；与之相伴的是尘土飞扬的棕褐色河岸以及笼罩在人造薄雾之中的河漫滩，那是水田里蒸发的水汽形成的雾霭。放眼望去皆是这样单调的景色，只有偶尔能看到房屋或仓储建筑鳞次栉比的屋顶、孤零零的几棵棕榈树或者一小片现代城镇景观。

如果你在古代沿同样的路线飞行，在飞机驶过河漫滩飞向三角洲的途中，同样会看到大地覆盖着一层绿色，但农场和农田之间零星点缀着丛丛柳树和绿意葱茏的斑块，那些都是天然沼泽和湿地。如果飞机压低高度，你就会看到今天所缺少的东西：神圣纸莎草蓬松的伞状花序欣欣向荣，覆盖着大片土地，这在古埃及人心中一定是一幅亲切而珍贵的景象。

有些生态系统比其他生态系统更能适应变化；有些则极为脆弱，似乎在一夜之间就会彻底改变。水生生态系统就属于后者，而纸莎草繁衍的自然生态系统更是其中突出的代表。在季节性泛滥的尼罗河流域，随着第一条灌溉渠的开挖，当地植物体系立刻发生了改变。而我们知道，当地很早就开始进行水利项目。最早的相关历史"文献"之一是弗雷德里克·格林

268

（Frederick Green）和詹姆斯·奎贝尔（James Quibell）在 1898 年发现的石质权标头。这枚权标头与那尔迈浮雕调色石板一同出土于希拉孔波利斯（Hierakonpolis，地处卢克索和阿斯旺之间的古城）的荷鲁斯神庙主遗址区，之所以称它为"文献"，是因为上面的图案记述的是一个故事，即早期埃及国王蝎子王二世在公元前 3000 年左右开辟灌溉渠的隆重场景。画面将蝎子王二世表现为手举锄头的形象，旁边有一名随从手捧篮筐盛放掘出的土。他们上方有几排纸莎草，似乎正以见证者的身份在旁观看，眼前的情景也许令它们胆战心惊。

这枚权标头也是最早表现纸莎草形象的文物之一。正如芝加哥东方研究所已故学者海伦妮·坎特（Helene Kantor）所言，画中所展示的纸莎草植株呈现出风格化的特点。[6] 它们被描绘成从两条平行线上伸展出来的线条，与其说是圣书体象形文字符号，倒不如说是抽象化的图案。也许它们是在提示我们，纸莎草这种植物在早期埃及社会便被挑选出来特殊对待；换言之，纸莎草丛在水上世界（Floating World）是被单独隔开作为狩猎区或生活区的一部分。[7] 在蝎子王或那尔迈（又名美尼斯，第一王朝的首位法老，公元前 3000 年）王朝时期，聚居地建设和公共工程的内容之一是夯实土基和开凿运河，扩大村落的面积。这些工作让孟菲斯等地的居民得以在洪水线以上生活。与此同时，他们还将河流的主要河岸改建成堤坝。可以推断，在不忙于建造金字塔和神庙的时节，土坝的堆积工作一直在持续进行。

在那段古老的岁月里，人们任由金合欢树、柽柳、埃及无

花果树和埃及柳树（Salix aegyptiaca L.）林在聚居地与河漫滩
的农场附近生长，因为它们有利于维持堤坝和早期灌溉渠上土
堆的稳定性。这些树木都是喜水植物，善于吸收土壤中的水分，
但它们也会破坏湿地，尤其是沼泽。在托勒密王朝和古罗马人
统治的时代，堤坝和运河已完全成为当地景观的有机组成部分。
人们种植草甸和矮树巩固堤岸，在堤岸顶部修建可供战车行驶
的道路或人行道更是司空见惯的做法——在洪水泛滥期间，堤
岸就成了道路。每年洪水泛滥时，河水被引入人工开凿的河道，
水流因此得到控制，而河岸上有意或无意留下的缺口则让洪水
涌入河漫滩，形成 6 英尺深的硕大浅湖。

纸莎草和沼泽的消失

在现代世界，如果流域内的原生动植物体系遭到破坏，尤
其是沿河生长的植物消失，罪魁祸首往往是河水盐度和水质的
改变，从 20 世纪开始，污染也成为元凶之一。就尼罗河流域的
情况而言，水质在古代没有根本性的变化，直到 1843 — 1930
年间三角洲地区建起第一批大坝，常年灌溉开始在流域内盛行。
在河流主干道内，水质尚能维持在合理区间，但从 1899 年阿斯
旺大坝开启分段建设直至 1970 年最后一阶段高坝完工，干流水
质也开始悄然改变。

19 世纪以前，河流盐度和沉积作用不太可能发生大规模变
化，因为整个河流系统内的水流量足够大。举例来说，1904 年，
从苏丹流入埃及境内的尼罗河水有三分之二最终注入大海，大
部分沉积物也被水流带走。充沛的水流能够维持流域内生态系

统的活力，保持整条河流的水体新鲜，可以直接饮用。如何证明河水的新鲜度？从公元前323年到公元646年，整个亚历山大城在将近1000年的时间里一直直接饮用尼罗河水。

在这1000年里，由于地质活动、上游基质流失、灾害或风暴等原因，水质想必曾发生过小规模或暂时性的变化。在蒸发作用的影响下，低水位年份河流中的盐分和淤泥也会大量聚集。但在19世纪以前，尼罗河水质几乎没有变化，不足以成为公元1000年之前纸莎草从三角洲和其他河漫滩沼泽中消失的主要原因。如果要找出真正的始作俑者，那一定是物质和经济方面的因素，尤其是那些促使人们开垦沼泽种植粮食作物的因素。

阿拉伯人征服埃及后不久，纸莎草还在繁荣生长，莎草纸也仍在生产。阿拉伯人从莎草纸贸易中挣了很多钱，等到他们研发出浆纸，便将纸莎草抛诸脑后，任由这种植物自生自灭。从大约公元1000年起，到1798年拿破仑抵达埃及为止，埃及人口在这800年的岁月里呈爆炸式增长，农业规模也以指数级的速度扩张，而这只是为满足将埃及控制在鼓掌之中的阿拉伯封建领主的欲望。

对阿拉伯人来说，清理纸莎草沼泽并不是多么艰巨的任务。纸莎草沼泽开荒仍是今日非洲许多地方的日常劳作。与砍伐树林或清理灌木不同，清除纸莎草不需要连根拔起树桩或者盘根错节的树丛。早期来到尼罗河的欧洲探险家驾驶蒸汽船，在沼泽中开辟航道的种种尝试皆以失败告终，他们只好又劈又砍，强行开出一条路来。与水上漂浮的纸莎草正面相遇时，这种做法只能事倍功半。从水面上很难穿过坚韧而多纤维的纸莎草丛，它们就像漂浮的草垫，人一落脚就会下陷。在炎热潮湿、蚊虫滋生的典型热带沼泽环境中，砍草实在是一桩可怕的苦差事，无怪乎他们常常止步不前，只能面对高大的绿色路障望"草"兴叹。

非洲农夫对付纸莎草沼泽另有一套办法。他们会等到旱季从陆地下手。那时较老的茎秆已经枯萎，农夫便可踏上变硬的草垫，砍去柔嫩的绿色枝条，任由它们被日光晒干。然后焚烧掉整片纸莎草沼泽，将灰烬留在露出的沼泽淤泥上，为土壤增添肥力。接着，将扎根较浅的纸莎草块茎从松软的有机泥炭中连根拔起，将沼泽地边缘或浅水部分的淤泥翻出来与泥炭混合。老根和其他垃圾则堆放在沼泽地边缘，形成一圈台地。这些台地随后将充当堤坝，在洪水泛滥的季节控制沼泽地内的积水。过不了多久，这位农民就可以在曾经是沼泽的新垦土地上种下卷心菜或者其他能够茁壮成长的农作物。

在古埃及，尼罗河纸莎草沼泽的清理工作最早始于沿岸的船只停泊处，这一点显而易见。后来，每次新建码头都需要进行更大范围的清理。多年以后，码头的范围和规模不断扩大，当地植被也不断遭到清理。再后来，村庄发展成小镇、小型城市或建造法老金字塔的大型工地，滨河地带和周围河漫滩的纸莎草被进一步铲除，它们的栖息地缩小到远离人类定居点的偏远区域。清理工作并非一日之功，因为当时人们仍将纸莎草用作燃料，用纸莎草制作家居用品的需求也一直没有减少。在托勒密王朝时期，布料、皮革、棕榈树和木材等其他天然材料制作的产品取代了纸莎草制品。古代农业中经常提到的谷物研磨的副产品——谷壳也取代纸莎草成为新的燃料，为制陶窑炉和烘焙烤箱提供热能。一旦人们意识到纸莎草的用途仅限于造纸和编制绳索时，便任由越来越多的沼泽消失不见。不过，造纸产业集中的三角洲和法尤姆地区仍然保留着大片纸莎草。

从经济角度来看，造纸产业并未受到沼泽地大面积缩减的影响，因为造纸者的技艺日趋熟练，效率也日趋提高。在此期间，造纸卡特尔对纸莎草种植园的控制也越来越强。随着时间的推移，卡特尔的利益成了纸莎草得以幸存的唯一原因。639年阿拉伯人征服埃及时，莎草纸制造和出口仍在进行，但在接下来的300年里，卡特尔的保护将宣告结束，越来越多土壤肥沃的沼泽将被改造成农田。

此外，古代地主普遍认为减产或许可以让纸莎草增值，这种想法也无益于纸莎草的生存。正如斯特拉波在718年所记载的："他们在许多地方限制纸莎草的生长，并且利用（他们一手制造的）稀缺状态，抬高价格，增加收入，然而他们损害的是这种植物的广泛普及。"[8] 因此，在阿拉伯人占领早期，原本可以推动纸张生产的沼泽地遭到荒废，或者直接被清理改种其他作物。纸莎草与其他农作物的不同在于，一旦清除就无法回头。纸莎草沼泽的生态环境和结构都取决于富含有机物的泥炭基质，这是一种处于微妙平衡的天然基质，一旦沼泽被清理或排干就很难重新形成，没有它，纸莎草便难以生存。因此，莎草纸卡特尔将清理沼泽作为一种市场策略，这一做法可能是导致纸莎草最终消亡的重要因素。[9]

显然，罗马人偏爱并且鼓励产业私有化，但私有化也意味着对基础自然资源的管控削弱，荒废的沼泽可能永远无法恢复原状。在 7 —9 世纪的阿拉伯人统治下，埃及再次富裕起来。虽然这一时期它与西方隔绝往来，但本地人口数量大幅增长，土地需求也随之增长。古埃及时期的人口估值波动很大，法老时代之初（前 3500 年）据估计仅有 100 万人。到后来的罗马统治时期（前 30 年），人口约为 500 万。[10] 尽管人口有所增长，又或者正是因为人口的增长，毕竟人口是农业生产的主要推动力，埃及再次成为令征服者垂涎的目标。

古埃及的征服者中最著名的要数利比亚人，之后是亚述人和努比亚人，波斯人在占领巴比伦之后也曾将埃及收入囊中。埃及在波斯国王冈比西斯面前不堪一击，这位国王正式为自己加封了法老头衔。波斯人对埃及的统治一直持续到公元前 332 年亚历山大大帝征服埃及，埃及人将亚历山大大帝视为拯救者，夹道欢迎他的到来。在此之后是古罗马人，紧随其后的是阿拉伯人。再后来还有代表基督教的十字军。他们在 1096 年初试图征服埃及，但没有成功。1219 年，他们卷土重来，这一次终于攻破杜姆亚特（Damietta），实现了第五次十字军东征的目标：夺取埃及在杜姆亚特的据点，随即占领开罗。十字军在 1219 年底占领杜姆亚特，但是他们在 1220 年耗费了整整一年时间等待增援。最后他们只好向前进军，但却被赶回了杜姆亚特。1221 年，十字军撤出杜姆亚特，本次东征宣告终结。从那时起，纸莎草再也不是尼罗河流域发展的必需要素了。[11]

在公元 1000 年左右阿拉伯人所统治的埃及，没有人为纸莎草的消逝而哀悼。也许我们不应该感到惊讶。毕竟，阿拉伯人与希腊人、波斯人和罗马人一样，从未亲身参与过这种植物

273

的发展史。他们只知道它可以用来制作写字的纸张,而不像早期埃及人那样,在纸莎草丛生的后院与这种植物一起成长。毫无疑问,他们并不打算在离开人世之后走向被称为"芦苇之野"的天国水泽,即使有哈索尔和伊西斯这样的神明发出邀请,他们也不会接受。无论过去还是现在,他们对来世的看法都与古埃及人截然不同,阿拉伯人的天堂完全没有纸莎草沼泽的容身之地。

古代,纸莎草曾经遍布非洲,但是纸莎草的生长范围之广和植株体型之大从未得到重视,直到维多利亚时代的欧洲探险家来到此地。他们在非洲东部和中部的沼泽地艰难跋涉,时常不得不为了生存而在纸莎草丛中挣扎出一条道路。他们开始了解植物的迅速生长可能带来的各方面作用和影响,尤其是那种在现代人到来之前几乎没有天敌的植物。

今天,尼罗河流域的其他所有国家——苏丹、南苏丹、埃塞俄比亚、乌干达、肯尼亚、坦桑尼亚、布隆迪、卢旺达和刚果都有大量天然生长的纸莎草,埃及是唯一的例外。历史的转折充满讽刺意味。

在瓦迪奈特伦(Wadi Natrun)和杜姆亚特还残留着少数小片生长的纸莎草 [12],哈桑·拉加卜也在 1969 年从苏丹将几株纸莎草带到开罗,并在尼罗河的浅水区小范围种植。这些孤立生长的植物便是当今旅游业所用莎草纸的原料来源。

26

法老自己征服了梵蒂冈

装甲车在警灯闪烁、警笛长鸣的警车护送下，呼啸着沿城
市的边缘疾驰而过。从位于瑞士日内瓦州科洛尼镇（Cologny）
的博德默尔图书馆（Bodmer Library）出发，有好几条路可以直
接绕过市中心，这对当地居民无疑是一件幸事。这些道路同样
远离日内瓦湖的滨湖地带，可以将对周边地区的惊扰控制在最
低限度。

一穿过罗讷河（Rhône River），车队便放缓了速度，驶向
通往普雷布瓦大道（Route de Pré-Bois）的出口。他们从那里进
入日内瓦机场的高级别安保区，停了下来。

瑞士人在这方面经验丰富，随车护送的警察和私人安保都
配有自动步枪。当他们跳下车将装甲车团团围住时，有些人不
禁惊讶地挑起了眉毛。在一个经常运送大量现金、黄金或贵重
物品的城市，尽管大家对类似的场面早已司空见惯，但机场的
某些员工想必还是对眼前的情形感到诧异。装甲车里的货箱由
运送人员亲手送进小型包机的客舱。不管里面装的是什么，显

然都珍贵到不能交给行李舱的程度。

在机舱内部，多余的座位已尽数拆除，以留出足够的空间便于护卫出入和监控。[1]他们必须确保货箱全程处于视线范围之内。一切确认无误后，所有人各就各位。飞机滑行到跑道上，几分钟后便腾空而起。

无论对处理此类事件有多么丰富的经验、多么充分的自信，机场方面都很清楚：意外随时可能发生。因此，当飞机终于起飞离开瑞士领空时，所有人都松了一口气。飞机驶入法国境内，向永恒之城进发。在驶向罗马的整整一个半小时行程中，机舱里的护卫们始终保持着高度戒备。

抵达罗马菲乌米奇诺–列奥纳多·达·芬奇国际机场后，他们得到了与日内瓦完全不同的接待。整个机场特许货运区早已对外封闭，直到事件结束很久以后才重新开放。飞机一着陆，运送的货箱便在另一组武装警卫的注视下转移到等候已久的厢式货车上。货车被2辆意大利警车和4辆警用摩托车前后包围，组成一支车队。警灯闪烁、警笛长鸣，车队一路呼啸着离开机场，一架直升机盘旋在车队上空紧紧跟随。在车队穿越罗马郊区进入城市西部通道时，需要直升机来保护车队上方的空域。任何詹姆斯·邦德式的行动或干扰都必须排除。

他们沿着罗马古道疾驰，驶上梵蒂冈大道，随后转入庇护十世大街，这条大街通向已经清场完毕的梵蒂冈图书馆。车队停在正门入口，装有珍贵物品的货箱被直接送到一个有穹顶的房间，接受图书管理员兼档案管理员、主教让–路易·托朗（Jean-Louis Tauran）的检查。我们只能想象他一步步走上前时

的感受。他小心翼翼、诚惶诚恐又不失果断地打开货箱上的密
封闩锁，箱中的宝物这才露出真容。

276

箱子里究竟是什么，值得如此不同寻常的守护？一路运送
的规格足以接待世界上任何一位大国的元首，什么物品要动用
如此成本高昂的护送？只是区区两打莎草纸。

这一小叠貌不惊人的莎草纸现在被认为是梵蒂冈图书馆最
珍贵的收藏。2006 年 11 月 22 日是个值得庆贺的日子，正是在
这一天，内容为《路加福音》和《约翰福音》的博德默尔纸草
书第 XIV 和 XV 号抵达梵蒂冈图书馆。

据天主教新闻社（Catholic News Service）报道，当时这两
打莎草纸受到了至高无上的重视，主教托朗邀请教宗本人"亲
自莅临图书馆，如果我可以这么说的话，请来'瞻仰'一份名
副其实的圣物……"2

这份册本文献的年代在 175 — 225 年之间，内容包括现存
最古老的《福音书》节选以及最古老的《主祷文》抄本。该文
献由美国企业家、银行家和慈善家弗兰克·汉纳（Frank Hanna）
买下并捐赠给了梵蒂冈。为了表示感谢，梵蒂冈将这份册本更
名为"汉纳纸草书"（Hanna Papyrus）。收到包裹后，主教立
刻挑选出较为特别的几页直接送往本笃教宗的私人寓所。所有
见过这叠莎草纸的人都认为，历经沧桑的古纸终于又回到了原
点，从纸上的文字内容来看，回到教会对它而言是真正意义上
的回家。梵蒂冈收录的这一份莎草纸只是拿戈玛第附近的迪什
纳（Dishna）地区出土的大批莎草纸文献中的一件。

拿戈玛第的首批文献发现于 1945 年，当时埃及当地一位名

叫穆罕默德·阿里·萨曼（Muhammed Ali al-Samman）的农民在一件大型陶器中发现了 12 部皮面册本。书中是 52 篇用科普特文写成的经典文学和宗教文本，总共约有 1000 页莎草纸。文献出土的地方拿戈玛第是尼罗河西岸的一座小镇，位于尼罗河在卢克索上方形成的大河弯北端（见图 D）。这些册本最终交由埃及古物部保管，存放在位于开罗的科普特博物馆。

在某种程度上说，拿戈玛第这些古纸的经历才是古代莎草纸文献应当得到的待遇：考古发现被统一收集起来，得到负责任的处理。之后对这些文献的研究主要集中在以下问题：文本创作的确切日期是何时，具体创作地点在何处，文献制作涉及哪些事件和人物，等等。拿戈玛第的情形与后来发现更多文献的迪什纳形成了鲜明对比。美国加利福尼亚州查普曼大学的马尔文·迈耶教授对后续的发现做了精辟的总结。

抱着发现更多册本甚至图书馆或缮写室遗迹的希望，当地开始进行大规模考古发掘并一直持续到今日。挖掘者的期望不无道理，因为 4 世纪的拿戈玛第恰好地处埃及基督教活动频繁的地区。今天，这片地区密集分布着早期修道院的遗迹，而且是人类有史以来建造的第一批修道院。当我第一次从某位毕生钻研基督教早期历史的人那里听说这一点时，我觉得这简直难以置信。"难道隐修制度不是诞生在欧洲吗？"我半信半疑地问。很快我便了解到，修道院确实诞生在埃及，根据基督教传统记载，创立隐修制度的正是第一位基督教修道士圣安东尼（Saint Anthony）。

公元 21 年，圣安东尼出生在埃及的一个富庶家庭，在 34

岁那年响应信仰的召唤，放弃全部家产，深入位于开罗东南部的红海山脉，在东部沙漠一处狭小岩洞中安顿下来。他吸引了成千上万名追随者和门徒，但他们常常觉得遗世独立的生活难以忍受。让埃及僧侣在同一屋檐下共同生活和修行的想法来自另一位埃及人阿巴·帕科缪（Abba Pachomius，他的名字"Abba"演变成了英文单词"abbot"，即修道院院长，传统上的修道院首领）。与圣安东尼一样，他也是皈依早期基督教的埃及人。318 年，帕科缪在尼罗河东岸距离底比斯（底比斯是卢克索在希腊语中的名字）不远的地方建立了自己的修道院。330 年，他的第二座修道院在普堡（Pbau，今天的法基布利镇[Faw Quibli]，见图 7）创立，后来他在这座修道院度过了许多时光。

在普堡建造帕科缪修道院的同时，修道院教堂的建设也在进行当中。459 年，圣殿教堂完工，成为当时繁荣发展的基督教群体的中心。时至今日，这片地区的岩洞中还能看到古埃及的各种标志和象征符号，以及可能出自普堡僧侣之手的科普特文基督教涂鸦。

拿戈玛第的发现问世后不久，1952 年，在距离拿戈玛第以东 20 英里的尼罗河对岸，离卢克索不远的小镇迪什纳出土了另一批莎草纸。这批文献被认为出自普堡的一座缮写室，而且都是帕科缪隐修会图书馆的幸存遗物。其中包括帕科缪的科普特文书信和早期希腊文《福音书》抄本，还混杂着诺斯替教文献和《秘义集成》（*Corpus Hermeticum*）片段，甚至还有柏拉图著作《理想国》的部分译文。

278

曾任加利福尼亚州克莱蒙特大学宗教学名誉教授的詹姆斯·罗宾逊（James Robinson）认为，这座教堂在 367 年因使用非经典书籍而获罪，这些册本或许便是在此之后被埋入地下的。"当帕科缪派僧侣领受大主教的严词训诫时，他们也许想到手里那些关于灵性智慧的书籍可能被认定为异端，于是他们决定把它们处理掉，然而又不忍心亲手摧毁这些书籍，只好将它们集中在一起，藏在安全的地方……掩藏在贾巴尔塔里夫（Jabal al-Tarif）的圆石之下……等待未来某一天重见天日。"

这一系列发现后来被称为迪什纳纸草书（Dishna Papyri），与最终出现在科普特博物馆的拿戈玛第经集不同的是，迪什纳纸草书中的文献被拆得七零八碎，在黑市上几经易手，时而完整时而零散。其中 16 部册本和 3 部卷本被瑞士著名富豪收藏家马丁·博德默尔（Martin Bodmer）买下，成为其在日内瓦多达 15 万件、涵盖 80 种语言的藏书中的一分子。迪什纳纸草书的其他部分有的流入都柏林的切斯特·比替图书馆，有的则辗转流落到巴塞罗那、德国科隆大学甚至远在美国的密西西比大学。在后来几年里，正如我们在本章开头所看到的那样，博德默尔收藏的一部分甚至被呈递到梵蒂冈。

莎草纸在其中扮演着怎样的角色？就纸张而言，修道院以及修道院的图书馆占据着得天独厚的位置。他们位于莎草纸生产的中心地带。

僧侣们使用的大部分纸张可能来自孟菲斯以北的三角洲地区，不过，整个尼罗河流域的沼泽完全可以满足当地人的需求。僧侣们在缮写室里展开莎草纸，撰写完毕之后便将其折好，缝成一折一折，装订成册本成品，最后再加装皮革封面。在埃及各个修道院中进行的这一过程很可能与卡西奥多罗斯 100 年后在位于意大利飞地斯奎拉切的维瓦里乌姆所做的极其相似；与维瓦里乌姆的书籍制作过程一样，主要材料莎草纸，在当时仍然是世界上最容易获得也相当可靠的纸张来源。

诚然，他们也可以选用皮纸；迈耶教授指出，修道院饲养的牲畜很可能为书籍的封面和绑带提供了皮革原料，当然也可能用来制作少量皮纸和犊皮纸，但用皮纸做书的成本和烦琐的操作让僧侣望而却步。也许后来的宗教机构会要求使用皮纸制作重要的册本书籍。我们知道，在瑞士博德默尔的收藏中，来自迪什纳的书籍共有 35 部，其中大部分都是在同一批埃及修道院中制作的，但只有 3 部采用了皮纸。[3] 拿戈玛第经集和博德默尔藏书中来自该地区的大部分书籍和纸卷都表明，当时的僧侣主要使用的还是莎草纸。

梵蒂冈图书馆的塞韦尔·沃伊库（Sever Voicu）解释了早期册本的局限。[4] 他告诉我们，博德默尔纸草书第 XIV 和 XV 号（兴师动众送往梵蒂冈的礼物，现更名为汉纳纸草书）由 36 张纸折叠组成，是一份 72 叶，共计 144 页的册本。僧侣们所使用的册本虽然拥有比传统莎草纸卷更大的空间（1 份册本相当于 7 份完整的卷本），但是纸张折叠的部分容易撕裂，尤其是超过 50 张纸的册本。沃伊库据此得出结论：这样一份册本只能容纳略多于两部《福音书》的篇幅。博德默尔的两部纸草书装订在一起，其内容是最古老的《路加福音》和《约翰福音》文本。但沃伊库的疑问是，为什么没有将4部《福音书》全部放在一起？他给出的答案是，其他两本福音书——《马太福音》和《马可福音》——写不下了。

由此推论，考虑到所有《福音书》都以《马太福音》为首，那么我们可以假设当初一定还有另一份现已遗失的册本，记录着《马太福音》和《马可福音》的内容。他进一步指出，"对纸草书内容的翻译表明，今天我们熟悉的《圣经》中的《路加福音》和《约翰福音》与这些《福音书》问世一个多世纪后所记载的内容几乎一字不差：上帝的话完整无缺地传承至今"。

我们再次看到，摩西、穆罕默德、基督、奥西里斯、托特、古罗马众神以及古希腊万神殿中的诸多神灵，他们神圣的话语都记录在莎草纸上。

当20世纪四五十年代拿戈玛第和迪什纳出土莎草纸文献时，另一大考古发现正吸引着全世界的目光，这就是死海古卷。

最初发现死海古卷的是贝都因牧羊人穆罕默德·艾德迪伯（Muhammed edh-Dhib），他无意中在死海西北岸的库兰地区发现了许多大陶罐，罐中装的便是死海古卷。这些文献在公元前408年至公元318年之间用希伯来文、亚拉姆文、希腊文和纳巴泰–亚拉姆文书写而成。继最初的发现之后，更多纸卷陆续重见天日。从1946年到1956年，共计11处洞穴中出土了930份各式各样的文献，其中大部分写在皮纸上，但也有一些（131份）写在莎草纸上。[5] 这些古卷多为残片，至今为止仍有数千张碎纸等待进一步研究。

在介绍本人关于莎草纸早期研究成果的讲座中，我经常被问到有关死海古卷的问题。恐怕它们至今仍然是大众认知中最负盛名的现代考古大发现。人们想知道的是，为什么有这么多文献写在皮纸上？"你不是告诉我们，当时还是莎草纸的天下吗？"

我的解释是，在约旦沙漠的其他大部分遗址中，莎草纸文献确实占大多数[6]，而且所使用的纸张极有可能是从埃及购买的商品。库兰遗址为何少见莎草纸，至今仍是个谜。

在对库兰遗址的诸多看法中，我认为最耐人寻味的观点是：它是一座档案馆。这是死海古卷专家西德妮·克劳福德（Sidnie Crawford）和塞西莉娅·瓦森（Cecilia Wassen）两位教授领导的研究团队最近提出的概念。二人在 2016 年介绍了一处遗址聚落的情况，该聚落中有一座艾赛尼派（Essenes）信徒研读和抄写手稿的图书馆。这些艾赛尼派信徒很可能将附近的洞穴作为多余文件的储存场所[7]，就像现代博物馆和图书馆一样将多余的收藏品存放在附属建筑当中，便于研究人员取用。美国国会图书馆就是其中的典型，它在华盛顿特区有三幢大楼，在弗吉尼亚州还另有一座大型分馆。

两位教授的团队用观察到的若干证据来支持自己的观点，其中最重要的一点是，古卷中的相当一部分——930 份古卷中的580 份——位于 4 号洞穴，这处洞穴的墙壁上钻有多处锚孔，据推测应该是用来固定支撑书架的销钉，而古卷就存放在书架上。他们认为，死海古卷只不过是艾赛尼派信徒的某座图书档案馆的馆藏残迹。艾赛尼派对阅读的热衷和社群组织结构的严密一向众所周知，本次发现为团队提供了令人信服的论据，足以让库兰遗址与亚历山大图书馆及其学术社群相提并论。

克劳福德认为，图书馆主体应位于库兰遗址中洞穴相对集中的区域，特别是墙上有壁龛、室内有高脚凳的洞穴，高脚凳可能用来支撑书架。她得出结论认为，这些洞穴既是存放书本的档案室，也是艾赛尼派信徒研究档案且日常生活的场所。在洞穴中，她发现了古人为保存、储藏和管理文献所做出的种种努力。洞穴中有许多部不同版本的重要作品和经文，本教派和其他教派兼而有之，在这个社群存在的最后几十年里，有些文献已有两个世纪的历史。这座档案馆里还有一些没人会感兴趣的抄写小练习——除了接受训练的写工学徒。洞穴中也有极其深奥的作品，只有少数学识渊博的大师才能参透其中的奥义。这里甚至还有希腊文文本，只有接受过希腊文专业训练的居住者，比如居住在 7 号洞穴的人才能读懂。

由此可见，库兰出土的文献具备大型聚落图书馆兼档案馆的所有主要特征。这样的设施让穴居者可以生活在洞中并研究这些文献，此地的文献意在"为库兰社群所参与的更广泛层面上的运动保存档案，同时作为库兰居民的图书馆，由隶属于本社群的、具有专业学术造诣的精英写工负责收集和管理，他们中的一些人为了这一事业而长居洞穴之中"。后来，虽然古罗马人摧毁了这一带的主要聚落，但并没有阻止更多文献不断纳入洞穴档案馆的收藏。

艾赛尼派是犹太教士组成的宗教团体，在公元前 2 世纪至公元 1 世纪繁荣发展。与主流犹太教在饮食、誓言、独身主义和牺牲的价值等方面存在神学理论分歧，这让他们逃离耶路撒冷。在发掘遗址的过程中，考古学家发现了以男性为主的艾赛尼派社群留下的种种痕迹，包括浴室、墓地、配备墨水罐的缮写室，还有一间陶器作坊。那里制作的陶器在化学成分上与存放死海古卷的陶器相类似，这提醒我们洞穴中的陶器与这座犹太修道院之间可能存在紧密的联系。[8]

艾赛尼派也许是刻意选择避世而居，与世隔绝想必对他们有利。他们也许不主张与外界接触，包括可以为其提供莎草纸的商旅。这意味着他们有意将自己置于与外界孤立的局面，就像阿尔卑斯山北部的欧洲人，或是文德兰达要塞驻扎的罗马士兵一样。

无论身在古代世界的哪个角落，一旦脱离莎草纸供应，社群的官方机构和普通群众都只能依赖当地产品，比如由本地动物皮革制成的皮纸或犊皮纸，比如竹简，比如本地植物制成的木牍。

从库兰的情况来看，当地的淡水系统似乎相当发达，瓦迪库兰（Wadi Qumran*）上游建有一座水坝，以确保有足够的淡水通过引水渠输送到聚落定居点。正如前文所述，他们甚至有可能在当地种植纸莎草。我们知道这种植物的确曾经在中东的沼泽、干河谷和河岸处生长，过去 5000 年中约旦河谷一直有野生

---

* 阿拉伯和北非一带地名中常见的"瓦迪"（wadi）意为"干谷"，是指仅在雨季有水的干河道。——译注

纸莎草的踪迹。[9] 考虑到干燥的纸莎草茎可以为浴室和陶器作坊提供燃料，也可以生产少量纸张，这种植物想必在库兰聚落也大有可为。艾赛尼派完全有可能小规模使用莎草纸。虽然大部分文献都写在皮纸上，但毕竟还有 15% 是莎草纸，再说，谁也说不清在过去 1600 年里又有多少文献散佚不见。

皮纸兴起

死海古卷可以证明这样一个事实：早期犹太人曾经用莎草纸写字。但是保存下来的实例寥寥无几。希伯来大学已故历史学教授莱拉·艾弗林注意到，根据希伯来传说，摩西在公元前 1200 年将《律法书》记录在纸卷上。我们可以推测这是一份莎草纸卷，因为摩西写下《律法书》的西奈山位于西奈半岛南部，在当时甚至可以算是埃及的一部分，而莎草纸是当地最常见的书写媒介。由于摩西的这段轶事以及《律法书》的相关事件都缺乏具体的历史依据，也就没有可靠的方式可以确定希伯来人放弃莎草纸转而用皮纸记录宗教典籍的具体年代。[10] 根据犹太人的传统，后来的人们多用皮纸抄录典籍，因此我们在今天可以看到有数百年历史的实物，例如来自西班牙、已有 800 年历史的塞法迪*手抄卷本《律法书》(Sephardic Sefer Torah)。

当然，库兰定居者制作皮纸和犊皮纸的原料可能来自当地

---

* 塞法迪犹太人指祖籍在伊比利亚半岛，遵守西班牙裔犹太人生活习惯的犹太人，是犹太教正统派的一支。——译注

的任何动物，只要是《旧约》(《申命记》14:4-5)中允许食用的动物即可，包括牛、绵羊、山羊、鹿、羚羊、狍子、野山羊、麋鹿、黄羊和青羊。马和骆驼等倒嚼动物被排除在外，因为它们脚趾上半圆形的蹄子数量为奇数，不符合《圣经》中"蹄分两瓣"的条件。

尽管皮纸造价更高，制作工序也更加烦琐，但随着时间的推移，它依然风行整个西方世界，成为莎草纸极具竞争力的对手，皮纸技术似乎更符合未来趋势。皮纸制作的书籍经得起频繁使用。历史正在靠近需要坚韧耐用、适应性强的书写材料的转折点。在此之前，相对便宜且实用的莎草纸一直能够满足世界的需求。在未来，随着贸易扩张、政府官僚机构发展、知识分子要求提高、思想传播和文化扩展，皮纸总有一天也会日渐衰弱，最终被弃之一隅。在迅速扩张的需求面前，皮纸最终也显得太慢太昂贵。到那时，浆纸已经做好了取而代之的准备。

畅销书作家马克·科兰斯基（Mark Kurlansky）将这一历史时刻视为社会催生了技术的发展，从而应对社会内部发生变化的证据。[11]这与所谓"技术谬见"（technological fallacy）即"技术推动社会变革"的主张恰好相反。科兰斯基的观点是，随着社会的演进和发展，需求会应运而生。在本书中，所涉及的就是社会对便宜且易得的书写材料的需求。因此，当这种需求最初出现时，莎草纸便诞生了。它在数千年里为人们所用，直到被社会对皮纸等本地产品的需求取而代之。再后来，随着技术创新，需求的对象又变成了用纸浆制成的棉纸。

有生命有思想的纸卷！

居住在迪什纳的金匠里亚德·法姆（Riyad Fam）非常关注博德默尔纸草书的出售情况。罗宾逊告诉我们，法姆曾经购得一长卷莎草纸。一天晚上，在他位于迪什纳的家中，他将长卷放在桌上想要打开看看纸上的内容，然而却发现纸卷难以打开，稍一伸展便开始碎裂。这是长期保存在极度干燥的沙漠洞穴中的结果。经过 1600 年的时间，普通纸张中极少量的天然水分早已蒸发殆尽。为了解决这个问题，里亚德在确定字迹不溶于水之后便将整卷莎草纸浸入一桶温水里，他发现，这样处理后的莎草纸便可轻松展开。[12]

纸卷摊平在桌面上之后，他就去忙其他事情了。然而，当他回过头来想要继续研究这份纸卷时，他震惊地发现它又自己卷了起来！他吓得目瞪口呆。这是一份有自己想法的古老莎草纸文献。显然，它有自己的"记忆"；也许它已经受够了现代世界。在法姆眼中，纸卷在那一夜表达的信息再清楚不过："够了，请休息一会儿，让我自己待着吧。"我们在下一章中将会看到，阿萨比尔先生（Mr. Asabil）真应该听从这卷莎草纸的忠告。

27
归 路

在贪欲的驱使下，阿萨比尔先生来到古董交易的应许之
地——纽约。1984 年春天，他降落在肯尼迪国际机场，行李箱
中妥善存放着一件值得交易的古董：包裹在报纸里的是一份价
值连城的莎草纸手稿，用古科普特文写成的《福音书》。这位阿
萨比尔先生的名字是汉纳，请不要与美国慈善家弗兰克·汉纳
混淆。这份册本是阿萨比尔私自从埃及带出来的，之前他要价
300 万美元，这在当时是闻所未闻的天价，足见人心可以贪婪到
何等地步。

来自新泽西州的科普特教会牧师加布里埃尔神父（Father
Gabriel）表示愿意帮他，而且已经为阿萨比尔联系了一位来自
曼哈顿的重量级古董商。汉纳在接洽中将要价降至 100 万美元，
这个价格对一份来源可疑的文献而言仍然相当可观。不过阿萨
比尔的让步并没有改变局面，交易还是谈崩了。随后，阿萨比
尔的一位朋友带他一路驱车前往长岛，将手稿存放在某个地方
待价而沽。他相信自己等得起，在这种事情上，时间肯定对他

有利。然而事实果真如此吗？

他们开车向东驶向杰里科（Jericho）*，这个名字一定让他以为自己走进了当年的歌珊地（Land of Goshen）。位于杰里科以西不远处的贝斯佩奇（Bethpage）是一座长岛小镇，镇名来源于《圣经》中耶路撒冷之路沿途的一座村庄伯法其（Bethphage），耶稣就是在那里骑上驴背，在民众的欢呼中进入圣城的。阿萨比尔也许认为自己会从这里打入美国古董交易市场，收获属于自己的荣耀。虽然不久前在曼哈顿失望而归，但他始终相信可以将这份《福音书》卖出一个好价钱，因为美国商人富有而且热衷于此。在曼哈顿的画廊检验手稿时，受邀进行鉴定的专家们显然认为这是一项意义重大的发现。也许他们会散出消息，迫切渴望得到它的人们自然会愿者上钩。阿萨比尔确信客户迟早会出现。将手稿藏好后，他便乘飞机返回了开罗。[1]

驱车行驶一段时间之后，他们在看不出与《圣经》有任何关联的希克斯维尔（Hicksville）小镇找到了加布里埃尔神父让他留意的那家银行。银行坐落在一条商店街上。在那里，牧师推荐的银行职员接待了他们，为阿萨比尔打开第 395 号保险箱，让他将文献放进去，上锁。阿萨比尔随后便飞回埃及。这份文献就在那里待了整整 16 年。

---

* Jericho，又指耶利哥，位于约旦河西面 7 公里处的约旦河谷，西距耶路撒冷 38 公里，南距死海 6 公里，《圣经》中记载耶利哥城是约书亚率领犹太人渡过约旦河后攻打的第一个城镇。歌珊地：《圣经》中犹太人曾在埃及寄居之地，在今天的尼罗河三角洲一带。——译注

我在长岛北岸住了许多年，还曾数次经过希克斯维尔。沿长岛铁路而行的你绝不会忽略这座小镇，它至今仍是北岸线和南岸线的主要交汇点。每天进出纽约的无数上班族都要在希克斯维尔站换乘。

那时我刚刚开始关于纸莎草的生物学和历史学研究，不过即使在那些年里，倘若有人征求我的意见，我也一定会建议汉纳以及其他任何人：不要将那份《福音书》留在长岛上的任何地方。希克斯维尔一带的平均相对湿度高达 60%—80%，夏季温度在 50—102 华氏度之间（10—38.8 摄氏度），在盛夏时节简直就是一口高压锅。尽管 395 号保险箱存放在装有空调系统的建筑内，不受湿气的影响，但是随着时间的推移，它还是会成为以纸莎草为食的真菌、昆虫和细菌的温床。

赫伯特·克罗斯尼（Herbert Krosney）将《犹大福音书》的故事讲述得精彩纷呈，他的著作《失落的福音》（*The Lost Gospel*）以扣人心弦的笔法详细记录了对那段轶事的追寻、探索以及后续的历史。[2]

这是一份年代在三四世纪的册本，最初有 64 张莎草纸页，内容除《犹大福音书》还包括其他几篇文献。这些装订在一起的纸页便是克罗斯尼笔下"犹太教—基督教考古学最伟大的发现之一"。然而，从希克斯维尔银行保险箱中取出时，这份文献已经难以辨认。

在干燥的墓穴里或者置于陶器中埋藏在埃及炎热干旱的沙漠里，古代莎草纸可以完好保存数千年。而一旦北上来到瑞士日内瓦或纽约等空气湿润的城市，古纸就会开始朽烂。如果放置在相对干燥的温和环境下，莎草纸的保存状态也很不错，有的莎草纸卷甚至足够坚固和柔韧，历经好几个世纪仍然可以书写或者可以摊开再卷回去。[3] 莎草纸只要含有一定的水分（哪怕极少）就可以保持柔韧和强度，而一旦过度干燥就会破碎，过度潮湿则容易发霉生虫。倘若没有妥善的保管和修复措施，希克斯维尔保险箱里的莎草纸册本很快就会腐坏，再无复原的可能。

在瑞士古董商弗里达·查科斯·努斯贝格尔（Frieda Tchacos Nussberger）的催促下，汉纳第二次来到肯尼迪国际机场，此时已是 2000 年。努斯贝格尔决定从汉纳手中买下这份文物（汉纳其实是个化名，他的真名一直无人知晓）。这个患有甲状腺肿大还有重度烟瘾的矮胖男人在 1984 年第一次将这本《福音书》带到美国时已经 40 岁，当时还没有结婚。后来他成了家，便通过妻子交涉，接受了努斯贝格尔比之前更低的新报价。也许他现在终于意识到，修复和维护的成本会超过他最初的要价，但他对保险箱中文物的恶化情况却是毫无心理准备。

克罗斯尼说，打开保险箱时，"汉纳震惊得脸色煞白……凝滞的空气里弥漫着莎草纸腐烂的气味。手稿已经严重损坏……情况非常糟糕"。

288 2004 年，有关方面宣布将这份《福音书》归还给开罗科普特博物馆，该博物馆已同意在文献得到修复之后进行接收。修复工作于 2009 年开始。这场有史以来最著名的莎草纸文物归国壮举由查科斯完成，他将手稿转交给位于瑞士巴塞尔的梅塞纳斯古代艺术基金会（Maecenas Foundation for Ancient Art），该基金会后来与国家地理学会以及位于加利福尼亚州的韦特历史研究所开展合作，共同修复、翻译并发表《福音书》中的内容，合作各方一致同意将这份文献中的所有纸页永久性地保存在开罗。

国家地理学会的关注是促成该项目的关键，根据国家地理学会探索项目（Missions Programs）副主席特里·加西亚（Terry Garcia）的说法，正是国家地理学会的助力为梅塞纳斯基金会提供了"修复和翻译文献必需的资源"。作为交换，国家地理学会得到了该文献的知识产权。而国家地理学会为文献修复提供资金的条件之一，就是将这份莎草纸册本归还给它的祖国。

归还这部纸草书有多方面的考虑。第一，它是从埃及非法走私出来的，流动性极强的全球文物市场经常对这一点视若无睹，然而这份册本后来名声大噪，在各种意义上都成了炙手可热甚至是烫手的财产。当时的文物部门负责人扎希·哈瓦斯正在密切追踪此类事件，面对这样一位坚决捍卫法律的人物，任何想要占有这份文献的博物馆馆长都不免三思而后行。

归还文献的第二个原因是它的字迹正在消失。纸张处于极其易碎的状态，好奇的收藏家和纸草学家的任何举动，无论是打开护盖观察它，翻动页面还是仅仅拆开外层报纸，都在对册本造成损坏。似乎就连研究者的目光都让它不堪重负。修复成本绝对不是小数目，私人古董商不太会感兴趣。册本的保存、修复和拍摄工作耗资巨大，最好由具备专业资质的机构完成，从而也意味着这份文献不能再处于走私物品的违禁状态；它必须获得合法的地位，来到光天化日之下。

289

这份被称为《犹大福音书》的文献是一个有趣的案例，不仅因为它经过复原又回到了家乡，也因为它是个人在利益驱动下"拯救"古代文物，结果反而造成破坏的典型案例。面对这些因保存条件恶劣而濒临损毁的莎草纸，沃利斯·巴奇和其他人——例如迪什纳的商贩——标榜自己"拯救历史"的理论根本站不住脚。一旦落到不具备专业素质的商人手中，这样一张纸可能彻底毁灭。

另一方面，国际各界利用新技术拯救这份册本的努力也体现出大型机构参与修复工作的优势。将有关文物至少在某种程度上修复到从前的状态，这也让文物归国成为很具吸引力的价码。

然而，博物馆又该如何面对海外文物归国，尤其是用莎草纸制成的文物呢？今天，数以百万计的残纸可以说仍处于相当脆弱的状态，大多都需要修复，而修复成本令人望而却步。修复工作需要动用透射电子显微镜、拉曼光谱、放射性碳定年法、紫外线扫描、多光谱成像和 X 射线荧光扫描等技术，同时还涉及手稿复原、清洁和翻译等标准化工作。由此看来，修复项目的成本往往超出手稿的初始价格，这一点也不足为奇了。

《犹大福音书》项目是海外文物归国运作的实例，关键是需要一位有意合作的古董商充当经纪人，还需要基金会特别组建的专家联合会提供工作场所。最重要的一点是，在谈妥修复后文物归还原籍国的具体条款、各方面均协商达成一致的条件下，还需要有大型组织提供必要的资金。

未来我们有望看到，类似项目的部分主要技术工作以及项目管理工作将在文物的原籍国展开，尽管实现这一点或许还需要很多时间和精力，但这是值得的。许多文物原籍国现已具备相关条件，也正在参与此类项目积累经验。在埃及，数个莎草纸修复项目正在开罗的伊斯兰艺术博物馆以及修复、保存和微缩胶片中心进行，该中心隶属于位于亚历山大城的国家书籍文献馆和新亚历山大图书馆。在赛义德·哈桑（Sayed Hassan）的领导下，开罗埃及博物馆的莎草纸保护实验室已协助处理了博物馆中的近 3 万份莎草纸。此外，我的一位老朋友、西西里岛锡拉库扎国际莎草纸研究所（莎草纸博物馆）的副所长、意大利文物保护专家科拉多·巴西莱博士，目前正与埃及有关方面开展合作。巴西莱介绍说："项目旨在实现对莎草纸的长期保护，而不是满足于让它们恢复到眼下过得去的程度。"同时，他也在帮助亚历山大城的古希腊罗马博物馆和新亚历山大图书馆进行馆藏莎草纸的修复工作。

　　总而言之，修复莎草纸册本和卷本文物不仅是道义上的正确，而且对世界文化遗产保护有着至关重要的作用。毕竟，若是没有它们，整个世界历史以及现代人对数千年历史的理解将有很大不同。

　　最终，我们要探讨的是古代纸张在全球发展中扮演的角色。我们可以从技术层面来理解纸张的作用。举例而言，可以将纸张与齿轮相类比——齿轮推动了从交通运输工具到现代机械以及两者之间几乎一切造物的发展。大多数人会说，正是这一切让齿轮成为全球技术发展中的一大关键要素。但是，全球文化的发展又如何呢？齿轮在文化进程中没有发挥太大的作用，书写或许值得一提，然而问题在于它并非具体意义上的"要素"；更准确地说，书写是一种行为或者过程。在岩石表面上刻画，就可以将石板变成一份"文献"，但这样一份文献的范围和尺寸都是巨大的。真正让"文献"获得生命的是纸张，有了纸张，文字才得以成为文化进步中的关键要素。

"进步"意味着动力，绘画和雕刻的信息脱离岩壁，让人类向前迈了一大步。一旦信息转移到莎草纸上——便于移动、灵活便携的新媒介，进步就再也没有停止。这是世界历史上举足轻重的伟大时刻：我们得到了解放。

一旦人们发现莎草纸在合适的条件下可以长期保存，便可以放心地用莎草纸进行书写。它坚韧耐用，而且与皮纸不同的是，莎草纸上可以看出永固墨水擦除的痕迹。制作莎草纸的原料取之不尽、近在咫尺，因此这种纸张的造价也相对低廉。也正因如此，基督徒选择它来记录自己最珍视的文字，比如《圣经》。很快，莎草纸便催生出图书馆的大量馆藏，这些新生机构提醒我们，知识就是力量，而图书馆便是这种力量聚焦之地。

古代西方世界的人们养成了随手记录的习惯，无论是家庭账目、购物清单还是政府公文、书籍和诗歌。一旦人们习惯于如此轻松地记录和传播信息，媒介或许会改变，皮纸或浆纸依次出现又消失，但记录的习惯和对书写的期望已经成为文明生活的重要标志——都是拜莎草纸所赐。人类再也不会倒退回用石板或陶片记录信息的时代。换言之，与其说是我们创造了纸张，不如说是纸张造就了我们。

结语：前路

参会者的疑虑都写在脸上，埃及人此前从未见过像托尔·
海尔达尔这样的人。这倒不是因为他来自挪威；与他一同参加
会议的挪威驻埃及大使彼得·安卡尔（Peter Ankar）就很好相
处，人缘也很不错。也许是因为埃及正处于一个无暇他顾的时
刻。1969 年的埃及正在进行消耗战（War of Attrition）。他们开
会的政府大楼台阶底部竖立着战时开罗标志性的路障，所有窗
户前都堆放着沙袋。

埃及正在苏伊士一带展开春季攻势。苏伊士运河沿线正在
进行大规模炮击，大规模的空袭和突击几乎每天都在发生。这
意味着埃及人需要盟友，多一位斯堪的纳维亚人可能会有所帮
助，就像在那一年被联合国任命为中东和平特使的瑞典外交官
贡纳尔·雅林（Gunnar Jarring）一样。在场的人至少都清楚彼
得和贡纳尔的立场，但这位古怪的挪威考古学家可就不一样了。

"你想把胡夫金字塔后面的沙漠圈起来，在那造一艘纸莎草
船？"身材敦实的埃及部长难以置信地问。他扶了扶角质眼镜

框，对托尔露出质疑的笑容，还将信将疑地瞥了一眼托尔身边站得笔直的安卡尔。头发灰白的安卡尔礼貌地报以微笑，似乎是在"担保这个来自北方的陌生人精神正常"[1]。

托尔的请求是对金字塔建造者陵墓圣地的亵渎。据扎希·哈瓦斯所说，这是一片受咒文保护的地带。"所有走进这座坟墓的人，所有冒犯这座坟墓的人……他们在水上将遭遇鳄鱼，在陆地上将被毒蛇袭击。"[2]

埃及文物部门负责人穆罕默德·易卜拉欣（Mohammed Ibrahim）于 1966 年去世。出席此次会议的是他的继任者贾迈勒·迈赫雷兹（Gamal Mehrez）。关于死亡的诅咒一直纠缠着他们。在前往开罗参加一场关于图坦卡蒙宝藏的会议途中，易卜拉欣遭遇车祸当场死亡。而在迈赫雷兹与海尔达尔、安卡尔会面 3 年后，1972 年图坦卡蒙的黄金面具被借往伦敦展览期间，迈赫雷兹本人也在 50 岁时因急性循环衰竭而暴毙。

托尔就是在向这样一群对此类事件记忆犹新、心有余悸的人征求许可。最后他们终于同意设置一个封锁区，在里面搭设帐篷、建起营地和造船工地，但前提是他必须发誓——绝对不会对沙地进行挖掘。

会议现场有一位年过五旬的男人哈桑·拉加卜。从年轻时的照片可以看出，他曾经是个神似巴兹尔·拉思伯恩（Basil Rathbone）的帅小伙，留着精心修剪过的部队式黑色小胡子，后来慢慢变成了灰色。拉加卜从苏丹带回几截纸莎草，在开罗建立起纸莎草种植园和研究所，制作莎草纸供旅游业使用。在这次会议上，他是最有资格对托尔的项目做出评判的人。他的项目能成功吗？造出的纸莎草船会沉吗？如果船沉了，那埃及人会怎么想？这毕竟是一项距离公众非常近的活动，造船地点就在胡夫法老船修复项目旁边，与金字塔近在咫尺，游客络绎不绝。

起初，拉加卜和其他埃及官员一样满心疑虑。他从尼罗河畔的纸莎草种植园中了解到，刚刚收割下来并扎成一捆捆的绿色茎秆非常重，用这种材料造出的船也许不会沉底，但想要浮在水面上也不容易。托尔解释说，他并不打算使用新鲜的纸莎草，而是干燥的茎秆，干草紧紧捆在一起时可以留住空气。通过对芦苇船进行的大量研究，他相信纸莎草也可以做到这一点。拉加卜是一名工程师，同时也是外交官和军人，他很满意托尔的解释，项目也因此向前推进。不过，除了建造芦苇船的基础知识，拉加卜在那次会议上还学到了别的东西。他擅长从书中学习并且很钦佩学术，这一次他一定很清楚，自己刚刚从一位大师那里学到了关于公共关系的一课。

如果你试图主导公众对某一事物的看法，那就从这里开始吧。托尔巧妙地发挥了这次会议的作用。在他踏上法老圣地的那一天，媒体报道就随之蜂拥而至，他的名声也传扬了出去。他宣布从埃塞俄比亚的塔纳湖将大量纸莎草运往开罗，造就了轰动一时的新闻。为何如此轰动？因为纸莎草过去 1000 年都没有在埃及生长吗？或者是因为过去 2000 年都没有纸莎草船在尼罗河上航行？又或者仅仅因为纸莎草这种古老的植物再次扮演了至关重要的角色？

不管答案究竟是什么，拉加卜看到的是媒体的长枪短炮。

这时他意识到，正是因为这个挪威人，他深爱的植物才能再一次出现在全球新闻的头版上。这是他永远不会忘记的一课。

哈桑·拉加卜曾是一名工程师，也是埃及军队的一名将军，还曾担任内阁部长以及驻中国、意大利和南斯拉夫的大使。在本文所述的年代，他已不再参与政府工作，并于会议前一年在开罗成立了专门研究莎草纸历史和造纸工艺的研究所。他称之为莎草纸研究所。随着时间推移，他几乎掌握了所有关于莎草纸的知识。在中国担任大使期间，他曾见过一个手工制作浆纸的小型家庭作坊，其造纸过程与近 2000 年前中国发明的造纸术没有太大差别。这点燃了他的思想火花。"我突然想到，"他说，"如果我们能在埃及开发类似的东西，也许它能成为一个新的旅游热点。"

他对莎草纸造纸古法进行了大量研究，1979 年，获得格勒

哈桑·拉加卜开创的莎草纸研究所（尼罗河上的一座船屋，拍摄于 1973 年）

诺布尔大学莎草纸制造工艺的博士学位。与此同时，他利用从苏丹带来的枝条培植出更多纸莎草，将种植园扩展到了尼罗河的浅水保护区。

2004 年，91 岁高龄的哈桑·拉加卜去世，那时他关于纸莎草和莎草纸的倡议已经发展成了一项现代产业。今天，在开罗、卢克索和尼罗河三角洲地区，数千张莎草纸被生产出来用于旅游业销售，生产规模接近古埃及还是世界莎草纸中心的时代。

拉加卜坚定秉承让博物馆"活起来"的理念。1973 年我第一次前往埃及时，我们曾经见过面。那时他的莎草纸项目刚刚开始营利，他满心期待着扩大研究所的规模。他的目标是创办一座"活的博物馆"，这是当时风靡一时的概念。20 世纪 70 年代，世界各大博物馆都在热切追赶这一潮流。我觉得，当时和现在的博物馆都很难拿出别具创意的展品，尽管现在的博物馆已经取得了很大的进步，纽约的大都会博物馆、华盛顿的史密森尼博物馆、伦敦的大英博物馆与维多利亚和阿尔伯特博物馆、巴黎的卢浮宫博物馆都是明证。他们极尽所能，让往昔岁月重现生机。而一些新建的博物馆，例如位于美国华盛顿的大屠杀纪念馆、美国印第安人博物馆和非裔美国人历史文化博物馆，则从设计之初就着力凸显"活历史"。这显然是未来的发展趋势。

"对我来说，威廉斯堡仍然很有吸引力。"拉加卜口中的威

297

廉斯堡是全美国最大的"活历史"展览地，那里有许多小型精品店。"我想将游客带回古老的世界，让他们与工匠近距离接触，让他们站在古人背后看他们做事。你们美国人很擅长这些。"在他的新研究所中，他决定布置好一切，"从法老开始，一直到造纸者、写工、织布工、制陶工、艺术家，全都要各就各位"。

在我第一次见到哈桑的时候，已经有传言说亚历山大城将重建了不起的古代皇家图书馆。新亚历山大图书馆的建设得到了许多国家的支持，耗资 1.76 亿美元，最终于 2002 年建成并投入使用。世界银行前副总裁、经济发展与生物技术领域的杰出作者伊斯梅尔·萨拉杰丁（Ismail Serageldin）博士被任命为新图书馆的第一任馆长。

图书馆建筑采用圆柱体设计，建在海边的水池之中，网格玻璃屋顶向下倾斜，部分楼体消失在地面以下。这座壮观的建筑是一个雄心勃勃的国际化项目的成果，一座可以容纳数百万册图书的图书馆。建筑内设有专业化的图书馆、会议中心和修复手稿的技术设施。这座图书馆还是全球互联网的外部备份数据库之一。作为与互联网档案馆（Internet Archive）联合计划的一部分，图书馆获得了 500 万美元的捐款和规模可观的收藏，其中包括 1996—2001 年间来自 1600 多万个不同网站的 100 亿个网页；2000 小时的埃及和美国电视节目存档；1000 部电影存档；存储在 200 台计算机上的 100TB 数据。

值得注意的是，新图书馆从绘制草图的那一刻起就贯彻现代想法和理念，因为我们完全不知道古代亚历山大图书馆最初的模样。不过，随着三维成像和数码还原技术的进步，现有的

新亚历山大图书馆（来源：Wikipedia）

文件、古物甚至建筑物无论大小，几乎都可以原样复制出来。

古埃及墓葬就是典型的例子。莎朗·韦克斯曼（Sharon Waxman）在 2008 年的著作《流失国宝争夺战》（*Loot*）中介绍了位于帝王谷的塞提一世陵墓。墓中距地面 20 英尺高的天花板和鲜艳的彩绘壁画堪称无与伦比的精彩艺术作品，但要拜访这座陵墓可不容易。由于担心损毁其中的艺术品，现在陵墓已不再向公众开放。³ 若没有获得特别许可，任何人都无法看到或拍摄它。韦克斯曼写道，乔瓦尼·贝尔佐尼（Giovanni Belzoni）在 19 世纪早期发现这座陵墓后，灵机一动，用陵墓的复制品办起了展览。他聘请了一位意大利艺术家来制作蜡模，然后送到伦敦进行全尺寸还原。"1821 年，他在皮卡迪利（Piccadilly）的埃及大厅（Egyptian Hall）开办收费展览，打造出一个旅游热点，也是一次大胆的商业尝试。这场展览大受欢迎，持续了整整一年。在现代技术发达的时代，此举值得借鉴。我们何不复制某个景点邀请大家来参观呢？在今天搭建类似的模型更容易，也更能忠实于真迹。这会打开一条走进古埃及奇迹的通道，参观者可以游遍世界或者在帝王谷流连忘返。简而言之，既然不能让游客前去参观塞提的陵墓，也许我们可以把塞提带到游客面前。"

谢天谢地，有人接受了韦克斯曼的建议。亚当·洛（Adam Lowe）曾经是一位画家，现在负责管理总部位于马德里的事实艺术修复工作室（Factum Arte）。他在埃及创造了图坦卡蒙陵墓的复制品，用《纽约客》专栏作家丹尼尔·扎莱夫斯基（Daniel Zalewski）的话说，这是迄今为止最值得称赞的数码摹本。[4]亚当·洛目前正打算复制塞提一世的陵墓。

哈桑·拉加卜对重建亚历山大图书馆的想法感到无比激动。"你可能还记得，那座图书馆里曾经有成千上万卷莎草纸文献——直到尤利乌斯·恺撒把它们一把火烧光。我们没法复原所有莎草纸，但今天还保留着超过 40000 份莎草纸（放在玻璃柜或者库房里），如果能将其中一些原件和其他复制品集中存放在一起，那我们就有了核心。当然，前提是假设我们的莎草纸生产到那时已达到足够大的规模。我们可以做到，一定可以。"

那是在 1973 年，当时这一切都还只是梦想；现在到了 21 世纪，它终于可以成为现实。没有纸莎草也没有专业技术人员的日子已经过去了，如今开罗的莎草纸制造者拥有足够的资源和技术。三角洲一带的故事充分体现了造纸在村一级规模可以达到怎样的水平。20 世纪 70 年代，阿纳斯·穆斯塔法博士在三角洲地区 500 英亩的沼泽地上建立起一座纸莎草种植园。穆斯塔法博士对 200 名村民进行了培训，教他们栽种这种植物以及如何用古法造纸。在 21 世纪最初几年的旅游市场繁荣时期，这里出产了数千张莎草纸。当地人还可以利用丝网印刷技术在莎草纸上印刷图案，每周可以制作 5000 张这样的纸。[5] 现在需要的是在造纸者、图书馆和博物馆之间建立联系，还要努力在全球各大博物馆中重建古代纸卷的世界。

造纸者和艺术家们已经准备就绪，他们有意愿也有能力复制足够数量的纸卷，至少足够在某座大型图书馆的角落里为莎草纸搭起一座舞台，再次上演托勒密王朝时期的精彩桥段。

这样的展览可以还原古代的氛围。读者、研究人员和思想家在展区漫步，随时可以查阅真正的、记录着经典著作的莎草纸卷，反复展开再卷好都不会对纸张造成损坏。此类展览的旅游潜力不可小视。

除了重建这样的书卷图书馆、让古代学者的世界重现生机，埃及造纸业的另一大成就是对某些特定纸卷的精细复制。例如，1989 年位于诺克斯维尔（Knoxville）的田纳西大学麦克朗博物馆（McClung Museum）委托埃及造纸者为"卡纸草书"（Papyrus of Kha）前 3 英尺制作精确还原的复制品。这份莎草纸文献与阿尼纸草书相似，同样是《亡灵书》，同样发现于底比斯。它属于古代工程师卡（Kha）和他的妻子梅丽特（Merit），年代在公元前 1386 年至公元前 1349 年左右。全卷长 52.5 英尺，

300

现存于都灵埃及博物馆。复制卷描绘的是死去的卡和妻子来到伟大的冥神奥西里斯面前的情景。根据埃文斯的说法，"20年过去了，莎草纸复制品丝毫没有褪色，仍处于极佳的状态"。这份摹本由意大利蒂沃利古籍博物馆（Museo Didattico del Libro Antico）的安东尼奥·巴西莱（Antonio Basile）完成。安东尼奥是科拉多·巴西莱的兄弟，也是西西里莎草纸研究所的创始人。西西里岛是非洲以外少数有天然纸莎草存活的地方之一。科拉多是古代莎草纸复原、修缮和复制领域的先驱，他曾与埃及博物馆和开罗国际莎草纸研究所开展合作。他的目标是帮助埃及博物馆修复馆藏中的30000份古代莎草纸。

301　　　　幸运的是，引进数字技术之后，复刻摹本的工艺有了飞跃性的进步。最新技术能够避免画师只记录自己注意到的细节的问题，数字技术没有学术价值判断。阿尼纸草书在很多年前就有了印刷图片版的摹本。第一份摹本于1890年由大英博物馆制作，较近的版本则是1978年由学术出版机构ADEVA（Akademische Druck-u.Verlagsanstalt, Graz, Austria）印制，共37页。2018年，位于西班牙萨拉曼卡的CM Editores发布了一个更精致的版本，仅有999份的昂贵限量版，根据原始彩色照片制作，在现代莎草纸上印刷，共37页。所有这些摹本的共同缺点是，它们被分成37张单页纸而不是一份连续的长卷。用亚当·洛研发的技术也许可以印制出78英尺的完整长卷。在复制图坦卡蒙陵墓时，他采用的是"一网打尽，不遮瑕疵"的方法，只为追求准确。他甚至改造了一台巨大的爱普生打印机，能够反复在质地类似石膏的覆层上印刷的同时保证图像的完美配准，然后再将印刷好的覆层安装到卢克索专为此修建的墙壁上。亚当·洛的独到之处在于尽可能让埃及本地人员和机构参与项目。他在位于马德里的工作室给埃及人培训扫描技术，还计划在卢克索建立一个数字工作室。将长达 78 英尺的阿尼纸草书在产自埃及本土的莎草纸上完整印刷出来，就像阿尼的写工团队在 3000 多年前所做的那样，现在这一时刻已经指日可待。

眼下的目标是为拉加卜畅想的亚历山大图书馆古代纸卷展提供展品，不仅是新亚历山大图书馆，也可以是盖蒂别墅博物馆或任何其他对古罗马或古埃及历史感兴趣的博物馆。展品不仅有与古代藏书相类似的纸卷，还可以将现代埃及制造的卷轴放置在柔软的塑料介质内或者附着在塑料介质上，制成活动的展品。这样一来，参观空间里就有了游客可以自行翻阅的纸卷，避免了必须在整面墙上展示文献内容的问题。在现代博物馆中，空无一物的裸墙才是最令人向往的罕见布置。

部分或全部卷起的纸卷还能向公众展示纸卷的全部内容，就像法国巴约的挂毯和自 1895 年以来一直在英国雷丁（Reading）展出的挂毯复制品一样。莎草纸摹本的效果可能与海尔达尔的太阳神船项目不相上下，海尔达尔在这个饱受媒体关注的项目中制作出一艘纸莎草船的复制品，而莎草纸摹本的亮点则是让古老的莎草纸产业重回埃及。来自世界各地的埃及学家都可以参与其中，组建一支多国专家团队进行协助，国际专家的参与不仅体现了古埃及人对其他地区的影响，而且还可以还原从埃及新王国时期直到古罗马和伊斯兰帝国兴起时那个以莎草纸为主要书写媒介的世界。

302

亚当·洛在埃及使用的技术还有一个优点，那就是纸卷摹本可以制作许多份，足以满足开罗各大新旧博物馆以及全球各地国家博物馆的展览需求。纸卷材质柔软，可以"随意造型"，可以根据展览需要缠卷或拉直，可以搭配新式博物馆中规模较小的"现场"迷你展出，也可以放在黑暗的房间里，成为迷你声光秀中聚光灯汇聚的焦点。充满无限可能。

纸莎草工艺品、造纸技术、书写历史、艺术、手稿插画、古代莎草纸卷的修复和研究、亲身实践的活动，等等……如果能将37张阿尼纸草书全部或部分从伦敦租借给开罗或其他地方，参观者就可以与上述种种亲密接触，或许能做的还有很多。古老文献终将走出库房，成为"活的"展览中的一部分。这样做的目的是让纸卷原件成为非洲、亚洲、中东和美洲各大博物馆的重要资源。

这一计划也鼓励其他埃及学研究中心参与；法国、美国、德国、意大利、奥地利和英国都可以参与该计划，按自己的意愿自行复制或出借展品。阿尼纸草书是理想的选择，因为它是人类最早也最精美的精神财富之一。这件文物的展出将突出莎草纸产业的地位，重现那段历史，让人们了解那段历史，直观地展示它如何以马歇尔·麦克卢汉所想象的方式影响世界，即承载信息的形式会决定人们感知信息的方式。在莎草纸盛行的古代，纸卷具有深远的社会学、美学和哲学价值，切实改变了古人感受和认知世界的方式，正如后来册本形式的纸草书对基督教世界产生深远影响一样。就莎草纸而言，媒介就是信息本身，它是一种改变了人们生活方式和死亡方式的媒介。

这就是阿尼纸草书所展现的故事。这个故事不仅属于埃及和英国，也属于整个世界。沃利斯·巴奇开启了一条他从未想过的道路，他的所作所为或许可能因此得到原谅，得到赦免，甚至得到感谢。

一天，我在纽约看到了未来的前路。那天我恰好有几小时的闲暇，大都会博物馆恰好就在附近，于是我又一次走进埃及馆——每次去那里都是一种享受。穿过大厅，走向画廊。看到墙上大型彩色埃及壁画时，我发现自己在想：这是怎样的耻辱啊。

那时我刚刚读完布莱恩·费根的著作《尼罗河的劫难》（*The Rape of the Nile*），一想到这些美轮美奂的作品都是从古埃及陵墓的墙壁上剥下来的，便不寒而栗。他们像维旺·德农一样精心安置了这些壁画，显然也进行了妥善的保管，但我一想到其中的罪恶，心中便燃起熊熊怒火。然而，走到画廊尽头，我无意中瞥见一块小小的标牌，上面写着：壁画摹本。

我站在原地，呆若木鸡——摹本！真不敢相信。我回过头去，在不引起保安怀疑的前提下尽量凑近细看，这时我不得不承认，确实没有一丝灰泥的痕迹。

这些都是纸上的画！

其他观众注意到这一点了吗？他们会因为这些只是摹本而扫兴吗？根据我的观察，大家的眼睛都没毛病。在接下来的10分钟里，我眼看着数百人从壁画前鱼贯而过（画廊通向许多其他精彩的展览），有几个人只是扫了一眼壁画便匆匆走过，但大部分人都会停下脚步拍几张照片，有些人坐下来查看参观手册，有些人则坐下来欣赏这些壁画，脸上浮现出满意的神情。

这时我意识到，这是一件意义非凡的展品。尽管我的怀疑毫无根据，但这件展品在任何意义上都与真品无异。

这是怎么做到的？实际上，大都会摹本收藏背后的故事与藏品本身一样精彩。最初的贡献者是艺术家诺曼和妮娜·德·加里斯·戴维斯夫妇，团队的第三位艺术家查尔斯·威尔金森（Charles Wilkinson）在夫妇俩定居埃及时加入，他后来成了一位名誉研究员。威尔金森是英格兰斯莱德美术学院的学生，因为擅长蛋彩画而被推荐。他在自己的一本书中写道，参加第一次世界大战让他在 22 岁时"身体不太健壮"，似乎"埃及的气候对他有好处"。这话想必不假，因为他是当年那支探险队中最后一位离世的成员，享年 88 岁。

20 世纪初，博物馆的埃及探险队一得到在尼罗河西岸、与卢克索隔河相望的底比斯墓葬群开展工作的特许，三人便立刻在那里安顿下来。当时他们面临的第一个问题是，为壁画绘制耐久且精确的复制品难度相当大。当时缺乏成熟的摄影技术，仅根据照片绘制出的图像人为痕迹太重。水彩草图也不行，因为当时的水彩颜料透明度过高。最后，诺曼的助手弗朗西斯·昂温（Francis Unwin）找到了解决办法，他发现用蛋清调制出的颜料与古代绘画质朴的色调非常相似。

后来我才明白，这就是我在博物馆上当的原因。我已经习惯了明信片印刷的花哨色彩，现在互联网上的古埃及图片也是如此，因此我很排斥复制品。见过埃及的原画真迹之后，我以为自己一眼就能识别真假。事实证明，在我遇到的这种情况下，不仅是颜料骗过了我的眼睛，艺术家的技巧也实在太过高明。

孟菲斯大学埃及艺术专家奈杰尔·斯特拉德威克（Nigel Strudwick）记录了复刻壁画的过程。举例来说，妮娜"在描绘一个身穿白色长袍、身体部分裸露的男性形象时，会先画出背景，然后给整个身体部分涂上皮肤的颜色，再用一层白色颜料画出长袍，然后描绘红褐色的外部轮廓，最后再铺一层背景色突出人物的外形，和古代画师的做法如出一辙"。

305

妮娜还开创了将受损部分也原样画出的做法。她甚至精确地捕捉墙壁缝隙和孔洞的纹理，就连古老壁画中十分常见的开裂也在画面中得到了精心还原，看起来甚至是三维立体的。他们努力的成果就是现存于大都会博物馆的 350 幅壁画收藏，所有这些都是珍贵的记录。在原件因为种种原因消失不见的情况下，这些临摹就是剩下的唯一记录，也是无价之宝。总而言之，德·加里斯·戴维斯夫妇的墓室画摹本是一个优雅的典范。最近，新建的圣经博物馆在华盛顿特区落成开放时，对另一份古代莎草纸也进行了同样的仿真复刻。

正是这一契机让我决定抛开复杂的长卷莎草纸展览，而将注意力转向早期册本和古代信函中的单张纸。这下我可发现了金矿。2017 年，圣经博物馆在华盛顿特区隆重开放，我觉得如此大张旗鼓也是合情合理，毕竟《圣经》作为历史研究的一大主题，当然会吸引公众的关注。更有意思的是媒体的反应，他们称这座博物馆是"世界上技术最先进的博物馆，无与伦比地实现了互动娱乐、学术研究和历史展览的组合"[6]。《华盛顿邮报》宣称它将"为本国博物馆如何寓教于乐设定全新的标准",它结合娱乐与教育的方式"令许多游客感受到,这座博物馆比史密森尼博物馆令人喘不过气的文化大杂烩更具吸引力、对参观者更友好"。[7]《华盛顿邮报》还指出,博物馆采用"宏大叙事"的历史观,"讲述了一个影响范围深远的人类故事,一个仍在进行中,让我们也参与其中的故事……这是个令人兴奋的概念,也是了解世界的强大工具"。

我很受鼓舞,觉得这座博物馆就是对我祈祷的回应,如果有哪个地方会认真对待莎草纸,那一定就是这里了。显然,在过去 2000 年里散佚的原始材料数不胜数,使得现存与早期基督徒有关的残纸和纸页极其稀少且珍贵。博物馆入口的青铜双开大门高达 40 英尺,上面刻着《创世记》的第 1 章,令人心生敬畏。穿过这道大门,我的想法得到了证实。一走进前厅,我便看到几张被灯光照亮的莎草纸页。几块大型玻璃展柜中展示着博德默尔纸草书中的《诗篇》第 19 篇,3 世纪的基督徒使用的就是这本古老的莎草纸祈祷书。借用多伦多大学阿尔贝特·彼得斯马(Albert Pietersma)教授的话说,对于感兴趣的学者而言,这部纸草书在 1967 年的出版简直是惊天喜讯。这份手稿不仅是迄今为止发现的同类文献中内容最广泛的莎草纸,而且,即使不考虑文本对于重构古希腊文的巨大价值,它也让我们得以一观古代上埃及地区用希腊文写成的诗篇集。

我在博物馆三层惊喜地发现,名为"《圣经》的历史"的常设展览中广泛用到了莎草纸摹本。展品中有 11 张古代莎草纸页或残片真迹，其中包括大名鼎鼎的博德默尔纸草书中的 5 页。此外还有 7 份摹本，其中包括一份 11 页的册本摹本，所有这一切都与本书所讲述的故事契合得天衣无缝。

彼得斯马教授提出了一个很重要的观点：使用这些博物馆设施的学者必须感谢博德默尔图书馆和各类编辑们，是他们帮助制作和传播了这些完整而精彩的摹本，这"使人们能够接触第一手信息并在必要时更正经过编辑的文本，还能重新评估编辑们的修复编纂成果，这些成果有时也需要重新审视和改进"[8]。

这是一个专为《圣经》历史最初阶段设置的、与众不同的房间。在柔和的灯光里，我们几乎可以看到昔日基督教抄写员沿着荣耀之路坚定前行的场面。恍然间，我们仿佛听见了誊写圣言时笔尖摩擦纸面的沙沙声，还有基督教抄写员要求加页——莎草纸页——的呼唤。

致 谢

特别感谢若埃尔·德尔布戈版权代理公司（Joëlle Delbourgo Associates）的杰奎琳·弗林（Jacqueline Flynn）审校我的初稿并予以评论。其次，非常感谢珀伽索斯出版社（Pegasus Books）的杰西卡·凯斯（Jessica Case）对本书的赏识并在我需要时给予我鼓励和常识性建议。我不是埃及学家，但我在几年前学习过名为《古埃及历史》的视频课程，由长岛大学高级研究员鲍勃·布赖尔（Bob Brier）授课，这是 TTC（The Teaching Company）公司制作的"伟大课程"（The Great Courses）系列之一。课程激发了我对古埃及的兴趣。因此，我要感谢布赖尔教授带我开启这段回溯古代莎草纸历史的漫长旅程。

关于莎草纸的制造技术和历史信息，纳夫塔利·刘易斯教授的经典著作《古典时代的莎草纸》[1]以及布里奇特·利奇和约翰·泰特（John Tait）合著的论文《莎草纸》（Papyrus）都对我很有帮助。[2]利奇不久前才从大英博物馆退休，是最杰出的古代莎草纸研究者之一，而泰特教授则是伦敦大学埃及学名誉教授。

他们为我提供了关于完整莎草纸卷现状的有用信息。我获取莎草纸最新信息的另一个重要来源是纽约大学古代史名誉教授罗杰·巴格诺尔编纂的《牛津纸草学手册》(*The Oxford Handbook of Papyrology*, Oxford University Press, 2011）。

《古代图书馆》(*Ancient Libraries*, Cambridge University Press, 2013）这本书也让我受益匪浅，杰森·柯尼格（Jason König）、凯特琳娜·伊科诺莫普鲁（Katerina Oikonomopoulou）和格雷格·沃尔夫（Greg Woolf）编纂的这部作品囊括了关于古代图书馆一切值得了解的内容。关于古埃及《亡灵书》的最新信息，则要感谢福伊·斯卡弗主编的《亡灵书：古埃及的成神之道》(*Book of the Dead: Becoming God in Ancient Egypt*, Oriental Institute of the University of Chicago, 2017）。

本书还参考了我本人对制作古纸的植物的研究成果。大部分工作都是 20 世纪 80 年代在非洲进行的，如果没有国家地理学会提供的一小笔研究经费，我的这些研究可能永远不会有起色，对此感激不尽。如果没有我妻子卡罗琳的耐心帮助和指导，我都怀疑本书是否能够写完，我永远感恩她的付出。

同时，我还要感谢大英博物馆古埃及和苏丹馆的埃及文字研究员伊洛娜·雷古尔斯基（Ilona Regulski）博士，比利时鲁汶大学的威利·克拉瑞斯（Willy Clarysse）教授，德国驻开罗考古研究所的君特·德雷尔博士，德国柏林埃及博物馆的莎草纸修复员米里亚姆·克鲁奇（Myriam Krutzsch），还有美国纸草学家协会（American Society of Papyrologists）的诸位会员，感谢他们帮助我解读古埃及莎草纸的历史。协会成员还为我解答了许多关于古代莎草纸卷和残片保护和保存的问题，尤其是泰德·伯恩哈特（Ted Bernhardt）博士、托马斯·克劳斯（Thomas Kraus）博士和科妮莉亚·罗默（Cornelia Roemer）教授。感谢田纳西大学麦克朗博物馆馆长伊莱恩·埃文斯（Elaine Evans）对著名莎草纸复制品提出的高见，感谢大英博物馆古埃及和苏丹馆的主管研究员尼尔·斯宾塞（Neal Spencer）博士的帮助和建议，也感谢他允许我进入大英博物馆的研究室，参观阿尼纸草书。

特别感谢华盛顿特区新建的圣经博物馆的工作人员，感谢他们关于古代莎草纸摹本展提供的建议和信息。尤其感谢手稿部门的协理策展研究员布莱恩·海兰（Brian Hyland）和贝萨妮·詹森（Bethany Jensen）的帮助。我还要感谢华盛顿特区外交学院（Foreign Service Institute）的亚历克斯·凡·奥斯（Alex van Oss）对我初稿提出的意见。

埃及的美国研究中心为我的巡回演讲提供了大笔资金，让我有机会就一些想法征询研究中心成员的意见，他们也帮助我推广关于古埃及的研究成果。感谢他们多年来的帮助，尤其是华盛顿特区的美国研究中心主席卡罗尔·博耶（Carol Boyer）、执行董事简·齐默尔曼（Jane Zimmerman）和罗宾·杨（Robin Young）。

感谢埃及开罗法老村的旅游经理沙迪·纳比勒（Shady Nabil）先生，开罗埃及博物馆莎草纸部门的负责人赛义德·哈桑博士，埃及开罗科普特博物馆的保管负责人马格迪·曼苏尔（Magdy Mansour）博士，埃及新亚历山大图书馆修复实验室的胡萨姆·艾迪卜（Hossam El Deeb）和瓦埃勒·穆罕默德（Wael Mohamed），意大利锡拉库扎的科拉多·巴西莱，以及埃及开罗法老村的主席兼首席执行官阿卜杜勒·萨拉姆·拉加卜（Abdel Salam Ragab）博士。本书的大部分文字是在格林伯里咖啡馆（Greenberry's Coffee House）的一张小桌上完成的，那是弗吉尼亚州麦克莱恩小镇上一个非常适合聚会的场所，我在那家咖啡馆是续杯多年的宠儿，具体有多久，连我自己都记不清了。

版权补充说明

照片和插图版权:

图 1: Tura Caves, Mayfair, I., 1954. UK Military Series, HMSO, London.

图 3: Courtesy of Prof. Willy Clarysse and the University of Leuven (Leuven, Belgium) Fayum Project.

彩色插图

第 1 页

上左: Brooklyn Museum, Charles Edwin Wilbour Fund, 37. 1699Eac; 中: Wikipedia Commons-Fredduf/Orig. Louvre; 下: composite after Wikipedia Commons-Walaa/Orig. Egyptian Museum.

第 2 页

上: after E. A. Wallis Budge, The gods of the Egyptians, 1904; 中、左和右: Courtesy of S. Johnson (SAREP, Gabarone, Botswana) & G. Petersen (HYDROC, Langballig, Germany); 下: after N. de Garis Davies, 1922.

第 3 页

上：Map A，after Larrasoaña, Roberts and Rohling, 2013 and N. Drake,et al., 2011；下左：after Alma-Tadema, 1888；下右：after Jean-Baptiste Wicar, Wikipedia Commons-Sailko/Orig. Art Institute of Chicago (Creative Commons Attribution 3.0 Unported license).

第 4 页

下：Below, after Alma-Tadema, 1885.

第 5 页

上左：after Wikipedia Commons-Didia/Orig. British Museum (Creative Commons Attribution-Share Alike 3.0 Unported license)；上中：Jon Bodsworth, Egypt Archive；上右：Wikipedia Commons-Benh Lieu Song (Creative Commons Attribution-Share Alike 3.0 Unported license).

第 6 页

上：Map B, based on James Rennell, 1830；下：Map C, after McCormick, 2001.

第 7 页

下：Canadian Govt. Asia/Canada (https://tinyurl.com/yawm5apb).

第 8 页

一套 4 张集换卡，作者本人的收藏。

表 2　古埃及莎草纸的产量估算 *

时　期	年　代	时间跨度（年）	估计纸产量 /年（百万）	纸卷（百万）	纸张（百万）	吨
早期埃及	前 3100—前 2800	300	0	0.03	0.6	3
古王国	前 2700—前 2200	500	0.001	0.5	10	43
中王国	前 2100—前 1800	300	0.01	3	60	261
新王国	前 1700—前 1100	600	0.05	30	600	2609
王朝后期	前 1000—前 300	700	2	70	1400	6087
托勒密王朝	前 300—前 30	270	20	270	5400	23478
古罗马统治时期	前 30—前 395	425	50	1012	21250	92391
阿拉伯统治时期	395—900	505	15	379	7575	32935
合计		3600		1764	36296	157807

* 总重量按现代标准多功能纸折算而成，500 张 8.5×11 标准多功能纸 =4 磅 14 盎司（约合 2.21 千克）即 78 盎司 /4.875 磅，换算可得 102.6 张纸重 1 磅（约 0.45 千克），由 1 吨约合 2204 磅可知，230000 张纸重约 1 吨。

表 2 的计算依据

1. 正常沼泽环境下纸莎草的潜在产量 *

A. 茎秆尺寸：假设茎秆最高为 15—18 英尺，基部直径 6 英尺；在非洲的沼泽中，每平方米内有 2 根未萌芽的块茎、4 根新生的嫩茎、9 根成熟的绿茎和 13 根老死的枯茎（Gaudet, 1976 and Terer, et al, 2012）。据此估计，每 10 平方英尺内生有 12 根可收割的绿色茎秆，即每平方英尺内 1.2 根可收割的绿色茎秆。

B. 薄片数量：一根完全成熟的茎秆（15 英尺）可削出 8 条长达 18 英寸的薄片（上端细茎和伞形花序部分弃之不用）。每条 18 英寸长的薄片可裁成 6 段左右，每根茎秆可得 48 条薄片，即每平方英尺可产出 57 条薄片。

C. 每张莎草纸需要的薄片数量：参考现代莎草纸（8 英寸 × 12 英寸），每张需要约 32 条薄片（即 1 根茎秆可制 1.5 张纸）。

D. 每平方英里沼泽可能的纸张产量：一张纸需要 0.56 平方英尺的沼泽。因此，27878400（1 平方英里的平方英尺数）÷ 0.56 ≈ 每平方英里 5000 万张。

E. 古埃及的可用栽植面积和最大产量：总面积 2500 平方英里，其中可能有 20% 用于造纸，即 500 平方英里。因此，500 乘以 5000 万等于 250 亿张纸，这就是一次性收获的可能最大产量。

（* 注意：计算的设定是一次性完全收割）

2. 承租人按约定控制产量的情况下，可持续种植的年产量 **

A. 收获茎秆数目：根据刘易斯（1974 年）所述，罗马时代（前 13），一片划定的纸莎草沼泽地的承租人每天必须支付 200 捆一合抱的纸莎草作为实物利息。保守估计一合抱为 25 根茎秆，即每日利息为 5000 根茎秆。如果利息占产量的 20%，则可算出每日产量为 25000 根。

B. 保证这一生产率所需的总面积：假设生长周期为 200 天（最长 200 天，最短 6 个月或 180 天）；则每天收获 25000 根茎秆需要：（20833 平方英尺 × 200 天）÷ 27878400 = 0.15 平方英里（27878400 平方英尺 = 1 平方英里）。这就是最少所需的纸莎草沼泽地的面积。实际种植还需要考虑休耕、水渠空间等，因此面积会更大，很可能达到 2 平方英里。

C. 纸张最大产量：每 200 天出产 5000 根茎秆（假设一年中的其他时间均为洪水泛滥季）× 1.5 = 每年 750 万张莎草纸。

D. 假设承租人控制下的生产率适用于整个古埃及：埃及的沼泽总面积 = 2500 平方英里，其中可能有 20% 用于造纸，即 500 平方英里，即 250 座种植园（每座 2 平方英里）× 承租人控制下的年产量 750 万张 = 最大可持续产量 18.75 亿张。

（** 注意：此处假设实行轮作式的可持续栽植）

3. 合理的可持续年产量（符合垄断组织的期望）

A. 每年生产的纸张数量：卡特尔限制了劳动力资源（刘易斯，1974）和栽植区域。此外还要考虑到，野生纸莎草沼泽的面积从 20 平方英里（大沼泽[1]）到 0.5—1.8 平方英里（阿西诺特诺姆［Arsinoite Nome］[2]）不等。现代莎草纸制造商估计，一名工人每天可制造约 100 张纸。由此估算出的数值远低于最大产量，已在表 1 中列出，单位为"张/年"。

参考文献

序言

Darnton, Robert. *The Kiss of Lamourette: Reflections in Cultural History*. New York: W. W. Norton, 1991.

1　监工的笔尖触碰纸面，就此创造历史

Avrin, Leila. *Scribes, Script and Books: The Book Arts from Antiquity to the Renaissance*. Chicago: American Library Association, 1991.

Emery, Walter B. and Zaki Yusef Saad. *Excavations at Saqqara, The Tomb of Hemaka*. Cairo: Government Press, 1938.

Emery, Walter B. *Great Tombs of the First Dynasty II*. London: Egypt Exploration Society, 1954, 127.

Emery, Walter B. *Archaic Egypt*. Middlesex, UK: Penguin Books, 1961.

Shaw, Donald L. Chris Vargo, Richard Cole, and Milad Minooi, "The Emerging Papyrus Society: How We are Using Media to Monitor Civic Life, Find Personal Community, and Create Private Identity." Paper presented at Digital Communication in the Time of Disclosure, Yarmouk University, Irbid, Jordan 2014. https://tinyurl.com/y959vmym.

Standage, Tom. *Writing on the Wall: Social Media—The First 2,000 Years*. New York: Bloomsbury, 2013.

Tallet, Pierre. "Ayn Sukhna and Wadi el-Jarf: Two Newly Discovered Pharaonic Harbours on the Suez Gulf." *British Museum Studies in Ancient Egypt and Sudan* 18 (2012): 147–68.

Tallet, Pierre. "Des papyrus du temps de Chéops au ouadi el-Jarf." *Bulletin de la Société française d'égyptologie* 188 (2014): 25–49.

Wilkinson, Toby A. H. *Early Dynastic Egypt*. New York: Routledge, 1999.

Wilkinson, Toby A. H. *The Rise and Fall of Ancient Egypt*. London: Random House, 2010.

2 普里斯像摩西一样，将石碑和纸卷带回故乡

Avrin, Leila. *Scribes, Script and Books: The Book Arts from Antiquity to the Renaissance.* Chicago: American Library Association, 1991.

Deuel, Leo. *Testaments of Time: The Search for Lost Manuscripts and Records.* New York: Knopf, 1965.

Norton, Mary. "Prisse, a Portrait." *Saudi Aramco World* 41 (1990), http://archive. aramcoworld.com/issue/199006/prisse-a.portrait.htm.

3 丧葬人员的独创与世界首部畅销书

Adkins, Lesley, and Roy Adkins. *The Keys of Egypt: The Race to Crack the Hieroglyph Code.* New York: Harper Perennial, 2000.

Budge, E. A. Wallis. *The Book of the Dead: The Papyrus of Ani.* London: British Museum, 1895.

Budge, E. A. Wallis. *A Short History of the Egyptian People.* London: J. M. Dent, 1914.

Budge, E. A. Wallis. *By Nile and Tigris: A Narrative of Journeys in Egypt and Mesopotamia on Behalf of the British Museum between the Years 1886 and 1913.* London: John Murray, 1920.

Budge, E. A. Wallis. *Egypt.* London: Williams and Norgate, 1925.

Denon, Vivant. *Travels in Upper and Lower Egypt,* trans. Arthur Aikin. London: Longman and Rees, 1803.

Larson, Charles M. *By His Own Hand Upon Papyrus: A New Look at the Joseph Smith Papyri.* Cedar Springs, MI: Institute for Religious Research, 1992.

Taylor, John H. *Journey through the Afterlife: Ancient Egyptian Book of the Dead.* Cambridge, MA: Harvard University Press, 2010.

4 亡灵书，永生的守护者

Budge, E. A. Wallis. *The Mummy: A Handbook of Egyptian Funerary Archaeology.* Cambridge: Cambridge University Press, 1894.

Goelet, Dr. Ogden. "A Commentary on the Corpus of Literature and Tradition Which Constitutes the Book of Going Forth by Day," in *The Egyptian Book of the Dead: The Book of Going Forth by Day,* ed. James Wasserman. San Francisco: Chronicle Books, 1998.

5 莎草纸，天国入场券

Budge, E. A. Wallis. *By Nile and Tigris: A Narrative of Journeys in Egypt and Mesopotamia on Behalf of the British Museum between the Years 1886 and 1913.* London: John Murray, 1920.

Budge, E. A. Wallis. *The Book of the Dead: The Papyrus of Ani.* London: British Museum, 1895.

Gaudet, John. *Papyrus, the Plant that Changed the World.* New York: Pegasus, 2014.

Immega, Guy. "Ancient Egypt's Lost Legacy? The Buduma Culture of Lake Chad." Friends of Niger. Last modified 2012. www.friendsofniger.org/pdf/Buduma_Master_V4.pdf.

Schneider, Thomas. "The West beyond the West: The Mysterious 'Wernes' of the

Egyptian Underworld and the Chad Palaeolakes." *Journal of Ancient Egyptian Interconnections*, No. 2: 1–14.

Taylor, John H. *Journey through the Afterlife: Ancient Egyptian Book of the Dead*. Cambridge, MA: Harvard University Press, 2010.

Travelers in the Middle East Archive (TIMEA). "The Nile Cruise, 1847 and 1897." http://timea.rice.edu/NileCruise.html.

Yeakel, Justin D., Mathias M. Pires, Lars Rudolf, et. al. "Collapse of an Ecological Network in Ancient Egypt." *PNAS* 111, No. 40 (2014). https://doi.org/10.1073/pnas.1408471111.

6　尼罗河沙翻腾，宝藏重现人间

Černý, Jaroslav. "Paper and Books in Ancient Egypt." *Inaugural Lecture*, March 1947, at University College, London. Published London: H. K. Lewis for the College, 1952.

Deissmann, Gustav Adolf and Lionel R. Strachan. *New Light on the New Testament: From Records of the Graeco-Roman Period*. Edinburgh: T. and T. Clark, 1908, 14–15.

7　橘子事件

Budge, E. A. Wallis. *By Nile and Tigris: A Narrative of Journeys in Egypt and Mesopotamia on Behalf of the British Museum between the Years 1886 and 1913*. London: John Murray, 1920.

8　水闸开放

Bagnall, Roger S. *Early Christian Books in Egypt*. Princeton, NJ: Princeton University Press, 2009.

Hodgkin, Thomas, ed. *The Letters of Cassiodorus*. London: Henry Frowde, 1886. Oxyrhynchus Online. 2007. http://www.papyrology.ox.ac.uk/POxy/oxyrhynchus/parsons4.html.

9　孟菲斯与纸张的诞生

Anon. 2012. Johannes Gutenberg. Univ. Texas, Harry Ransom Center web site http://www.hrc.utexas.edu/exhibitions/permanent/gutenbergbible/gutenberg/#top.

Anon. 2018. Online Encyclopedia: Based on the 11th Edition of the Encyclopedia Britannica, 1922. http://encyclopedia.jrank.org.

Avrin, Leila. *Scribes, Script and Books: The Book Arts from Antiquity to the Renaissance*. Chicago: American Library Association, 1991.

Basile, C. and A. Di Natale. "*Per la storia e le origini del papiro in Sicilia*," in Papyri. Siracusa: Museo del Papiro, 1991, 5–29.

Breasted, James, ed. *Ancient Records of Egypt: Historical Documents from the Earliest Times to the Persian Conquest*, Vol. Ⅳ. Chicago: University of Chicago, 1906.

Budge, E. A. Wallis. *The Book of the Dead: The Papyrus of Ani*. London: British Museum, London, 1895.

Emery, Walter B. *Archaic Egypt*. Middlesex, UK: Penguin Books, 1961.

Emery, Walter B. and Zaki Yusef Saad. *Excavations at Saqqara: The Tomb of Hemaka*. Cairo: Government Press, 1938.

Evans, Elaine A. "Papyrus a Blessing upon Pharaoh." Knoxville: McClung Museum, University of Tennessee, 1–12.

Fischer, Steven Roger. *A History of Writing*. London: Reaktion Books, 2001.

Horne, C. F. *The Sacred Books and Early Literature of the East, Volume* II. New York: Parke, Austin, and Lipscomb, 1917, 62–78.

Johnson, M. *The Nature and Making of Papyrus*. Barkston Ash, UK: Elmete Press, 1973, 71.

Kenyon, F. G. *The Paleography of Greek Papyri*. Oxford: Oxford University Press, 1899.

Kilgour, F. 1998. The Evolution of Books. Oxford: Oxford University Press.

Leach, B. and J. Tait. "Papyrus," in *Ancient Egyptian Materials and Technology*, edited by P. T. Nicholson and I. Shaw. Cambridge: Cambridge University Press, 2000, 227–253.

Lewis, Naphtali. *Papyrus in Classical Antiquity*. Oxford: Clarendon Press, 1974.

Lewis, Naphtali. *Papyrus in Classical Antiquity: Supplement. Papyrologica Bruxellensia*. Vol.23. Brusells: Fondation égyptologique Reine Élisabeth, 1989.

Lewis, Naphtali. "Papyrus in Classical Antiquity: An Update." *Chronique d'Egypte* 57, No. 134 (1992): 308–318.

Owen, Antoinette and Rachel Danzig. "The History and Treatment of the Papyrus Collection at the Brooklyn Museum." *The American Institute for Conservation* 12 (1993).

Parkinson, Richard and Stephen Quirke. *Papyrus*. Austin: University of Texas Press, 1995.

Pliny the Elder. *The Natural History*, Vol. XIII. Translated by J. Bostock and H. Riley. London: Taylor and Francis, 1855, 74–81.

Ragab, Hassan. "Le Papyrus." PhD thesis, Université de Grenoble and Papyrus Institute, 1980.

Roberts, C. H. "The Greek Papyri." In *The Legacy of Egypt*, edited by S. R. K. Glanville, 249–282. Oxford: Clarendon Press, 1963.

Wilkinson, Toby A. H. *Early Dynastic Egypt*. New York: Routledge, 1999.

Wilkinson, Toby A. H. *The Rise and Fall of Ancient Egypt*. London: Random House, 2010.

10　神的礼物

Breasted, James, ed. *Ancient Records of Egypt: Historical Documents from the Earliest Times to the Persian Conquest*, Volume IV. Chicago: University of Chicago, 1906.

Deissmann, Gustav Adolf, and Lionel R. Strachan. *New Light on the New Testament: From Records of the Graeco-Roman Period*. Edinburgh: T. and T. Clark, 1908, 14–15.

Evans, Elaine A. "Papyrus a Blessing upon Pharaoh." Knoxville: McClung Museum, University of Tennessee, 1–12.

Howard-Williams, Clive, and John Gaudet. "The Structure and Function of African Swamps." In *The Ecology and Management of African Wetland Vegetation*. Edited by Patrick Denny, 153–175. Springer Netherlands, 1985.

Johnson, M. *The Nature and Making of Papyrus*. Barkston Ash, UK: Elmete Press, 1973, 71.

Kantor, H. "Plant Ornament: Its Origin and Development in the Ancient Near East." PhD Thesis, University of Chicago, 1945.

11 垄断

Lewis, Naphtali. *Papyrus in Classical Antiquity*. Oxford: Clarendon Press, 1974.

Lewis, Naphtali. *Papyrus in Classical Antiquity: Supplement. Papyrologica Bruxellensia*. Vol. 23. Brusells: Fondation égyptologique Reine Élisabeth, 1989.

Lewis, Naphtali. "Papyrus in Classical Antiquity: An Update." *Chronique d'Egypte* 57, no. 134 (1992): 308–318.

12 纸莎草的种植与管理

Anon. 2018. Online Encyclopedia: Based on the 11th Edition of the Encyclopedia Britannica, 1922. http://encyclopedia.jrank.org.

Evans, Elaine A. "Papyrus a Blessing upon Pharaoh." Knoxville: McClung Museum, University of Tennessee, 1–12.

Gaudet, John. "Nutrient Relationships in the Detritus of a Tropical Swamp." *Archiv fur Hydrobiologie* 78 (1976): 213–239.

Lewis, Naphtali. *Papyrus in Classical Antiquity*. Oxford: Clarendon Press, 1974.

Muller, K. 2007. K.U. Leuven–Fayum Project (http://www.fayum.arts.kuleuven.ac.be).

13 罗马皇帝与下流的造纸者

Basile, C., and A. Di Natale. "Per la storia e le origini del papiro in Sicilia." In *Papyri*. Siracusa: Museo del Papiro, 1991, 5–29.

Horne, C. F. *The Sacred Books and Early Literature of the East*, Volume Ⅱ. New York: Parke, Austin, and Lipscomb, 1917, 62–78.

Kenyon, F. G. *The Paleography of Greek Papyri*. Oxford: Oxford University Press, 1899.

Owen, Antoinette and Rachel Danzig. "The History and Treatment of the Papyrus Collection at the Brooklyn Museum." *The American Institute for Conservation* 12, 1993.

Parkinson, Richard, and Stephen Quirke. *Papyrus*. Austin: University of Texas Press, 1995.

Ragab, Hassan. "*Le Papyrus*." PhD thesis, Université de Grenoble and Papyrus Institute, 1980.

14 占领世界，留下遗产

Basbanes, N. *On Paper: The Everything of Its Two-Thousand-Year History*. New York: Vintage, 2013.

Bloom, J. *Paper Before Print: The History and Impact of Paper in the Islamic World*. New Haven, CT: Yale University Press, 2001.

Harris, W. *Ancient Literacy*. Cambridge, MA: Harvard University Press, 1989.

Hazzard, S. "Papryrology at Naples. Our Far-Flung Correspondents." *New Yorker*, August 29, 1983.

Lewis, Naphtali. *Papyrus in Classical Antiquity*. Oxford: Clarendon Press, 1974.

Roberts, C. H. "The Greek Papyri." In *The Legacy of Egypt*, edited by S. R. K. Glanville, 249–282. Oxford: Clarendon Press, 1963.

The Zenon Papyri. "Reading the Papyri." Last modified 2004. (http://www.lib.umich.edu/reading/Zenon)

15 早期图书馆、纸张和代笔业务

Anon, 2012. The Iron Gall Ink Website of the Cultural Heritage Agency, Netherlands (https://irongallink.org/).

Bülow-Jacobsen, Adam. "Chapter 1: Writing Materials in the Ancient World." In *The Oxford Handbook of Papyrology*. Oxford: Oxford University Press, 2009.

Carvalho, David N. *Forty Centuries of Ink, or A Chronological Narrative Concerning Ink and Its Backgrounds*. New York: Banks Law Publishing, 1904.

Elliott, R., and R. Waltz 2007.Ancient writing materials. In The Encyclopedia of New Testament Textual Criticism (A work in progress: http://www.skypoint.com/members/waltzmn/WritingMaterials.html).

Huntington, Sharon J. "Think ink!" *Christian Science Monitor*, September 21, 2004. https://www.csmonitor.com/2004/0921/p18s02-hfks.html.

Leach, B. and J. Tait. "Papyrus," in *Ancient Egyptian Materials and Technology*, edited by P. T. Nicholson and I. Shaw. Cambridge: Cambridge University Press, 2000, 227–253.

Parsons, P. *City of the Sharp-Nosed Fish: Greek lives in Roman Egypt*. London: Weidenfeld and Nicolson, 2007, 320.

Pollard, J. and H. Reid. *The Rise and Fall of Alexandria: Birthplace of the Modern Mind*. New York: Viking, 2006.

16 登峰造极的图书馆与香气怡人的历史

Athenaeus of Naucratis. *The Deipnosophists*. Edited and translated by C. B. Gulick. Cambridge, MA: Harvard, 1961, 7 vols.

Hannam, J. "The Mysterious Fate of the Great Library of Alexandria." *Bede's Journal in Bede's Library*, 2007. www.bede.org.uk/library.htm.

Jacob, C. 2002.From Alexandria to Alexandria: Scholarly interfaces of a universal library. Arts and Social Sciences, Univ. Calif., Santa Barbara (http://dc-mrg.english.ucsb.edu/conference/2002/documents/christian_jacob.html).

Johnson, M. *The Nature and Making of Papyrus*. Barkston Ash, UK: Elmete Press, 1973, 71.

Kilgour, F. *The Evolution of Books*. Oxford: Oxford University Press, 1998.

Pollard, Justin and Howard Reid. *The Rise and Fall of Alexandria: Birthplace of the Modern Mind*. New York: Viking, 2006.

17 古罗马人与书籍贸易

Alexander, L. "Ancient Book Production and the Circulation of the Gospels." In *The Gospels for All Christians: Rethinking the Gospel Audiences*, edited by R. Bauckham. Grand Rapids, MI: Eerdmans, 1997.

Anon. 2018. Online Encyclopedia: Based on the 11th Edition of the Encyclopedia Britannica, 1922. http://encyclopedia.jrank.org.

Bréhier, L. "Manuscripts. (and Illustrated Manuscripts.)" In *The Catholic Encyclopedia*, Vol. IX. Transcribed by B. Johnson. New York: Robert Appleton 1910.

Fielden, Jerry. "Private Libraries in Ancient Rome." Last modified 2001. www.jerryfielden.

com/essays.

Grenfell, B. "Oxyrhynchus and Its Papyri." *Egyptian Exploration Fund Archaeological Report (London 1896-97)*, 1–12.

Lewis, Naphtali. *Papyrus in Classical Antiquity*. Oxford: Clarendon Press, 1974.

Lewis, Naphtali. *Life in Egypt Under Roman Rule*. Oxford: ClarendonPress, 1983.

Parsons, P. *City of the Sharp-Nosed Fish: Greek lives in Roman Egypt*. London: Weidenfeld and Nicolson, 2007.

Pollard, J. and H. Reid. *The Rise and Fall of Alexandria: Birthplace of the Modern Mind*. New York: Viking, 2006.

18 古罗马的图书馆

Carlin, Martha. "Libraries and Archives of the Roman Empire." Prof. Martha Carlin's Home Page. Last modified 2013. http://tinyurl.com/kgu6hk7.

Casson, L. *Libraries in the Ancient World*. New Haven, CT: Yale University Press, 2001.

Clark, J. *The Care of Books*. Cambridge: Cambridge University Press, 1901.

Houston, G *Inside Roman Libraries*. Chapel Hill, NC: University of North Carolina Press, 2014.

Kilgour, F. The Evolution of Books. Oxford: Oxford University Press, 1998.

Roberts, C. and T. Skeat. *The Birth of the Codex*. London: Oxford University Press, 1983.

Spoon, J. "Ancient Libraries of Greece and Rome, A Summary of Research Findings." Last modified 1999. www.ithaca.edu/hs/history/journal/papers/sp02ancientlibraries.html.

19 那些珍贵而温柔的纸卷

Barker, E. *Buried Herculaneum*. London: A. and C. Black, 1908.

Economou, G. *Harmonies and Fits (Translated Poems of Philodemus)*. Norman, OK: Point Riders Press, 1987.

Gabb, S. "Epicurus: Father of the Enlightenment." Lecture given to the 6/20 Club in London, 2007. www.seangabb.co.uk/pamphlet/epicurus.htm.

Porter, J. "The Herculaneum Papyri and Classical Scholarship." In *Antiquity Recovered: The Legacy of Pompeii and Herculaneum*. Edited by V. Coates and J. Seydl. Los Angeles: J. Paul Getty Museum, 2007.

Sider, D. *The Library of the Villa dei Papiri*. Los Angeles: Getty Publications, 2005.

Wordsworth, W. *The Complete Poetical Works*. London: Macmillan, 1888.

20 转危为安

Barnish, S., trans. *Cassiodorus: Variae*. Liverpool: Liverpool University Press, 1992.

De Maupassant, Guy. *Au Soleil, or African Wanderings*. New York: Review of Reviews, 1903.

Lewis, Naphtali. *Papyrus in Classical Antiquity*. Oxford: Clarendon Press, 1974.

21 第一媒介，一鸣惊人

Bagnall, R. and R. Cribiore. *Women's Letters from Ancient Egypt, 300 b.c.–a.d. 800*. Ann

Arbor, MI: University of Michigan Press, 2014.

Barnish, S., trans. *Cassiodorus: Variae*. Liverpool: Liverpool University Press, 1992.

Blechman, A. *Pigeons: The Fascinating Saga of the World's Most Revered and Reviled Bird*. New York: Grove Press, 2007.

Bloom, J. *Paper Before Print: The History and Impact of Paper in the Islamic World*. New Haven, CT: Yale University Press, 2007.

Mark Pack's blog, http://thedabbler.co.uk/author/mark-pack.

Standage, Tom. *Writing on the Wall: Social Media—The First 2,000 Years*. New York: Bloomsbury, 2013.

Suetonius. *The Lives of the Twelve Caesars (Augustus 49.3)*. Cambridge. MA: Loeb Classical Library, Harvard University Press, 1913.

Thompson, M. "Holy Internet: Communication Between Churches in the First Christian Generation." In *The Gospels for All Christians: Rethinking the Gospel Audiences*. Edited by R. Bauckham. Grand Rapids, MI: Eerdmans, 1997.

Turner, E. "Greek Papyri, an Introduction." Oxford: Oxford University Press, 1968.

22 最后的堡垒，罗马教会

Frost, G. "The American Institute for Conservation. Adoption of the Codex Book: Parable of a New Reading Mode." Discussion Group Session, AIC 26th Annual Meeting, June 1–7, 1998, Arlington, VA.

Thurston, H. *The Catholic Encyclopedia*, Volume Ⅲ, transcribed by M. Donahue. New York: Robert Appleton, 1908.

Wordsworth, W. *The Complete Poetical Works*. London: Macmillan, 1888.

23 君士坦丁堡与漫长的告别

Abbott, N. "The Kurrah Papyri from Aphrodito in the Oriental Institute." Chicago: University of Chicago Press, 1938.

Alston, George Cyprian. "Abbey of Saint-Denis." *The Catholic Encyclopedia*, Volume ⅩⅢ. New York: R. Appleton Company, 1912. http://www.newadvent.org/cathen/13343b.htm.

Basbanes, Nicholas. *On Paper: The Everything of Its Two-Thousand-Year History*. New York: Vintage, 2013.

Bréhier, L. "Manuscripts. (and Illustrated Manuscripts.)" In *The Catholic Encyclopedia*, Vol. Ⅸ. Transcribed by B. Johnson. New York: R. Appleton Company, 1910.

Geary, P. *Phantoms of Remembrance: Memory and Oblivion at the End of the First Millennium*. Princeton, NJ: Princeton University Press, 1994.

Hutton, W. *A Short History of Constantinople*. San Diego: Didactic Press, 2013.

Jones, L. "The Influence of Cassiodorus on Medieval Culture." In *Speculum*, No. 20 (1945): 433–442.

Kleve, Kurt. "In the Bellagio Report 2010." www.clir.org/pubs/reports/bellagio/bellag1.html.

Malczycki, M. "The Papyrus Industry in the Early Islamic Era." *In Journal of the Economic and Social History of the Orient* 54 (2011): 185–202.

McCormick, M. *The Origins of the European Economy*. Cambridge: Cambridge

University Press, 2001.

O'Donnell, James. *Cassiodorus*. Berkeley, CA: University of California Press, 1979. Postprint in 1995. www9.georgetown.edu/faculty/jod/texts/cassbook/toc.html.

Oikonomides, N. "Writing Materials, Documents, and Books." In *The Economic History of Byzantium: From the Seventh through the Fifteenth Century*. Edited by Angeliki E. Laiou. Washington, DC: Dumbarton Oaks Studies, 2002. www.doaks.org/etexts.html.

Thurston, Herbert. "Bulls and Briefs." *The Catholic Encyclopedia*, Volume Ⅲ. New York: R. Appleton Company, 1908. http://www.newadvent.org/cathen/03052b.htm.

Twede, D. "The Origins of Paper, based Packaging." Conf. Historical Analysis & Research in Marketing Proceedings 12 (2005): 288–300.

24　道路的尽头与怛逻斯之战

Basbanes, Nicholas. *On Paper: The Everything of Its Two-Thousand-Year History*. New York: Vintage, 2013.

Bloom, J. *Paper Before Print: The History and Impact of Paper in the Islamic World*. New Haven, CT: Yale University Press, 2001.

Kilgour, F. *The Evolution of Books*. Oxford: Oxford University Press, 1998.

Kurlansky, M. *Paper: Paging through History*. New York: W.W. Norton, 2016.

Pollard, Justin and Howard Reid. *The Rise and Fall of Alexandria: Birthplace of the Modern Mind*. New York: Viking, 2006.

Wiegard, W. and D. Davis. *Encyclopedia of Library History*. New York: Garland, 1994.

25　莎草纸消失之谜

Anon., 2000. An introduction to the history and culture of Pharonic Egypt (http://www.reshafim.org.il/ad/egypt/).

Bagnall, Roger and B. Frier. *The Demography of Roman Egypt*. Cambridge: Cambridge University Press, 1994.

Butzer, K. *Environment and Archaeology: An Ecological Approach to Prehistory*. Chicago: Aldine/Atherton, 1971.

Hurst, H. *The Nile, a General Account of the River and the Utilization of Its Water*. London: Constable, 1952.

Hoffman, A. *Egypt Before the Pharaohs: The Prehistoric Foundations of Egyptian Civilization*. Austin: University of Texas Press, 1991.

Kassas, M. "Impact of River Control Schemes on the Shoreline of the Nile Delta." In *The Careless Technology*. Edited by T. Farvar and J. Milton. Garden City, NY: The Natural History Press, 1972.

Lewis, N. 1989. *Papyrus in Classical Antiquity: Supplement. Papyrologica Bruxellensia*. Vol. 23. Brussels, 42.

26　法老自己征服了梵蒂冈

Avrin, Leila. *Scribes, Script and Books: The Book Arts from Antiquity to the Renaissance*. Chicago: American Library Association, 1991.

Kurlansky, M. *Paper: Paging through History*. New York: W. W. Norton, 2016.

Leach, B. and J. Tait. "Papyrus," In *Ancient Egyptian Materials and Technology*. Edited by P. T. Nicholson and I. Shaw. Cambridge: Cambridge University Press, 2000, 227–253.

Meyer, M. *The Gnostic Discoveries: The Impact of the Nag Hammadi Library*. New York: Harper One, 2006.

Robinson, J. *The Story of the Bodmer Papyri*. Eugene, OR: Cascade Books, 2011.

27 归路

Colla, E. *Conflicted Antiquities: Egyptology, Egyptomania, Egyptian Modernity*. Durham: Duke University Press, 2007.

Cuno, E. *Who Owns Antiquity? Museums and the Battle over Our Ancient Heritage*. Princeton, NJ: Princeton University Press, 2008.

Gibbons, K. "The Elgin Marbles, A Summary." In *Who Owns The Past?* Edited by Kate Fitz Gibbons. New Brunswick, NJ: Rutgers University Press, 2005.

Hoffman, D. "The fictitious gospel of Judas and its sensational promotion." Christian Research Institute. 2008. http://www.equip.org/article/the-fictitious-gospel-of-judas-and-its-sensational-promotion.

Krosney, H. *The Lost Gospel, the Quest for the Gospel of Judas Iscariot*. Washington, DC: National Geographic Society, 2006.

Lau-Lamb, L. "APIS Guidelines For Conservation of Papyrus." Last modified 2008. www.lib.umich.edu/pap/conservation/guidelines.html.

Leach, B. and J. Tait. "Papyrus." In *Ancient Egyptian Materials and Technology*. Edited by P. T. Nicholson and I. Shaw. Cambridge: Cambridge University Press, 2000, 227–253.

Lewis, Naphtali. *Papyrus in Classical Antiquity*. Oxford: Clarendon Press, 1974.

Opoku, K. "Affirmations and Declarations: Review of James Cuno's "*Museums Matter*" Africavenir web site, 2014. https://tinyurl.com/y996as6f.

结语：前路

Evans, Elaine A. "Papyrus a Blessing upon Pharaoh." Knoxville: McClung Museum, University of Tennessee, 1–12.

Heyerdahl, T. *The Ra Expeditions*. New York: Doubleday, 1971, 341.

Waxman, S. *Loot: The Battle over the Stolen Treasures of the Ancient World*. New York: Times Books, 2003.

注　释

作者的话

1　Sharpe, S. 2010. *Egyptian Antiquities in the British Museum*. London: J. Russell Smith, 156.

2　The Dartford Town Archives. Last modified 2017. www.dartfordarchive.org.uk/technology/paper.shtml.

3　Turner, E. 1968. *Greek Papyri: An Introduction*. Oxford: Clarendon Press, 1968.

4　Hunter, D. 1943. *Papermaking: The History and Technique of an Ancient Craft*. New York: A. Knopf.

序言

1　目前已知最早的、后收录于《亡灵书》的咒文出现在第十三王朝（前1700年）孟图霍特普女王（Queen Mentuhotep）的棺材上。棺材上镌刻有符文，包括新出现的咒文，也包括原先的金字塔铭文和石棺铭文。到公元前1550年，《亡灵书》已成为常见的随葬物品（来源：Taylor, 2010）。

2　Gaudet, John. 2014. *Papyrus, the Plant that Changed the World*. New York: Pegasus.

3　"媒介"（media）这一术语在此应作不可数名词理解："媒体、媒介"（media）一词由拉丁文medium的复数形式演变而来。传统观点认为，英语中的media也应当被视为复数名词，与动词的复数形式搭配使用……在实践中，表示"电视、广播和媒体的统称"时，它是一个集合名词（与表示"全体工作人员"的staff或表示"神职人员"统称的clergy同理），这意味着在目前的标准英语中，media 一词既可以作为单数名词，也可以作为复数名词 (http://www.oxforddictionaries.com)。

1 监工的笔尖触碰纸面，就此创造历史

1 Jarus, Owen. 2013. "Giza Secret Revealed: How 10,000 Pyramid Builders Got Fed." *Live Science*. www.livescience.com/28961-ancient-giza-pyramid-builders-camp-unearthed.html.

2 NOVA, PBS (http://www.pbs.org/wgbh/nova/ancient/who-built-the-pyramids.html).

3 Levy, J. 2005. *The Great Pyramid of Giza: Measuring Length, Area, Volume, and Angles*. New York: Rosen Publishing.

4 Tallet, P. "The Wadi el-Jarf site: a harbor of Khufu on the Red Sea". *Jour. Anc. Egyptian Intercon* 5 (2013): 76–84.

5 Stille, A. 2015. "The World's Oldest Papyrus and What It Can Tell Us About the Great Pyramids: Ancient Egyptians Leveraged a Massive Shipping, Mining and Farming Economy to Propel their Civilization Forward." *Smithsonian Magazine*, October 2015. http://tinyurl.com/z9hu8jo.

6 Tallet, P. *"Des papyrus du temps de Chéops au ouadi el-Jarf." Bulletin de la Société française d'égyptologie* 188 (2014): 25–49.

7 Lehner, M. 2015. "Feeding pyramid workers." AERA website. www.aeraweb.org/lost-city-project/feeding-pyramid-workers.

8 Tallet, P. "Ayn Sukhna and Wadi el-Jarf: Two newly discovered pharaonic harbours on the Suez Gulf." *British Museum Studies in Ancient Egypt and Sudan* 18 (2012): 147–68.

9 Wilkinson, T. 2001. *Early Dynastic Egypt: Strategies, Society and Security*. London: Routledge.

10 Tallet, P. 2014. "Des papyrus du temps de Chéops au ouadi el-Jarf." loc. cit.

11 Grubbs, M. 2015. "Google Sheets 101: The Beginner's Guide to Online Spreadsheets." *Zapier*, 2015. https://zapier.com/blog/google-sheets-tutorial.

12 Lehner, M. "On the Waterfront: Canals and Harbors in the Time of Giza Pyramidbuilding." *AERAgram* Vol. 15 (2014). www.aeraweb.org/wp-content/uploads/2015/09/AG15_1_2.pdf.

13 The Graham Hancock Forum, 2013. 该网站的一篇网络日志（http://tinyurl.com/gurxezk）从皮埃尔·塔莱在巴黎发布的一份公开简报中摘录了部分内容。

14　Stille, A. 2015. *The World's Oldest Papyrus and What It Can Tell Us About the Great Pyramids.* loc. cit.

15　Tallet, P. 2014. "Des papyrus du temps de Chéops au ouadi el-Jarf." loc. cit.

16　R. Parker, R. Braidwood, T. Jacobsen and S. Weinberg. "Radiocarbon Dates and Their Implications in the Near and Middle Eastern Area." *Memoirs Soc. Amer. Archaeology* 8 (1951): 52–53. and Dee, M.,et al., "An absolute chronology for early Egypt using radiocarbon dating and Bayesian statistical modelling." *Proc. Roy. Soc. A: Mathematical, Physical and Engineering Sciences* 469 (2013).

17　德国驻开罗考古研究所的冈特·德雷尔（Gunter Dreyer）博士（私下交流）："封印的纸莎草卷作为象征符号使用（Gardiner Y 2），最早出现在出土于塞加拉一处墓葬（S 3504）的印章图案上。通过第一王朝最后一位法老卡的名字，可以断定这个印章图案的年代。其出现在：W. B. Emery, *Great Tombs of the First Dynasty*, London 1954, p.127 Fig. 200.

18　Wilkinson, T. 2010. *The Rise and Fall of Ancient Egypt.* New York: Random House. and Dee, et al. 2013. loc. cit.

19　The Met, *Heilbrunn Timeline of Art History* (http://www.metmuseum.org/toah/hd/papy/hd_papy.htm) and *Revolvy* (http://www.revolvy.com/main/index.php?s=Papyrus%20stem%20(hieroglyph).

20　*Ancient History Encyclopedia* (http://www.ancient.eu/Egyptian_Papyrus).

21　Hodgkin, T., ed. 1886. *The Letters of Cassiodorus.* London: Henry Frowde.

22　Mc Crady, E. "Paper Permanence Debate Lends Drama to Paris Conference." Vol 1, No.1 (1994). http://cool.conservation-us.org/byorg/abbey/ap/ap07-1/ap07-102.html.

2　普里斯像摩西一样，将石碑和纸卷带回故乡

1　Norton, M. "Prisse, a Portrait." *Saudi Aramco World* 41 (1990). http://archive.aramcoworld.com/issue/199006/prisse-a.portrait.htm.

2　Norton, M. 1990. Ibid.

3　Marshall, I. 1996. *Passage East.* Charlotesville, VA: Howell Press.

4　El Shaarawi, S. 2016. "Egypt's Own: Repatriation of Antiquities Proves to be a Mammoth Task." http://newsweekme.com/egypts-repatriation-antiquities-proves-mammoth-task.

3 丧葬人员的独创与世界首部畅销书

1   Deuel, L. 1965. *Testaments of Time: The Search for Lost Manuscripts and Records*. New York: A. Knopf.

2   Goelet, O. 1998. "A commentary on the corpus of literature and tradition which constitutes the Book of Going Forth by Day." In *The Egyptian Book of the Dead*, edited by J. Wasserman. San Francisco: Chronicle Books.

3   Deuel, L. 1965. Ibid.

4   Deuel, L. 1965. Ibid.

5   Allen, J. 2015. *The Ancient Egyptian Pyramid Texts*. Atlanta: SBL Press.

6   Spurlock Museum. "Mummification." 2016. www.spurlock.illinois.edu/exhibits/online/mummification/artifacts6.html.

7   Taylor, J. 2010. *Journey through the Afterlife: Ancient Egyptian Book of the Dead*. Cambridge, MA: Harvard University Press.

8   Taylor, J. 2010. Ibid.

9   British Museum Tumblr. https://tinyurl.com/y9u4ndd7.

4 亡灵书，永生的守护者

1   Taylor, J. 2010. *Journey through the Afterlife*. loc. cit.

2   Scalf, F. 2017. "12. The Death of the Book of the Dead." In *Book of the Dead: Becoming God in Ancient Egypt,* edited by F. Scalf, 139–147. Chicago: Oriental Institute University of Chicago.

3   Reeves, N. 1990. *The Complete Tutankhamun: The King, the Tomb, the Royal Treasure*. New York: Thames and Hudson.

4   Dorman, P. "2. The Origins and Early Development of the Book of the Dead," 29–40 and Kockelmann, H. "5. How a Book of the Dead Manuscript was Produced," 67–74. In *Book of the Dead: Becoming God in Ancient Egypt*, edited by F. Scalf. Chicago: Oriental Institute University of Chicago.

5   Black, J. "The Instruction of Amenemope: A Critical Edition and Commentary Prolegomenon and Prologue." PhD Thesis, University of Wisconsin–Madison, 2002.

6   Travelers in the Middle East Archive (TIMEA), http://timea.rice.edu/NileCruise.html.

7   Budge, E. A. Wallis. 1920. *By Nile and Tigris: A Narrative of Journeys in Egypt and Mesopotamia on Behalf of the British Museum between the Years 1886 and 1913*. London: John Murray.

8　Taylor, J. 2013. *Journey through the Afterlife*. loc. cit.

9　Budge, E. A. Wallis. *The Book of the Dead: The Papyrus of Ani*. London: British Museum, 1895.

5　莎草纸，天国入场券

1　N. Drake, R. Blench, S. Armitage, C. Bristow and K. White. "Ancient Watercourses and Biogeography of the Sahara Explain the Peopling of the Desert." *PNAS*, 2011. www.pnas.org/content/108/2/458.full.

2　Larrasoaña, J., A. Roberts and E. Rohling. "Dynamics of Green Sahara Periods and Their Role in Hominin Evolution." *PLOS One*, 2013. https://doi.org/10.1371/journal. pone.0076514.

3　Van der Merwe, N., F. Masao and M. Samford. "Isotopic evidence for contrasting diets of early hominids Homo habilis and Australopithecus boisei of Tanzania." 2008. loc. cit.

4　Förster, F. and H. Riemer, eds. 2013.*The Desert Road in Ancient Egypt and Beyond*. Cologne: H. Barth Institut.

5　Sikes, S. K. 1972. *Lake Chad*. London: Eyre Methuen.

6　Gaudet, J. 2014. *Papyrus, the Plant that Changed the World*. New York: Pegasus.

7　Bergmann, C. 2013. "Expedition of Winter 2012/13." *Advance Report*, 2013. www. carlobergmann.de.

8　Ward, C. and C. Zazzaro. "Evidence for Pharaonic Seagoing Ships at Wadi Gawasis, Egypt." *Internat. J. Nautical Archaeology* 39 (2009): 27–43.

9　Yeakel, J., et al. 2014. "Collapse of an Ecological Network in Ancient Egypt." *Proc. Nat. Acad. Sci.* (Sept. 8).

10　Taylor, J. "The Amduat Papyrus of Panebmontu." *British Museum Studies in Ancient Egypt and Sudan* 23 (2016): 135–151.

11　Schneider, T. "The West beyond the West: The Mysterious 'Wernes' of the Egyptian Underworld and the Chad Palaeolakes." *Journal of Ancient Egyptian Interconnections* 2 (2010): 1–14.

12　Aaru, The place where Osiris rules, Wikipedia.

13　Taylor, J. 2013. *Journey through the Afterlife*. loc. cit.

14　Immega, G. "Ancient Egypt's Lost Legacy? The Buduma Culture of Lake Chad." *Friends of Niger*, 2012. www.friendsofniger.org/pdf/Buduma_Master_V4.pdf.

15 参见本人之前的著作《纸莎草：改变世界的植物》（*Papyrus, the Plant That Changed the World*. New York: Pegasus, 2014）。

16 Fischer, S. 2001. *A History of Writing*. London: Reaktion Books.

17 Fischer, S. 2001. Ibid.

18 Wikipedia (https://en.wikipedia.org/wiki/History_of_the_alphabet).

19 S. Fischer，2001. Ibid. 斯蒂文·费希尔曾在新西兰奥克兰的波利尼西亚语言文学研究所担任所长，他是第一位成功破译两套完全不同的古代字母系统的学者。

20 Fischer, S. 2001. Ibid.

21 Scalf, F. 2017. Ibid.

22 Johnson, P. 1999. *The Civilization of Ancient Egypt*. New York : Harper Collins.

23 Pritchard, J. 2016. *Ancient Near Eastern Texts Relating to the Old Testament with Supplement*. Princeton: Princeton Univ. Press.

6 尼罗河沙翻腾，宝藏重现人间

1 Courcelle, P. "Nouvelles recherches sur le monastere de Cassiodore." *Actes des V Congres Internat. d'archiol. chretienne* (1954): 511–528.

2 Černý, J. 1952. "Paper and Books in Ancient Egypt." 1947. Inaugural Lecture, University College, London. Chicago: Ares Publishers. 另请参见《古兰经》最古老的莎草纸和皮纸残片，其年代在先知穆罕默德逝世前后 30 年至 70 年内（http://www.library.leiden.edu）。

3 Deissmann, G. A. and L. Strachan. 1908. *New Light on the New Testament: From Records of the Graeco-Roman Period*. Edinburgh: T. and T. Clark, 14–15.

7 橘子事件

1 Budge, E. A. Wallis. 1920. *By Nile and Tigris: A Narrative of Journeys in Egypt and Mesopotamia on Behalf of the British Museum Between the Years 1886 and 1913*. London: John Murray.

2 Jebb, R. 1905. *Bacchylides: The Poems and Fragments by Bacchylides*. Cambridge: Cambridge University Press.

8 水闸开放

1 Cuvigny, H. 2009. "Chapter 2. The Finds of Papyri: The Archaeology of Papyrology."

In *The Oxford Handbook of Papyrology*. New York: Oxford University Press.

2　Marouard, G. "Wadi al-Jarf—An early pharaonic harbour on the Red Sea coast." *Egyptian Archaeology* 40 (2012): 40–43.

3　Turner, E. *Greek Papyri, an Introduction*. Oxford: Clarendon Press, 1968.

9　孟菲斯与纸张的诞生

1　Saqquara.nl website maintained by the Friends of Saqquara Foundation (http://www. saqqara.nl/ichiga/location).

2　Rennell, J. 1830. *The Geographical System of Herodotus, Examined and Explained*. London: F. Rivington.

3　Redford, D. 2001. *The Oxford Encyclopedia of Ancient Egypt, Volume 3*. Oxford: Oxford University Press.

4　Lewis, N. 1974. *Papyrus in Classical Antiquity*. Oxford: Clarendon Press.

5　Lewis, N. 1934. *L'industrie du papyrus dans l'Egypte ichi-romaine*. Paris: Univ. of Paris, Sorbonne.

6　N. Garis Davies, 1922. *The Tomb of Puyemre at Thebes, Vol. I*. The Hall of Memories. Metropolitan Mus. of Art, NY.

7　I. 亨德里克斯（I. Hendriks）博士在一系列论文中指出，古代造纸工人使用的削皮方法是将纸莎草内芯顶着刀片边缘旋转，或者用针削皮，从而得到极宽的薄片，类似于制作胶合板的木材旋切工艺。这样可以制作大而薄的纸张。利奇和泰特（2000 年）对亨德里克斯博士的方法予以概括，但现在几乎无人再持这种观点，因为这种工艺费时费力，削出的薄片表面也不平整。

8　Leach, Bridget. 2009. "Papyrus Manufacture." In *UCLA Encyclopedia of Egyptology*, edited by Willeke Wendrich. Los Angeles : UCLA. http://escholarship. org/uc/item/5n53q5fc.

9　Bülow-Jacobsen, A. 2009. "Chapter 1: Writing materials in the ancient world." In *The Oxford Handbook of Papyrology*. Oxford: Oxford University Press.

10　Lewis, N. 1992. *Papyrus in Classical Antiquity: An Update*. loc. cit., and Leach, B. and J. Tait. 2000. "Chapter 9 Papyrus." In *Ancient Egyptian Materials and Technology*, edited by P. T. Nicholson and I. Shaw, 227–253. Cambridge: Cambridge University Press

11　Skeat, T.C. "Was papyrus regarded as 'cheap' or 'expensive' in the ancient world?" *Aegyptus* 75 (1995): 75–93.

12 根据史密斯（Smith）和赫罗诺维厄斯（Gronovius）的说法，德拉克马与迪纳厄斯基本等值。尽管后期德拉克马的重量减轻，但毫无疑问，二者在某一时期价值几乎相等，可以互为替代。Smith, W. 1875. *A Dictionary of Greek and Roman Antiquities*. London: John Murray.

13 在罗马共和国时期，赛斯特斯币是一种只在极少数情况下发行的小银币。而罗马帝国时期的塞斯特斯币则是一枚硕大的黄铜币。根据小麦的价值换算，1 枚塞斯特斯币的价值约为今天的 2.25 美元（根据维基百科的数据，在公元前 79 年的庞贝古城，6.67 千克小麦的价格为 7 枚塞斯特斯币，而在今天，一袋25磅［约合 11.34 千克］重的有机红色硬质小麦的零售价格在 31.00 美元左右）。橄榄油（1 千克）的加格为 3 枚塞斯特斯币，而现代橄榄油（1 千克）的价格为 5.00 美元（来源：Sandra's guide to Roman money http://tinyurl.com/jz7znnr）。如果按白银的价格换算，塞斯特斯币约价值 2.00 美元（http://tinyurl.com/z7koffo）。

14 Blumell, L. "The Message and the Medium: Some Observations on Epistolary Communication in Late Antiquity." *J.Greco-Roman Christianity & Judaism* 10 (2014): 24–67.

15 Ammianus Marcellinus, History, Book XV. http://penelope.uchicago.edu/Thayer/E/Roman/Texts/Ammian/15*.html.

10　神的礼物

1 Terer, T., L. Triest and M. Muasya. "Effects of harvesting Cyperus papyrus in undisturbed wetland, Lake Naivasha, Kenya." *Hydrobiologia* 680 (2012):135–148.

2 同一研究表明，择伐比皆伐更具优越性，如果每年进行两次皆伐，会导致种群数量减少，因此产量会逐年下降（另请参见：M. Jones, F. Kansiime and M. Saunders. 2016. "The potential use of papyrus［Cyperus papyrus L.］wetlands as a source of biomass energy for sub-Saharan Africa." *GCB Bioenergy*）。

3 McKenzie, J. 2007. *The Architecture of Alexandria and Egypt 300 B.C–400 A.D.* New Haven, CN: Yale Univ. Press.

11　垄断

1 Lewis, N. 1974. *Papyrus in Classical Antiquity*. loc. cit.

2 Lewis, N. 1974. Ibid.

3 Strabo, 18 A.D. 1856. *The geography of Strabo*, translated by Hamilton and Falconer, 1801–1885. London: H. Bohn, London, 237.

4　Table 3.1 in Bagnall, R. 2009. *Early Christian Books in Egypt*. Princeton, NJ: Princeton University Press.

5　Sharpe S. 1862. *Egyptian Antiquities in the British Museum*. London: J. Russell Smith, 156.

6　Lewis, N. 1974. *Papyrus in Classical Antiquity*. loc. cit.

7　Bülow-Jacobsen, A. 2009. *Writing Materials in the Ancient World*. loc. cit.

12　纸莎草的种植与管理

1　Lewis, N. 1992. *Papyrus in Classical Antiquity: An Update*. loc. cit.

2　Terer, T., L. Triest and M. Muasya, 2012. "Effects of harvesting Cyperus papyrus." Loc, cit.

3　Pollard J. & H. Reid. 2006. *The Rise and Fall of Alexandria*, 79. New York: Viking.

4　Baikie, J. 1925. *Egyptian Papyri and Papyrus-Hunting*. London: The Religious Tract Society.

5　Bernhardt, T. 2008. The Papyri Pages (http://papyri.tripod.com/texts/cartonnage.html)

13　罗马皇帝与下流的造纸者

1　Orias website (http://orias.berkeley.edu/spice/textobjects/imports-exports.htm).

2　Morley, N. 2005. "Feeding ancient Rome." BRLSI web site, Bath Royal Literary and Scientific Institution (https://tinyurl.com/ybahev6u).

3　An introduction to the history and culture of Pharaonic Egypt（http://www.reshafim.org.il/ad/ichi）.

4　Lewis, N. 1999. "Life in Egypt under Roman Rule." Oakville, CT: *Amer. Soc. Papyrologists*. 刘易斯引述道（第 139 页），在古罗马时代，当地的常绿阔叶灌木成本极高，例如干燥贫瘠地带的金合欢树、柽柳、无花果树等。

5　Lewis, N. 1974. *Papyrus in Classical Antiquity*. loc. cit. (p. 112).

6　Diringer, D. 2012. *The Book Before Printing: Ancient, Medieval and Oriental*. New York: Dover Publications.

7　Černý, J. 1952. *Paper and Books in Ancient Egypt*. loc. cit.

8　古罗马人与古希腊人一样，用不同的单词指称纸莎草和莎草纸。拉丁文中 *papyrus* 一词的意思是"造纸的植物，或者用这种植物制成的纸张"，但是根据 1982 年版《牛津拉丁语词典》，拉丁文中还有 *charta* 一词专指"纸 / 莎草纸（纸张）"。

9　Libraries and Archives of the Roman Empire. Professor Martha Carlin Home Page (http://tinyurl.com/kgu6hk7).

10　Houston, G. 2014. *Inside Roman Libraries*. Chapel Hill, NC: Univ. N.C. Press.

11　在普林尼给出的标准尺寸中，关于普林尼文献中用于纸张分级的尺寸究竟是指高度还是宽度，目前尚存有争议。杜克大学的古典学研究教授威廉·约翰逊指出，普林尼从未提过纸张的"高度"。他支持普林尼的测量标准，认为普林尼没有写错，他记载的测量值就是指宽度。鉴于从没有人发现符合这些等级和"高度"标准的莎草纸，约翰逊教授的解读似乎没有任何问题。约翰逊教授认为，宽度可能是指能够用于书写的部分，这是定义不同纸张等级的重要指标。他的理论是，普林尼从未提及高度，因为它根本不重要，重要的是宽度，特别是单张纸连成长卷之后留下的书写空间的宽度。他用今天的纸卷和单张纸来支持自己的观点。如果普林尼所指的是纸张的高度，现代纸的高 / 宽比五花八门，完全无标准可循。参见：Johnson, W. "Pliny the Elder and standardized roll heights in the manufacture of papyrus." *Classical Philology* 88 (1993): 46–50.

12　Diringer, D. 2012. *The Book Before Printing*. loc. cit.

13　Suetonius, Tranquillus C. 1914. *The Lives of the Twelve Caesars, Volume 13: Grammarians and Rhetoricians*. Loeb Classical Library. https://tinyurl.com/y9zzzm2s.

14　Suetonius Tranquillus C. 1914. Ibid.

15　Sheppard, J. "Self-education and late-learners in the Attic Nights of Aulus Gellius." MA Thesis, Victoria University, Wellington, NZ, 2008.

16　Lewis, N. "Papyrus in Classical Antiquity: A Supplement." *Papyrologica Bruxellensia* 23 (1989): 42.

17　Budge, W. 1895. *The Book of the Dead: An English Translation of the Chapters, Hymns, Etc., Of the Theban Recension, With Introduction, Notes*. 3 Vols. Kegan Paul, Trench, Trübner & Co., London, and Budge, W., 1912. *The Greenfield Papyrus in the British Museum*. Harrison & Sons, London.

14　占领世界，留下遗产

1　The Zenon Papyri. Reading the Papyri. 2004. www.lib.umich.edu/reading/Zenon.

2　Harris, W. 1989. *Ancient Literacy*. Cambridge, MA: Harvard University Press.

3　2015. Select Papyri. Orig. Text PSI 333. Attalus (https://tinyurl.com/y8cxhsxz).

4　2015.Catalog Recordichigan.apis.1808-Bus.Letter (http://www.papyri.info/hgv/1924).

5　根据谢泼德 2008 年的论著，适当条件是指：相对湿度 45%—55%，18—22 摄氏度，光照度低于 50 勒克斯，紫外线低于 75 微瓦 / 流明。另见 B. 利奇和 J. 泰特在 2000 年关于变质、保存和修复的全面论述："Chapter 9 Papyrus." In *Ancient Egyptian Materials and Technology*, edited by P. T. Nicholson and I. Shaw, 227–253. Cambrdige: Cambridge University Press.

6　Parkinson, R. and S. Quirke. 1995. *Papyrus*. Austin: Univ. Texas Press.

7　关于纸莎草纸的制造、历史和保存的详细说明，请参阅大英博物馆莎草纸研究员布里奇特·利奇和伦敦大学学院 J. 泰特的文献综述（"Chapter 9 Papyrus." In *Ancient Egyptian Materials and Technology*. 2000. Camb. Univ. Press）。

8　参见本人之前的著作：Gaudet, J. 2014. *Papyrus, the Plant That Changed the World*. New York: Pegasus.

9　Terer, T., L. Triest and M. Muasya, 2012. Effects of harvesting Cyperus papyrus. Loc, cit.

10　British Association of Paper Historians—BAPH (http://baph.org.uk/ukpaperhistory. html).

11　British Association of Paper Historians. Ibid.

12　"Papyrus paper: a craft on the verge of collapse." *Egypt Independent*, November 23, 2014.

13　Statista. Production volume of paper and cardboard in major countries from 2009 to 2016 (https://tinyurl.com/yd8hvksu).

14　关于纸张从古至今的故事，参见尼古拉斯·巴斯巴纳斯（Nicholas Basbanes）的《纸论》（*On Paper*, 2013）和乔纳森·布鲁姆的《印刷术之前的纸张：纸张发展史及其对伊斯兰世界的影响》（*Paper Before Print: The History and Impact of Paper in the Islamic World*, 2001）。

15　早期图书馆、纸张和代笔业务

1　Black, J. R. "The Instruction of Amenemope: A Critical Edition and Commentary Prolegomenon and Prologue." PhD Thesis, University Of Wisconsin–Madison, 2002.

2　Ryholt, K. 2013. "Libraries in ancient Egypt." In *Ancient Libraries*, edited by König, J., et al. Cambridge: Cambridge University Press.

3　Dollinger, A. 2016. An introduction to the history and culture of Pharaonic Egypt, website. Libraries (http://www.reshafim.org.il/ad/egypt/institutions/house_of_books. htm).

4   Reclus, E. 1886. *The Earth and its Inhabitants*, Vol. 1. New York: D. Appleton.

5   Casson, L. 2001. *Libraries in the Ancient World*. loc. cit.

6   Black, J. R. 2002. *The Instruction of Amenemope*. Ibid.

7   Parkinson, R. and S. Quirke: 1995. *Papyrus*. loc. cit. (esp. see page 38.)

8   Parkinson, R. and S. Quirke: 1995. *Papyrus*. loc. cit.

9   Wikipedia, https://en.wikipedia.org/wiki/Lawrence_Alma-Tadema.

10 Danzing, R. 2010. "Pigments and Inks Typically Used on Papyrus" (http://www.
    brooklynmuseum.org).

11 Rasmussen, K. et al. 2011. "The constituents of the ink from a Qumran inkwell: new
    prospects for provenancing the ink on the Dead Sea Scrolls." *Jour. Archaeological
    Science* 39: 2956–2968.

12 Carvalho, D. 1904. *Forty Centuries of Ink; A Chronological Narrative Concerning
    Ink and Its Backgrounds*. Huntington, S. "Think ink!" *Christian Science Monitor*,
    September 21, 2014.

13 Avrin, L. 1991. *Scribes, Script, and Books*. loc. cit.

14 Krutzsch, pers. comm. and also see: Krutzsch, M. 2016. "Reading papyrus as writing
    material." *British Museum Studies in Ancient Egypt and Sudan* 23: 57–69.

15 Leach, B. and J. Tait. 2000. "Chapter 9 Papyrus." loc. cit.

16 托马斯·克里斯蒂安森（Thomas Christiansen）最近的论文对古代使用的各种墨
    进行了全面比较。"Manufacture of black ink in the ancient Mederterranean," Bull.
    Amer. Soc. *Papyrologists* 54 (2017):167–195.

17 Gunther, M. 2016. "Ancient scrolls roll back first use of metallic inks by centuries.
    Chemistry World" (http://www.rsc.org/chemistryworld/2016/03/ancient-scrolls-
    herculaneum-papyrus-x-ray-fluorescence-ink) and Tack, P. 2016. "Tracking ink
    composition on Herculaneum papyrus scrolls." Scientific Reports 6 (http://www.
    nature.com/articles/srep20763).

18 Houston, G. 2014. *Inside Roman Libraries*. loc. cit.

19 马尔提亚努斯·卡佩拉（Martianus Capella）的《七大自由艺术百科全书》
    （*Encyclopedia of Seven Free Arts*）中记载了早期铁胆墨水的配方。马尔提亚努
    斯·卡佩拉生活在5世纪的迦太基。他在书中将用于书写的墨水称为"Gallarum
    gummeosque commixtio"。

20 Milbank, D. 2007. "Denying Genocide in Darfur—and Americans Their Coca-Cola."
    Washington Post, June 2007.

16 登峰造极的图书馆与香气怡人的历史

1　Cherf, W. 2008. "Earth Wind and Fire: The Alexandrian Firestorm of 48 B.C." In (ed. M. el-Abbadi & O.M. Fathallah) *What happened to the great library of Alexandria?* BRILL, Leiden, Netherlands.

2　Hannam, J. 2003. *The Mysterious Fate of the Great Library of Alexandria.* Bede's Library, Website (http://www.bede.org.uk/library.htm).

3　Bowie, E. 2013. *Libraries for the Caesars.* In König, J., et al. (Eds.) Cambridge: Cambridge University Press.

4　Pollard, J. and H. Reid. 2006. *The Rise and Fall of Alexandria.* loc. cit.

5　Casson, L. 2001. *Libraries in the Ancient World.* New Haven, CT: Yale University Press.

6　Blakey, H. 2014. Mouseion. House of the Muse Website (http://www.dailywriting.net/ Mouseion.htm).

7　Cherf, W. 2008. *Earth Wind and Fire.* loc. cit.

8　Pollard, J. and H. Reid. 2006. *The Rise and Fall of Alexandria.* loc. cit (Page 79).

9　Casson, L. 2001. Libraries in the Ancient World. loc. cit.

10　Casson, L. 2001. Ibid.

11　McKenzie, J. 2007. *The Architecture of Alexandria and Egypt 300B.C.-400A.D.* loc. cit.

17 古罗马人与书籍贸易

1　Affleck, M. 2013. *Libraries in Rome before 168 B.C..* König et al. (Eds.) Ancient Libraries. loc. cit.

2　Winsbury, R. 2009. *The Roman Book: Books, Publishing and Performance in Classical Rome.* London: Duckworth Press.

3　Flood, A. 2014. "Authors' incomes collapse to 'abject' levels". *The Guardian* July 8, 2014.

4　Grafton, A. and M. Williams. 2008. *Christianity and the Transformation of the Book: Origen, Eusebius, and the Library of Caesarea.* Cambridge, MA: Harvard University Press.

5　Houston, G. 2014. *Inside Roman Libraries.* loc. cit.

6　Grafton, A. and M. Williams. 2008. *Christianity and the Transformation of the Book.* loc. cit.

7　*The Catholic Encyclopedia* Vol. IX (Transcribed by B. Johnson). New York: Robert

Appleton Company.

8   Casson, L. 2001. *Libraries in the Ancient World*. and Winsbury, R. 2009. *The Roman Book*. Locs. cit.

9   Winsbury, R. 2009. *The Roman Book*. loc. cit.

10 Anon, 1911, *Encyclopedia Britannica* (https://archive.org/details/EncyclopaediaBritannica1911HQDJVU).

11 Norman, J. 2014. *From Cave Paintings to the Internet* (http://tinyurl.com/m29xkov).

12 Houston, G. 2014. *Inside Roman Libraries*. loc. cit.

13 Parsons, P. 2007. *City of the Sharp-Nosed Fish: Greek Lives in Roman Egypt*. Weidenfeld & Nicolson, London.

14 Dando-Collins, S. 2010. *The Great Fire of Rome*. Cambridge, MA: Da Capo Press.

18   古罗马的图书馆

1   Spoon, J. 1999. *Ancient Libraries of Greece and Rome* (http://www.ithaca.edu/history/journal/papers/sp02ancientlibraries.html).

2   Houston, G. 2014. *Inside Roman Libraries*. loc. cit.

3   Casson, L. 2001. *Libraries in the Ancient World*. loc. cit.

4   Houston, G. 2014. *Inside Roman Libraries*. loc. cit.

5   Schodde, C. 2013. "Ancient scrolls: where are the wooden handles?" Found in antiquity web page. July 17 (https://tinyurl.com/y93f2hav).

6   Anon, 1911, *Encyclopedia Britannica*. loc. cit.

7   Bowie, E. 2013. "Libraries for the Caesars. "In König, J, et al. (Eds.) *Ancient Libraries*. Cambridge: Cambridge University Press.

8   Nicholls, M. 2013. "Roman libraries as public buildings in the cities of the Empire." In König, J., et al. (Eds.) *Ancient Libraries*. loc. cit.

9   Nicholls, M. 2013. Ibid.

10 Rodriguez, J. 2015. *A Brief History of Roman Libraries*. Roman Empire Net (http://www.roman-empire.net/articles/article-005.html).

11 Boyd, C. 1915. *Public Libraries and Literary Culture in Ancient Rome*. Chicago: University of Chicago Press.

12 如前所述，如果根据能够购买的小麦和橄榄油来计算其价值，1 枚塞斯特斯币相当于 2.25 美元。因此这笔赏金相当于 22500 美元。

13 Boyd, C. 1915. Ibid.

14 Casson, L. 2001. *Libraries in the Ancient World.* loc. cit.

15 Tucci, P. 2013. "Flavian libraries in the city of Rome." In *Ancient Libraries*, edited by J. König, et al. Cambridge University Press. loc. cit.

16 Grout, J. 2016. *Encyclopaedia Romana* (http://tinyurl.com/psxcmyd).

17 Affleck, M. "Roman Libraries during the Late Republic and Early Empire: With Special Reference to the Library of Pliny the Elder." PhD Thesis, Univ. Queensland, Australia, 2012.

18 Tutrone, F. 2013. "The case of the Aristotelian corpus." In *Ancient Libraries*, edited by J. König, et al. Cambridge University Press loc. cit.

19 Anon, 1911, *Encyclopedia Britannica*, and Casson, L. 2001. *Libraries in the Ancient World.* Locs. cit loc. cit.

20 Spoon, J. 1999. *Ancient Libraries of Greece and Rome.* loc. cit.

19 那些珍贵而温柔的纸卷

1 Arensberg, S. and R. Molholt. 2008. *Pompeii and the Roman Villa.* Catalog, National Gallery of Art, Washington, DC.

2 Sider, D. 2005. *The Library of the Villa dei Papiri.* Los Angeles: Getty Publications.

3 Sider, D. 2005. Ibid.

4 Harris, J. 2007. *Pompeii Awakened, A Story of Rediscovery.* London: I. B.Tauris.

5 Sider, D. 2005. *The Library of the Villa dei Papiri.* loc. cit.

6 Banerji, R. 2016. "Unlocking the scrolls of Herculaneum." *BBC News Magazine.* (http://www.bbc.com/news/magazine-25106956).

7 *History of the Getty Villa.* 2013. Video www.getty.edu.

8 Porter, J. 2007. "The Herculaneum papyri and classical scholarship." In *Antiquity Recovered: The Legacy of Pompeii and Herculaneum*, edited by V. Coates and J. Seydl. Los Angeles: J. Paul Getty Museum.

20 转危为安

1 O'Donnell, J. 1979. *Cassiodorus* (www9.georgetown.edu/faculty/jod/texts/cassbook/toc.html).

2 Arvine, K. 1853. *Cyclopaedia of Anecdotes of Literature and the Fine Arts.* Boston: Gould and Lincoln, Boston. Google Books: http://tinyurl.com/ljjawwf.

3 Standage, T. 2013. *Writing on the Wall: Social Media, The First 2,000 Years.* New

York: Bloomsbury.

4　König, J., K. Oikonomopoulou and G. Woolf (Eds.). 2013. *Ancient Libraries*. loc. cit.

5　Lewis, N. 1974. *Papyrus in Classical Antiquity*. loc. cit.

21　第一媒介，一鸣惊人

1　Bagnall, R. and R. Cribiore, 2014. *Women's Letters from Ancient Egypt, 300 B.C.–A.D. 800*. Ann Arbor, MI: University of Michigan Press.

2　Standage, T. 2013. *Writing on the Wall*. loc. cit.

3　Suetonius, 1913. *The Lives of the Twelve Caesars* (Augustus 49.3). Loeb Classical Library, Cambridge, MA: Harvard University Press.

4　Turner, E. 1968. *Greek papyri: An Introduction*. Oxford: Oxford University Press.

5　Head, P. 2009. "Named Letter-Carriers among the Oxyrhynchus Papyri." *JSNT* 31: 279-300.

6　Blumell, L. 2014. *The Message and the Medium: Some Observations on Epistolary Communication in Late Antiquity*. Jour. of Greco-Roman Christianity and Judaism Vol. 10.

7　Deuel, L. 1965. *Testaments of Time*. loc. cit.

8　Anon. 2015. *Greek and Roman History—Attalus. Cicero: Letters to and from Cassius* (http://www.attalus.org/translate/cassius.html).

9　Barnish, S. 1992 (Transl.). *Cassiodorus: Variae*. Liverpool: Liverpool University Press.

10　Blechman, A. 2007. *Pigeons: The Fascinating Saga of the World's Most Revered and Reviled Bird*. New York: Grove Press.

11　Pliny. Nat. Hist. X.37 and Frontinus, Sextus Julius, Stratagems Book Ⅲ 90 A.D. Loeb edition (trans. 1925. C. Bennett. http://penelope.uchicago.edu).

12　Bloom, J. 2001. *Paper Before Print: The History and Impact of Paper in the Islamic World*. New Haven, CT: Yale University Press.

13　Especially see Simblet, S. 2010. *Botany for the Artist*. New York: DK. and Marganne, M-H. 1981. *Inventaire analytique des papyrus grecs de medecine*. Geneva: Droz.

14　Anon. 2004. *Encarta Encyclopedia Standard; Illustrated Manuscripts* (section Ⅲ).

22　最后的堡垒，罗马教会

1　Lewis, N. 1974. *Papyrus in Classical Antiquity*. loc. cit.

2　Lewis, N. 1974. Ibid.

3　Lewis, N. 1999. *Life in Egypt under Roman Rule*. Oakville, CT: Amer. Soc. Papyrologists.

4　Morgan, R. 2016. *History of the Coptic Orthodox People and the Church of Egypt*. Victoria BC, Canada: Fiesen Press.

5　Kilgour, F. 1998. *The Evolution of Books*. loc. cit.

6　Clement, R. 2014. Europe and the Invention of Modern Bookmaking, Manuscript Books. New Age World webpage (http://www.nawpublishing.com/expansionpages/ephemera/european_publishing.htm).

7　Skeat, T. C. "Was papyrus regarded as 'cheap' or 'expensive' in the ancient world?" *Aegyptus* 75 (1995): 75–93.

8　Johnson, W. 2013. "Bookrolls and scribes in Oxyrhynchus." In *Studies in Book and Print Culture*. Toronto: Univ. of Toronto Press.

9　Oikonomides, N. 2002. "Writing Materials, Documents, and Books." In (Angeliki E. Laiou, Ed.) *The Economic History of Byzantium: From the Seventh through the Fifteenth Century*. Washington, DC: Dumbarton Oaks Studies (www.doaks.org/etexts.html).

23　君士坦丁堡与漫长的告别

1　O'Donnell, James. 1979. *Cassiodorus*. Berkeley, CA: University of California Press. Postprint in 1995 (www9.georgetown.edu/faculty/jod/texts/cassbook/toc.html).

2　Cassiodorus—see Barnish, S., trans. 1992. *Cassiodorus: Variae*. Liverpool: Liverpool University Press.

3　Hutton, W. 2013. *A Short History of Constantinople*. San Diego: Didactic Press.

4　Oikonomides, N. 2002. *Writing Materials, Documents, and Books*. loc. cit.

5　McCormick, M. 2001. *The Origins of the European Economy*. Cambridge: Cambridge University Press.

6　Malczycki, M. "The Papyrus Industry in the Early Islamic Era." *Jour. Economic and Social History of the Orient* 54 (2011): 185–202.

7　Abbott, N. 1938. *The Kurrah Papyri from Aphrodito in the Oriental Institute*. Chicago: University of Chicago Press.

8　Oikonomides, N. 2002. *Writing Materials, Documents, and Books*. loc. cit.

9　Bowman, A. and D. Thomas. 1994. *The Vindolanda Writing Tablets (Tabulae*

Vindolandenses II). London: British Museum Press.

10 Bowman, A. and D. Thomas. 1994. Ibid.

11 Wikipedia and Lowe. E., 1972. *A Key to Bede's Scriptorium, from: Palaeographical Papers 1907–1965*. edited by L. Bieler. Oxford: Clarendon. https://tinyurl.com/ychuzdwt.

12 Bréhier, L. "Manuscripts. (and Illustrated Manuscripts.)" *The Catholic Encyclopedia* Vol. IX , transcribed by B. Johnson. New York: R. Appleton Company, 1910.

13 Oikonomides, N. 2002. *Writing Materials, Documents, and Books*. loc. cit.

14 Abbott, N. 1938. *The Kurrah Papyri*. loc. cit.

15 Kleve, Kurt. In the Bellagio Report 2010 (http://www.clir.org/pubs/reports/bellagio/bellag1.html).

16 该列表根据维基百科中的 72 条参考文献编制而成。

17 Thurston, H. 1908. "Bulls and Briefs." In *The Catholic Encyclopedia*. New Advent website. www.newadvent.org/cathen/03052b.htm. and Jones, L. 1945. "The Influence of Cassiodorus on Medieval Culture." *Speculum*, 20 (1945): 433–442.

18 Avrin, L. 1991. *Scribes, Script, and Books*. loc. cit.

19 Thurston, H. 1908. "Bulls and Briefs." In *The Catholic Encyclopedia*. New Advent website. www.newadvent.org/cathen/03052b.htm.

20 1911. "Abbey of Saint-Denis." In *The Catholic Encyclopedia*. New Advent website. www.newadvent.org/cathen/13343b.htm.

21 Geary, P. 1994. *Phantoms of Remembrance: Memory and Oblivion at the End of the First Millennium*. Princeton, NJ: Princeton Univ. Press.

22 Kaleem, J. 2014. " 'Gospel of Jesus's Wife' Papyrus is Ancient, Not Fake, Scientists and Scholars Say." *Huffington Post*, April 10, 2014. www.huffingtonpost.com/2014/04/10/jesus-wife_n_5124712.html.

23 "The 'Jesus's wife' papyrus reveals another version of the Christian story." *The Guardian* (http://tinyurl.com/ltlkbca).

24 道路的尽头与怛逻斯之战

1 Bloom, J. 2001. *Paper Before Print: The History and Impact of Paper in the Islamic World*. New Haven, CT: Yale University Press, 2001.

2 Pollard, J. and H. Reid, 2006. *The Rise and Fall of Alexandria: Birthplace of the Modern Mind*. New York: Viking.

3　Malczycki, M. "The Papyrus Industry in the Early Islamic Era." *Jour. Economic and Social History of the Orient* 54 (2011): 185–202.

4　Ghazanfar, S. 2004. *The Dialogue of Civilizations*. Found. Sci. Technol. and Civilization (http://www.bbi.catholic.edu.au).

5　Johannes Pedersen. 1984. *The Arabic Book*. transl. G. French. Princeton: Princeton University Press, 2007 (http://www.islamicmanuscripts.info/reference/books/Pedersen-1984-Arabic-Book.pdf).

6　Lewis, 1974 (p. 11) and Pedersen, 1984 loc. cit.

7　Bloom, J. 2001. *Paper Before Print: The History and Impact of Paper in the Islamic World*. loc. cit.

8　历史早期丝绸价格昂贵，但科兰斯基在其近期著作（Kurlansky, M. 2016. *Paper: Paging through History*. New York: W. W. Norton.）中提出证据称，在 14 世纪的中国，丝绸对某些人而言很便宜。

9　"Paper wasp." Wikipedia, 2016. https://en.wikipedia.org/wiki/Paper_wasp.

10　Yangtze Yan. 2006. *Guangming Daily* (http://www.chinaview.cn).

11　Tsien, Tsuen-Hsuin. 1985. "Paper and Printing," *Joseph Needham, Science and Civ. in China, Chem. and Chemical Technology*. Vol. 5, part 1. Cambridge: Cambridge University Press.

12　据说，水平轴向的水磨出现于公元前 240 年左右的拜占庭和亚历山大城（维基百科）。

13　Basbanes, N. 2013. *On Paper: The Everything of Its Two-Thousand-Year History*. New York: Vintage.

14　International Starch Institute, Aarhus, Denmark (www.starch.dk/isi/applic/paper.htm).

15　Basbanes, N. 2013. *On Paper*. loc. cit.

16　Carter, T. 1925. *The Invention of Printing in China and Its Spread Westward*. New York: Columbia University Press.

17　Kilgour, F. 1998. *The Evolution of Books*. loc. cit.

18　早期关于羽毛笔的具体记载出现在圣依西多禄（Saint Isidore of Seville）公元 7 世纪早期的文字中，但我们有理由相信羽毛笔在此之前早已投入使用。参见：Anon. 1911. *Encyclopedia Britannica* (under the heading "Pen", www.studylight.org.

19　See page 116, Bloom, J. 2001. *Paper Before Print: The History and Impact of Paper in the Islamic World*. loc. cit.

20 Wiegard, W. and D. Davis. 1994. *Encyclopedia of Library History*. Garland, NY.

21 Wani, Z. and Maqbol, T. 2012. "The Islamic Era and Its Importance to Knowledge and the Development of Libraries." Libr. Philos. and Practice (http://digitalcommons. unl.edu).

25 莎草纸消失之谜

1 Lewis, N. 1989. *Papyrus in Classical Antiquity: A Supplement*. loc. cit. (p. 18).

2 Budge, W. 1895. *The Book of the Dead, An English Translation*. loc. cit.

3 Leach, B. and J. Tait. 2000. "Chapter 9 Papyrus." loc. cit. and Budge, E. A. Wallis. 1912. *The Greenfield Papyrus in the British Museum*. London: Harrison and Sons.

4 Lewis, N. 1974. *Papyrus in Classical Antiquity*. loc. cit.

5 Evans, E.A. 2002. "Papyrus a blessing upon Pharaoh." pp. 1-12. Occasional Paper, 2002. McClung Museum, Univ. of Tenn., Knoxville.

6 Kantor, H. "Plant Ornament: Its Origin and Development in the Ancient Near East." PhD Thesis, University of Chicago, 1945.

7 Gaudet, J. 2014. *Papyrus, the Plant that Changed the World*. loc. cit.

8 Strabo, 7–18 A.D. *Geography*. Vol. Ⅷ. Loeb Classical Library edition. Cambridge, MA: Harvard University Press.

9 Gaudet, J. 2014. *Papyrus, the Plant that Changed the World*. loc. cit.

10 Butzer, K. 1971. *Environment and Archaeology: An Ccological Approach to Prehistory*. Chicago: Aldine/Atherton.

11 Sloan, J. 2000. "The Crusades in the Levant (1097–1291)." Xenophon Group Military History Database (http://www.xenophongroup.com/montjoie/crusade2.htm).

12 Serag, M. "Ecology and biomass production of Cyperus papyrus L. on the Nile bank at Damietta, Egypt." J. Medit. *Ecology* 4 (2003):15–24.

26 法老自己征服了梵蒂冈

1 Hanna, F. 2010. "Defending the faith with physical evidence." Chistendom College (http://tinyurl.com/h6wxlw7).

2 Viegas, J. 2007. "Earliest Gospels Acquired by Vatican." *Discovery News* (http://www.freerepublic.com/focus/f-religion/1823123/posts).

3 参见维基百科的总结 (https://en.wikipedia.org/wiki/Bodmer_Papyri)。

4 Voicu, S. 2007. *Bodmer Papyrus: History Becomes Reality. L'Osservatore Romano*.

Weekly Edition in English page 8.

5　Tov, E. 2003. "The Corpus of the Qumran Papyri." In (ed.L. Schiffman) *Semitic Papyrology in Context*. Boston: Brill.

6　Tov, E. 2003. *The Corpus of the Qumran Papyri*. loc. cit.

7　Crawford, S. 2016. "The Qumran Collection as a Scribal Library." In *The Dead Sea Scrolls at Qumran and the Concept of a Library*, edited by Crawford, S. and C. Wassen, 109–131. Brill, Leiden and Boston; and Werrett, I. 2016. "Is Qumran a Library?" In Crawford, S. and C. Wassen, eds., 78–108. Ibid.

8　Somers, B. 2006. "Scientists Decode Dead Sea Scrolls with DNA and Infrared Digital Photography." *AAAS News Archives* (http://tinyurl.com/ht9k79o).

9　Gaudet, J. 2014. *Papyrus, the Plant that Changed the World*. loc. cit.

10　Avrin, L. 1991. *Scribes, Script and Books: The Book Arts from Antiquity to the Renaissance*. loc. cit.

11　Kurlansky, M. 2016. *Paper, Paging through History*. New York: W. W. Norton.

12　Robinson, J. 2011. *The Story of the Bodmer Papyri*. Eugene, Oregon: Cascade Books.

27　归路

1　Krosney, H. 2006. *The Lost Gospel, the Quest for the Gospel of Judas Iscariot*. Washington, DC: National Geographic Society.

2　Krosney, H. 2006. Ibid.

3　Lewis, N. 1974. *Papyrus in Classical Antiquity*. loc. cit.

结语：前路

1　Heyerdahl, T. 1971. *The Ra Expeditions*. loc. cit.

2　Hawass, Z. 2000. *Valley of the Golden Mummies*. Cairo: American Univ. in Cairo Press.

3　Waxman, S. 2003. *Loot: The Battle over the Stolen Treasures of the Ancient World*. New York: Times Books, NY.

4　Zalewski, D. 2016. "The Factory of Fakes, How a workshop uses digital technology to craft perfect copies of imperilled art." *New Yorker*, A Reporter at Large, November 28.

5　Sherief, A. 2012. "The Papyrus village." *Daily News*, Egypt (http://www.

dailynewsegypt.com/2012/11/15/the-papyrus-village/).

6　Summers, C. 2017. *The Bible: the Story behind the Museum of the Bible*. Franklin, TN: Worthy Books.

7　Kennicott, P. 2017. "The new Bible museum tells a clear, powerful story. And it could change the museum business." *Washington Post* (https://tinyurl.com/y8vah858).

8　Pietersma, A. 1980. *The Edited Text of P. Bodmer* XXIV. *Bull. Amer. Soc. Papyrologists* 17.1–2 (1980): 67–79.

致　谢

1　刘易斯教授此文最早的版本发表于 1974 年，后于 1989 年作修订"增补版"，1992 年又作"升级版"。

2　Nicholson, P. and I. Shaw. 2000. *Ancient Egyptian Materials and Technology*. Cambridge: Cambridge University Press.

附　录

1　Lewis, N. 1989. *Papyrus in Classical Antiquity*. loc. cit.

2　Rowlandson, J. 2005. "The organization of public land in Roman Egypt." *CRIPEL* 25:173–196.

索　引

（索引后页码为原书页码，即本书页边码）

图书在版编目(CIP)数据

法老的宝藏：莎草纸与西方文明的兴起 /(美)约翰·高德特著；陈阳译 . -- 北京：社会科学文献出版社，2020.5（2022.2 重印）

书名原文：THE PHARAOH'S TREASURE:The Origin of Paper and the Rise of Western Civilization

ISBN 978-7-5201-6139-8

Ⅰ.①法… Ⅱ.①约… ②陈… Ⅲ.①信息载体-研究-埃及-古代②文化史-研究-西方国家 Ⅳ.① G202-094.11 ② K500.3

中国版本图书馆CIP数据核字（2020）第035902号

法老的宝藏
莎草纸与西方文明的兴起

著　　者 /	〔美〕约翰·高德特	
译　　者 /	陈　阳	

出 版 人 / 王利民
责任编辑 / 杨　轩　王　雪
责任印制 / 王京美

出　　版 / 社会科学文献出版社·北京社科智库电子音像出版社（010）59367069
　　　　　 地址：北京市北三环中路甲29号院华龙大厦　邮编：100029
　　　　　 网址：www.ssap.com.cn
发　　行 / 社会科学文献出版社（010）59367028
印　　装 / 三河市东方印刷有限公司

规　　格 / 开　本：880mm×1230mm 1/32
　　　　　 印　张：15.25　插　页：0.25　字　数：320千字
版　　次 / 2020年5月第1版　2022年2月第2次印刷
书　　号 / ISBN 978-7-5201-6139-8
著作权合同 / 图字01-2019-1391号
登 记 号
定　　价 / 98.00元

读者服务电话：4008918866